第 12 辑

中文社会科学引文索引(CSSCI)来源集刊

文化研究

首都师范大学文化研究院
南京大学人文社会科学高级研究院　主　办

陶东风（执行）　周　宪　主　编
胡疆锋　　　　　周计武　副主编

社会科学文献出版社
SOCIAL SCIENCES ACADEMIC PRESS (CHINA)

目 录

其他论文

Contents

Issue II   Film, TV and Popular Culture's Values

Issue III   Other Articles

主编的话

陶东风

诗人北岛曾经在他写于 20 世纪 70 年代的一首诗中宣告："在这个没有英雄的时代，我只想做一个人。"这个关于英雄之死的宣告，在今天听起来依然带有强烈的英雄主义色彩——人道主义的英雄主义。北岛大概没有想到，把"英雄"时代送走不久，他所呼唤的"人"，那个依然高大且直立的"人"的时代是那么短命，大约也就活了十年光景，历史就进入了既非英雄亦非人的新时代——明星或名人的时代。

我这样说当然不是指在 20 世纪 90 年代之前我们国家没有有名的人或出色的乃至伟大的艺术家。但在我看来，不是所有艺术家甚至也不是所有著名艺术家，都属于所谓明星/名人，我的意思也不是 90 年代之前我们没有有名的人（谁还会比毛泽东更有名呢？）。作为最早出现于西方电影娱乐界的怪物，明星之为明星，从来就不是完全依靠其专业（艺术造诣）、职业（演出活动）或其他什么公共业绩。对明星/名人而言，比这些更重要的是和私生活有关的花边新闻。换言之，"明星"或"名人"这个称呼表明一个人的名声即使不是完全依赖其工作、职业、业绩之外的领域，至少也是须臾离不开这些领域。有学者甚至断言：明星/名人就是通过流言飞语和奇闻轶事建构的，是靠炒作其与工作/职业无关的私生活出名的。比如，丽兹·赫莉（Liz Hurley）作为一个模特和演员的工作，不如她的范思哲礼服和放荡不羁的男友更有助于提升她的人气，甚至戴安娜王妃的名气也是更多地依靠其外貌和戏剧化的私生活，而不是她的公共慈善事业。极端意义上的名人大概要算我们熟知的中国式名人贾君鹏。对于这个在网络上因为一句"贾君鹏，你妈喊你回家吃饭"而爆得大名的名人，多少人知道他工作/职业方面的事情呢？就这个例子而言，贾君鹏作为名人完全是也仅仅是点击率的产物。

从这个标准看，新中国成立后30年中虽然也不乏艺术造诣很高的艺术家，或赫赫有名的大人物，但这些人或者属于文艺界的"专业人士"、"表演艺术家"乃至"人民艺术家"，或者属于英雄人物（如雷锋、黄继光、邱少云等）或政治领袖（毛泽东、林彪、周恩来等）。他们的名气完全或基本依靠他们的工作/职业成就或政治影响力，与私生活基本无关。那个时候的艺术家、英雄人物或政治领袖很少有什么私生活方面的趣闻轶事。这些人虽然技艺精良或业绩过人，却不是我们所说的明星或名人。

如果把我们的话题限于艺术界，那么，通常所说的艺术家或表演家，与明星/名人的差别在于：明星/名人的出名固然也需要不同程度的职业技艺，但似乎更离不开与职业/表演无关的趣闻轶事。即使是最有职业成就的艺术家或作家，如果没有私生活领域的作料、猛料，就很难成为明星。这就是明星身份的双重性：兼有专业性和私人性两个维度。

这个意义上的明星或文化名人，我以为是在20世纪90年代才大量出现的，原因也很简单，只有从这个时候开始，中国的娱乐工业、大众消费文化才进入了快速发展的黄金时代，而娱乐文化消费文化的黄金时代同时也就是明星/名人的黄金时代。明星文化以及与之相关的粉丝文化，已经成为当代中国一道亮丽的风景线，成为亟待研究的重要文化现象。

有鉴于此，本辑《文化研究》推出的第一个专题就是明星研究专题。这里面既有文学领域的明星，也有影视领域的明星演员；既有当下中国的明星，也有20世纪30年代的明星；既有大红大紫的巨星，也有所谓草根出身的凡星。

读者首先看到的是研究"80后"明星作者郭敬明和韩寒的两篇文章。郭敬明和韩寒是明星作家中的后起之秀，特别是在"80后"、"90后"的读者群体中拥有无可比拟的影响力，连续多年荣居作家富豪榜或最受欢迎作家榜前列，且其明星化之路也颇具特色。杨玲的《权力、资本和集群：当代文化场中的明星作家》以郭敬明和以他为核心的"最世作者群"为例，通过详尽的资料说明：郭敬明不仅是当代中国最畅销和最有争议的作家，还是当代最成功的文学编辑和作家经纪人，他开创的最世作者群几乎垄断了青春文学市场。文章从当代中国的文学明星制度、当代推销性文化以及文学的产业化转型等方面阐释了郭敬明作家身份的"可持续性"特征，指出，郭敬明获取文化权威的方式和将文学才能转化为经济资本的方式，都与以往的作家有着深刻的结构性差异。文章还通过郭敬明和最世作者群的个案，揭示了作家身份的内在矛盾以及作家身份所暗含的文化资本、经济资本和非制度性权力资本之间的互动。

黄微子的《协商：韩寒与另类的文化明星生产》把韩寒定位为一个与余秋雨、于丹、易中天等主流文化明星有着不同生产机制的另类文化明星。文章指出，比起主流文化明星，韩寒对自己的形象有更大的控制力，并且对各种相关的生产力量都有更大的议价能力。本文通过描述韩寒从"叛逆少年"到"80后作家"，再到"歌手"、"赛车手"，最后是"公民"、"公共知识分子"的形象转变历程以及这诸多身份之间的复杂关系，讨论了在另类的文化明星生产中，明星本人如何与媒体、合作者乃至批评者和粉丝协商自身的权力。

另有一篇研究当代明星的文章是荷兰学者雨龙（原名 Jeroen Groenewegen-Lau）的《我与明星龚琳娜的忐与忑》。"忐与忑"取自龚琳娜演唱的歌曲《忐忑》，她凭借此歌于 2010 年的国庆节期间一举成星。作者认为，表面上看《忐忑》受到大众欢迎，是因为它触及了经济欲望与精神生活间的冲突，但从深层看，这首歌曲给观众提供了一个吐露另一种不安的机会。这不安来自近几年逐渐形成的高雅文化与低俗文化之间的鸿沟，以及这两者间关系的微妙变化与不确定性。官方事物与民间事物的对比和意义在文化领域发生了转变，而龚琳娜十分准确地在舞台上呈现了这个转变，从而为听众提供了一个在新局面中探索各自全新位置的机会。

娱乐与政治一直存在纠缠不清的关系，明星也是如此，当问题涉及跨国明星的时候就更是如此了。喜欢把娱乐政治化的文化研究者，对此自然更为敏感。陈晓云的《电影明星与中国想象》就在跨国语境中把华人明星和国族形象联系起来。文章指出，电影明星不但在现代电影工业体制中居于核心地位，同时也成为从不同层面"想象中国"的重要路径。不同影片往往通过不同的明星形象形塑出不同的"国家形象"。跨国明星、特型明星与草根明星分别呈现了对于中国的东方想象、政治想象与底层想象，意指不同社会文化层面的电影明星，共同建构了"想象中国"的意义场域。

虽然在新中国成立后到改革开放前这段时间里，艺术与文化界一片"漆黑"，只星难觅。但中国 20 世纪 30 年代的上海电影界却曾经有一个群星灿烂的时期。阮玲玉就是其中之一。大半个世纪以来，这个备受关注的传奇式明星成为被反复书写的对象。不仅在 20 世纪 30 年代的舞台上，而且在今天的电视剧屏幕和电影银幕上，阮玲玉都被反复演绎。作为一个著名演员，阮玲玉既是表演者又是被表演者。张淳的《明星的表演与被表演》一文通过对关锦鹏导演、张曼玉主演的影片《阮玲玉》（1991）的细致解读，对这种表演和被表演的复杂关系进行了有趣的参照式解读。该片展现了不同的对待女明星的方式，展现出如何用视觉叙事和演员表演来"还原/重塑"女明星阮玲玉。文章结合历史材料，探究了这种"还原"强调了"明星"的哪些要素，遮蔽了历史的哪些方面，分析了两代女星（阮玲玉、张曼玉）在这种表演/被表演中产生了怎样的对话和互动。

明星研究在西方已经有不短的历史，在中国，这方面的研究起步虽晚，却也是数量惊人。但一直以来，中外学界的明星研究基本上等于所谓"巨星"研究，而对那些不那么耀眼的"凡星"则很少予以关注。周潞鹭《女观众眼中的女明星——凡星研究的意义及其实例》对此提出了质疑，呼吁应重视对凡星的研究，给予凡星和巨星同等的重视。这种新思路不仅可以为明星研究开辟新的空间和可能，而且可以修正明星研究领域的不平衡生态状况，使其更趋多元、开放、包容。文章选择女性观星学作为实例，将自我民族志和精神分析理论相结合来进行凡星研究，并得出了颇有意味的结论：像"我"（作者自称）一样的女观众，通过把平凡的女明星当成"母亲替代者"，而更好地满足了成名欲，缓解了等级焦虑。

本辑《文化研究》的另一个专题是影视与大众文化价值观研究。

大众文化既是一个巨大的产业，也是意识形态的重要阵地，是争夺文化领导权的重要战场。大众文化潜移默化地影响和改变着人们的世界观、价值观和日常生活经验，在塑造国民价值观方面，发挥着巨大作用。在某种意义上说，当代中国大众文化已经逐渐取代精英文化和官方文化，成为大众世界观和生活方式的主要塑造者。正是在这样的背景下，大众文化的价值观研究显示了极为重要的研究意义。

十七届六中全会提出建立社会主义核心价值体系，并把它提到了统一全社会的思想道德、行为方式的高度。但是，核心价值体系不能纸上谈兵，必须落实，而大众文化就是一个最重要的落实管道。因为在今天，大众文化无疑早就成为产量最高、受众最多、影响最大的文化类型，不能落实在大众文化的生产和传播之中的价值观必定不可能得到广泛的传播，不可能深入人心。美国好莱坞大片在这方面值得我们借鉴，好莱坞大片充分体现了美国的核心价值观，是美国文化最强大、最了不起的地方。

我们社会的道德滑坡、价值混乱到了非常严重的程度，这种混乱，在大众文化中也有非常突出的表现，而且它对现实生活中的道德状况是负有责任的。当代中国大众文化所暴露出的价值混乱已经到了非常严重的地步，十分不利于社会主义核心价值的实现，比如脱离道德约束、无度渲染和美化暴力，庸俗、低级的色情描写，宣扬权谋文化，津津乐道于玩弄阴谋与权术；拜金主义、嫌贫爱富，把"好生活"等同于奢华生活，等等。这些价值误区已经并正在继续误导国人的思维方式和行为方式。我们不能否定中国大众文化在创造经济价值、推进产业发展方面发挥的重要作用，但也必须正视其在价值观方面存在的重大混乱。

鉴于当代中国大众文化的发展状况及其社会影响，我们认为，认真、严肃、深入地分析和研究当代中国大众文化的价值观问题，用正确的价值观、世界观引导大众文化的生产，是当今中国文化发展、文化建设的重要任务。

谈到大众文化的价值观，恐怕不能不首先谈到民族主义。民族主义已经成为新世纪中国的强势思想潮流，而且和此前不同的是，今天的民族主义已经溢出主流文化和精英文化领域，进入大众文化领域，并以大众媒介为主要载体。从大片《英雄》到各种以大汉大唐大清为题材的电视剧，从《中国可以说不》、《中国不高兴》到近年来网络上各种民族主义的叫嚣，无不见证这一点。陈国战的《新世纪以来中国大众文化中的民族主义》即聚焦于新世纪以降的大众文化，指出新世纪的大众文化虽然在反西方立场、情绪化特征、对抗性品格等方面与1990年代的大众文化一脉相承，但它的自信已经主要不是来自中国民族的所谓辉煌历史或灿烂文化，而是由近年来中国的经济成就和美国与西方的经济"颓势"双向支撑的。在当前这个社会分化加剧的时代，民族主义似乎已经成为官方意识形态和大众社会心理共享的唯一一面旗帜，从而起着社会黏合剂的作用。但在论文作者看来，这种"黏合"其实并不是天衣无缝的：官方希望把民族主义当成一种意识形态衰竭时期的社会整合工具；而大众的民族主义与其说是出自对民族共同体的高度认同，不如说为民族内部现实问题引发的不良情绪寻找一个宣泄口。

其他几篇文章主要聚焦于影视作品中的价值观问题，从多个角度对不同大众文化类型中的价值观问题进行了探讨。徐艳蕊等的《转弯处的爱情》通过比较的视角对国产言情剧的价值观进行了透视。文章指出，国内言情剧的制作、生产受到韩剧和台剧的极大影响，但整体风格却保持了自己的特色。在中国台湾与韩国专注于私人关系之表现与探讨的言情剧中，社会背景相对模糊，几乎不涉及具体的社会问题。而在大陆言情剧中却不难找到现实问题的缩影，剧中的爱情不是被当做单纯的私人情感关系来讨论，而是与社会利益纠葛、权谋斗争交织在一起。中国大陆社会转型期的焦灼与阵痛，探索与渴望，常常能够在言情剧中得到折射。在这些充满现实利益纠葛的爱情故事中，充满了对财富和权势的肯定与渴望。然而正如作者指出的，这种所谓"拜金主义"和"权势崇拜"的价值观，与其说是言情剧的价值取向，不如说是处于转型期的当代中国的一种普遍焦虑。

李艳的《为谁立传？如何再现？谁来评说？》对 20 世纪 80 年代以来中国大陆人物传记电视剧创作的价值观问题进行了思考。人物传记电视剧是一种特殊的文化产品类型，作为传记与电视剧的结合体，它是千年传记的现代表达，是人生故事的影像记忆，其在具备传记文学作品所有的传播功能的基础上，又融入了新的传播元素和更多的传播技巧。"文革"结束后，中国大陆制作播出的第一部人物传记电视剧是 1982 年的《鲁迅》，距今已有 30 年，在这一个节点有必要对人物传记电视剧这一特殊的文化产品类型进行盘点、分析。30 年间，围绕人物传记电视剧的制作，谁来选择？选择谁？讲述什么？怎样讲述？效果如何？谁来评说？这一系列值得探讨的问题，会帮助我们更加清楚地看到传记电视剧的生产特点，也将引发我们对于文化产品生产的深层思考。

冯学勤、王晶的《常见的轻浮——新世纪国产动画电影长片的艺术问题与价值缺憾》通过对新世纪的头一个 10 年中国动画电影长片的考察指出，这 10 年的中国动漫电影虽然发生了产量由少到多、技术由粗到细、市场由弱渐强的变化，然由于缺乏现实指涉和内在价值支撑，占据整个动漫产业最高端的动画电影长片，就只能表现为虚假的繁荣，而所有外表光滑的动画形象也只表征为"常见的轻浮"。该文从"缺席的民族文化价值观"、"女性性别的刻板印象"、"难以认同的代际身份"和"物种主义批判的可能性"等四个方面，对新世纪动画电影长片的价值缺憾及其他相关问题进行了富有创建的探索。

本辑《文化研究》的其他几篇论文或开拓了文化研究的新领域，或以自己独特的视角和文风令人耳目一新。陶礼天在他长达两万字的《略论文学地理学的过去、现在和未来》一文中系统回顾了我国文学研究界关于文学地理学研究的历史，尖锐地指出了这门"显学"存在的严重理论贫困：观念滞后、方法陈旧。作者试图借助西方 20 世纪人文社会科学自文化转向以来在文化地理学方面取得的前沿成果，特别是因将空间思维引入人文学文化研究导致的思维方式的空间转向或地理转向，重新激活中国的文学地理学研究。作者认为，未来文学地理学研究的中心与重心，应该是景观学研究，亦即对文学景观、文化地理景观及其关系的研究。

李向利《公共性与古希腊戏剧的起源》一文指出，古希腊戏剧不仅是一种文学现象，古希腊戏剧的演出也不仅是一种娱乐性的文艺表演。作为雅典城邦精神的最佳代言，古希腊戏剧是一种有着广泛公共性指涉的社会建制，隐含在民主制雅典的社会、政治和宗教等方面的实践中。本文从古希腊戏剧与酒神宗教的关系、雅典确立酒神宗教过程中的政治运作、雅典城邦政治对公共戏剧的扶持、戏剧演出采用竞赛机制的公共性内涵等角度，分析、讨论了古希腊戏剧起源过程中所具有的公共性因素。

在电影研究方面，杨小滨《你想要知道的台湾新电影（但又没敢问拉康的）》和李闻思的《没有假正经，只有散德行——第二次世界大战后欧美与华语邪典电影探析》无论在选题上还是在语言上都独具特色。杨小滨选取了台湾最具影响力的三大导演侯孝贤、杨德昌、蔡明亮为对象，透过拉康理论中有关精神领域的三个层次——想象域、符号域和真实域——来考察这三位导演的电影美学，同时梳理出台湾电影中有关前现代、现代与后现代的错综复杂关系，即对现代性与后现代性的各种辩证的、冲突的表达，也试图在理论上拓展拉康有关想象域、符号域和真实域的论述，将其连接到同现代性与后现代性相关的议题上。李闻思的《没有假正经，只有散德行——第二次世界大战后欧美与华语邪典电影探析》对特殊的电影类型即所谓"邪典电影"（Cult Film）进行了有趣的解读。顾名思义，"邪典"非正典，似乎是小众的、边缘的，但作为一种亚文化资本，它那种败坏的美、邪恶的气息却别具魅力和生命力，令追随者如痴如醉。它们邪而有别，地方特色鲜明，其中所谓"中式邪典"更能引起国内读者的关注。

尽管还有其他文章值得介绍推荐，但是太长的所谓"导言"总是惹人生厌的。最后，我还是要代表《文化研究》丛刊，对一贯支持和关心我们的海内外朋友表示衷心感谢，特别是对为本刊付出辛勤劳动的首都师范大学文学院的胡疆锋先生（他也是我的同事）及社会科学文献出版社的编辑们致以特别的敬意。

2011 年岁末

明星研究专题

权力、资本和集群：
当代文化场中的明星作家
——以郭敬明和最世作者群为例

杨　玲*

摘要：郭敬明不仅是当代中国最畅销和最有争议的作家，还是当代最成功的文学编辑和作家经纪人。他开创的最世作者群几乎垄断了青春文学市场。本文认为，郭敬明作家身份的"可持续性"，主要依赖于文学明星制度、当代推销性文化以及文学的产业化转型。其获取文化权威的方式和将文学才能转化为经济资本的方式，都与以往的作家有着深刻的结构性差异。本文通过郭敬明和最世作者群的个案研究，揭示了作家身份的内在矛盾以及作家身份所暗含的文化资本、经济资本和非制度性权力资本之间的互动。

关键词：作家身份　文学明星制度　推销性文化　文学产业化　文化资本　郭敬明　最世作者群

Abstract：Guo Jingming is not only the best – selling and most controversial author in Contemporary China, but also the most successful literary editor and agent, as the Zui Authors Group created by him has almost monopolized the Youth Literature market. This paper argues that the sustainable development of Guo's authorship relies on literary star system, contemporary promotional culture, and the industrialization of literature. Guo's way of obtaining cultural authority and transforming literary talents into economic capital

---

* 杨玲，厦门大学中文系。

is structurally and fundamentally different from previous authors. Through the case study of Guo and his Zui Authors Group, this paper attempts to reveal the intrinsic contradictions in authorship, as well as the interaction of cultural capital, economic capital, and non – institutional power embedded in authorship.

Keywords：authorship, literary star system, promotional culture, industrialization of literature, cultural capital, Guo Jingming, Zui Authors Group

如果仅从作品销量的角度看，郭敬明毫无疑问是"当代中国最成功的作家"。① 他曾 7 次获得内地年度图书销售冠军。② 在 1999～2005 年度文学类畅销书排行榜中，他的《幻城》、《梦里花落知多少》和《左手倒影，右手年华》三部作品分别名列第 4、8 和 12 位。③ 在 2006～2010 年的《开卷 5 年虚构类畅销书排行榜 Top30》中，郭敬明更是一人独揽了六个位置。其他中国作家中，只有李可凭借两本《杜拉拉升职记》上榜，姜戎、安妮宝贝、韩寒、张爱玲、余华、钱钟书等人仅有一本书上榜。④ 在郭敬明的"畅销神话"背后，是无数读者的支持和喜爱。从 2004 年开始，各种大大小小的文学阅读调查都表明，郭敬明一直是最受中国青少年读者欢迎的作家。⑤ 当前，郭敬明的影响力已从都市扩展到乡村，他作为"时尚、前

① Aventurina King, "China's Pop Fiction", *New York Times*, May 4, 2008, http：//www. nytimes. com/2008/05/04/books/review/King-t. html? pagewanted = 1&＿ r = 2&ref = review.

② 仇宇浩：《专访郭敬明：我红了十年我还在上升》，http：//book. qq. com/a/20101124/000021. htm。

③ 张文红、王雯、郭晓娟、孙梦莹：《中国大陆市场文学类畅销书 7 年盘点》，2006 – 12 – 12，http：//www. cbbr. com. cn/info_7549. htm。

④ 北京开卷信息技术有限公司：《开卷 5 年虚构类畅销书排行榜 Top30》，2010 – 12 – 30，http：//www. openbook. com. cn/Information/0/932_0. html。韩寒的上榜图书是他主编的《独唱团》杂志。

⑤ 部分调查结果参见白烨《一份调查问卷引发的思考》，《南方文坛》2005 年第 6 期；王先霈主编《新世纪以来文学创作若干情况的调查报告》，春风文艺出版社，2006，第 233～235 页；杨玲、刘晓鑫、陈书毅《解构神话：受众视角中的网络文学——一项关于网络文学观念与阅读的实证研究》，《济宁学院学报》2008 年第 5 期；水丹丹、吴珊珊、宋思森、徐阿龙、曾静娇、邓冰《广外阅读现状调查：一代有一代的文学》，2009 年 4 月 7 日，http：//campus. gdufs. edu. cn/html/gwzone/focus/iniview/20090407/7552720. html；王金胜《当前青少年学生文学阅读调查研究——以山东省青岛市为例》，《上海商学院学报》2010 年第 6 期。

卫"的都市流行文化的代表，吸引了众多具有"强烈好奇心"的农村青少年。①

如果从公共舆论的角度看，郭敬明似乎又是当代中国最富有争议的作家。在中国现当代文学史上，还从来没有一位文学作者像他那样，将作家、商人、企业家、富豪、娱乐明星和流行偶像的众多身份集于一身。一方面，郭敬明在从事各种促进文学繁荣的工作：出版文学书籍、主编文学刊物、举办文学大赛、挖掘培养文学新人。另一方面，他又总是在"玷污"文学的纯洁性、消解作家的文化权威：他对个人财富和奢侈品牌的孜孜渴求、他与娱乐圈和时尚圈的亲密接触、他博客上的半裸照片和微博上的百万粉丝大军，无不背离了公众关于文人/作家的集体想象。郭敬明不仅在"肆无忌惮"地重写作家身份所隐含的行为准则，还以公司的形式结集了一大批年轻作者，共同拓展文学在整个文化场中的疆界。

在媒体眼中，郭敬明是一位"文化商人"。在学者笔下，他被界定为"产业型作家"②或"次级核心作家"③。然而，这些简单化的标签都无助于我们理解其作家身份的暧昧及其文化影响力的来源。一方面，郭敬明的作家身份仍然和传统的政治—文化体制保持着一定联系。如 2007 年 9 月，当郭敬明等 10 名"80 后"作家被批准为中国作协成员后，《课堂内外（高中版）》杂志刊登了一篇短文，标题是"郭敬明的作家身份'转正'"。④"转正"这个被广泛运用于官场、职场和政党等权力机构的词语，又被用来形容文化场中作家身份的合法化。另一方面，郭敬明的作家身份的"可持续性"，又主要依赖于文学明星制度、当代推销性文化以及文学的产业化转型。其获取文化权威的方式和将文学才能转化为经济资本的方式，都与以往的作家有着深刻的结构性差异。本文所要审视的就是郭敬明和他亲手打造的最世作者群在作家身份方面所体现出的矛盾和新变，以及作家身份所暗含的文化资本、经济资本和非制度性权力资本之间的互动。

---

① 蔡向红、龚郑勇：《大众文化对乡村初中生文学阅读的冲击及对策》，《语文月刊》2010 年第 7 期。
② 张永清：《改革开放 30 年作家身份的社会学透视》，《文学评论》2010 年第 1 期。
③ 房伟：《作家身份结构与新时期文学》，《小说评论》2010 年第 6 期。
④ 《郭敬明的作家身份"转正"》，《课堂内外（高中版）》2007 年第 11 期。

一 "作"的神圣与卑微

在人类文明史上，作者/作家一向握有特殊的文化权柄。中国台湾学者龚鹏程认为，汉语中的"作"字和"圣"字有着直接的语义关联。《礼记·乐记》说："作者之谓圣，述者之谓明。"创作者依靠"一种神秘、神圣、神奇的力量，才能撰构出一篇具有奥义、音辞又非常特别的文章"。圣人是"作者"，普通人至多只能做"述者"，传述其言。圣人不仅创作了文字、文章，还创作了人文世界的礼仪制度。《周易》中的爻象，就是圣人开物成务的一套象征体系。《文心雕龙》中的《原道篇》和《征圣篇》，也将文辞与人文教化、圣人与文人才子视为一体。"凡言圣哲人文创制，都以其表现于文辞者为说"，文字、文学、文化之间的密切关系，"难以析分"。① 在中国古代社会，文人群体和士大夫阶层几乎是"叠合的"，"士群差不多全体地获得一种文学写作的能力"。② 不少名垂青史的文学大家既是政治精英，也是文坛领袖。政治和文化领域的双重主导地位让他们拥有了无与伦比的社会影响力。与此相应的，文人群体大多怀有"修身齐家治国平天下"的济世理想和"天下兴亡，匹夫有责"的献身精神，渴望知晓"大道体要"、为国建功立业。一旦人生理想不能实现，"悲士不遇"、"生不逢时"就成了他们文学作品中反复重现的主题。③

英语中的"author"（作者）一词有着和汉语中的"作者"一词类似的原初含义。美国学者皮斯（Donald E. Pease）指出，"author"源自中世纪的"auctor"（创制者），意指文字令人尊崇的作者。"auctor"本身又有四个词源，其中三个是拉丁语动词，分别为"agere"（意为"行动和表演"）、"auieo"（意为"联系、束缚"）和"augere"（意为"增加、生长"）；另一个是希腊名词"autentim"（"权威"）。"创制者"是尘世的权威，他们为中世纪各个门类的知识奠定了规则和原理，并为整个中世纪的道德和政治权威提供了许可。随着新大陆的"发现"、文艺复兴运动和欧洲封建制度的解体，中世纪的作者功能也发生了根本的变化。"创制者"开始转变为凌驾于

---

① 龚鹏程：《中国文人阶层史论》，兰州大学出版社，2004，第 57~65 页。
② 钱志熙：《文人文学的发生与早期文人群体的阶层特征》，《北京大学学报》2009 年第 5 期。
③ 赵敏俐：《汉代骚体抒情诗主题与文人心态——兼论骚体赋的意义及其在文学史中的位置》，《中国文化研究》2010 年夏之卷。

整个文化领域之上的"天才"。他从政治生活中解放出来，成为完全自律的文学领域或"文学共和国"（Republic of Letters）[①] 的主宰。天才的劳动完全不同于工业社会的其他劳动形式。天才依靠自身的想象力进行创作，他拥有自己的劳动资料，他的劳动是资本主义社会中一种独特的、非异化的劳动。从"创制者"到"天才"的转变，标志着作者的功能"从生产一种替代性的政治秩序转变为生产政治世界之外的文化替代物"。[②] 在天才观念的影响下，英国诗人雪莱骄傲地宣称，诗人是未被承认的立法者，拥有神灵赐予的塑造社会的力量。尽管他们不能像摩西那样把法典刻写下来供人遵守，但却可以通过作品潜移默化地为读者树立特定社会的行为规范。[③]

然而，在作者享有的政治和文化特权背后，还隐藏着硬币的另一面——严格的"规训和惩罚"。福柯曾援引贝克特的"谁在说话，有什么要紧？"的质疑，开始了对"作者功能"的思考。福柯认为，作者是话语的一种功能，它的出现与文字带来的惩罚密切相关。福柯写道：

> 当作者受到惩罚，即话语具有越轨性时，文本、书籍和话语才开始真正拥有作者（而不是神秘的、"神圣的"、"圣化的"人物）。在我们的文化里（其他文化无疑也是如此），话语最初并不是一个产品，一个物，一种商品，它本质上是一个行为——一个被置于神圣与世俗、合法与非法、虔诚与亵渎的两极领域中的行为。[④]

司马迁的宫刑、李白的流放、王实味的"误杀"、老舍的投湖以及新中国成立后的历次批判运动，都充分表明作者的权力所连带的风险。文人/作家一方面被统治阶级神圣化，充当教化民众的工具，另一方面又始终无法逃脱权力机制的严密管控。

不过，如偶像一样被供奉的圣贤先师型"作者"终究是少数。绝大部分普通文人不得不在"万般皆下品，唯有读书高"的古训与"柴米油盐酱

---

① "Republic of Letters"，也有人译作"文学之邦"、"文学理想国"。

② Donald E. Pease, "Author", in Frank Lentricchia and Thomas McLaughlin eds. , *Critical Terms for Literary Study*, 2nd ed. , Chicago：The University of Chicago Press, 1995, pp. 106 – 113.

③ J. Hillis Miller, *On Literature*, New York：Routledge, 2002, pp. 88 – 89.

④ Michel Foucault, "What is an Author?", in Paul Rabinow, ed. , *The Foucault Reader*, New York：Pantheon, 1984, p. 108.

醋茶"的日常需求之间奔波辗转。文人阶层向来是一个贫富分化悬殊的群体。虽然他们在名义上共享着神圣的文化权力，但这种权力对于落魄的底层文人无异于一种幻象。20 世纪初，科举制度的废除和封建制度的崩溃，让文人失去了进入权力集团的直接途径，只能依靠新兴的"小说市场"谋生。① 也正是在现代文化市场中，文人的地位、名望和身价有了明确的等级，并通过现代稿酬制度得到了清晰的反映。陈明远经过详细考证，将 20 世纪 30 年代的上海作家按照收入分为了四等。头等作家著述丰富，生活优渥，堪比上流阶层。二等作家过着典型的中产阶级生活。三等作家生活小康，稍好于普通市民。初出茅庐的文学青年（四等作家）则仅能维持温饱。②

尽管中国古代社会一直存在"士农工商"的等级秩序，但"士"与"商"之间并没有不可逾越的鸿沟。文化商人的出现最早可以追溯到印刷业发达的宋明时期。当时，不少贫苦的读书人都在从事刻书、贩书的营生。乾道年间，南宋理学家朱熹"由于奉祠家居，仅领半俸"，生活陷入困顿。为了维持生计，他在讲学和著述之余，开设了一间"书肆"。朱熹不仅将售书所得戏称为"文字钱"，还在《不自弃文》中为书商赢利的合理性做了积极辩护。③ 在大力发展市场经济的当代，兼跨文化场和经济场的作家自然也不会少见。早在 1992 年，王朔就曾和刘震云、莫言、刘恒等人组成了"海马影视创作中心"，一个专门为影视剧创作剧本的"沙龙"性组织。1993 年，在"海马"的基础上，王朔又和导演叶大鹰成立了更加正式的"时事影视文化公司"。叶大鹰任董事长，王朔任总经理。④ 由于政府对文化产业的扶持，一些作家还成为"卓有成就的文化策划家"，"成功的文化产业经营者、企业家"。如担任过《印象·刘三姐》的总策划和制作人的广西剧作家梅帅元、亲手规划了广西多个民族旅游项目的散文家彭洋等。作家从事文化产业，似乎成了"文学参与经济社会发展"的重

---

① 陈平原：《中国现代小说的起点——清末民初小说研究》，北京大学出版社，2005，第 82 ~ 83 页。
② 陈明远：《文化人的经济生活》，陕西人民出版社，2010，第 254 ~ 255 页。
③ 方彦寿：《宋明时期的图书贸易与书商的利益追求》，载韩琦、〔意〕米盖拉编《中国和欧洲：印刷术与书籍史》，商务印书馆，2008，第 52 ~ 54 页。
④ 《马未都原是王朔的伯乐 成文学圈"生杀大臣"》，2009 - 05 - 11，http://book.qq.com/a/20090511/000002.htm；张悦：《"王朔年"：怎么解气怎么拍》，2005 - 09 - 01，http://news.sina.com.cn/o/2005 - 09 - 01/10486836191s.shtml。

要途径。①

在中国古代社会，文人/作家不仅会迫于生计成为低贱的商人，还会经常和娼妓、戏子（即现在的"演艺人士"）等"下九流"过从甚密。文人阶层的这种"自甘堕落"，充分说明了文人身份的内在不确定性。文人可以是传承道统教化的"帝王师"、"位卑未敢忘忧国"的读书人、"铁肩担道义"的知识分子，但他们同时也是逍遥山水的名士和纵情声色的浪子。曾令霞指出，在中国文学史上，"士"、"优"之间一直存在着复杂的身份镜像纠葛。知识分子在皇权之下无所作为时，常常自我认同为"戏子"；当他们在近现代社会获得较多自由之后，又将自己视为戏子的思想启蒙人或拯救者。② 除了文人自拟于戏子、转变为戏子，戏子也会"自拟于文人"、"朝文人类化"。娼妓和戏子虽然属于贱民，但他们中的顶尖人物都乐于和文人交往。文人阶层也不断将他们吸纳为成员或同盟军，以"显得这个阶层的势力越来越庞大"。③

纵观中国文学史，郭敬明既不是第一位文化商人，也不是第一位作家富豪，更不是第一位娱乐大众的文人戏子或是与戏子有接触的文人。然而，当郭敬明于 2008 年 12 月，不顾合作伙伴长江文艺出版社的反对，高调与天娱传媒有限公司签约时，④ 他的举动仍然引起媒体的一片哗然。尽管郭敬明实际担任的职务是"天娱的文学总监和新成立的影视制作部创作总监"，但不少媒体报道都将他描述为"签约艺人"、"李宇春的师弟"。显然，郭敬明加入娱乐公司的跨界之举，如 2006 年先锋作家洪峰街头行乞的新闻一样，⑤ 扰乱了当代文化场中既有的等级秩序，暴露了作家身份中神圣与卑贱、精神与物质、名声与财富、道义与享乐之间的一系列尖锐矛盾。然而，饶有意味的是，郭敬明对于正统作家身份的不断挑战，恰恰是当代文学、文化生产机制发生转型的必然结果。

---

① 李建平：《文学参与经济社会发展的形态与实践意义——文学桂军系列研究论文之三》，《学术论坛》2007 年第 3 期。

② 曾令霞：《论现代文化语境下知识分子与"戏子"的身份转换——以〈迷羊〉为契入口》，《天府新论》2009 年第 6 期。

③ 龚鹏程：《中国文人阶层史论》，兰州大学出版社，2004，第 22～24 页。

④ 贾维：《作家"明星化"第一人：郭敬明签约天娱成职业艺人》，2009 年 3 月 26 日《新京报》，http：//book.qq.com/a/20090326/000023.htm。

⑤ 《作家洪峰被停薪当街乞讨 各方为细节激烈争辩》，2006 年 11 月 1 日，http：//book.sina.com.cn/news/a/2006-11-01/1337205791.shtml。

二　出版业、畅销书与文学明星

不少学者都注意到青春文学作者的"明星化"／"偶像化"。江冰认为，由于青少年读者在青春期的"偶像崇拜"心理，作家的偶像化"正好是通往'目标顾客'的有效途径"。① 邵燕君也把"青春写作"概括为两种模式：一是以韩寒、郭敬明为代表的偶像明星式的畅销书写作；二是以安妮宝贝为代表的流行经典式的畅销书写作。韩寒、郭敬明最初成名是靠作品，此后更多的是靠偶像的魅力和成功人士的光环。② 贺绍俊则认为，在大众文化的影响下，整个当代文学生产都出现了明星化的趋势。因为"明星是文化消费的焦点，也是文化经济增值的支点"。市场上最具有交换价值的不是文学作品本身，而是作家的明星身份。"在文学生产明星化的最初阶段"，书商们多从已成名的作家中挑选合适的对象进行炒作、包装。21 世纪以来，书商们开始"从有潜力的年轻人中发现明星坯子"。韩寒和郭敬明就是这样上市的第一批少年作家。③ 作家、出版人路金波（网名"李寻欢"）还把当代作家的明星化与网络文学／文化的飞速发展联系到一起。他在一个媒体访谈中提到："钱钟书说的，你吃了炒鸡蛋，就别管是哪个母鸡下的。但我觉得，在目前内容过剩的时候，读者没有办法区别出来哪个最好，这个时候母鸡是非常重要的。"④ 这里的"母鸡"当然指的就是作者。

21 世纪以来，由于图书出版行业所发生的重大变化，出版商不得不倚重畅销书和明星作者。据开卷公司统计，从 2000 年至今，中国图书零售市场保持了每年 10% 以上的增长速度。与此同时，书业图书品种也在大幅增长。目前，中国每年出版的图书品种、总量都位居世界第一。⑤ 由于图书出版的门槛越来越低，图书销售也就变得越来越困难。新华书店平均每天上

①　江冰：《论 80 后文学的"偶像化"写作》，《文艺评论》2005 年第 2 期。

②　邵燕君：《传统文学生产机制的危机和新型机制的生成》，《文艺争鸣》2009 年 12 期。邵燕君的分类多少有些武断。如果单纯看销量数据的话，郭敬明的部分作品也可算作"流行经典式的长销书"。至少《幻城》已经畅销了 8 年，不输于安妮宝贝的任何作品。2011 年 3 月，安妮宝贝也像郭敬明、张悦然、韩寒一样，创办了自己的杂志《大方》，成为国内又一位"明星主编"。

③　贺绍俊：《大众文化影响下的当代文学现象》，《文艺研究》2005 年第 3 期。

④　刘恒涛：《路金波：把作家做成品牌》，2007 年 7 月 2 日《财经时报》第 F03 版。

⑤　孙庆国、杨伟：《聚焦图书上架与销售》，北发图书网 2009 年 2 月 4 日，http：／／info. beifa-book. com／Active／ActiveView. aspx？CallingActiveId = 18149。

架的新书达到 600 种，下架频率由原来的 3 个月缩短为 1 个月，全国每年图书库存量达 300 亿。① 此外，来自海外的畅销书，也和其他日用消费品一样，抢占了相当一部分本土市场份额。中国加入世贸组织以后，海外版权的引进开始变得容易。不少出版社都会在第一时间将欧美日的畅销书引入中国。2000 年 9 月，英国女作家 J. K. 罗琳的小说《哈利·波特与魔法石》正式引进中国，十年间共引进了七部，每一部的平均销量都达到了惊人的 300 万册，而中国本土图书单本的平均销量仅为 6000 册。②

在这种"内外交困"的形势下，畅销书的市场拉动作用就显得格外重要。著名出版人、原华艺出版社副社长金丽红将畅销书称为"目前出版业，至少是我们这样一种小型出版社的经济支撑力"。华艺出版社在 2001 年推出了崔永元的《不过如此》和余秋雨的《行者无疆》，两本书的发行量分别为 104 万册和 46 万册。这两种图书，加上另外几种发行量 5 万~10 万册的图书，只占华艺出版社图书品种的 5%，但它们的码洋额却占到了 70%，利润额占到了 60%。③ 另据长江文艺出版社的一位编辑介绍，在 2009 年全国图书销售量中，5% 的畅销书贡献了 58.82% 的码洋。④ 国内传统的出版流程仅仅是"编制、印刷、发行"，现在的出版业则必须以营销为中心，将"出书"变成"做书"。畅销书的生产尤其离不开出版社的策划和营销。以华艺出版社为例，该社每年都会选择三四本有可能成为畅销书的图书作为重点书，进行三个波次的宣传，包括市场预热、书讯、书评或研讨会。这一类重点书发行量都在 15 万册以上。第二种书预期销量为两三万册，一般只进行一次宣传。90% 的图书则因发行量有限而得不到任何宣传。⑤

出版社在选择重点书时，无疑会首先考虑作者的名气。名气越大的作者，越有可能成为出版社重点推广的对象。金丽红本人就偏好"成功人士路线"，相继出版了白岩松、朱军、崔永元、冯小刚等多位社会名流的作品。这些名人图书大多成为畅销书。⑥"以人带书"现已成为出版业的一个普遍做法。在一些极端的个案中，甚至出现"先做人，后做书"的情况，

①　陈婷：《郭敬明现象的出版传播学解读》，湖南师范大学 2010 年硕士论文，第 49 页。

②　《2010 年中国作家富豪榜 郭敬明位列第二》，2010 年 11 月 15 日，http：//book. sina. com. cn/news/c/2010－11－15/1052279895. shtml。

③　向勇：《北大文化产业前沿报告》，群言出版社，2004，第 121~122 页。

④　张维：《畅销书的运作》，北京师范大文艺学研究中心讲座，2010 年 3 月 6 日。

⑤　向勇：《北大文化产业前沿报告》，群言出版社，2004，第 141~142 页。

⑥　"金丽红"，百度百科，http：//baike. baidu. com/view/1630904. htm。

即出版商先把作者打造成名人，然后再出版其作品。2009 年的"香水女孩"（真名王亭亭）事件，据说就是由出版商一手策划的。北外女生王亭亭梦想成为美女作家，某文化传媒公司许诺将与她签约 10 年，出书 10 本，共 100 万字。但出书之前，先要在网上对她进行一番炒作，让她一夜成名，然后公司再举办一个公开的签约仪式，以 2000 万元的高价与她签约。①

明星作者现象并非中国独有，西方出版业也非常重视明星作者。英国学者乔·莫伦（Joe Moran）曾详细论述了美国当代文学明星制度的出现背景。莫伦指出，明星制度最早出现于 20 世纪初期的美国电影业。部分原因是，观众对于名人的需求比对电影情节或类型的需求更加稳定。由于电影的制作成本较高，制片公司需要依靠贷款才能完成拍摄。而银行只有看到明星的名字，才肯放贷。然而，图书出版不像好莱坞电影那样需要庞大的前期投资，这就导致图书行业的过量生产。"在每年生产的新书中，约 80% 的品种都是商业败笔。"不过，由于图书出版的前期投入小，一家出版社通常只需要一个季度推出一本"畅销书"就能保本。只有畅销书才能享受特殊的宣传套餐，如"6 位数的首印量、豪华的护封、新闻媒体的热炒、十城市宣传之旅、电视访谈、广告、四色招贴海报以及书店展示"。在选择这些畅销书时，出版社不光考虑图书的内容，还会顾及作者的个人魅力和上镜表现。为了追求利润的最大化，出版商常常"通过将商业上成功的作者推向主流电视或者其他媒体，为一小部分图书开发最大的潜在阅读市场"。莫伦认为，"在将作者提升为'名人'的过程中，图书宣传变得日益重要，这其实是文学生产被不断整合到娱乐产业的一种症状。它让作者和书籍都成了名人现象的文化普遍性的一部分，而名人正是垄断资本主义的市场机制"。②

其实，文学生产并非被"整合到娱乐产业"，而是已经成为一种文化产业。③英国学者赫斯蒙德夫（David Hesmondhalgh）认为，文化产业有三个突出特点。首先，它是一个高风险产业，受众对文化产品的使用方式具有高度的不稳定性和不可预测性。其次，大部分文化产品都具有高生产成本

---

① 秦艳华：《新媒体时代"泛偶像化"出版现象的思考》，《中国出版》2009 年第 7 期。
② Joe Moran, "The Reign of Hype", in P. David Marshall ed., *The Celebrity Culture Reader*, New York：Routledge, 2006, pp. 324 – 344.
③ 参见拙文《当代文学的产业化趋势与文学研究的未来——以青春文学为例》，《文艺争鸣》2010 年 9 月号（上半月）。

和低复制成本。另外，文化产品具有"半公共物品"的特性，很少在使用中被损坏。文化产业公司为了应对这些问题，往往会采取"过量生产"的策略，并运用明星、类型（genres）和系列将文化产品"格式化"。① 也就是说，不管是文学产业还是娱乐产业，都不得不利用明星制度来规避不确定的市场需求风险。国内学者邓伟也提出："消费时代的文化产业更多地倾向于利用名人和偶像对受众主体性加以建构。在此过程中，名人和偶像被商品化、符号化并参与到把受众界定为有可辨别界限群体的活动中。"韩寒、郭敬明等明星作家的"写作风格、个人经历、生活习惯乃至隐私往往被大众传媒刻意夸大甚至扭曲，转变为具有特定内涵的符号，以吸引、建构并扩大稳定的受众消费群体"。②

不过，从作家功能的角度看，作家天然地具有成为明星偶像的潜能。优秀的文学作品能引发读者强烈的情感共鸣，让读者感觉作者仿佛就是自己最亲密的朋友和知己。历史上，汤显祖的《牡丹亭》就曾让无数读者为之心醉神迷，甚至有少女非汤显祖不嫁。③ 鲁迅生前也是一位拥有众多追随者的文学偶像。1926 年夏，文学青年张天翼和沙汀都曾奔赴北京大学，盼望能见到鲁迅。在得知鲁迅因躲避段祺瑞政府的通缉而出走厦门的消息后，张天翼选择了退学，沙汀则黯然返川。但几年后，他们仍然以各自的方式和鲁迅取得了联系。④ 意大利社会学家艾伯偌尼（Francesco Alberoni）称明星为现代社会中"无权的精英"。明星虽然没有制度性的权力，但却在社群中备受瞩目，是所有社群成员都可以评价、热爱或批评的公众人物，在民众中拥有强大的号召力。明星是阐释整个社群的新旧价值观的卡理斯玛领袖，他们能整合社群成员的经验和期待，并创造出新的共识来推动社会的前进。⑤

郭敬明和韩寒这两位"80 后"偶像作家的出现，延续了明星作家作为

---

① David Hesmondhalgh, *The Cultural Industries*, London：Sage, 2002, pp. 11 - 12, 17 - 21. 该书已有中译本：〔英〕大卫·赫斯蒙德夫：《文化产业》，张菲娜译，周蔚华校，中国人民大学出版社，2007。

② 邓伟：《非理性文学消费与"粉丝"身份建构——以郭敬明、韩寒粉丝群体为个案》，《长江学术》2010 年第 4 期。

③ 蒋晗玉：《汤显祖的纯情女"粉丝"》，《艺海》2010 年第 2 期。

④ 吴福辉：《插图本中国现代文学发展史》，北京大学出版社，2010，第 195～196 页。

⑤ Francesco Alberoni, "The Powerless 'Elite'：Theory and Sociological Research on the Phenomenon of the Stars", in P. David Marshall ed. , *The Celebrity Culture Reader*, New York：Routledge, 2006, pp. 108 - 123.

"无权的精英"的社会功能。他们拥有平凡的出身和超凡的品质（英俊的外表、优秀的文字表达能力和与众不同的个性），具备成为明星偶像的一切条件。他们找到了在既有的文学生产体制之外的成名方式。他们几乎不依赖传统的文学评价和筛选机制，全凭市场和读者就能维持自己的明星地位。如有评论者所指出的，韩寒不是一般意义上的知识分子，他无须像知识分子那样隶属于某个"小圈子"或"派系"，他否定了各种"圈圈和框框"，他只依靠广大的读者/支持者。① 郭敬明尽管加入了作协，表面上挤进了作协所设定的体制化"圈子"，但他清醒地意识到："我是作家里面最被关注的，我很主流，但在作家圈里面，我又是一个很边缘的人，这很微妙。"② 郭敬明和韩寒的存在表明，个体在这个混浊复杂的当代社会里依然可以既保持独特的个性和锋芒，又获取巨大的声名和财富。问题的关键不在于郭、韩二人是否是文学明星，而在于他们如何使用、掌控自己的明星身份。在这方面，郭敬明对于自身名声的开发尤为引人注目。

三 作为推销性符号的作者

加拿大学者维尼克（Andrew Wernick）深入分析了作者的名字在当代推销性文化（promotional culture）中的演变方式。维尼克将"推销"定义为"任何在竞争性交换的语境下，用以刺激某物的流通的行为或交际过程"。在他看来，即便是那些最受尊敬和最少商业动机的作者，也在双重意义上卷入了推销。一是作为自我推销实践的操作者，因为作者主动将自己的名字印在图书上，不可避免地透过写作宣传了这个名字和与该名字相关的个人形象。二是作为这种推销实践的对象，作者成了一个被生产出来的推销性符号。

维尼克将作者名字的推销性构成（promotional constitution）概括为四个逻辑—历史时刻。首先，作者的名字，如同公共领域中的任何名字一样，是一个场域，汇聚了各种关于该作者是谁的认知。伴随着公众的接受，逐步形成了该作者在地方和全球文坛的总体性声誉。其次，作者的书写进入了交换关系，也就是出版业。作者的名字可以变现为出版合同和销量，作者本人也直接参与了签售、演讲、新闻访谈等推销活动。从作者的角度看，

---

① L. A. W.：《谁制造了韩寒：关于韩寒的对话》，中国法制出版社，2010，第21～29页。
② 薛芳：《80后偶像作家的商业路径》，《南方人物周刊》2009年8月3日，第43页。

作者的名字变成了一种推销性资本。从文学产品的角度看，作者的名字变成了一种推销性符号。这种符号和品牌很类似：它们都是宣传的产物，用于产品的辨识，并向潜在的购买者保证产品的质量。在第三个阶段，作者的名字完全脱离了与该名字相关的文学产品，开始独自传播。这个名字不仅可以用来推销作者本人的作品，还可以背书、代言的形式推销其他的产品和服务。这一点在体育界最为明显，许多著名运动员的广告代言收入远远超过他们参加比赛的收入。当然，作家在出租自己的名字方面通常不会像运动员那么高调，他们只是为《纽约时报》撰写一下书评。在最后一个阶段，作者的名字被吸纳进"整个由促销建构的巨大话语"，这个互文性话语覆盖了我们生活的各个角落。正如广告引用了文化的每一个分支，促销话语中的每一样商品也都在为其他商品做着广告。①

对照维尼克的分析，我们不难发现，郭敬明与传统作家的根本不同在于，他的名字已经"进化"到了维尼克所说的最高阶段，而传统作家至多停留在用自己的名气为他人作序或写书评的阶段。我们不妨回顾一下郭敬明这个名字所经历的"三级跳"。在郭敬明刚出道时，他只是青春文学/80后文学的代表性人物之一，依靠作品销量，在文学领域赢得了声誉。在成功地创办《最小说》杂志之后，郭敬明的名字进入了第二个阶段，成为青春文学的著名品牌，也就是维尼克所说的"推销性符号"。最世公司、《最小说》和《最漫画》杂志以及"文学之新"选拔赛，无一不是在利用郭敬明个人的品牌吸引力。据说，最世旗下的作者，如果没有郭敬明，新书只能卖3000本。但封面上一旦标有"郭敬明推荐"的字样，就能卖出三万本，以至于长江文艺出版社的副总黎波称郭敬明"像一个金炉，你在里头沾点金，就能赚钱"。② 自2010年8月代言"珍视明"眼药水之后，郭敬明的名字进入到第三个境界，它已经可以和郭敬明的文学作品或活动彻底分离，而被文学之外的领域所租用。在珍视明投放的电视广告中，一群中学生看着出现在教室的郭敬明，齐声惊呼"郭敬明"。而郭敬明则手举一盒"珍视明"眼药水，亲切地说："是珍视明。视力下降，快用珍视明。""（不是）郭敬明，是珍视明"这句话的语义逻辑关系就和"（不是）飞机，

① Andrew Wernick, "Authorship and the Supplement of Promotion", in Maurice Biriotti and Nicola Miller eds., *What is an Author?*, Manchester: Manchester University Press, 1993, pp. 92 – 96.

② 《时代宠儿郭敬明》，2010 年 3 月 17 日《中国周刊》，http://news.sina.com.cn/c/sd/2010 – 03 – 17/160919883892. shtml。

是手机"一样滑稽、古怪。"郭敬明"和"珍视明"这两个专有名词之所以能够并置并被人们理解，不过是因为它们都是品牌和推销性符号。

2010 年底，郭敬明在腾讯网的个人频道开通。这是国内大型门户网站首次为个人开通独立频道。现在，腾讯网民在访问新闻频道、体育频道、读书频道之外，还可以访问"郭敬明频道"。该频道下设图书、新闻、作者、图片、视频、活动、"文学之新"大赛、《最小说》基金等专区，集合了郭敬明和最世所有签约作者的最新动态。腾讯网计划拿出 100 万个 QQ 号与郭敬明合作，把散布在全国各地的郭敬明读者通过 QQ 号联动起来，向他们定向发布消息。"郭敬明频道"的开通，标志着"郭敬明"这个名字已经名副其实地融入了一个庞大的信息交际"网络"。而这个网络的推销性质是不言而喻的。腾讯借助郭敬明来吸引、组织 QQ 用户，郭敬明本人也利用腾讯的平台进一步提高了个人和公司的知名度。[①] 诚如郭敬明自己所说："郭敬明这三个字今天已经不是我个人的，不是作家署名的郭敬明，而是行业或者产业里面的一个聚光效益，只要是我策划的，是我关注的，是我在涉足的一个领域，就会迅速吸引目光，无论是我们生产产业链上的目光，还是下游读者群的目光。"[②]

深深嵌入当代推销性文化的郭敬明，就仿佛是炼成了乾坤大挪移的张无忌，可以自由地吸取任何门派的武功为己所用。他的名字日益频繁地与其他影视、时尚、娱乐名人联系在一起，相互借力，共同受益。当下，媒体、公众、文学界每一次提起"郭敬明"这个名字，不管是攻击、嘲讽还是赞美，最终都只是巩固了这个推销性符号的价值。当然，郭敬明本人的初衷可能并不是要成为这样的符号。按他自己的说法，他只是出于好奇，想尝试各种行业，让自己的人生更加丰富、完满。[③]

四　从作家到作家经纪/经济

尽管公共舆论常常将郭敬明与韩寒相提并论，并倾向于把前者当作后

---

① "NEWS"，《最小说》2011 年第 1 期。
② 《郭敬明吴怀尧对话录：影响力大过新闻联播》，2010 年 8 月 6 日，http：//www. 76810. com/index. php/thread/view/id-108728。
③ 《郭敬明 vs. 麦家：当作家成为"明星"》，湖南卫视《零点锋云》，2010 年 8 月 18 日，ht-tp：//www. 56. com/u20/v_NTQ0MzE5Njk. html。

者的负面陪衬，但郭敬明与韩寒的一个显著不同却往往被人忽略不计。这个不同就是，韩寒只成就了他自己，而郭敬明却帮助一大批年轻作者实现了写作梦想，其中一些人还像他本人一样成为畅销书作家。最世公司的签约作者安东尼（马亮）曾将郭敬明比喻为太阳："太阳　不是完美的　夏日炎炎会中暑　更别说　爆发一记　太阳风暴/但是　作为　星星或者月亮的我们　至少正被太阳温暖着　或者曾经因为太阳而有了光吧。"① 撇开这个比喻的政治性联想不谈，将郭敬明比作"太阳"或许并无不妥。他俨然已是当代文化"星空"中一颗光芒四射的"恒星"，而他麾下的最世作者群也的确因他而成为同样闪光的"星体"。这些大大小小的文学新星们，彼此照亮、相互辉映，共同组成了青春文学产业中最大规模的"星系"。

作家常常被浪漫地想象为放荡不羁、孤独自由的艺术天才，他们过着波西米亚式的生活，"在阁楼中忍饥挨饿"，拒斥循规蹈矩的资产阶级生活方式。但美国社会学家贝克（Howard Becker）却激进地认为，艺术家并不是天才，他们也不是一个人在战斗，而是"一群有才能的人，和其他具有不同才能的人一起工作，创造引人注目的新的艺术客体或表演"。艺术家存在于一个复数的"艺术界"（art worlds）之中。艺术并不是由艺术家创造的，而是由艺术界共同创造的。艺术界是由所有参与艺术的生产、保存、推销、分配、批评和买卖的人组成的"人际网络，网络中的人们以他们对行事惯例的共识为基础开展合作，生产出让这个艺术界得以闻名的艺术作品"。在贝克看来，"艺术是一个过程——一项活动，而不是一件完成了的产品（一个客体或一次演出）"，这项活动包含了很多人的努力，其中大多数人的努力都没有得到社会的承认。②

在西方"文学界"，作家经纪人就是文学生产过程中一个重要的但却不为广大公众所熟知的参与者。以美国为例，大部分平装书和大众市场平装书的书稿都是由经纪人代理的。经纪人是图书出版行业的把关人之一。声誉良好的经纪人会仔细阅读书稿，为作者提供修改意见，并制订出版方案，寻找最适合书稿的出版商。许多经纪人只有在确信书稿价值的情况下，才会和新作者签约。作者一般需向经纪人支付所有收入所得（包括预支稿费、

---

① 引自心幻情绪《痕痕，阿亮，和喵的博客》，2007 年 9 月 30 日，http://tieba.baidu.com/f? kz = 268857116。

② 转引自〔英〕维多利亚·D. 亚历山大《艺术社会学》，章浩、沈扬译，江苏美术出版社，2009，第 86 ~ 96 页。

版税、影视改编权、海外版权、平装书版权）的 15% 作为代理费。① 一些大型出版社甚至根本不和作者直接打交道，只接受由经纪人代理的文稿。② 经纪人的职业素质在很大程度上决定了作品是否能出版、出版后的销量和作者的文学声誉。如卫慧就是投靠了英国著名文学经纪人托比·伊迪（Toby Eady）才成为海外销量最高的大陆作家。伊迪不仅帮助卫慧把《上海宝贝》的英文版卖到了 100 万册，还曾代理华裔女作家张戎的回忆录《鸿》（Wild Swans），让该书的销量超过 1000 万册。③ 日本作家村上春树也是依靠优秀的美国文学经纪人成为享誉西方乃至全球的作家。④

　　与发达国家的作家经纪人制度相比，中国出版业不仅缺乏为作者服务的经纪人，甚至"把作者视为弱势群体"，轻视作者的劳动。"拖欠稿费，压低报酬，雇佣枪手"都是业内极为普遍的现象，直接导致了文化原创力的缺乏。⑤ 郭敬明在创办"岛工作室"时期，也曾被出版社拖欠数十万元的稿费。⑥ 或许正是这样的经历，让郭敬明决心用自己的力量来改变中国出版业的现状。2006 年 7 月，年仅 23 岁的郭敬明注册成立了上海柯艾⑦文化传播有限公司，并出任公司的董事长。2010 年 7 月，柯艾更名为"上海最世文化发展有限公司"，并自称拥有"最先锋的创意，最新锐的理念，最顶级的阅读享受，最优质的作家，最富进取的团队"。⑧ 短短四年时间，郭敬明的公司从最初的几个人，发展成一个拥有 30 多名员工和两个分部的颇具规模的文化公司。⑨

---

① Albert N. Greco, *The Book Publishing Industry*, 2nd ed., Mahwah, NJ: Lawrence Erlbaum Associates, 2005, pp. 151 – 152.

② "literary agent", Wikipedia, http：//en. wikipedia. org/wiki/Literary_ agent.

③ Deepika Shetty, "Literary Lessons with Toby Eady", http：//www. baliadvertiser. biz/articles/ubudwriters/2008/feb_ 13. html. 感谢美籍华人作家少君先生在 2011 年 4 月北京师范大学举办的"中国文学海外传播"国际学术研讨会上，让我注意到这个信息。

④ 《村上春树三天两夜长访谈》，载安妮宝贝主编《大方. No. 1》，北京十月文艺出版社，2011，第 91 ~ 92、95 页。

⑤ 任翔：《数字出版要替传统出版还三笔债》，《出版参考》2011 年 3 月上旬刊。

⑥ 《时代宠儿郭敬明》，2010 年 3 月 17 日《中国周刊》，http：//news. sina. com. cn/c/sd/2010 – 03 – 17/160919883892. shtml。

⑦ "柯艾"公司的英文名是"Castor"，意为双子星座中最亮的一颗星。郭敬明本人是双子星座。

⑧ 《I AM ZUI》，《最小说》2010 年 7 月，第 13 页。

⑨ 《郭敬明：光鲜背后的奋斗》，《财富堂》2011 年 2 月 9 日，http：//finance. eastmoney. com/news/1368, 20110209118706848. html。

最世公司的一项主业就是与有才华的年轻作者签约，做他们的经纪人，帮助他们出版作品。公司在一份宣传册中称要"打造国内第一家用娱乐经济公司的模式来代理青年文艺创作者的优秀经济公司"，为作者提供企划、编辑、推广、海外版权等全方位的专业服务。每一位签约作者都将有自己的专属编辑。编辑会与作者"及时沟通审稿意见"，帮助作者"解决一系列创作中遇到的难题"，为作者安排宣传活动以及书籍的装帧和版权开发，在作者外出签售、聚会时提供生活上的照应。① 郭敬明本人也不遗余力地利用自己的人气提携旗下的签约作者，为他们的新书作序，在《最小说》和"时光"论坛上刊登他们的新书广告，带领他们进行签售和媒体宣传。在推出新人新作时，郭敬明还会亲自"提供长篇的创意和选题"，修改单行本的封面设计、内文版式和宣传文案。②

截至 2011 年 3 月，最世旗下的签约作家达到 50 人，签约插画师 20 多人，签约设计师和摄影师 13 人。公司已出版 75 本文字类单行本、17 本漫画单行本、6 本画集/绘本、4 个书系（含 33 本单行本）。③ 由于拥有《最小说》提供的宽广平台和一支出色的装帧、发行队伍，最世签约作者的作品销量基本上都在 10 万册以上。④ 被学院派认可的"80 后"女作家笛安在加入最世之前，作品的销量"不到 2 万册"⑤。加入最世之后，她的长篇小说《西决》创下了 70 万册的销售纪录，续集《东霓》的初版首印量即达 50 万册。⑥ 她本人也因此在"2010 中国作家富豪榜"上名列第 19 位。目前，郭敬明的最世团队已有垄断青春文学市场的趋势。在"开卷 2011 年 1 月青春文学类畅销书排行榜"上，前 10 名全部来自最世作者群，郭敬明一人就独霸了 8 个席位。⑦

不同风格、不同定位的作者的加盟，不仅让最世的文学出版变得更加

① 《I AM ZUI》，《最小说》2010 年 7 月，第 21 页。

② 痕痕:《痕记》，长江文艺出版社，2010，第 67 ~ 68 页。

③ "上海最世文化发展有限公司"，百度百科，2011 年 4 月 10 日更新，http: //baike. baidu. com/view/4005121. htm%234%E3%80%91。

④ 《郭敬明公司签约作者图书销量基本不少于 10 万册》，华夏经纬网 2010 年 8 月 5 日，ht-tp: //www. huaxia. com/zhwh/whxx/2010/08/2022582. html。

⑤ "CASTOR News"，《最小说》2010 年第 2 期。

⑥ 《"写二代"笛安作品销量超父辈 刘恒称文字令人惊艳》，2010 年 6 月 25 日《钱江晚报》，http: //www. china. com. cn/culture/book/2010 – 06/25/content_20349509. htm。

⑦ 北京开卷信息技术有限公司:《开卷 2011 年 1 月青春文学类畅销书排行榜分析》，2011 年 2 月 15 日，http: //www. openbook. com. cn/Information/0/1094_0. html。

多元，也满足了读者群的多层次需求。2011 年 1 月，最世的知名女作家笛
安和落落，分别推出了她们各自主编的面向青年读者的新杂志：《文艺风
赏》和《文艺风象》。"前者针对严肃文学，是高端纯文学年轻态先锋杂志，
后者则倡导生活万象、文艺新风，但又不同于传统意义上的时尚生活志。"①
这两本杂志的问世，弥补了《最小说》主要面向中学生读者从而使读者群
年龄偏低的缺陷。由于两本杂志的创刊号捆绑在一起销售，上市仅一周，
发行量便达到"18 万册，超越了《收获》、《当代》等七八家大型杂志的月
销量总和"。② 随着《暮光之城》系列及其改编的同名电影在大陆持续热销，
吸血鬼文学成了一个异军突起、令人瞩目的亚文类。为了在这一个亚文类
上有所作为，郭敬明签下了旅英作家恒殊，大陆吸血鬼亚文化的"奠基
人"。③ 恒殊的长篇小说《天鹅·光源》由于事先已经在《最小说》上进行
了大半年的连载，积累了相当的人气，单行本一上市，就登上了开卷 2011
年 6 月虚构类畅销书排行榜。④

　　最世作者群的形成还开启了作家之间新的合作模式。近现代中外文学
史上，我们绝少看到某部名著与两个或两个以上的作者联系在一起。虽然
集体创作影视剧剧本的现象很普遍，但文学作品的"集体创作"似乎只有
在"文化大革命"时期才"得到鼓励和提倡"，因为它有利于"党对文艺工
作的领导"，有利于"破除创作私有等资产阶级思想"，有利于"造就大批
无产阶级文艺战士"。⑤ 作为新自由主义意识形态下出现的文学创意产业，
当然不会像"无产阶级文化大革命"那样去摧毁资本主义文学生产方式。
恰恰相反，最世公司的集体生产正是遵循资本的逻辑，试图建立新的"1 +
1 > 2"的利润生产模式。在最世公司，我们至少可以看到三个类型的集体
创作方式。第一类是多人集体创作的单个文学作品，它与"文化大革命"
时期的"集体创作"最为类似。2010 年年中，最世公司开始筹备《我们约
会吧》的小说和剧本。郭敬明先独立完成了剧本的创作，根据剧本衍生出
来的同名长篇小说则是由郭敬明、笛安、落落、爱礼丝（吴亮）、王小立、

---

① 《最小说》2011 年第 1 期，第 10 页。
② "VOICE"，《最小说》2011 年第 3 期，第 120 页。
③ "恒殊"，百度百科，http://baike.baidu.com/view/1730465.htm。
④ 北京开卷信息技术有限公司：《开卷 2011 年 6 月虚构类畅销书排行榜分析》，2011 年 7 月
　 16 日，http://www.openbook.com.cn/Information/2120/1458_0.html。
⑤ 洪子诚：《中国当代文学史》，北京大学出版社，1999，第 186 ~ 187 页。

李枫等人共同完成。几位合作者为了"讨论、磨合剧情"，不得不经常加班。"从最初的草稿、写作，到修改、定稿"，其间推翻了多个版本，但在整个创作过程中，也碰撞出了新的火花。① 《我们约会吧》的图书广告将这次合作形容为最世"重量级"作者之间的一次"华山论剑"。几位风格迥异的作者在小说中"以文为刃"、"斗技飙文"，展示了"新生代最巅峰的竞技"。② 将集体创作比喻为"武林大会"，是一个很耐人寻味的修辞策略。这种即使在团队合作中也不忘张扬个人主义和争胜精神的做法，显然与"文化大革命"时期为了集体的利益而抹杀个人特性有着天壤之别。

　　第二类是多人独立创作的系列作品。2011年最世公司推出了一个奇幻系列小说《骑誓》。由公司的10位作者每人讲述一个帝国的骑士故事，共同构建一个全架空的幻想世界。这个系列目前已有两部作品上市。一部是陈晨的《骑誓·蛊骑士的灵印》，20万字；另一部是肖以默的《骑誓·十字骑士的诅咒》，12万字。以平均每部15万字计算，整个系列如果出齐的话，总字数将达到150万字。近年来，网络小说，尤其是玄幻小说，越写越长。一般网络小说的字数都在100万到200万字之间。这些超长篇网络小说虽然能够创建庞大的叙事宇宙，帮助读者打发闲暇时间，但其中存在大量的水分，"可能只有20万字是真正有意思的，其他80万都是铺垫"。③ 较之网络作者，依靠纸媒出版的作者会更讲究文字的表达和作品的艺术性，他们很少能一个月就写出20万字的可出版作品。为了与网络小说竞争，满足读者连续阅读超长篇小说的需求，集体创作就成了一个可行的方案。

　　第三类是多人独立创作的作品合集。多位作者针对同一个主题，展开创作，他们所完成的作品被收录在同一个图书单行本里。2011年出版的"下一站"游记系列丛书，就属于这个类型。该丛书目前已经出版了两本。一本名为《下一站·神奈川》，另一本名为《下一站·伦敦》。两本书都是分别由最世公司的五位作者参与。《神奈川》收录了郭敬明、落落、笛安、消失宾妮和王小立2010年去日本采风的成果，内容包括"九万字的文学创

---

① 《郭敬明：我和韩寒"被娱乐"是时代需要 负面新闻难免》，2011年3月5日《羊城晚报》，http://www.chinanews.com/cul/2011/03－05/2886078.shtml。
② 《最小说》2011年第1期。
③ czq志强：《骷髅旧闻 关于网络小说的字数》，2010年7月3日，http://tieba.baidu.com/f?kz＝81639589。

作"和"近百张唯美写真摄影"。① 《伦敦》则记录了郭敬明率领第一届
"文学之新"四强（萧凯茵、卢丽莉、叶阐、陈龙）赴伦敦进行为期一周的
文化交流的过程。内容以散文、四格漫画和摄影图片为主。② 在这一类型的
集体创作中，作者之间的合作主要不是发生在创作层面，而是发生在营销
层面。"下一站"系列似乎是在模仿娱乐明星的写真集，主要以粉丝读者为
目标群体。图书的文字内容乏善可陈，但图片精美、印刷质量好，适于粉
丝收藏。由于参与的作者各自拥有一定数量的粉丝，合在一块儿出书无疑
有利于提高图书的销量。

团队合作不仅是最世的赢利模式，还是其公司品牌的核心吸引力。《最
小说》除了重点宣传郭敬明个人的品牌价值，还特别注意宣传最世的公司
形象，向读者灌输这样的信息：最世是一个奋发有为、精诚合作、友爱包
容、时尚有趣的集体。这对于 20 世纪 80 年代以后出生的、渴望同辈之间的
友谊和群体归属感的独生子女是非常有诱惑力的。在这样的宣传攻势下，
郭敬明的部分粉丝读者也的确转化为《最小说》和最世公司的粉丝。来自
湖北的一位读者 Rachel 说："我是多么地希望能加入你们这个集体，共同为
一个梦想去努力、去创新、去做得更好"，"也许这就是《最小说》带给我
的震撼吧，喜欢一本杂志到心甘情愿地为它工作，这是其他的杂志不可能
带给我的震撼"。③ 读者对于最世品牌的忠诚，无形中也给签约作者带来了
一定压力，迫使他们也对公司保持忠诚。2010 年，七堇年在与最世公司的
合约到期之后，转签了路金波的公司"万榕书业"。为此，她不得不专门在
个人博客上发表了一篇名为《陈情表》的博文，向最世的读者强调自己没
有任何违约的背叛行为。④

2011 年 2 月，郭敬明在深圳的一次读者见面会上宣布，他将在完成
《小时代》和《爵迹》两个系列之后，"长时间搁笔"，以便"酝酿一些
'成熟的严肃的'作品"。⑤ 不过，即便郭敬明长期不出版新作，他依然会在
作家富豪榜上占据显赫位置。因为版税收入只占他的个人收入的 20%，其

---

① 落落等：《下一站·神奈川》，长江文艺出版社，2011，封底。

② 萧凯茵等：《下一站·伦敦》，长江文艺出版社，2011。

③ "读者来信"，《最小说》2010 年第 4 期。

④ 七堇年：《陈情表》，新浪博客，2010 年 7 月 30 日，http://blog.sina.com.cn/s/blog_ 488dee4e0100knhh.html。

⑤ 郦亮：《郭敬明瞄准茅盾文学奖 将告别青春校园文学》，2011 年 2 月 8 日《上海青年报》，http://ent.sina.com.cn/s/m/2011-02-08/10293225168.shtml。

余大部分收入都来自最世公司的赢利。随着最世作者群中涌现出更多的知名作家，作家经济的规模效益也愈发显著。如郭敬明本人所说的：最世作者群所创造的经济价值"可能是十个郭敬明都赶不上的。因为我一年也就写那么一本书，我所产生的价值实在是太小了。你如果把它理解为一个长尾理论的话，虽然是曲线下降，其实后面的人加起来的价值远远超越最领头的人的。而且第一个的成本太大了"。①　不管郭敬明的文学成就存在多么大的争议，他将文学生产融入文化创意产业的努力，他对于个人名声的创造性开发，他在当代青年读者、作者中的巨大影响力，都是不容忽视且值得研究的。

---

① 彭洁云：《郭敬明：今年作家富豪榜第一还是我》，2009 年 12 月 7 日《理财周报》，ht-tp：//finance. qq. com/a/20091207/002477_2. htm。

协商：韩寒与另类的文化明星生产

黄微子*

摘要：在当代中国的文化生产场中，韩寒是一个与余秋雨、于丹、易中天等主流文化明星有着不同生产机制的另类文化明星。比起主流文化明星，韩寒对自己的形象有更大的控制力，并且对各种相关的生产力量都有更大的议价能力。本文将通过揭示其从"叛逆少年"到"80后作家"、"歌手"、"赛车手"再到"公民"、"知识分子"的形象转变历程，讨论在另类的文化明星生产中，明星本人如何与媒体、合作者乃至批评者和粉丝协商自身的权力。

关键词：另类文化明星　文化生产场　韩寒　协商　权力

Abstract：Han Han is a significant cultural celebrity in contemporary China. The production mechanism of his alternative celebrity is distinct from that of those mainstream cultural celebrities, such as Yu Qiuyu, Yu Dan and Yi Zhongtian. Han Han holds stronger control power over his own images and bargaining power to negotiate with the production forces involved. By examining the transition of Han Han's images since he first became famous as a rebellious youth and post-1980s writer until recent years when he was regarded as a public intellectual, this paper aims to discuss how, in the alternative production mechanism, cultural celebrity negotiates power with media, collaborators, critics and fans.

Keywords：alternative cultural celebrity, field of cultural production,

---

* 黄微子，澳门科技大学人文艺术学院助理教授。

Han Han，negotiation，power

在当代中国林林总总的文化明星中，韩寒是一个重要的另类个案。他代表着年轻一代，他的产品也清晰地指向与他基本同龄的受众群。与余秋雨、易中天和于丹这些大学教授不同，韩寒接受的正规教育只到高中。但他透过建设一个到目前为止拥有过亿点击量的博客，并在其上抨击时政，使得自己的形象逐渐从叛逆少年向青年知识分子过渡。与余秋雨、于丹等主流文化明星相比，韩寒的形象更为多元——不仅是畅销书作家，是文化人之中博客点击量最高的写手，而且同时也是赛车手和歌手，甚至与娱乐女明星传出绯闻。2009 年起，韩寒接连被《时代》周刊（Time）、《纽约时报》（The New York Times）、CNN 等国际媒体机构访问和简介，还登上《时代》2010 年世界百名最具影响力的人物榜单。本文将探讨韩寒的形象转变历程，并由此揭示他如何与文化生产场中各种相关的生产力量如媒体、合作者乃至批评者和粉丝协商自身的权力、掌控自身的形象。

一 "叛逆少年"

韩寒从 1999 年开始出名便处于要与媒体不断协商的情境。这一年他获得首届全国新概念作文大赛一等奖，同时因七科考试不及格而留级。第二年他退学，随后出版小说《三重门》和散文集《零下一度》。这些当时在媒体上被称为"韩寒现象"，根据韩寒的父亲韩仁均的整理，1999～2000 年两年间，《人民日报》华东版、《北京青年报》、《新民晚报》、《浙江日报》等十多家报刊以及中央电视台、上海电视台等几家电视台都围绕"韩寒现象"进行过"大讨论"。①

中央电视台 2000 年 12 月播出的《对话》栏目是其中有代表性的一次媒体再现，这个节目让韩寒本人和他的粉丝（寒迷）久久不忘。② 根据一个

---

① 韩仁均：《儿子韩寒》，上海人民出版社，2000。
② 2008 年韩寒接受《鲁豫有约》专访的时候有韩迷问他是否记得这个节目，他表示记得，而且描述出当时的情形。2009 年韩迷王帆出版了《韩寒 H 档案》，其中有一节也记录了这个节目的经过（http：//book. qq. com/s/book/0/19/19995/19. shtml）。2010 年还有韩迷在网上撰文评论这个十年前的节目。比如《还记得哈佛女孩刘亦婷 全才黄思路 昙花一现的韩寒吗?》（ht-tp：//blog. sina. com. cn/s/blog_517ca9b00100g5yx. html）和《韩寒，还记得 10 年前大明湖畔的黄思路吗?》（http：//book. douban. com/review/2855542/），2010 年 5 月 11 日访问。

寒迷所著《韩寒 H 档案》的说法，"在事先双方进行接洽的时候，已经参加了很多访谈节目的韩寒特别向央视要求不要有现场观众，因为他已经厌烦了太多'随机'请来的'观众'的各种千奇百怪的问题，央视表示同意他的要求。然而，到了节目录制的那天，现场仍然坐了上百个观众。"① 这些说明韩寒在当时已经具备了和媒体协商的意识和做法。这种意识一方面源于他的惯习（habitus），另一方面也和当时媒体对他的再现方式有关。尽管媒体会尽量呈现正反双方的意见以示客观，但是所谓媒体的"中立"只是一种神话（myth），在其叙事中必会隐含某种观念、价值和倾向性。在《对话》中，这种隐含的价值观便是矫正有"行为偏差"的韩寒，消解他对社会秩序带来的冲击，以维护"正确的舆论导向"。这不仅是《对话》的立场，也是当时几乎所有主流媒体的立场。在《对话》节目中，他们力图塑造韩寒一种"有悖常规"的形象，以短片旁白和主持人之口描述韩寒的"异乎寻常"、"叛逆"、"不守规矩"、对于七门功课不及格的成绩是"津津乐道"（而不是面有愧色），"独自居住"（中国十几岁的青少年如果不是与父母家人同住就是住学校宿舍），日常所做的事只是"阅读，上网"（既没有上学又没有上班），"特别喜欢让采访他的记者为难"（而不是与人为善），而且"由于韩寒的不确定性"致使节目录制时间要不停调整（显得以自我为中心且不负责任）。在这个号称以韩寒为对话对象的节目中，前面四分之一以上的篇幅韩寒是缺席的，由两名现场专家和若干现场观众对韩寒进行分析和评点，奠定基调之后，再请韩寒出场。最后还有大约四分之一的篇幅是请出一位"品学兼优的好孩子"来和韩寒作对比。在请出这位好孩子之前，主持人总结前面讨论达成的"共识"是："韩寒显然不是一个可以模仿和学习的榜样"。

在不利的情势下，韩寒的策略就是以一种不合作的态度消极反抗。镜头捕捉到的韩寒往往是低头沉默，他的发言时间加起来都没有专家、主持人甚至全部观众多。回答问题的时候也总是不给出对方期待的合理答案。韩寒积极的反击是在现场之外，韩寒善于利用他作为作者可以掌控的载体来表达自己的想法，那就是他的图书以及后来的博客。在他 2002 年出版的一本书《毒》中有一篇《口欧！专家！》，在这篇杂文里，他这样重构当年《对话》节目的情境——"他们请了两个专家，听名字像两兄弟，说话的路数是这样

---

① 王帆：《韩寒 H 档案》，"腾讯读书"（http://book.qq.com/s/book/0/19/19995/19.shtml），2010 年 5 月 11 日访问。

的：一个开口就是——这个问题在××学上叫做××××，另一个一开口就是——这样的问题在国外是××××××，基本上每个说话没有半个钟头打不住，并且两人有互相比谁的废话多的趋势。"① 最后韩寒以漫画式的笔法勾勒这一类的专家的可憎面目："答非所问……穿西装；头冒汗；喜欢打断别人话，不喜欢别人打断他的话……看到这篇文章暴跳如雷，但是在公众场合的话会说：年轻人都这样，我们能体谅。"② 韩寒对专家的形象进行丑化，一方面是他反抗、批判教育体制和权威的继续，另一方面也是他协商自己的媒体形象的必需。尽管韩寒攻击的是"文学哲学类的专家教授学者"，但他行文之间举隅的实际上都是一些以"文学哲学类的专家教授学者"身份在大众媒体上议论韩寒现象的人，比如《对话》请的这"两个专家"、北京台请的"很多权威"、在北京某报署名发表文章的"两位'专家'"以及湖南卫视《新青年》节目出现的"一个研究什么文史哲的老'专家'"。这些人往往是媒体请来作为韩寒的反方的。媒体因为只能以隐晦的运作机制和再现方式来表达立场，主持人尽可能要保持一种看似中立的姿态，这些"专家"于是代行了矫正韩寒、消解韩寒影响力的功能。韩寒的反击不是——反驳这些专家的具体言论，而是以丑化他们形象的方式来使他们丧失公信力，这样他们对韩寒的批评就显得不攻自破。这篇《口欧！专家！》不仅收录在2002年出版的《毒》中，而且收录在2003年出版的《通稿2003》、2005年出版的《韩寒五年文集》以及2006年出版的《毒2》中。尽管这种回击没有办法带回到主流媒体，但是对于维护韩寒在他的粉丝中的形象起到了重要的作用。

二 "80后作家"

韩寒自2000年至今每年出版一两部图书，是中国最畅销的作家之一。韩寒、郭敬明一直被主流媒体和批评家认为是"80后作家"的代表。几乎所有有关"80后作家"的讨论常常将韩寒和郭敬明相提并论。韩寒一方面否认"80后作家"的指认，③ 另一方面，他也会以"80后作家"的身份出

---

① 韩寒：《毒》，中国青年出版社，2002，第44页。
② 韩寒：《毒》，中国青年出版社，2002，第47~48页。
③ 韩寒说："作为我本人，非常讨厌以年代划分作者，每个优秀作者都是个性鲜明的人，哪能分类。"牛博网（http://www.bullogger.com/blogs/twocold/archives/11927.aspx），2010年5月11日访问。

来发言，最著名的例子是在所谓"韩白之争"中。

2006 年文学批评家白烨在《"80 后"的现状与未来》一文中说"'80后'作者和他们的作品，进入了市场，尚未进入文坛"，"韩寒的作品，在《三重门》之后，越来越和文学没有太大的关系，他的作品主要是表达自己的一些叛逆性观念，比如对现行教育和现在的学校的体制性问题的系列批判等"。① 韩寒在自己的博客上贴出《文坛是个屁，谁都别装逼》进行回应，认为"文学和电影，都是谁都能做的，没有任何门槛"，"每个写博客的人，都算进入了文坛。文坛算个屁，茅盾文学奖算个屁，纯文学期刊算个屁"。并且说"什么坛到最后也都是祭坛，什么圈最后也都是花圈"。② 在后续的论战中，韩寒"揭露"白烨的"劣迹"，以身为体制内文学批评家持有的资源参与图书策划牟利。③ 随后，陆天明、陆川、高晓松等人加入为白烨辩护的阵营，但最终以白烨一方纷纷关闭博客作结，某种程度上说，韩寒大获全胜。④

这并不能简单视为一个偶然的媒体事件。事实上，韩寒对白烨的反击和上文讨论的对"专家"的丑化是在同一逻辑上的协商。第一，白烨对韩寒的评价威胁到韩寒作为作家的形象。到"韩白之争"发生的时候，韩寒一共出版了四部小说，另外有几本随笔集、杂文集以及作品集，版税收入是韩寒当时最主要的经济来源。白烨说他"越来越和文学没有太大的关系"威胁到了他的作家身份，如果这种说法成立，就对他继续出版图书不利。第二，韩寒此时已经签约了出版人路金波的团队，试图塑造更为成熟和多元化的形象，不希望总是被定位于对"现行教育和现在的学校的体制性问题"的叛逆。第三，韩寒采取的反击手法也和此前反击"专家"是类似的，丑化白烨的形象使其失去公信力，白烨对韩寒的批评也就不攻自破。第四，由于白烨代表和维护的是韩寒及其他"80 后"作者被认为尚未获得准入资格的官方"文坛"体制，韩寒对白烨的反击又表现了他对官方的、主流的、

---

① 白烨：《"80 后"的现状与未来》，"中国艺术批评"（http：//www. zgyspp. com/Article/y7/200908/18226. html），2010 年 6 月 11 日访问。

② 韩寒：《文坛是个屁，谁都别装逼》，牛博网（http：//www. bullogger. com/blogs/twocold/archives/11927. aspx），2010 年 6 月 11 日访问。

③ 韩寒： 《辞旧迎新（上）》，牛博网（http：//www. bullogger. com/blogs/twocold/archives/11880. aspx），2010 年 6 月 11 日访问。

④ 参见《傲慢与偏见——清点"韩白之争"》，"新浪读书"（http：//book. sina. com. cn/news/v/2006 - 04 - 06/1609198781. shtml），2010 年 6 月 11 日访问。

体制的反叛，彰显了自己另类的形象。

韩寒不仅协商他的媒体形象，也与合作者协商他的产品生产。路金波从 2005 年签约出版韩寒的小说《一座城池》起一直垄断韩寒所有图书作品的出版，直至 2010 年韩寒将新书和杂志的出版交给盛大文学，这种局面才被打破。① 路金波一直被认为是韩寒的经纪人或者老板，② 但路金波总是很小心地强调在合作过程中韩寒有着更大的主导权。他说："作家不是艺人，不需要任何'老板'。韩少那么强，真有什么事，我再'老'也'扳'不过来他。"③ 韩寒的确有和出版商议价的能力。在接受《南方周末》采访的时候，韩寒这样说："他主要是从赚钱角度出发，建议你迎合读者口味。路金波就总建议我加强故事性。但对我来说，我的书现在还有一定市场，出我的书还能够赚钱，所以他们的建议我不听，他们还是愿意出版我的书。"④ 韩寒的筹码正是他那些能够顺利转化为经济资本的文化资本，转化的中介正是那些购买他的图书的粉丝。随着韩寒 2009 年以来文化资本的显著增加，他相对于出版商的议价能力就更强，因此他开始与更有实力的"盛大文学"合作出版。

韩寒为了凸显自己的个性，刻意和另一"80 后"作家郭敬明的形象相区隔。例如郭敬明会在自己的博客上描述自己签名售书的盛况，⑤ 韩寒则在自己的博客上公告"不签售"。类似的，郭敬明经常出席、参与娱乐节目，尤其与湖南卫视有紧密的合作，⑥ 韩寒则在博客公告"不出席时尚聚会，不参加颁奖典礼，不参加演出……不写剧本"等。⑦ 2005 年韩寒曾经想过要做杂志，但因为郭敬明抢先出版了《岛》书系和后来的《最小说》，为了和郭

① 《韩寒新书天价签约盛大文学 首印百万册》，新华网（http：//news. xinhuanet. com/book/2010 - 04/09/content_13323793. htm），2010 年 5 月 19 日访问。

② 路金波：《韩寒"转会"与郑渊洁"大嘴"》，"路金波新浪博客"（http：//blog. sina. com. cn/s/blog_467a4bd10100fqs7. html），2010 年 5 月 19 日访问。

③ 路金波：《韩寒"转会"与郑渊洁"大嘴"》，"路金波新浪博客"（http：//blog. sina. com. cn/s/blog_467a4bd10100fqs7. html），2010 年 5 月 19 日访问。

④ 张英：《韩寒：绝不加入作协》，"南方周末"（http：//www. infzm. com/content/6948），2010 年 5 月 19 日访问。

⑤ 郭敬明：《新的记录，献给哈利波特（……）和于丹老师（……）》，"郭敬明新浪博客"（http：//blog. sina. com. cn/s/blog_ 46d7df020100dll1b. html），2010 年 5 月 11 日访问。

⑥ 郭敬明连续三届参加了湖南卫视的跨年演唱会，也出现在湖南卫视的一些栏目如《百度娱乐沸点》、《天天向上》等，此外还为湖南卫视的一些大型活动创作主题歌曲和剧本。

⑦ 韩寒博客（http：//blog. sina. com. cn/twocold），2010 年 5 月 11 日访问。

敬明相区隔，韩寒暂时放弃了做杂志的想法，直至 2009 年他认为"做杂志的也多了，不止他郭敬明一个。我自己也考虑清楚为什么要做这个杂志了，所以现在也不会怕别人说跟风了"①，于是才主编了仅出版一期便宣告夭折的杂志《独唱团》。为了能够保证杂志的内容最大限度地掌握在自己的手中，韩寒拒绝了投资方。

三 "歌手"和"赛车手"

2005 年郭敬明出版一张所谓"音乐小说"的唱片，同年底，韩寒签约环球唱片公司并在第二年出版一张音乐的个人专辑。和郭敬明不同的是，他争取到了不仅作词而且全部由自己演唱，甚至执导了音乐录影带（MV）的权力。这和韩寒在这些方面的专业技术高低以及音乐流行的趋势都关系不大，由于这个唱片有着明确的市场定位，就是针对韩寒的粉丝，所以韩寒对唱片参与越多越能激发粉丝的热情。韩寒声明出唱片"纯粹是自己的兴趣"，表示"不会去走穴，也不会给我 10 万、20 万，这里唱一唱，那里唱一唱"。他签约唱片公司，却"并不觉得是跟娱乐圈有任何关系"。②

然而，正是从 2006 年开始，媒体上不时可以见到韩寒和多名女艺人（如徐静蕾、金莎、韩雪）的绯闻。韩寒也承认自己"在搜索引擎上出现最多的是娱乐版面"。③ 当韩寒的出版人路金波被问及：韩寒与娱乐明星的绯闻会不会影响他青年知识分子的定位？路金波说："作家本来都是挺风流的，韩寒又单身又这么年轻，他也不避讳。"④ 韩寒在接受 CNN 采访的时候被问到其作为大众情人对知识分子身份的影响时，他说："我不觉得这两个角色有什么冲突，我认为知识分子也可以擅长泡妞，而且我从来不认为我是一个知识分子。事实上中国的知识分子在泡妞方面总是输给那些明星、艺术家和政府官员，我希望这可以为他们挣回一点颜面。"可见韩寒正在"有绯闻的娱乐明星"和"一本正经的知识分子"这两个刻板成见之间协商

---

① 《韩寒：郭敬明输出的是很贱的价值观》，"南都周刊"（http：//www.nbweekly.com/Print/Article/8943_0.shtml）。2010 年 5 月 11 日访问。

② 《韩寒：一个凡事只消耗 5% 精力的人》，人民网（http：//culture.people.com.cn/GB/42223/137629/137639/8288131.html），2010 年 5 月 11 日访问。

③ 《黄晓明等筹拍电影版〈幻城〉韩寒调侃郭敬明》，搜狐网（http：//yule.sohu.com/20100602/n272506805.shtml），2010 年 5 月 11 日访问。

④ 我对路金波的个人访问，时间是 2009 年 8 月 26 日，地点上海虹梅休闲街 3D 酒吧。

一种另类的文化明星形象。主流的文化明星不会有绯闻，他们被呈现出来的私生活都有着美满的家庭。韩寒的绯闻实际恰好符合了他反叛主流价值的形象。不过，正如他在其他方面的另类和反叛，韩寒在情爱关系上对主流价值的背离仍是一种有分寸的，对他的目标受众而言可接受的范围内。在接受《杨澜访谈录》采访的时候，韩寒表示自己其实是一个很传统的人——"肯定会结婚，肯定会生小孩"。而韩寒的小说中有不少情爱关系，未必浪漫、未必纯情、未必专一，但都非常"干净"，没有丝毫的性描写。这一点和一些描写颓废、残酷青春的"80 后"作家（比如春树）有着明显的区别。

　　在描述自己和郭敬明的区别时，韩寒曾说他们是"男女有别"。① 事实上，郭敬明也是男性，韩寒只是借郭敬明的"阴柔"形象来反衬自己的"阳刚"和"狂野"的"男子气概"。赛车是韩寒建立这种形象的重要方式之一，韩寒曾经说"只有赛车才是男人应该做的"。② 2005 年他出版一本讲自己赛车经历的书《就这么漂来漂去》，在该书序言里韩寒把赛车塑造为一个艰苦（"坐在颠簸无空调的赛车里"）、危险、进取（"就为有个好成绩"）、正当的体育项目。他将自己对心爱的赛车运动的投入与"买一个保时捷外加一套不错的房子"的主流价值观进行比较，认为自己的做法"是件骄傲的事情"。③ 韩寒作为一个赛车手是成功的，同时对于他作为赛车手的形象建构也是成功的。他在 2007 年和 2009 年分别夺得全国汽车场地赛和拉力赛的年度总冠军，而且是国内第一个"双料冠军"。这彻底改写了他一开始参加赛车时的"票友"形象。

　　现在，最大的两个寒迷网站（韩寒非官方网站和韩寒中文网）都组织到全国各地比赛现场观战加油的活动，由韩寒所属的车队赞助门票，通过寒迷组织免费提供给各个粉丝，现场通常有机会拉起寒迷组织带去的横幅与韩寒合影，有的有统一的服装，甚至会获得与韩寒一起吃饭的可能。④ 签名售书是很多主流文化明星和明星作家与读者见面的场合，韩寒并不举办

---

① 《韩寒：郭敬明输出的是很贱的价值观》，2009 年 11 月 2 日《南都周刊》报道。
② 韩寒：《就这么漂来漂去》，接力出版社，2005，第 144 页。
③ 韩寒：《就这么漂来漂去》，接力出版社，2005，第 2 页。
④ 参见《【公告】6 月 27 日四川成都国际赛车场 CTCC 第三站组队进行中》，"韩寒非官方网站"（http：//www.twocold.org/thread－33542－1－1.html）和《【活动】6.26 成都观战报名——购买会服——观看比赛流程说明》，"领袖：韩寒中文网"（http：//1.th9th.com/thread－35364－1－1.html），2010 年 6 月 11 日访问。

签名售书，赛车比赛现场就成了与粉丝见面的另类空间。事实上，赛车现场是一个更适合表演的空间。赛车本身是一种具有观赏性的竞技运动，粉丝们透过观看韩寒的比赛，参与到加油助战的过程，加上统一的服装、横幅等标志性的符号，实际上比简单的签名活动更有投入感和仪式感，也更容易凝聚粉丝组织内部的身份认同。

韩寒的赛车手形象在主流媒体上的再现还具有其他的意涵。2009 年 5 月号的《时尚先生》杂志把韩寒作为封面人物，他们为韩寒拍摄的一组"时尚大片"再现"新青年韩寒"。韩寒过往的视觉形象（主要是附在《就这么漂来漂去》、《韩寒五年文集》和唱片《寒·十八禁》的照片）都是俊朗、清爽的少年，穿着简单的运动衫或者白色 T 恤。在《时尚先生》的这组照片中，韩寒明显地成熟起来。他留着短胡须，蓬乱的头发、脸上涂着一些黑影，穿着名牌仿旧的牛仔裤和棕色做旧皮夹克或蓝色防水夹克，在北京郊区一处空旷的废墟里，手持摩托头盔，身旁是重型机车。赛车手的身份，在这里帮忙建构了他波西米亚式的充满男子气概的"新青年"形象。

韩寒在接受西方媒体访问的时候会有意凸显自己的赛车手身份。《纽约时报》2010 年 3 月登出的韩寒照片是在车库，[①]《时代周刊》2010 年 5 月公布的影响全球 100 人名单中，韩寒的照片是穿着全套赛车服站在赛车场上。在 2010 年 6 月 2 日播出的 CNN 对韩寒的专访中，有近两分钟的画面是韩寒穿着赛车服，戴上头盔，发动赛车，介绍自己以及中国赛车情况。在采访中，韩寒说："我很喜欢我现在的两份职业，因为这两个职业都非常有挑战性，而且都有危险因素。"赛车的挑战性和危险性是外在的、形象的、公认性，写作的挑战性和危险性则不易表述和被理解。在这个意义上，当韩寒强调这两份职业的相同之处时，赛车实际上构成了写作的隐喻。所以韩寒的赛车手形象在西方媒体的再现里实际上被整合进韩寒作为一个不惧危险的勇敢的挑战者的形象。

2010 年 3 月以来，韩寒远较过去频繁地参与商业活动，商品集中在笔记本电脑、服饰、手表、手机和饮料，韩寒在这些广告或活动中出现最多的形象就是赛车手——其中高端手表品牌宇舶表更在 2011 年以韩寒为形象

①　2010 年 3 月 12 日。Jacobs, Andrew. "Heartthrob's Blog Challenges China's Leaders". NEW YORK TIMES（http://www.nytimes.com/2010/03/13/world/asia/13hanhan.html? pagewanted =1），accessed on 2010/5/11.

大使推出一系列与 F1 赛车有关的慈善活动。① 这并不是因为赛车手是韩寒最重要的身份，而是因为赛车手是最适宜视觉表现的形象。赛车手的形象是一个隐喻，他象征了韩寒多重身份却统一的个人气质：青春、反叛、另类、有个性。

四　"公民"·"知识分子"

韩寒的形象向"公民"、"知识分子"转变是从 2008 年开始的。这一年韩寒的博客比较多地介入了社会现实。尽管韩寒自 2005 年 9 月开通博客以来，除了记录自己的日常生活之外，也不时地发表批评和与人论战，但这种批评和论战的对象和议题大都集中在文学界及其制度上。② 2008 年韩寒引起关注的批评、论战及行动却不只是关于文学，而是更广泛的社会事件。其中最重要的有两个事件，一个是与"爱国青年"就抵制家乐福和抗议莎朗·斯通（Sharon Stone）进行论辩，另一个是参加牛博网③组织的亲赴四川地震灾区救援和网上物资征集的活动。这两个事件对于韩寒原本作为"叛逆少年"的形象有所改写。与具有极端民族情绪的"爱国青年"（即所谓"愤青"）论辩，清晰地划开了韩寒与"愤青"之间的距离，使得韩寒的形象开始显得理性，而不同于此前予人以爱捣乱的、不冷静的、看什么都不顺眼的印象。参加牛博网组织的救灾行动以及在自己的博客上呼吁并提供渠道为灾区捐献物资更建立了一种有担当的形象。

2008 年正是牛博网迅速发展的一年。4 月份，该网站一天的 PV（page view）超过一百万。④ 牛博网上聚集了很多知名的媒体从业人员（如梁文道、安替、长平、柴静、陈晓卿、王小山等）、专栏作家（如连岳）、学者（如艾晓明、崔卫平、贺卫方、张五常等）、异见人士（如艾未未、冉云飞等）甚至是一些媒体的官方博客（如《南方人物周刊》、《南都周刊》、《凤凰周刊》等）。2008 年牛博组织过四川灾区捐款和救援行动，寻找失踪的黑

---

① 参见宇舶表慈善拍卖新浪博客（http：//blog. sina. com. cn/hublotcharity），2011 年 8 月 31 日访问。

② 比如 2006 年的"韩白之争"以及与现代诗人的论战，2007 年抨击作协等。

③ "牛博国际"网站（http：//www. bullogger. com/），2010 年 5 月 13 日访问。

④ 《见证历史时刻，牛博日 PV 突破百万》，牛博网（http：//www. bullogger. com/blogs/liuyan-ban/archives/127370. aspx），2010 年 5 月 13 日访问。

煤窑工人的行动，牛博的多名作者甚至在上面积极鼓吹某些宣言的联署。这些导致 2009 年 1 月牛博网在中国大陆被关闭。现在，服务器设在美国的牛博网在中国大陆只能通过代理服务器才能访问。韩寒对牛博网部分活动的参与是他引起媒体和知识分子另眼相看的一个重要原因。韩寒目前是牛博网最受欢迎的作者之一。但韩寒的立场没有牛博网那么激进。被问到怎么看牛博网时，韩寒肯定了"他们是最善良正义、有趣和有常识的"，但同时也说"有些时候，官方并没有错，但牛博网会说人家错，这是比较牵强的"。① 当被问到是否妥协过，他说："我经常妥协，如果一个人说他永不妥协，我认为他一定演猛男演得入戏太深了。"② 正是这种不太激进的立场和经常妥协的策略使得他的个人博客在中国大陆可以继续存在。

从 2009 年开始，韩寒的博客上已经很少写自己的生活琐事，几乎每一篇都是对社会问题的批评。他的这些批评会延伸到其他媒体，包括电视和报纸杂志上，使这些社会问题得到更大的关注，甚至在某种程度上为其他媒体设置了议程。而他的博客本身以（截至 2011 年 8 月底）将近 5 亿的点击量成为非常有影响力的媒体。2009 年底，韩寒成为《南方周末》、《亚洲周刊》、《新世纪周刊》的年度人物，《南都周刊》的封面人物以及其他一些报纸杂志的排行榜的上榜者。这些报刊多数是总部在广州和香港的亲自由派的媒体。如果你读完所有这些报道，就会发现它们互相参考，内容甚至表述方式都非常相近。它们把韩寒称为"公民"和"公共知识分子"，背后是一种关于普世主义、人道主义、个人主义和自由主义的公民社会的想象。当有媒体把他的反体制和个人主义称为"西化的"，他的回答是："我不认为一个东西可以被称作'东化的'或'西化的'，这里只有一个标准——是否适合人类。"③

这些媒体看似不约而同地推举韩寒，除了同行之间的竞争会使得各自的选题趋近之外，还有一个重要的原因——韩寒与官方意识形态及审查机制的协商，也正是它们的事业。韩寒说："我一直在寻找这个社会，这个和

---

① 《时尚先生》2009 年 5 月号，第 80 页。

② 张洁平：《专访：二零零九年亚洲周刊风云人物韩寒　我没有立场只分对错》，《亚洲周刊》（http://www.yzzk.com/cfm/Content_Archive.cfm? Channel = ae&Path = 4944700471/01ae2.cfm），2010 年 5 月 13 日访问。

③ 《南都周刊特别报导：公民韩寒》，"南都周刊"（http://www.nbweekly.com/Print/Article/8941_0.shtml），2010 年 5 月 13 日访问。

谐的社会，这个正确的政党领导下，的一个度（原文如此）。就像一个车手，他要在一个赛段里做时间，怎么能做到最快又不翻车。"① 这些亲自由派的商业媒体一方面为实现新闻作为第四种权力的新闻理想而努力，另一方面又必须保证"不翻车"，"不翻车"而且成功赢得读者的韩寒是它们的同道中人，甚至是它们的偶像。韩寒的立场和它们相近并不是一种巧合。尽管它们称赞韩寒是"天性之魅"、自然，因为他所受的教育并不高，而且七八年不看书，但是韩寒每个月花一千多块钱购买这些报纸杂志。他的价值观不同于主流价值观，却不可能是所谓来源于天性的，完全个人化的，而是当代中国社会当中相对而言比较另类的价值观中的一种。

不过，韩寒接受了"公民"的身份，却不太认同"公共知识分子"的指认。在中国，"公共知识分子"这个概念进入大众媒体话语是在2004年《南方人物周刊》推出"影响中国公共知识分子50人"专号。这一专号引起很大反响甚至遭到官方的批判。其对公共知识分子的定义是：一是具有学术背景和专业素质的知识者；二是对社会进言并参与公共事务的施为者；三是具有批判精神和道义担当的理想者。韩寒不太接受"公共知识分子"这个称谓，有两方面的原因：第一，韩寒尽管参与公共事务和具有批判精神，但不具有学术背景，而且不认为自己需要学术背景。在接受《亚洲周刊》采访的时候，韩寒说自己这七八年已经很少看书，只看各种各样可以买到的杂志。完全看不下去理论书，并且认为不需要理论带给他安全感。他说："我是一个车手，我搞不清楚发动机是怎么工作的，但我能把它用得很好，这就行了。"② 事实上，学术背景或者知识分子形象并不契合他一直以来反叛教育制度、专家和权威的形象。第二，"公共知识分子"的概念隐含的是一种严肃的政治抗争（political resistance），而这种身份不利于韩寒与各种力量进行协商。在CNN采访里韩寒说："我从来不会想我在对抗什么东西，而会觉得我在跟他玩。"在《南方周末》的采访里他说："其实一切都是出于路见不平，拔笔相助而已。"③ 这种不系统的、没有组织的独行侠形象实际上是一种自我保护，在目前中国的政治和言论环境中，这种做法相对比较安全。

---

① 《时尚先生》2009年5月号，第79页。

② 张洁平：《专访：二零零九年亚洲周刊风云人物韩寒 我没有立场只分对错》，《亚洲周刊》2010年第1期。

③ 李海鹏：《对话韩寒：我最终想要的是一个和谐的人生》，《南方周末》（http：//www.infzm.com/content/39455），2010年5月19日访问。

从 2009 年底开始，很多境外媒体开始采访和报道韩寒，包括《时代周刊》《纽约时报》，CNN，NHK 以及中国台湾的 TVBS 等。这些境外媒体试图推动他在反对派英雄（opposite hero）的路上走得更远，但是韩寒也很有意识地与他们协商。他说"外媒的问题更加的直接，有些问题直接到你没有办法回答，因为你如果回答了一次，那估计你以后只能永远接受外媒的提问了。我会诚实的告诉他，这个问题我不能回答你，不是我不愿，是我不能，回答这个问题需要付出太大的代价，而且暂时是无谓的代价。"① 但是韩寒并没有直接拒绝他们的采访，而是与他们协商采访的内容。这是因为，正如韩寒自己在 CNN 的访谈里所说，这些国际媒体的采访报道对于中国国内的意义大于它的国际意义。这是一种文化资本。已经有国内的媒体称他为"国际韩"，② 也有财经类的媒体在讨论他的"全球影响力"有多大的商业价值。③

不过，韩寒与媒体的互相协商中，媒体对他的论述实际上也对韩寒施加了影响。对权力的批判越来越成为一种自觉的行为，而且尺度越来越大。2010 年以来，韩寒的博客文章被删除的比例远远高于以往。

结　语

通过对韩寒十年间形象流变的梳理，我们会发现，韩寒一向注重与文化生产场中各种相关的生产力量——包括媒体、合作者、批评者乃至于粉丝——协商自己的权力，并且随着他累积的文化资本越来越多，他的议价能力也就越来越大，对自己的形象也有更多的掌控。这归功于一种另类的文化明星生产模式。

第一，尽管主流的文化明星也有大批粉丝，但韩寒的粉丝更为忠实。图书版税仍是他把自己的文化资本兑换成经济资本的最重要的方式。主流的文化明星往往是一两本代表作的收入便占到他们版税收入的绝大部分，

① 韩寒：《把酒言欢　言无不尽》，韩寒新浪博客（http：//blog. sina. com. cn/s/blog_4701280b0100igbb. html），2010 年 5 月 19 日访问。
② 《不满"国际韩"称谓 韩寒：我是一个乡下孩子》，新华网（http：//news. xinhuanet. com/book/2010 - 05/21/c_12126325. htm），2010 年 5 月 19 日访问。
③ 《"全球影响力"的想象空间　韩寒已经成为一个品牌》，中国经济网（http：//www. ce. cn/macro/more/201005/15/t20100515_21403856. shtml），2010 年 5 月 19 日访问。

但不是所有作品都可以卖得那么好。韩寒的书几乎每一本都可以卖到一个基本固定的销量。有很多粉丝买他的书不是因为具体的内容，而是因为喜欢韩寒这个人。路金波说韩寒"是个真正有很多铁杆粉丝的一个偶像"，韩寒的任何产品他们都会购买，"哪怕他们并不真的看完"。[①] 他甚至说："凡是韩寒写的，如果里面是白纸，我们把它塑封了也能卖10万本。"也就是说，韩寒为了维持他的图书销量，就必须维持自己的粉丝，维持自己的粉丝，就需要维持自己的魅力，所以他要对自己的形象有很强的自主把握，他对自己形象的创作甚至比他的小说创作还重要。这就是他为什么花精力经营被免费阅读的个人博客。第二，主流文化明星的生产主要依靠电视，而明星本人在电视节目的制作中通常难以获得主导权，与之不同的是，韩寒的博客是一个非常有影响力的媒体，也是他建构自己形象的最重要的方式，而博客是相对而言最能被博主掌控的一种载体，因此他能够更好地把握自己的形象。第三，与主流文化明星单一的学者身份不同，韩寒有着多重身份（小说家、赛车手、博客写手等），也有不同的收入来源（版税、赛车的年薪和奖金、商业代言），所以他能够比较有弹性地在各种身份和各种力量之间进行协商。

当然，在文化生产场中，文化资本丰厚如韩寒者，也不可能拥有不受限于场域的完全自主性，在对韩寒形象流变的梳理中，我们实际上也可以看到各种相关的生产力量如何参与建构了韩寒，最终呈现出来的另类文化明星韩寒，便是这种种繁复的协商的产物。

---

① 笔者对路金波的个人访问。

明星的表演与被表演

——影片《阮玲玉》与明星形象的还原和重塑

张　淳[*]

摘要：默片明星阮玲玉在 1935 年的三八妇女节前夜自杀。大半个世纪以来，她成为一个被反复书写和记忆的对象，一个因死亡而获得永生的传奇。在连篇累牍的报道和影像背后，阮玲玉本人却没有留下自己的任何声音，她留给世人的只有仅存的几部默片、电影杂志刊登的照片以及一封"人言可畏"的遗书。人们能看到的"真实的"阮玲玉是在表演的阮玲玉，在影片中扮演别人，在媒体中扮演自己。此外，还有被表演的阮玲玉，在 20 世纪 30 年代的舞台、今天的电视剧屏幕和电影银幕上被她人演绎。由香港人关锦鹏导演、张曼玉主演的影片《阮玲玉》(1991) 试图为我们展现一种不同的对待女明星的方式：从女明星的表演事业和情感纠葛入手，当代的导演和演员并没有使该片成为对阮玲玉明星形象的又一次消费，而是努力摒弃普遍存在的猎艳和猎奇的眼光，试图用一种"还原历史"的严肃态度来呈现这个默片明星。本文试图通过对这部影片的分析，展现出如何用视觉叙事和演员的表演来"还原/重塑"女明星，并结合历史材料，探究这种"还原"强调了"明星"的哪些要素，遮蔽了历史的什么方面。本文还将探讨两代女星在这种表演/被表演中产生了怎样的对话和相互影响。

关键词：明星　表演　阮玲玉　张曼玉

Abstract：The famous silent movie star Ruan Lingyu has been an ob-

---

* 张淳，首都师范大学文学院。

ject of rewriting and memorizing for more than a half century since she killed herself in 1935, right before the night of the Women's Day. Her death led her to become both a myth and an icon of early Chinese Cinema and the era of her age. She always kept silence behind the numerous reports and images about her with only a few published photos, existing silent films and a death note with "Gossip is a fearful thing" left to contemporary audiences. The "real" Ruan is shown to us either as the performing actress in films: performing other women on screen and herself off screen; or as the performed star by other actresses on both stages and screens. *Center Stage*, directed by Stanley Kwan and casted by Maggie Cheung in 1991, is an attempt to show us a different way to represent Ruan. Focused on her movie career and tragic suicide, rather than made his film another consumption of this movie star, Kwan tried to break away from the public voyeurism and treat her seriously in an ambition to "recover" the history of Ruan and the early Chinese Cinema world. Based on a close textual analysis, this essay is going to explore how this film "recovered/rebuilt" the star image of Ruan through visual narration and actress performing. With a reading of historical material, it is also going to discover which elements of stardom were emphasized and what aspects of history were buried during this "recovering/rebuilding". In addition, this essay tries to demonstrate how these two female stars will shed light on each other's star image through the process of performing and being performed on screen.

Keywords: stardom, performing, Ruan Lingyu, Maggie Cheung

阮玲玉（1910~1935）是中国早期影星中唯一一位至今仍享有盛名的女明星。她的名声之所以如此长久，一是因为其精湛的演技水平达到了默片时代的高峰，二是因为她在事业巅峰时期选择自杀，结束了自己年仅 25 岁的生命。

根据德科多瓦（Richard deCordova）在《美国明星制的起源》中的分析，"明星"产生的标志之一就是公众开始对演员的私人生活感兴趣。[①] 如

---

① Richard deCordova, *Picture Personalities: the emergence of the star system in America*, University of Illinois Press, 2001, p. 21.

此看来，中国电影在 20 世纪 20 年代，随着报纸杂志对电影的报道以及有故事的女性加入影界成为主演，开始生产"明星"以及有关明星的话语。女明星自杀，无论在哪个时代都是社会热点话题，人们期待其背后所隐藏的影界内幕和道德秘密能够借此公之于世，而大众媒体也乐于在满足读者对女明星的窥淫欲的同时赚得盆满钵满。在阮玲玉之前，曾有左翼女明星艾霞自杀的新闻震惊当时的电影界，时隔一年之后，与阮同属联华影片公司的导演蔡楚生以艾霞的故事为蓝本拍摄了电影《新女性》，阮在其中出演女主角韦明。由于此片将女主角的自杀归因于无良的报刊记者，遭到上海记者公会的强烈抗议，有些记者便向女主角的扮演者阮玲玉实施报复，利用她的桃色新闻大肆污蔑嘲弄，成为迫使阮玲玉自杀的重要原因。阮玲玉自杀的消息轰动了当时的整个上海社会，30 万民众为她送葬，各大新闻媒体对这个事件的报道持续了半年左右，她的故事在当时就被改编成为各种地方戏剧和话剧在上海、香港等地的舞台上演。从此，她成为一个被反复书写和记忆的对象，一个因死亡而获得永生的传奇。而在连篇累牍的报道背后，她本人却没有留下自己的任何声音，她留给世人的只有仅存的几部默片和电影杂志刊登的照片以及一封"人言可畏"的遗书。人们能看到的"真实的"阮玲玉是在表演的阮玲玉，在影片中扮演别人，在媒体中扮演自己，此外，还有被表演的阮玲玉——如香港人关锦鹏在 1991 年拍摄的影片《阮玲玉》，扮演她的是当代女明星张曼玉。

《阮玲玉》并不是严格意义上的传记片，它展现的是香港当代电影人拍摄阮玲玉传记的过程。正如李欧梵所评价，"在一场大胆的自我指涉的戏中，关锦鹏把他的电影构想为一出制作影片《阮玲玉》的戏"。[①] 因此，与传统故事相比，这部影片在艺术手法和设计理念上是超常规的。影片的开场即不同于一般的情节剧：伴随着历史材料——阮玲玉所拍摄的黑白默片剧照，导演和主演开始就该影片主人公进行对话。这个设置在此意味深长。首先，这种开场让观众从一开始就意识到这将是一次不同寻常的观看。观众在期待女主角阮玲玉的故事的同时，也期待看到当代的导演和演员如何表现这个故事，以及当代香港女明星张曼玉如何扮演她的同行——一位演技卓越的默片女星。其次，老剧照的展现表明这是一个真实的人物，导演

---

① 李欧梵：《上海摩登——一种新都市文化在中国 1930—1945》，北京大学出版社，2001，第 349 页。

在此试图为我们展现一种不同的对待女明星的方式：从她的表演事业和情感纠葛入手，当代导演和演员并没有打算使该片成为对阮玲玉明星形象的又一次消费，努力摒弃普遍存在的猎艳和猎奇的眼光，试图用一种"还原历史"的严肃态度来呈现这部影片。

具体来说，影片《阮玲玉》运用了麦茨所谓的"套层结构"，通过戏中戏的方式形成了一种"通过明星重构来进行的电影自体反思"①。套层结构"由两条线索构成，一是正在讲述故事的人本身的发展，二是影片讲述的故事，甚至还会出现更多的套层结构，各条线索相互交织，人们在观影的同时不断入戏，出戏，一会儿听讲述人讲的故事，一会儿又经历讲述人自身发生的故事，观众的思路不断地被打断，被间离，并且常常会因为这种打断而生出反思和客观的理解，这是一种混淆视听的手段，但最终主题仍旧是一个，这点并不混乱。这种'作品创作'与'情感纠葛'中的'戏中戏'套层结构，使戏里戏外的故事一并发展，交错穿插，有时让人难辨哪些是'戏'，哪些是'现实'"。② 套层结构本身便是一种充满了丰富、绵密的对话性的文本结构，两个叙事时空常常呈现出互为参照、互有渗透的特点。《阮玲玉》中就存在着多层次的对话性：在叙事层面上，有导演与演员的对话；在转喻层面上，有两代演员之间的"对话"。

因此，我们可以通过对这部影片的分析，从文本的结构和视觉叙事层面开始，结合历史材料，展现出如何用电影和表演"还原"女明星，探究这种"还原"强调了明星哪些的要素，遮蔽了历史的什么方面；然后进入转喻的层面，展现两代影人两套话语的异同，并探讨两代女星在这种表演/被表演中产生了怎样的对话和相互影响。

一　影片文本层面

（一）套层结构的构成和影片的线索

构架起这部电影的"套层结构"由过去（20 世纪 30 年代，故事的发生时间）和现在（20 世纪 90 年代，电影的拍摄时间）两个时空组成。在过去

---

① 陈晓云：《明星重构与电影的"自体反思"》，《当代电影》2008 年第 1 期。
② 刘惠迪、李焕征：《电影的回旋式套层结构》，《电影评介》2007 年第 23 期。

的时空中，故事按照线性时间的发展顺序展开，聚焦于阮玲玉 1929 年进入联华公司起到 1935 年自杀这 6 年的时间。情节按照两条线索依次展开。

一是阮玲玉的情感生活，以她与三个男人之间的故事为主线（与张达民的同居和分手——委身于富商唐季珊——与导演蔡楚生的精神交流）；这一部分的阮玲玉完全由张曼玉扮演。

二是阮玲玉的演艺生涯，从 1929 年进入联华到自杀之前拍摄的 9 部影片，《故都春梦》（1930，孙瑜）——《野草闲花》（1930，孙瑜）——《桃花泣血记》（1931，卜万苍）——《三个摩登女性》（1932，卜万苍）——《城市之夜》（1933，费穆）——《小玩意》（1933，孙瑜）——《香雪海》（1934，费穆）——《神女》（1934，吴永刚）——《新女性》（1935，蔡楚生）。[①] 其中已失传的影片由张曼玉替阮玲玉演出片中的片段，配合保存下来的影片剧照，用字幕形式作简单的介绍；现存有拷贝的影片则是直接展现原影片拷贝，其中穿插了张曼玉扮演的阮玲玉在生活中练习表演的段落，以及按照现有拷贝还原拍片场景、模仿阮玲玉表演的片段。在此，我们除了可以看到真实的阮玲玉在银幕上扮演他人的片段，还可以看到两代影星演技的对比。

现在的时空由两部分组成。一是拍摄影片《阮玲玉》的过程，主要由导演与演员的对话构成；二是导演和主演对 20 世纪 30 年代影人黎莉莉、孙瑜、陈燕燕和著名编剧、阮玲玉的传记作者沈寂的访谈实录，以及众主创人员在观看访谈影像时的交流对话。这部分相对于过去时空所占篇幅较少，也没有一个完整的故事线索和戏剧性冲突，画面零散、随便，仅仅是生活化的拍片场景和采访实录，在影片中与过去的时空交替出现，有时承担对故事的解释和衔接的功能，有时是当代电影人的观点表达。由于这个时空的叙事的加入，阮玲玉故事的叙事总是被打断，客观上起到一种间离效果，使观众无法沉浸于过去时空的故事和情感中，时刻被提醒这是在拍电影，因此而暴露出影片所构建的过去时空的虚构性，促使观众和导演、演员一起客观地观看阮玲玉的故事以及影片本身的拍摄过程。

---

① 阮玲玉临死前的最后一部影片——与黎莉莉、郑君里主演的《国风》（1935，朱石麟）在此未被提及。这是一部主流影片，宣传国民党的新生活政策，阮玲玉扮演一位生活朴素、有责任感的姐姐，批评妹妹的奢华堕落。

（二）影片的视觉叙事

影片的展映是视觉艺术和时间艺术的结合。电影通过运动的画面讲故事，变动的可视形象在景框范围内随着时间的流逝而具有一定长度的意义，这种体验与我们现实生活的体验有极大的类似。因此，电影一出现就是一种写实的艺术，人们总是以"真实"与否来衡量影片的优劣。而套层结构的运用使得该影片在过去和现在两个时空之间穿插叙事，打破了影片时空的想象性连续。尽管导演有意用这种方式来探讨现实与虚构的问题，但是为了影片的可理解性，仍然需要用电影的视觉效果展现出两个时空的差异，让观众一目了然。

视觉效果的营造包括构图、景别、照明、色彩等各种方式，在过去时空，也就是主角故事的发生时空中，影片运用这些方式突出了戏剧化和形式美。

A. 构图和景别

电影的构图除了能够表现故事的内容，还能表现人物之间的关系、当时的时代背景以及人物的心理状况。从构图上看，20 世纪 90 年代的现在时空显得随意而简单，而 20 世纪 30 年代的画面以是否有阮玲玉在场而有所区别。当影片拍摄阮玲玉之外的电影人的角色时，多用多人构图，画面切换频繁，人物出现的镜头短暂而不稳定。比如影片进入过去时空的第一场戏，场景是男性公共浴室，字幕打出"1929 年"。人物有联华影片公司的主创人员罗明佑和黎民伟，导演卜万苍、孙瑜以及音乐家聂耳，几乎囊括了当时联华公司的所有重要人物。他们在此讨论联华新片《故都春梦》和《野草闲花》的主演阮玲玉，她将在前者里扮演反面角色的妓女，后者当中则扮演女主角，一个冰清玉洁的歌女。如果阮能够通过此片成功转型，则会成为能够与联华的对手公司——明星影片公司的头牌女明星胡蝶相抗衡的大明星。这个场景的安排和人物的对话颇具意味：男性公共浴室是纯粹的男性世界，联华的创始人和主要导演在此谈论他们的新片，表明中国早期电影的话语权实际完全由男性操控，此时的电影同样是男性的世界，女性只作为演员而出现。除了扮演被安排的角色，女性很难有自己的主观选择。对话表明联华的成立是为了复兴国片，需要拍出好作品吸引观众。阮玲玉进入联华，遇到孙瑜、费穆、吴永刚、蔡楚生等优秀的导演，才得以成为中国最优秀的默片女明星，对于联华和她本人来说是双赢。而浴室那烟雾缭绕、能见性差的环境和移动的摄影机让人们对这些人物难以留下深刻的印象，唯有导演孙瑜在讲述《野草闲花》（1930，原影片失传）的场景设计时，才有较长时间的近景定焦镜头，他也成为这场戏最令人印象深刻的角色。此处的安排暗示了导演孙瑜对阮玲玉的挖掘和栽培促使她成功转型。

当拍摄阮玲玉在场的感情戏时，影片画面显得精致而稳定，常常是封闭式的单人构图或二人构图，以张曼玉扮演的阮玲玉为镜头的焦点和中心，通过特写、近景、中景和远景的切换展现出丰富的景深，以近景和中景居多。通过细读我们发现，导演常常通过独特的拍摄角度与具有暗示性的道具和取景来造型20世纪30年代的女明星。

一是铁窗的窗格。

这个取景的第一次出现是阮玲玉从北平拍摄《故都春梦》后回到上海，走到家门口，透过铁窗的玻璃向内张望，房间里面是阮母和阮的养女小玉的生活情景，温馨而日常，铁窗的窗格在阮的脸上投下明显的阴影。

第二次出现是她与母亲和养女一起随唐季珊（秦汉饰）来到他为她们购置的新居，房子大门是由铁框分割成很多小方块的玻璃窗组成，阮亲自打开了这扇门。在唐带着母亲和养女上楼参观之后，一个人留在门口关门的阮玲玉看到对面楼上的窗户中有两个女人对着她张望、指点、说笑，她的笑容变得僵硬，并马上离开了身后的大门。此时导演采用半俯拍的角度，将阮置于远景的中央，装潢精致的房间和酷似铁窗的大门组成一个封闭的空间，就像一个牢笼，既阻隔了阮玲玉与外界的交流，又通过巨大的铁窗将她暴露在公众的目光之中。影片中类似于这种将人物置于铁窗旁的取景还出现过多次，其用意显然是用画面构图展现牢笼和囚禁、封闭和偷窥的含义，暗示了人物的处境：女明星由于经常在银幕或生活中，或主动或被动地处于公众的视线之下，与公众和日常生活的关系是既相联系又相隔绝的；她们既是被物质和华服囚禁的对象，也是被公众观看/偷窥的对象；她们可能在消费和时尚等方面拥有巨大的影响力，但是其被动接受观看和评价的地位也使她们的反抗和挣扎非常无力。

　　第二个独特的取景空间是室内的楼梯。

　　第一次颇有意味的楼梯取景是在阮玲玉的家中，这里是她和母亲、养女与她的第一个男人张达民居住的地方。电影之前的情节对阮与张的关系有所交代：阮在很年轻时就认识了张达民①。时间在上述第一个铁窗镜头稍后，阮从楼上的房间里出来，走到楼梯的中间，张达民走进家门，来到楼梯口。此处的镜头用仰拍的角度将阮玲玉置于中景，张达民置于近景，在楼梯下面仰望阮，暗示着此时二人的地位。两人的对话表明了阮玲玉事业的上升：她在北平拍摄的《故都春梦》中成功转型，摆脱了过去的花瓶形象，通过演技获得了大众的认可，正在成为炙手可热的大明星。

　　第二次暗示性的楼梯取景是在联华公司，合影之后，唐季珊跟着阮玲

---

① 根据阮的传记，阮父去世后，阮母带着幼小的阮凤根（阮玲玉的原名）在同样来自广东的大户人家张家帮佣，因此而认识了张家的幼子张达民。

玉走上楼梯：

> 阮：达民同意跟我分居，但要求每个月要 300 块钱。
>
> 唐：不多。……我给。……他肯要钱，对我来说是个大好的消息，证明他对你已经没有感情了。眼中有的只是钱，那就容易应付了。

阮玲玉面露尴尬，转身上楼，唐继续说道："男人与女人分手，还要跟女人要钱，一点自尊心都没有。没有自尊心就容易杀价，我保证我给他一百块钱，他也会要。我叫我的律师和他定合约。"

此时，费穆、吴永刚等联华同事进入画面走上楼梯，嚷道："日本人就是敌人，敌人就是日本人，国民政府想骗谁呀?!"

随后黎莉莉（刘嘉玲饰）跑到阮的面前："阿阮，你知道吗，外面的记者跟我说，政府以后不准我们再拍抗日的电影。我们那个《小玩意》里面凡是提到日本人的都要改叫敌人。"

然后模仿剧中人物惊恐地表演道："敌人来了，大家快醒醒……"

此时蔡楚生和孙瑜上楼，孙瑜将玩闹的黎莉莉叫上楼，消失在楼梯尽头。画面切换到从楼梯上俯拍的镜头，阮玲玉独自停留在楼梯中间，低头若有所思。此时响起蔡楚生的声音："阮小姐……"，阮抬头，镜头下移到仍站在楼梯下面的唐季珊，透过楼梯的栏杆拍摄唐季珊的眼光望向蔡楚生（梁家辉饰），接下来的画面镜头置于阮玲玉身后，仰拍站在楼梯顶端的蔡楚生。他稍为羞涩地介绍自己，并邀请阮担任他下一部影片的女主角。聂耳出来善意地取笑蔡，说如果他的《渔光曲》不卖座，谁还要当他的女主角。此刻唐季珊悄然离开，蔡同聂耳相互搭肩进屋，再次剩下阮玲玉独自一人倚着扶手站在楼梯的中间。

这段楼梯场景的戏有着多重隐喻。

首先，这段戏集中了阮玲玉的事业和感情生活中的各个人物，其位置象征了他们之间的关系。她的第一个男人张达民在此缺席，只是被提及，象征了他在阮的生活中已经不在场，却又是无法摆脱的历史。唐季珊此时刚刚走进阮玲玉的生活，他在楼梯中处于下方，距离阮最近，但又是仰视

着她，暗示着他目前处于追求者的位置。他们之间的谈话涉及如何用金钱摆脱张达民，表现出唐作为商人计较金钱的本质，以及这段感情的交易本质：阮唐之间的关系更多的也是牵涉实际的利益而不是真正的感情。① 从他后来悄然离开看来，他对阮的事业并不真正关心。后来经过的费穆、吴永刚、孙瑜和蔡楚生都是与阮玲玉合作过的优秀导演，他们的作品给了她发挥演技的机会，成为她走上巨星地位的基础。这几位联华同人在经过楼梯

① 在影片早先有过对唐季珊的交代：他是个喜欢追逐电影女明星的富商，乡下有老婆，但在上海以金钱诱惑过 20 世纪 20 年代的女星张织云，导致她离开银幕被金屋藏娇，后又遭他遗弃。

时或谈论翻译斯坦尼夫斯基的表演方法论，或义愤填膺地谈论政府的电影审查制度，他们与阮都没有交谈，对她的事情或者是不知晓，或者是不关心，只是她生命当中的过客。而黎莉莉作为与阮搭档的女演员，也是她的朋友，她的活泼开朗，以及对时事的敏感和关心衬托了阮的封闭、忧郁和不幸。这个插曲既表明了当时的时代背景，也暗示了其他人对国家、民族命运的关切并没有影响到阮玲玉。她沉浸于私人情感的纠葛中，与时事和外界甚为隔膜。这也是在她死后被左翼影人颇为诟病的一点。最后出现的蔡楚生与阮玲玉之间的位置关系同样意味深长，阮蔡之间距离较远，阮玲玉仰视蔡，此时给蔡带来国际声誉的《渔光曲》刚刚摄毕，他很快就会成为早期电影中首屈一指的导演。尽管蔡在言谈间流露出对阮玲玉的肯定，但他也没有实际的行动。最后画面用远景展现独自站在楼梯上的阮玲玉先是转身下楼，下了一步后又转身上楼，但再次停下来，靠在栏杆上面对墙上的铁窗，画面最后定格在依靠着栏杆的阮玲玉的背影。下面是唐季珊，上面是联华公司的同事，显然两者都不是处于分居纠纷中的她可以依靠的对象。她孤独地停留在楼梯的中间，也永远地停留在了生命的中途。

　　其次，楼梯作为建筑结构中最为薄弱的空间，隐喻了明星身份的不稳定。楼梯同时也是一个连接的空间，它的路线方式是上升和下降，象征着明星地位高低的变动。正如张勉治（Michael Chang）所指出的，中国电影女明星在20世纪20年代因其道德的可疑而备受诟病，但在20世纪30年代，随着国产影片质量的提高和左翼进步电影运动的展开，女明星突然获得了人们的尊敬，在社会上的地位有了突然的提升[①]。阮玲玉也是趁着这股大势而跻身于巨星之列。但是正如她的悲剧所表明的，尽管她们占据了舞台的中央，成为万众瞩目的焦点，仍然没有实质性地获得实际的权力和独立。她们的明星身份和地位既成就于当时的社会和大众媒体，也可能迅速被同一种力量摧毁。

　　导演用独特的取景、人物安排等视觉叙事暗示了大量的历史信息，但在人物对白和表演上颇为克制。根据对史料的阅读，此处的所有对话都有迹可循：中国影人在1930年代开始接触斯坦尼夫斯基的表演理论，并对后来的演员产生了很大的影响；中国电影在20世纪30年代正在赢得越来越多

---

① Michael G. Chang, "The Good, the Bad, and the Beautiful: Movie Actresses and Public Discourse in Shanghai, 1920 – 1930", In *Cinema and Urban Culture in Shanghai, 1922 – 1943*. Ed. by Yingjin Zhang, Stanford University Press, 1999, p. 128.

的观众，产生的影响越来越大，但国民政府在同一时期开始建立电影审查制度，要求影片淡化反日倾向；而张达民与阮、唐之间的分手合约也有据可查。从这些可以看出，尽管影片中 20 世纪 30 年代的时空是虚构的，但导演关锦鹏努力地在细节的各个方面贴近史实，让它成为一种对历史的"重演"，而主演张曼玉则像这些克制而真实的对白一样，更进一步地接近了阮玲玉本人。

B. 色彩和照明

导演对色彩的突出运用同样有力地传达了不同时空的信息。在现代时空中，导演采用了极尽自然的色调，绝大多数时候甚至运用黑白色调，并非常节制人工照明的运用，尽量采用日常光线，传达一种洗尽铅华的写实感，突出该时空的非戏剧化特点。而过去的时空主要用橘黄色的暖色调来展现怀旧的色彩，用深蓝的冷色调暗示主人公情感的悲剧和绝望。主演张曼玉在现实时空中穿着朴素，略施粉黛，突出的是她的声音叙事。而在扮演 20 世纪 30 年代的阮玲玉时，换上了与阮相同的发型和妆容，化妆突出了她的柳叶细眉和鲜红的嘴唇，这也正是阮留存下来的照片给人印象最深的地方。

在阮玲玉的单人构图中，导演大量采用人工照明和遮光，突出主观光效，多使用强顶光使主角处于光效的中心，仿佛被笼罩在光环之下，而四周被浓浓的阴影所包围。而当阮玲玉处于双人构图中，导演采用强侧光和特写，突出人物面部的明暗对比，以强调面部的细微表情。而表情的细致丰富正是阮玲玉的表演所被人称赞的地方。这些光线的运用同样具有隐喻的效果，在银幕上营造了一种舞台感：阮玲玉站在舞台的中央被聚光灯所笼罩，而周围则陷入黑暗，暗合影片的英文名——Center Stage。这也是一种邀请观看和表演的位置，在此表演的既是张曼玉，又是阮玲玉。

在过去的时空中，还穿插着现存的阮玲玉所拍摄的电影剧照和表演片段。这些黑白无声的影像一方面被有效地组织进电影对历史的叙事，成为阮玲玉事业成就的见证；另一方面，在观众已经进入张曼玉所扮演的阮玲玉角色时，突然出现"真实的阮玲玉"的表演片段来打破观众的观看和期待，使各种叙事都出现一种碎片化、虚构化的效果，尽管表面上导演是在努力贴近和还原历史。

此外，根据杰姆逊（Fredric Jameson）对美国怀旧电影的阐述，彩色电影是不真实的，因为没有历史感。该片的过去时空中，当代导演和演员有两次完全按照现存默片的场景和表演片段进行还原性模仿，让张曼玉重新演绎阮玲玉影片的某些段落，然后将他们拍成的彩色段落与现存拷贝同一段落的黑白影像先后并置在一起，用重拍或翻版表现对过去的复制和追忆。但是这种安排的效果与杰姆逊对彩色影片的不真实论不谋而合："那些怀旧电影正是用彩色画面来表现历史，固定住某一个历史阶段，把过去变成了过去的形象。这种改变带给人们的感觉就是我们已经失去了过去，我们只有些关于过去的形象，而不是过去本身。"[1]追忆和怀旧就意味着追寻某种永远无法复得的东西，在这种追忆和唤醒中，过去的真实失落了。因此，影

---

① 杰姆逊：《后现代主义与文化理论》，唐小兵译，北京大学出版社，2005，第205页。

片通过这种独特的结构和视觉表现方式，对电影的真实与虚构提出了质疑，也对影片所展现的历史的真实与虚构提出了挑战。

二 两代明星的对话：表演与被表演、真实与虚构

张曼玉虽然同阮玲玉一样，是万众瞩目的电影女明星，但她毕竟是20世纪90年代香港的现代女性，与阮玲玉在各个方面都有巨大的差异。那么，演出《阮玲玉》的张曼玉如何与她的同行阮玲玉展开对话？这次的表演给自己的明星身份带来什么样的影响？她对阮玲玉性格的理解以及形象的塑造，又会在已然被反复诉说的经典形象上添加何种色彩呢？

（一）叙事层面的对话

影片中的张曼玉有三重身份：第一是作为阮玲玉的观众，在与导演的交流中分析阮玲玉的性格，表达自己的看法和观点。第二是像常规的情节剧那样，作为影片的主演，扮演阮玲玉这个角色，体验她的生活和生命感受；第三是扮演阮玲玉所饰演的20世纪30年代默片中的角色，这是一个演员对另一个演员的演技的揣摩和模仿，也是两代女明星演技的较量。在这个过程中，张曼玉自己的演技得到了发挥和肯定，促成了她向演技派专业明星的转变。

在第一个身份中，也就是张曼玉作为阮玲玉的当代观众与导演关锦鹏进行交流，透露出她对阮玲玉的评价和理解。这一点直接影响了她所表演的阮玲玉形象。

第一次对话是影片开场，随着阮玲玉的黑白剧照淡入淡出[1]，响起男性叙述的声音："阮玲玉在早期拍摄的都是一些没有多少机会发挥的角色，也就是类似花瓶的角色，直至1929年到了联华之后，才有机会拍一些严肃的角色。"这是导演关锦鹏的叙述，紧接着画面切换到主演张曼玉，笑道："这岂不跟我很像！"

第二组镜头，画面再次展示阮玲玉的老剧照，伴随着导演与张曼玉对话的继续：

---

① 这些是她早期在明星和大中华百合影片公司所拍摄电影的剧照，如《挂名的夫妻》、《白云塔》等。

关：阮玲玉自杀至今已有50多年了，足足半个世纪，但总是有人记得她，记得这个演员。Maggie，你希不希望半个世纪后还有人记得你？

张：我觉得半个世纪之后人们记不记得我，并不重要。但如果有人真的记得我，都是与阮玲玉不同的了。因为她在25岁最光辉最灿烂的日子让自己停下来，她现在已经是传奇了。

此时出现阮玲玉最为人所熟知的侧面低头照，叠加片头：阮玲玉（手写体，阮玲玉的亲笔签名），影片英文名"Center Stage"。

短短2分钟的开场，用事业上类似的经历将张曼玉和阮玲玉两代女明星联系起来，唤起当代观众的前理解：和阮玲玉一样，张曼玉早期也拍过很多趣味不高、发挥不多的花瓶角色，直到1988年出演王家卫的《旺角卡门》女主角，才促使她开始思考严肃的表演问题。此后的她更加谨慎地选择剧本。

影片中导演与张曼玉的第二次对话是关于阮玲玉的表演才能和她的性感魅力。

关：……以前我看过她的一两部片，并不觉得她有怎么特别。但当我看完她仅存的六部影片，我便觉得她很出色，演什么像什么。尤其当时她拍的都是默片，没有对白，只有表情和肢体语言。我觉得她有一股特别的味道，一种很性感的感觉。

张：我觉得那不是性感，是骚在骨子里。我看她每次都穿得很密实，旗袍的领口包到脖子这里，但她仍可以风骚，这才厉害……

在此，张曼玉把握到的阮玲玉是一种"骚在骨子里"的魅力，因此她所扮演的阮玲玉也充分强调了这种隐含在旗袍这种民国服饰底下的藏而不露、阴柔性感的女性气质。毋庸置疑，在被反复书写和表演的阮玲玉的明星形象中，由于张曼玉的理解和扮演，又添加了这样一份特点。而这一特点也与中国传统、民国风情结合起来，无论是阮玲玉、穿着旗袍的张曼玉还是旗袍本身，都成为从20世纪90年代延续至今的大众怀旧符号。

与此相对应，在影片所展现的过去时空中，阮玲玉与导演蔡楚生也有一次关于阮的性感的对话。在他们经常去的餐厅，阮与蔡相对而坐，阮对着蔡模仿马莲·黛德丽（Marlene Dietrich）① 的经典表情：

> 蔡：马莲·黛德丽天生只能演一些颓废的角色。你的样子比她健
> 康。我无法想象要她来演一些贤妻良母、工厂女工或者苦难妇女会是
> 怎样？我不明白为什么人们都说你像她。
> 阮：我告诉你为什么，那是因为我演的苦难妇女演得很性感。
> 蔡：千万别把我的《新女性》演得很性感。
> 阮：费穆都不介意我把他的尼姑演得性感。
> 蔡：费穆太资产，不要拿我和他比。

在对话中，阮对蔡的态度一直是暧昧并带有些许调情的。对话开始时
采用正反拍，用特写和近景显示二人的亲密关系，此时蔡和阮的情绪都是
快乐轻松的；蔡在阮玲玉提起她自己的性感之后，画面改为较远的中景，
表现二人关系开始拉开距离；阮玲玉提到费穆之时，蔡的表情和语气突然
变得很冷漠，镜头拉远，用远景展现他们之间的隔膜。这段对话是导演关
锦鹏的虚构，在对老影人的采访中，他们得知阮与蔡之间确实存在一些情
愫，但又一直没有被证实。在影片大量采用历史材料、力图做到有凭有据
的同时，却在阮与蔡的关系中加入了很多虚构的情节，意味着关锦鹏对阮
玲玉的同情和理解，希冀她真的遇到一位因为欣赏她的才华而对她产生爱
情的知己。

对话显示蔡楚生不愿意与费穆相提并论，给我们提示了1930年代的电
影格局：此时共产党的力量已经开始渗透进电影界，左翼知识分子通过编
剧和影评影响电影的走向。而蔡楚生在接受了左翼的批评之后，明显有左
转的倾向。作为明星的阮玲玉尽管曾经主动要求在田汉编剧的《三个摩登
女性》里改变受苦受难的软弱形象，出演进步女工人一角，但她显然对时
局的变化并不十分关心。阮玲玉的明星身份在政治倾向方面是暧昧不明甚
至矛盾的：虽然她出身无产阶级，并且常常在银幕上扮演受苦受难的女性
或者坚强的进步女性，但是她在年轻时与阔少同居，后来又与富商相好，
这些情感纠葛让左翼在定位她的阶级属性时感到颇为棘手。但是在阮玲玉
自杀之后，左翼的态度发生了根本的转变。阮玲玉被包装成封建主义和资

---

① 马莲·黛德丽，1920～1930年代德裔美国女明星，当时的媒体称阮玲玉是中国的黛德丽。

本主义社会的牺牲品，成为无产阶级的同道，在政治、道德上都变身为合法的大众偶像。但是影片《阮玲玉》对于左翼在当时电影界的影响以及在阮死后对她态度的转变颇为回避，依笔者猜测，一是因为影片拍摄时（1991 年）的政治氛围的限制，二是阮玲玉在当时的明星形象中确实是倾向暧昧、无法定论的。

（二）超越时空的对话

在谈到阮玲玉自杀的原因时，导演与张曼玉有这样的对话：

张曼玉说道：我觉得阮玲玉的死，主要是跟张、唐的桃色新闻绝对有关系。但是，如果她和蔡楚生可以再发展……她会否选择这条路？我觉得未必会。为何他们当时没胆量呢？因为他们已经有很多桃色新闻了。

关：舆论的影响已经很大了……问题就在她是明星，是公众人物。舆论变成了多重的压力，特别是那个年代。

张：自己作为一名艺人，我觉得人言可畏，舆论那种东西是不分年代的，现在同样那么可怕。当演员并不代表要把所有私事公开，别人知道后还要歪曲事实，越描越黑，用一种很负面的态度去说，当你听到的时候是很难受的。如果那件事是真的，很私人的事被别人知道，你会感觉好像被人一层一层地揭开，看见里面，那种感觉很痛苦。所以我很明白阮玲玉当时的心情。

这段对话是作为明星的张曼玉对同行的同情性理解。无独有偶，就在张曼玉拍摄这部电影的时候，自己同样也遭受了"情书被公开"所带来的各种流言飞语，令她当时的情绪跌到了最低谷。此时，作为女明星的她们都是大众偷窥欲所催生的舆论的牺牲品，她们二人对"人言可畏"的感受在此融到了一起。然而，当导演问及张曼玉如果遇到阮玲玉那样的遭遇是否会自杀，她笑了，显然是经过了一定的思考，她以一种肯定的语气说道："我的第一个反应，我给人的感觉是不在乎。不开心是我自己的事情，我一定不会让他们有满足感，让他们知道我不开心，何况自杀？要死我自己会选择去死，不是因为你们。"这里，我们能够深切感受到张曼玉的现代女性意识以及对阮玲玉选择自杀的不认同。而这番话同样也是张曼玉与当代女明星、当代女性的潜在对话和宣言。

（三）表演、真实与虚构

导演和演员的这段对话之后，紧接着就是张曼玉表演阮玲玉自杀前一天的经过。无论是阮玲玉在舞厅跳狐步舞的场景，还是联华公司"为了告别的聚会"，张曼玉的表演都成为此片的经典画面。随着黄莺莺凄婉哀怨的《葬心》响起，在舞池中尽情舞动的是演技卓越的张曼玉，也是绝望的阮玲玉。从这里开始到阮玲玉的自杀，导演采用全知视角拍摄，在歌舞升平的场景中间穿插着阮玲玉口述遗书的声音，以及追悼会上众人向她一一告别的场景。这种凄惨与繁华的并置使得生前的繁华显得虚幻而短暂，同时突出了现实社会的残酷。接着，阮玲玉回家后从容安排身后事，一边口述遗书，一边服毒。然后，她走到在床上熟睡的唐季珊身边，问道："你爱不爱我？"此刻主题曲《葬心》响起，阮玲玉香消玉殒。

正当观众的情感在此刻积蓄到一个悲情的巅峰时，导演将画面切换到一张真实的老照片：在追悼会上，戴着墨镜的吴永刚坐在阮玲玉的灵床前。

紧接着的画面是影片拍摄的过去时空：以完全相同的构图，让扮演吴永刚的演员和张曼玉拍摄这张老照片上的画面。

然后导演出现在摄影机旁，显示这是一场拍摄追悼会的戏。

在导演喊 cut 之后，演吴永刚的演员问道："导演，我还没有说'起来

抽烟吧，起来喝酒吧，那只是一种姿态'。"关锦鹏解释说："这句话是我们虚构的，我们手头只有这张照片，不知道当时吴永刚是否真的说了这句话。"导演不断地在片中用各种历史材料表明他在努力还原历史的现实，但是他又通过展现还原的过程，让人们明白这是一场虚构。在整个追悼会的叙事中，导演不断穿插 NG 等拍摄过程，故意消解自己苦心营造的电影真实和悲情效果。在现实中，死亡是一次性的，是无法重现的。而在影片中，导演耐心地一再展现表演死亡的过程。第一次是张曼玉的死亡表演：她模仿阮玲玉在《新女性》中表演虚构角色韦明（以当时自杀的女明星艾霞为原型）自杀的那场戏；第二次是阮玲玉的死亡表演：《新女性》现存拷贝中韦明自杀的段落；第三次又是张曼玉的死亡表演：扮演真实的阮玲玉自杀和死亡的戏。在这里，影片中的虚构女性（韦明，其实也是艾霞）和历史上的真实女性（阮玲玉）的多重自杀被一再重现，并且每个场景的细节都得到细腻的复制和再现，似乎既在暗示阮玲玉的死与她的死亡表演的联系，又在消解死亡的真实主体：是影片中的女主角，还是扮演女主角的女明星？

正如关锦鹏在一次采访中所说，"《阮玲玉》讲述的是一个有关电影本质的故事，其实人物是不是阮玲玉，或者周璇等人，都不是很重要"。他承认他想通过该片把自己希望表达的幻想和现实两种东西结合起来："影片主体是虚构和演绎的剧情片。但是我用纪录片去打破，让观众觉得这只是制造出来的电影。不管是以前阮玲玉主演的黑白默片，还是张曼玉演的阮玲玉的传奇，都只是虚构的情节，不是百分之百真实的东西。影片中真实的东西，可能是我跟张曼玉的对话。"① 其实，关锦鹏与张曼玉以及其他演员的对话是即兴发生的、被镜头记录下来的事实，抑或是事先编写好对白再按照剧本表演的，也是可以质疑的问题。并且，导演未选进影片的对话内容有可能与我们看到的对话形成矛盾，从而发生意义的改变；剪辑和穿插的顺序也都不可能与对话实际发生的顺序一致。于是，电影本身的真实性就是无法证实和相信的东西。

关锦鹏对《阮玲玉》的架构和表现让观众思考真实与虚构的关系，电影的本质，理解导演、演员/明星的工作和位置。但是吊诡的是，影片越是通过展现历史材料和拍摄过程追求历史真实，就越是打破了影片的情节完整性所构成的电影真实，模糊了真实与虚构的界限，同时也模糊了人物真实与表演的界限。同样的，尽管张曼玉在影片的现代时空中讲述自己对阮玲玉的理解，分析阮玲玉的性格，表现出与之迥异的个性，但是表演一个演技卓越的女明星本身就是对表演者演技的巨大考验。因此，如果通过表演阮玲玉而获得演技的认可，无疑她自己的明星形象也会被阮玲玉所附身，这一点反过来也是自己演技的最好证明。而关锦鹏的《阮玲玉》确实真正使她摆脱了"花瓶"的称号，并一举获得了柏林国际电影节 1992 年最佳女演员银熊奖（Best Actress of Silver Berlin Bear），也因此成为第一个在三大国际影展中获得该项桂冠的华籍女演员。此后，张曼玉所出演的影片一直保

---

① 张燕：《映画：香港制造——与香港名导演对话》，北京大学出版社，2006，第 108 页。

持着较高的质量，其演技派明星的地位也一直保持至今。

张曼玉通过自己精湛的演技给阮玲玉的明星形象添加上了她自己的色彩；而张曼玉无论如何否认自己与阮玲玉的任何类似，由于这次表演，她的明星形象中也永远抹上了阮玲玉的民国色彩。如果并非如此，只能表明她的表演不够成功。果然，她像成为怀旧符号的阮玲玉一样，成为民国和旗袍的最佳代言人，在时隔 8 年的《花样年华》（2000，王家卫）中，导演王家卫利用她的明星形象将这种民国服饰演绎到极致，以至于带动了全国范围的旗袍热。这不仅是张曼玉演技的证明，也是阮玲玉的魅力经久不衰的证明。总之，通过表演和被表演，明星的自我身体界限逐渐模糊，明星形象背后真实的个人逐渐消失。明星总是他/她本人、他/她所扮演的角色以及大众媒体报道等各种话语的叠加和融合。对《阮玲玉》这部影片的文本分析也证明了理查德·戴尔（Richard Dyer）的观点：无论大众媒体话语在明星形象的建构中有多么重要，电影始终是明星研究的最重要的文本。

电影明星与中国想象

陈晓云*

摘要：电影明星不但在现代电影工业体制中占据着愈来愈重要的位置，它还成为从不同层面"想象中国"的重要路径。不同影片往往通过不同的明星形象来形塑出不同的"国家形象"。跨国明星、特型明星与草根明星分别呈现了对于中国的东方想象、政治想象与底层想象，意指不同社会文化层面的电影明星共同建构了"想象中国"的意义场域。

关键词：电影明星　跨国想象　政治想象　底层想象

Abstract：The stars, in the modern film industry, not only play a more and more important role, but also create the new ways of imaging China from different perspectives. The Imagination of China varies from one film to another by different stars' representation. Meanwhile, the international stars, typecast stars and grass-root stars represent the imaginations of China from oriental, political and underclass people's perspectives respectively. Film stars, who represent different level of Chinese society and culture, create the field of "China Imagination" in various ways.

Keywords：film star, cross – culture imagination, political imagination, underclass Imagination

---

* 陈晓云，北京电影学院。本文为 2011 年度国家社会科学基金艺术学项目"当代中国电影明星研究"（11BC023）之阶段性成果。

在当下这个时代，作为电影作品主要载体之一的电影明星，已经越出电影自身的形式外观与艺术范畴，而成为与社会政治相互指涉的文化现象。对于电影明星的研讨，也就不能囿于一般意义上的表演层面，亦即单纯的"电影表演"，而应该拓展至可以称为"社会表演"或者"文化表演"的领域。犹如以 20 世纪上半叶的女明星为主要研究个案的《表演中国：女明星，表演文化，视觉政治，1910—1945》一书所指出的，"把这些女演员的幕前演出当成幕后生活展现，视她们的台上表演与台下表现为一体的舆论与流言，将她们拱成明星变成社会凝视焦点的文化现象，以及其中所透露的中国现代表演文化内涵"。[1]该书"以女演员为轴线，论述中国现代表演场域里有关凝视女性与女性凝视的视觉政治与文化表演，并辩证一个社会的表演认知对该时期历史文化的深刻模塑"。[2]"表演中国"的说法，事实上也可以用来描述此后以及当下中国电影明星的文化情状。[3]电影明星不但在现代电影工业体制中占据着愈来愈重要的位置，它还成为从不同层面"想象中国"的重要路径。也就是说，不同影片往往通过不同的明星形象来形塑出不同的"国家形象"。美国好莱坞恰恰是借助不同的类型电影以及与之相关的电影明星，在完成巨额票房回报的同时，实施着关于美国精神的文化渗透，这种文化渗透在不同时期不同历史语境下往往也会呈现出不同的特征。

一 跨国明星与东方想象

当我们屡屡纠结于"西方人"总是以刻板印象来定位"中国"或者"中国人"的时候，同样性质的文化想象也始终存在于我们的思维之中。也就是说，我们往往以同样的思维来"想象"或者"构造"所谓的"欧陆风情"以及"美国人"、"英国人"或者"日本人"。文化的误读是一种必然现象。文化间的双向交流，其折扣率事实上是不可避免的。

不可否认，作为 20 世纪最重要的艺术文化样式和大众传播媒介之一，

---

① 周慧玲：《表演中国：女明星，表演文化，视觉政治，1910—1945》，麦田出版社，2004，第 299 页。

② 周慧玲：《表演中国：女明星，表演文化，视觉政治，1910—1945》，麦田出版社，2004，第 299 页。

③ 百度百科之"章子怡"，http://baike.baidu.com/view/2793.htm。

电影在文化传播中起到了举足轻重的作用，也就是说，电影成为中国人认识西方的主要路径之一，同时也成为西方人认识中国的主要路径之一。在经济与文化发展不平衡的状态之下，一种异族文化对于本土文化的认知与接受必然是带有选择性的，事实上也就带有不可规避的意识形态倾向。迄今为止，功夫电影依然是西方人接受中国电影的主要类型。究其原因，电影意义上的所谓"西方"，在多数时候往往被无意识地认知为美国以及西欧，而好莱坞作为世界上最大的电影王国，是类型电影创作最为齐全与成功的。作为电影工业的核心之一便是门类齐全的类型电影，以及与之相关的明星制和制片人中心制。因而，以在好莱坞已经获得成功的类型与之抗衡，便不可能产生效果。另一方面，在香港电影的全盛时期，很大程度上也是以类型电影取胜，而功夫电影恰恰是最具中国/东方色彩的类型。功夫电影最初是借助香港电影的路径进入西方文化视野的。"与香港的现代都市电影相比，这些出口的功夫电影中充满更多的东方主义（Orientalist）想象。按照爱德华·萨伊德（Edward Said）的定义，东方主义描述一种'西方统治、重建与支配东方的方式'（1978：3）。'东方'一词从地理上、道德上、文化上指代着亚洲或东方国家（31）。功夫电影在西方的再包装发挥了这种指代功能。"①从李小龙、成龙到李连杰，较为清晰地呈现出了功夫电影自身获得发展，以及进入西方视域的某种轨迹。

有学者认为："李小龙作为第一位世界级的华人影星的重大成就，仅仅是由他生前作为成年人所拍摄的四部影片所奠定的。在李小龙的传奇中，这种巨大的成就被叙述为被压迫者的胜利和反抗种族歧视的斗争。"②其主演的《唐山大兄》（1971 年）、《精武门》（1972 年）、《猛龙过江》（1972年）、《龙争虎斗》（1973 年）和根据其生前拍摄的部分场景加上一些利用替身拍摄的新素材拼接而成的《死亡游戏》，"每一部电影都是'被压迫者的胜利'这一主题的变奏"。③在跨文化交流的语境中，"在李小龙通过他的电影和银幕形象为华人/亚洲/第三世界维护权益的同时，他也通过对男性

---

① 〔英〕里昂·汉特：《功夫偶像——从李小龙到〈卧虎藏龙〉》，余琼译，北京大学出版社，2010，第 17 页。

② 〔英〕裴开瑞：《明星变迁：李小龙的身体，或者跨区（国）身躯中的华人男性气质》，刘宇清译，《文艺研究》2007 年第 1 期。

③ 〔英〕裴开瑞：《明星变迁：李小龙的身体，或者跨区（国）身躯中的华人男性气质》，刘宇清译，《文艺研究》2007 年第 1 期。

气质的坚持来达到这一目的"。而这里所谓的"男性气质",乃是"华人尚武男性气质和美国男性气质的糅合"。①另有学者则试图探讨李小龙死后出现的"盘剥李小龙"(Bruceploitation)现象,即"为何李小龙这一华语电影中最强有力的形象、同时也是世界上最为偶像化的明星,在几十年后被转化成一个丑角一样的滑稽角色,一个用来骂亚裔美国人的种族诨名?"②在此,"李小龙"已经越出李小龙本人的层面,而被"重写"为"美籍亚裔男性"的抽象符号。

李安执导的《卧虎藏龙》(2000 年)获得第 73 届奥斯卡最佳外语片、最佳摄影、最佳艺术指导和最佳音乐 4 项大奖,对于中国电影来说,是一个标志性事件。自 20 世纪 80 年代末以来,华语电影完成了柏林、威尼斯、戛纳三大国际电影节的大满贯以及在奥斯卡登顶,西方世界更多通过国际电影奖项的通道来认知中国电影,并进一步借助中国电影来认知中国。必须指出的是,尽管对于张艺谋、陈凯歌的简单指责有失公允,但这些获奖影片多数呈现的确实是与现代西方世界差异较大的"东方中国",一个与西方世界相比具有历史"时差"的"东方中国"。在这种文化想象中,巩俐、章子怡借助电影影像所呈现的"中国面孔"起到了至关重要的作用。

"文化大革命"后中国电影明星与西方国家之间的关联,至少可以追溯到 20 世纪 80 年代初,陈冲、张瑜、斯琴高娃、龚雪、邬君梅、白灵、盖克、严晓频等或顶着"金鸡"与"百花"的影后头衔,或在本土已有较高知名度的女演员纷纷出国。尽管去往异国他乡的诉求各不相同,而其共同点是,除了陈冲、邬君梅出演意大利导演贝尔托鲁齐执导的《末代皇帝》等少数个案,在电影领域的发展总体上乏善可陈。

巩俐无可置疑地成为"文化大革命"后本土制造的最为成功的"国际影星"。而有意味的是,她采用的并非通常所谓"打入"好莱坞的路子,亦即通过选角、试镜等常规路径,而是借助了其主演的影片在国际电影界的重要影响力。其出道最初阶段与张艺谋合作的《红高粱》(1987 年)、《代号"美洲豹"》(1988 年)、《菊豆》(1992 年)、《大红灯笼高高挂》(1992年)、《秋菊打官司》(1992 年)、《活着》(1994 年)、《摇啊摇,摇到外婆

---

① 参见〔英〕裴开瑞《明星变迁:李小龙的身体,或者跨区(国)身躯中的华人男性气质》,刘宇清译,《文艺研究》2007 年第 1 期,第 98~99 页。

② 胡思明:《李小龙之后的"李小龙":臆想中的生平》,〔美〕张英进、〔澳〕胡敏娜:《华语电影明星:表演、语境、类型》,西飏译,北京大学出版社,2011,第 202 页。

桥》（1995 年）等影片，不仅赢得了柏林、威尼斯、戛纳国际电影节的肯定，还为自己赢得了威尼斯国际电影节影后的殊荣。这一系列影片成功进入西方文化视野，与巩俐在影片中所呈现的"东方面孔"相辅相成。巩俐在这些影片中几乎无一例外地扮演具有"历史"色调的东方女性。① 她还先后与陈凯歌、张艾嘉、黄蜀芹、孙周、王家卫等华语电影导演合作，并主演了《艺伎回忆录》、《迈阿密风云》、《谍海风云》等具有"跨国"性质的影片，她还先后担任第 50 届柏林国际电影节和第 59 届威尼斯国际电影节评委会主席。② "巩俐"这个明星符号，便是通过电影院内外的"电影表演"与"文化表演"共同建构的。

与赵薇、周迅、徐静蕾并称"四大花旦"的章子怡，与巩俐有着共同的成名路径，她事实上也成为继巩俐之后又一位重要的具有国际影响力的华语电影明星。其与"四大花旦"中另外三位演员的区别是，坚持不出演电视剧，且更重视国际区域间的合作。她同样是因为主演张艺谋的影片《我的父亲母亲》（1999 年）而成名的，并被视为另一位"谋女郎"。但她与巩俐的不同是，在一片成名之后，迅即与李安、徐克、娄烨、王家卫、侯咏、冯小刚、陈凯歌、顾长卫等不同的华语电影导演合作，并出演了《尖峰时刻 2》、《武士》、《狸御殿》、《艺伎回忆录》、《骑士》等具有"跨国"性质的影片。③

巩俐、章子怡的国际影响力，与中国社会和中国电影国际影响力的提升有着直接的关联。明星的面孔，不但是异族文化认知本土文化的重要视觉标志，也被视为国家形象和国家文化软实力的重要标志，正如美国《纽约时报》在评价章子怡时所指出的："银幕上的她无疑是个奇女子，身躯如垂杨柳般柔弱，意志却似钢铁一般坚强。她已经与姚明一道，成为中国的两大代言人。"④

电影在一定意义上是想象的产物，而非真实的产物。基于此，同样的影像表达与文化想象，往往会在不同的社会语境中引起不同的反应与评价。当巩俐与章子怡成为西方文化认知中国的重要路径之时，她们在本土文化背景下引发的争议却从来没有停止过。剔除争议中所包含的狭隘心理成分，

---

① 《代号"美洲豹"》是个例外。巩俐凭借这部影片获得第 12 届大众电影百花奖最佳女配角奖。

② 参见百度百科之"巩俐"，http：//baike. baidu. com/view/3677. htm。

③ 参见百度百科之"章子怡"，http：//baike. baidu. com/view/2793. htm。

④ 参见百度百科之"章子怡"，http：//baike. baidu. com/view/2793. htm。

我们不难发现，在关于电影明星，尤其是电影女明星所建构的巨大的张力场之中，存在着难以解决的内在矛盾：明星的知名度越高，受到的关注越大，其所引发的负面评判也就越是剧烈。

二　特型明星与政治想象

20 世纪 80 年代末以献礼为主要诉求而兴起的主旋律电影创作热潮，在实施其主体政治诉求的同时，客观上也成就了一批以塑造重大革命历史题材中的重要历史人物为基本特质的特型演员，他们由此而成为"特型明星"，最为著名的诸如古月/唐国强/王霙之于毛泽东、王铁成/黄凯/刘劲之于周恩来、卢奇之于邓小平、孙飞虎之于蒋介石等。所谓特型演员，在原初意义上是以"形似"为基础的，这也就决定了这类演员带有天赋特征的表演特点；而通常，人们又把"神似"作为判断这类演员表演是否成功的主要标志。最为理想的状态当然是所谓的"神形兼备"。

特型演员之成为电影明星，是诸多合力共同作用的结果。一方面，20 世纪 90 年代以来由于社会转型而酿就的怀旧风潮，其政治怀旧是重要表征之一。因对现实不满而转向对历史的怀旧性记忆，使得以毛泽东、周恩来为主要代表的中共第一代领导人成为民众集体心理的一个重要落点。另一方面，这些历史人物身上蕴涵的"英雄"特质，正是当下中国现实社会中的重大缺失，英雄崇拜与明星崇拜之间存在着一定意义的同构关系。基于此，扮演这些历史人物的演员，客观上更容易成为大众的偶像。观众往往将对历史人物的情感诉诸扮演历史人物的当代演员身上。后来愈演愈烈的特型演员泛化的现象，在主旋律电影发展的最初阶段，已经露出端倪。

作为一部新中国 60 周年的献礼片，《建国大业》（韩三平、黄建新导演，2009 年）在演员选择上与此前的主旋律电影有所不同。如果说，此前的同类题材影片更多是成就了一批"特型明星"的话，那么，它则部分打破了特型演员的常规思路，启用了中国电影中罕见的全明星阵容，来扮演其中所涉及的历史人物。这样的创作思维也许是创作者的灵光一现，在电影工业的意义上也具备着难以复制的特点。①对于启用明星本身，导演有着

---

① 陈凯歌导演第一个提出采用全明星阵容的建议，并扮演冯玉祥将军，还推荐陈坤扮演蒋经国。参见韩三平、黄建新《〈建国大业〉感言》，《当代电影》2009 年第 10 期。

较为清醒的认知："谁也不能否认，现在的中国电影界是'大腕'和'明星'的时代。在这些明星中，每个名字都意味着可观的票房保证，每个名字的背后都有着庞大的粉丝群体。借助明星的人气效应吸引观众对影片本身的关注度，这是国际通行的电影制作运营手段。"①但同时，明星意味着高昂的电影制作成本，而在片中扮演蒋介石的张国立第一个提出了"零片酬"的概念。"共和国 60 周年华诞献礼，作为演员为祖国母亲献上一份生日礼物，张国立放弃片酬的举动引发了演艺圈内的连锁反应，最终使得《建国大业》以相对较低的制作成本在相对较短的时间内完成了制作。"②这是中国电影史上并无先例的明星策略。这部制作成本为 3700 万元的影片，③如果按照所有明星的实际身价来支付片酬，估计要达到 3.5 亿元。主流意识形态在此有效地将其外在政治诉求"询唤"为明星们的内在诉求，其间的原因相当复杂，很难借助电影自身获得准确阐释。作为建党 90 周年的献礼影片，《建党伟业》（韩三平、黄建新，2011 年）延续着《建国大业》的创作思路。作为导演之一的黄建新在一次访谈中提出了关于明星运用上的"量级对等的问题"："当与巨星对戏而量级不够的话，就会觉得表演的对方太弱，甚至连巨星级演员的表演也没了。这个戏里都是历史大人物，这是我们特别强调好演员来的原因。往往好演员不说话就站在那里，你都觉得是那个人，有的人即使不断说着台词，你怎么看都没有味道，这是特别重要的问题。如果我用了一个好演员，其他角色是普通演员，他们的戏是没法分配的。我们很担心出现这种情况，某个地方的戏突然掉下去就无法弥补了，所以，这部戏中所有演员都必须能够支撑住。"④这部同样是明星云集的影片，在众说纷纭的争议声中，以 3.0469 亿元的票房，名列 2011 年上半年全国城市电影票房收入国产影片榜首。⑤创作者希望能够在此基础上"发展出一个有制作规律的类型电影，关于历史的、辩论性的、政治的类型电影"。⑥类似的表述在导演的访谈中一再出现："我一直觉得，其实应该把它看成类型电影，只有这样看待，它以后才能有更好的坚持和突破，如果只把它当

---

① 韩三平、黄建新：《〈建国大业〉感言》，《当代电影》2009 年第 10 期。

② 韩三平、黄建新：《〈建国大业〉感言》，《当代电影》2009 年第 10 期。

③ 参见皇甫宜川对赵海城的访问《回到电影本身》，《当代电影》2009 年第 11 期。

④ 胡克：《历史细节的还原——黄建新访谈》，《电影艺术》2011 年第 4 期。

⑤ 参见《2011 上半年全国城市电影票房统计数据发布》，2011 年 7 月 14 日《中国电影报》。

⑥ 胡克：《历史细节的还原——黄建新访谈》，《电影艺术》2011 年第 4 期。

成主旋律电影，出发点的不同会导致创作方式的极大改变。"①

在以政治诉求为主的主旋律电影中，出现了一种可以称为偶像化，或者叫时尚化的现象，其与明星问题的相关性则在于，它们普遍倾向于选择具有时尚特质的明星来扮演其中的历史角色。2011 年上映的《秋之白华》（霍建起导演）选择窦骁和董洁来扮演瞿秋白与杨之华，如导演所言，作为"谋女郎"之一的董洁具有中国传统女性的美感，又不是非常强势，其精神气质适合五四时代的那样一个女性。②同样因主演张艺谋的《山楂树之恋》而声名鹊起的窦骁，除了外形比较接近瞿秋白，他身上有一种现时代演员身上不多见的书卷气和儒雅气质，可以在形与神两个层面较大限度地接近角色及角色所处的时代。

三　草根明星与底层想象

"草根"与"明星"的组合，从一定程度上看，依赖于大众媒介的发展。如果说，专业院校和艺术院团作为常规的演员/明星选拔机制，到今天为止都依然是演员/明星的主要来源的话，那么，电视选秀的出现，则为明星制造提供了另外一条可能的通道。电视选秀的层层选拔机制，往往借用了与传统明星出场类似的仪式化场景，而使得大众直接介入了造星机制，从而获得更大的现场感与满足感。而心怀明星梦长期蛰伏于北影门口等待剧组发现的北漂准演员/明星们，则多在一种希望渺茫的等待中期盼着神迹的出现。事实上，对于他们中的多数人来说，能够进入剧组跑龙套，进而能够获得若干台词的角色，几乎已经是遥不可及的梦想了。然而，曾经是他们中的一员的王宝强的一夜爆红，却为北漂一族创造了一个难以复制的明星神话。

出生于河北农村的王宝强自幼开始习武，曾入河南嵩山少林寺做俗家弟子，之后进入北京做武行和群众演员。王宝强的转机始于李杨执导的《盲井》（2003 年），在影片中扮演元凤鸣，获得第 40 届台湾电影金马奖最佳新人奖、第 5 届法国杜维尔亚洲电影节最佳男演员奖、第 2 届曼谷国际电影节最佳男演员奖。③由于题材的特殊性，这部获得第 53 届柏林国际电影节

---

① 黄建新、尹鸿：《开创新的史诗片模式》，《当代电影》2011 年第 7 期。
② 参见田卉群《〈秋之白华〉导演霍建起答问》，《电影艺术》2011 年第 4 期。
③ 参见百度百科之"王宝强"，http://baike.baidu.com/view/764555.htm。

最佳艺术贡献银熊奖等 30 余个奖项的影片并没有在国内公映。①

《盲井》中本色出演的王宝强基本上确立了自己此后基本的表演风格。本色表演是其获得成功的原因，也是其受到诟病的根由。王宝强真正走上明星之路，则是 2004 年出演冯小刚导演的《天下无贼》。这部汇集了刘德华（饰王薄）、刘若英（饰王丽）、葛优（饰胡黎）、傅彪（饰刘总）、范伟（饰劫匪甲）、冯远征（饰劫匪乙）、徐帆（饰刘总太太）、李冰冰（饰小叶）、张涵予（饰画画人）、林家栋（饰四眼）、尤勇（饰胖子）等电影明星的影片，尽管部分偏离了导演以往以喜剧为主体的叙事风格，但葛优作为影片主演的显在标志以及片中时而出现的喜剧桥段（如"打劫"），还是可以明显看出冯氏"贺岁片"的影子。影片中的王宝强扮演一位身揣通过修庙挣得的六万现金准备回老家娶媳妇的河北农村孩子。在观众的视线中，王宝强依然是本色出演。事实上，普通观众也恰是通过这部影片来认知王宝强的。银幕上傻根儿关于"天下无贼"的神话，事实上也成了银幕之外的王宝强一夜成名的神话。而由于《盲井》在主流及大众视野中的被屏蔽，使得这个神话更具成色。《盲井》对于王宝强来说，并非简单的"处女作"那么简单。没有王宝强的《盲井》，也许就不会有王宝强的《天下无贼》。

此后的电影《集结号》（冯小刚导演，2007 年）、《李米的猜想》（曹保平导演，2008 年）、《人在囧途》（叶伟民导演，2010 年）、《HELLO，树先生》（韩杰导演，2010 年）、电视剧《暗算》（柳云龙导演，2005 年）、《士兵突击》（康洪雷导演，2006 年）、《我的兄弟叫顺溜》（花菁导演，2008 年）、《我的父亲是板凳》（黄文利导演，2010 年）以及登陆春晚、出音乐专辑与个人自传（《向前进：一个青春时代的奋斗史》）等，共同构成了作为明星形象的"王宝强"。②

王宝强式的神话个案还可以追溯到张艺谋执导的《一个都不能少》（1998 年）中的女主角魏敏芝，一个"非典型"的"谋女郎"。之所以说她"非典型"，是因为她主演这部影片获得成功之后并没有按常规走上演员/明星之路，而关于"谋女郎"的讨论中，她似乎也是被有意无意"排除"在外的。如果说，王宝强的成功，除了外在的所谓"运气"成分之外，他自己对于演艺之路事实上也是心怀梦想的；而魏敏芝，在出演《一个都不能

---

① 参见百度百科之"盲井"，http：//baike. baidu. com/view/294395. htm。

② 参见百度百科之"王宝强"，http：//baike. baidu. com/view/764555. htm。

少》之前恐怕从来也不会想到，自己的未来生活会与电影发生如此紧密的关联。恰是由于有了这次契机，她的个人生活被彻底颠覆，先后进入石家庄精英中学、西安外国语学院西影影视传媒学院和杨百翰大学学习，为自己未来当导演铺路。而如她自己所说："如果没有这部电影，我可能会在家养猪、结婚、生孩子，做家庭妇女。"①

如果说，魏敏芝、王宝强本身都来自社会底层，借助电影而制造了明星神话的话，那么，黄渤的成功则提供了关于草根神话的另类想象，即专业演员的草根化。这位做过驻唱歌手、舞蹈教练、配音演员的艺人毕业于北京电影学院，其转机始于管虎执导的电视电影《上车，走吧》（2000 年）和宁浩执导的《疯狂的石头》（2006 年），同由管虎执导的《斗牛》（2009年）使他成为第 46 届台湾电影金马奖最佳男演员。②黄渤的成功与 20 世纪80 年代末的葛优几有异曲同工之妙。如果说，葛优当年的成名在很大程度上与王朔有关的话，那么，尽管黄渤出道时所处的社会文化语境与葛优的年代已经不可同日而语，但其相似性则在于，他们同样以"非典型"及非主流的形象，成为审美多元化时代的公众偶像。在这个芙蓉姐姐、凤姐都能走红的时代，什么事情都是可能发生的。

"影星现象的建制在中国如同在西方一样，是名人文化的一部分，并被用来销售'中国'本身，不论是明星导演张艺谋（1951 年生）在 2008 年北京奥运会上成为世界上最盛大的表演的总指挥，还是章子怡迷人的面孔出现在 2005 年的《新闻周刊》，即以'21 世纪将是中国世纪'为专题的那一期的封面上。在这些场合，张艺谋和章子怡都是以被国际认可的名人身份出现，并用来代表中国的未来。"③在一定意义上看，特型明星、底层明星等也可作如是观。意指不同社会文化层面的电影明星，共同建构了意义繁复的"想象中国"的不同路径。

---

① 参见百度百科之"魏敏芝"，http：//baike. baidu. com/view/1193964. htm。
② 参见百度百科之"黄渤"，http：//baike. baidu. com/view/396777. htm。
③ 张英进、胡敏娜：《序言：华语电影明星》，〔美〕张英进、〔澳〕胡敏娜：《华语电影明星：表演、语境、类型》，西飏译，北京大学出版社，2011，第 18 页。

陷落的游戏者

——近代上海花榜演变中的现代性生成

徐一超[*]

摘要：近代上海花榜演变过程中逐渐生成了现代性的权力模式。花选组织者与直接参与者的分化孕生了现代权力中心。大众传媒通过"标识"、"重复"、"延展"、"选择"诸手段对花选进行能动性呈现，正是权力运作的展开。花选中的权力信符经历了多阶段的演变，大众在参与度的深化中助动权力的再生产。现代权力通过自我隐蔽、表象创制吸引大众关注与参与，大众则在游戏中陷落为受利用的对象。

关键词：花榜　传媒　权力　现代性

Abstract：A modern pattern of power is gradually formed in the evolution of Elections of Courtesans in modern Shanghai. The separation of the organizers and direct participants gives birth to a center of modern power. The mass media and the tokens of power in vote are also factors worthy of study. Through self-hiding and symbol-creating, modern power attracts the attention and participation of the mass, which is taken advantage of in the game.

Keywords：Elections of Courtesans, mass media, power, modernity

吟风弄月、遴选花魁，传统的中国文人从来陶然其间。1897 年，晚清谴责小说家李伯元创办近代第一份文艺小报《游戏报》，并以之为媒介举办

---

* 徐一超，南京大学文学院。本文系南京大学"国家大学生创新训练计划项目·近代上海'花榜'研究"（项目编号：XZ101028466）成果之一。

花榜评选，揭开传统花选近代化演变的帷幕。从 1917 年起，上海"新世界"游艺场及其属下的《新世界》报举办三次"群芳选举大会"，仿效民国政治，吸引社会公众选举花国政府。1946 年，苏北遭遇水灾，苏北难民救济协会上海市筹委会主办"上海小姐"选举，以此筹款助赈。花榜评选这一久具渊源的历史文化现象①在新旧交锋的近代上海亦经历了值得关注的嬗变。

本文希望通过考察近代上海花榜评选的演变历程，揭示这一社会边缘游戏场中逐渐生成的现代性——一种现代权力模式的形成。花选从传统文人自发、自为的原生活动，演化为现代权力触发并利用的大众游戏；在积极参与、自在游乐、众声喧哗的表象下，大众其实已经陷落于秩序、规则等现代权力温情脉脉的无形控制中。文章第一部分通过考察花选演变中组织者从参与者中的分化，揭示现代权力中心的形成；第二部分关注花选现代化变革中介入的重要因子——大众传媒，及其在现代权力机制中的关键作用；第三部分着眼于权力信符的演变，为大众"陷落"的指认开启门径。

一　从参与到组织：一个分化过程的考察

花榜评选的参与群体及其关系是研究这一活动的重要角度，这种结构性的考察对递变关系的明晰梳理颇有助益。花选的参与群体包括组织者、评选者、候选者、观选者，评选与候选者是选举活动的直接参与者。这一划分隐含着可能的身份叠合，而组织者、评选者的由合而分就是值得关注的现象。

清代花榜在顺治年间已经出现，② 清人徐珂记载：

> 顺治丙申秋，松江沈某至苏，欲定花榜，与下堡金又文招致苏松名姝五十余人，选虎丘梅花楼为花场，品定高下，以朱云为状元，钱端为榜眼，余华为探花，某某等为二十八宿，彩旗锦幰，自胥门迎至

---

① 郑逸梅认为"花榜始于明季"，见郑逸梅《花榜始于明季》，《郑逸梅选集》第五卷，黑龙江人民出版社，2001，第 168～169 页。又有学者将"花榜"溯源至宋代前后，见肖吟新《李伯元〈游戏报〉与"小报"的来历》，上海市历史博物馆编《收藏上海》，学林出版社，2005，第 96 页；刘达临、胡宏霞《中国性文化史》，东方出版中心，2007，第 214 页。
② 参见王书奴《中国娼妓史》，团结出版社，2004，第 300 页。

虎丘，画舫兰桡，倾城游宴。

顺治末，苏州有金某者，为相国之俊之宗人，恃势横甚，而家亦豪富，为暴甚多，前有杀人事，未白，复集全吴名妓，品定上下，为胪传体，即花榜也。约于某日，亲赐出身，自一甲至三甲，诸名妓将次第受赏。虎阜，其唱名处也，倾城聚观。①

传统花选多由巨商大贾、社会名流、文人学士主持②（"相国之俊之宗人"，"家亦豪富"），他们"一时兴之所至"③，主动召会名妓（"招致苏松名姝"，"复集全吴名妓"），选定"花场"，现场品题、遴选，其间诗文唱答、歌舞游宴，场面可谓喧阗繁盛。群芳则足以因此扬名："一经品题，声价十倍，其不得列于榜者，辄引以为憾。"④ 文士名流品评名妓，多采用意象批评⑤，是对评文品诗之法的移用：

光绪戊子夏季，上海又有花榜，凡十六人。其第一曰文波楼主姚蓉初，入座留香，当筵顾影，艳如桃李，烂比云霞，以色胜。第二曰忏素盦主张素云，艳态迷离，神光离合，丰肌雪腻，媚眼星攒，以态胜。第三曰小广寒宫仙子陆月舫，体比梅肥，气同兰馥，端庄流丽，幽逸风流，以静胜。……⑥

传统花选中，组织、评选、观选者具有一体性，花选很大程度上是社会上层名流的私人品题活动。所谓的"倾城游宴"、"倾城聚观"，只是将评选结果对民间开放，造设气氛，实质性的评选过程对民间社会而言并不可视，更不可参与。民初文人陈伯熙在其编著的《上海轶事大观》中摘引王韬对光绪壬午年花榜的记载，并附加按语："壬午为光绪八年，是时上海报纸仅一《申报》耳，花榜之举是否见于报端，不可知也，或当时为私人之

---

① 《妓有花榜》，徐珂编撰《清稗类钞》第一一册，中华书局，1986，第 5149~5150 页。
② 参见单光鼐《中国娼妓：过去和现在》，法律出版社，1995，第 151 页。
③ 刘达临、胡宏霞：《中国性文化史》，东方出版中心，2007，第 214 页。
④ 《妓有花榜》，徐珂编撰《清稗类钞》第一一册，第 5149 页。
⑤ 关于意象批评，可参看张伯伟《钟嵘诗品研究》第五章中"博喻意象"一节的相关论述。见张伯伟《钟嵘诗品研究》，南京大学出版社，1999，第 87~92 页。
⑥ 《妓有花榜》，徐珂编撰《清稗类钞》第一一册，第 5151 页。

品题亦未可知。"① 这一怀疑正从侧面呈示出小报传媒兴起前传统花榜的"私人品题"性质。"骚人好事,往往于迷香访艳之余,作判红评绿之举","泃闲情之偶寄,亦升平之点缀":② 文士名流发起花选,"可谓才子佳人相辅相成"③,这是传统士妓文化中的互娱、互动形式;文士品花评花,实际上是对自我声望、影响力的生产、显扬与"转嫁",也是展露文才的良机。因此,传统的花榜评选是精英文化群体自发、自为的文化活动。

1897 年的《游戏报》花选可谓花榜演变史上的转捩点。这一阶段,花选的组织者、评选者(直接参与者)开始分化,一种具有现代性的权力主体亦开始形成。

> 此次花榜,悉凭荐书多寡为定,益复参以舆论以昭平允。④
>
> 自本报创行特开花榜之议,即大登告白于报首,谓本届花榜系仿泰西保荐民主之例,以投函多寡为定。甲第之高下、名次之前后,皆视此为衡,本主人不参一毫私意焉。⑤

《游戏报》花选由近代都市小报冠名发起,组织者声明不再参与评选过程,评选标准呈现出客观化、可量化的转向。游戏主人李伯元在报端明确告白,评选将以"荐书"、"投函"的多寡为标准,参考舆论意见,"本主人不参一毫私意",这事实上是在公共视野下进行"组织者"的身份认定与标识;与"他者"划清界限,也就对自我的主体身份进行了指认与确证。《游戏报》花选中的组织者告白,标志着权力身份意识的萌生,一个权力中心的自我建构已然开始。

但《游戏报》花选阶段的这一角色"分化"尚不显著。一方面,花选组织者、评选者(直接参与者)都是"新旧一体,亦新亦旧,半新半旧,有新知识,新观念,也有旧习气,老传统"的"晚清上海新型文化人"⑥,其社会属性实质上是一致的。正如论者所言:"上海最早的妓女花榜由文人

---

① 《上海花榜溯源》,陈伯熙编著《上海轶事大观》,上海书店,2000,第 407 页。

② 郑逸梅:《花榜始于明季》,《郑逸梅选集》第五卷,第 168 页。

③ 孙国群:《旧上海娼妓秘史》,河南人民出版社,1988,第 72 页。

④ 《艳榜三科·花榜·凡例六条》,陈无我:《老上海三十年见闻录》,上海书店,1997,第 205 页。

⑤ 《艳榜三科·游戏主人拟举行遴芳会议》,陈无我:《老上海三十年见闻录》,第 214 页。

⑥ 熊月之:《略论晚清上海新型文化人的产生与汇聚》,《近代史研究》1997 年第 4 期。

作家个人出面组织，他们同报纸、出版社关系很深，推举结果只在很小的文人圈内公布。"① 花选的组织者是小报文人，而参与评选需要撰写"荐书"，这对评选者而言就同样具有了一定的文化限制。考察《游戏报》所刊"荐书"，它们大都以骈句、赋体写成，使事用典，颇为纯熟：

> 则如西荟芳里之方宝珍、中尚仁里之金莲卿二校书者，并籍维扬，十里春风之路；同游沪北，二分秋月之姿。以美人而趋名士之风，本巾帼而具须眉之气。红尘误谪，偏教沦落于欢场；白璧无瑕，未屑沉迷于孽海。偶尔买丝刺绣，金线纹新；有时剪烛吟成，回文锦织。五陵顾曲，红绡争掷夫缠头；四座倾谭，黄绢犹输其妙绪。是固一时翘楚，玉洁冰清；洵乎两美齐名，珠联璧合。②

故可推知《游戏报》花选阶段组织者、评选者甚相接近的社会文化身份。事实上，这一时期的小报受众仍多为"一些文人墨客及有钱有闲的社会中上层市民"，他们所追求的风雅与普通市民趣味间仍存有一定的错位，③ 小报组织的花选活动自然也就会存留一定的风雅特征。

另一方面，作为组织者的李伯元在实际的评选中仍有所介入，并非真正"不参一毫私意"。"始凭荐书，继采舆论"④，对舆论的择取与选量就预置了弹性的主观空间，可计量的客观标准也就未必能起到决定性作用。庚子（1900 年）花选中，凌钰卿在"游戏主人"的干预下当选花魁梅花，但在选举中仅得一票；对此，李伯元以"士之怀才有遇有不遇"作比，解释道："使无金谷香一选，钰卿将默默无闻矣。"⑤ 这里显然流露了李伯元怀才不遇的文人自嗟，他也因此直接参与甚至"操控"了花榜评选。这种直接施加的控制与现代权力的运作特征相悖。首届《游戏报》花榜揭晓后，李伯元自谓"沧海遗珠"，"无人呈荐"，故欲仿照科举中的殿试，"拟举行遴

---

① 〔美〕贺萧：《危险的愉悦：20 世纪上海的娼妓问题与现代性》，韩敏中、盛宁译，江苏人民出版社，2003，第 157 页。

② 《艳榜三科·荐书一斑·茗雪散人书》，陈无我：《老上海三十年见闻录》，第 200 页。

③ 洪煜：《近代上海小报与市民文化研究（1897～1937）》，上海书店，2007，第 137 页。

④ 《艳榜三科·不愧明通榜之称》，陈无我：《老上海三十年见闻录》，第 211 页。

⑤ 蔡佩芬：《晚清浮世绘：〈游戏报〉与上海文人的文化想象》，硕士学位论文，南投：暨南国际大学中国语文学系，2009 年 7 月，第 123 页。

芳会议";这一"集同志数十辈,约期聚会"①,直接参与其中的评选方式,便是对传统花选形式的回归。可见,《游戏报》花选尚处现代权力主体形成的过渡阶段。

民国建立后,上海新世界游艺场仿效民国政治,举办"群芳选举大会"。这一阶段,花选的组织者、评选者(直接参与者)已经截然分离并各自衍化,花榜评选成为一项具有现代权力运作特征的大众娱乐活动。

"群芳选举大会"的组织者是商业性质的世俗游艺场及其下属的大众传媒,而花国选举的直接参与者则是游乐场的光顾客与游乐场小报的阅读者。花国选举对参评者不再有能文能书的限制,首届"群芳选举大会"规定:

> 廿六至初二为会场投票,俾花界熟客、生客均可选举。而十七日起,新世界游戏场即设群芳选举投票匦。一般花丛熟客早知相好有可取处者,尽可分门别类亲来投票。惟须剪《新世界》报上选举券为凭,无选举券者作为废票。文字长短不论,一券只限一人。所举者之年岁、住址亦须书明。②

从报端剪取选票、填写基本信息,然后前往游艺场投票,而"游乐场五方杂处,良莠不齐,渐渐就专门成为劳动人民玩乐的地方"③:昔日参与评选的社会名流在这里已经泛化为下层民众、普通市民。

值得指出的是,此时的评选组织者已经由具体的个人抽象化为个体无名的集合概念——"新世界"。《游戏报》尚致力于组织者的个体身份构建,"游戏主人"在各类告白、回信、款识中频频出现,成为传媒上的高频名词。从选举预告到结果揭晓,"游戏主人"发起选举、订立规则、维系秩序并与读者互动,呈示了一个幕前积极活跃的个体组织者形象。相较之下,《新世界》报端鲜见高频出现的个体名词,"新世界"则成为一个具有象征意义的共名符码。《新世界》刊登的选举章程、过程报道、选举结果等都十分详尽,却不再有《游戏报》那样的编读往来、结果争议。

---

① 《艳榜三科·游戏主人拟举行遴芳会议》,陈无我:《老上海三十年见闻录》,第214页。
② 《新世界群芳选举大会章程》,1917年12月1日《新世界》第2版,上海图书馆藏。
③ 沈立行:《旧上海的"世界"热》,施福康主编《上海社会大观》,上海书店,2000,第277页。

它将名目繁多、新奇别样的秩序、规则全景呈现，如《新世界群芳选举大会章程》下分"旨趣"、"会场"、"花衔"、"举法"、"监票"、"预选"、"送券"、"奖品"、"赠照"诸条，最后完整附录《花职员制表》，整个章程占版半幅有余；"会场"条下刊有"以数十万大资本之游戏场、海上清高独步之'新世界'作群芳大会之选举场。特于二层楼上高搭彩台，别筑'群花座'，又设'品花席'，更设'看花处'"①。在纷繁迷乱的名目、规则与众声喧哗的选举报道中，组织者即名目、规则的造设者却悄然隐退；人们不再关注它们的创制过程与创制者，却已为缤纷的结果而迷醉："一时北里诸姬及走马章台者咸奔走相告，几与民国之选举总统无异，可谓极一时之盛。"② 一个具有现代性的游戏场已被建构，构筑者隐身幕后，大众却已身在其中。

花选演变过程中组织者与直接参与者的分化，其实反映了花选活动在现代性获得过程中权力主体的分化与权力机制的变革：权力主体由多元到一元，自显形到隐身，从具象个体到抽象共名，而权力机制则由权力主体直接"运用"权力转向间接触发的权力"运作"。传统文人相聚"花场"，品花题叶，"运用"权力，呈现的是一种平等互动的"多极格局"。此时的"组织者"意谓牵头者、发起人，在评选过程的"参与者"身份上并不独具优势。小报花选的权力格局已经转向一元，"他"已然聚拢权力，并开始在幕前通过制定规则、秩序触发权力"运作"，尽管尚不免时而对权力的直接操控。游戏场花选中的权力一"元"实现了由"他"至"它"的转变，一个幕后场外、抽象共名的权力中心最终形成。"它"通过一系列规则、秩序的订立与维系实现权力"运作"、公共管理，"使权力自动化和非个性化，权力不再体现在某个人身上，而是体现在……某种统一分配上，体现在一种安排上"③。这个"它"，即是现代性的权力中心，也就是花选演变后期的"组织者"。此处考察的这一分化过程，实质上体现了花选场域中的权力"收束"，而"线头"最终牢牢牵握在现代权力中心手中。

伴随着花选组织者的分化生成，与权力主体对应的施及对象也经历了

---

① 《新世界群芳选举大会章程》，1917 年 12 月 1 日《新世界》第 2 版。
② 《追志上海各花榜》，陈伯熙编著《上海轶事大观》，第 407 页。
③ 〔法〕福柯：《规训与惩罚：监狱的诞生》，刘北成、杨远婴译，生活·读书·新知三联书店，2003，第 226～227 页。

下移与扩大。从原初组织、参与一体化的精英小众，到游戏于规则之中的近现代都市市民，花选参与群体的泛化为游戏场权力提供了广大的施及面，花选的繁盛局面与其中的现代权力运作方成为可能。而另一方面，参与群体的演变其实又是现代权力中心分化生成后触发权力运作的结果：不在场者是清醒的，在场者却是迷醉的，一批批游戏者自愿而快乐地"陷落"。现代权力及其主体似乎都不可见，众声喧哗、温情脉脉的表象下，权力却早已施行。而这一现代性的互动过程如何展开，将是下文探讨的内容。

二　可视性：能动的传媒

在权力中心形成的基础上，游戏场为大众陷落设置了多重触媒。在近代上海花榜演变过程中，《游戏报》这一大众传媒的介入具有关键意义；传媒以其能动的陈说能力，自此成为游戏场中现代权力运作的重要工具，传媒对花选的报道与陈述，也正是权力关系的展开。

前已述及，传统的花榜评选在民间视域中并不可视，大众传媒则打破传统花选只将选举结果在一时一地向民间敞开的时空与过程性限制，将这一最初的小众风雅活动呈现给大众。大众对花选注目的开始，就是权力关注与想象的开始，也就是游戏者陷落的开端，因而传媒首先网罗了现代权力的利用对象。然而传媒创生的可视性，实际上是一种间接可视；这一"中介体"对花选现实并非镜面式的"反映"，而是带有能动性的"陈述"。能指与所指间的罅隙存在，就为权力控制创生了空间。

大众传媒对近代上海花选的能动性呈现首先体现为一种"标识"作用，即都市小报通过一系列传媒符码对花选活动的特征性进行标定、提醒。传媒符码以大众传媒为载体，是具有指涉性、独特性的具体名物。小报介入花选后，选举结果都会刊于报端，形成狭义的"花榜"榜文，这也成为花选活动中最为显要的传媒符码。报纸刊载的"花榜"是自具体制、形式严整的文字序列，将所有当选者完整收录；《游戏报》、《新世界》报都曾刊载包含百人以上的选举结果，每一当选者信息则由名谓、居所与评语构成，整个"花榜"往往篇幅宏大、文字齐整，具有突出、夺目的视觉效果（图1）。

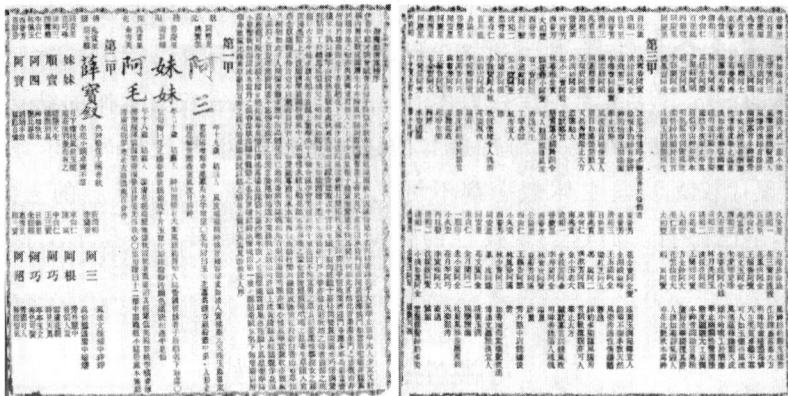

图 1　光绪己亥年《游戏报》"淞滨叶榜"图影①

作为传媒符码的报端"花榜"将选举结果以物质形式记写下来，这一物象化的"铭记"就是对选举活动的认定与标识。更重要的是，报端"花榜"因其占据的大幅版面、规整的字符排列，已经在一定程度上越出文字符号系统的属性阈限；在记录并呈示文字符号所指的同时，报端"花榜"在符号能指层面已经具有一定的图案化特征：通过文字的大规模整齐组合，形成报纸版面上"阡陌"规整的矩形图案，从而直观地塑成关乎花选的视觉符号，完成对这一文化活动的标定与铭记。再者，报端"花榜"作为对科举榜文的模仿，其内部明晰的等级划分与秩序性建构（"三甲"，"第一甲"中的"状元"、"榜眼"、"探花"），也刺激了传媒受众对权威、等级的想象，从而集中彰明了对受众意识的印刻意义。

除却呈现选举结果的报端"花榜"，大众传媒标识花选的符码名目繁多。如《新世界》报在"群芳选举大会"章程后刊出的"花国官制表"②、"花选职衔"③，将花国大总统、副总统，花务总理、各部总长，参政院各成员等花选职衔完整收录。1917 年 12 月 8 日的《新世界》刊出"花国徽章一览表"：

---

① 1899 年 5 月 24 日《游戏报》第 685 号，第 2～3 版，转引自蔡佩芬《晚清浮世绘：〈游戏报〉与上海文人的文化想象》，第 136～137 页。此处所评"叶榜"亦属本文所研究的广义上的"花榜"；与狭义的"花榜"评选相比，"叶榜"所举对象为较低等级的妓女。

② 《新世界群芳选举大会章程·花国官制表》，1917 年 12 月 1 日《新世界》第 2 版。

③ 《花选职衔》，1918 年 12 月 20 日《新世界》第 2 版。

花国大总统一人　金质牡丹章　国色天香，群芳领袖

花国副总统二人　金质兰花章　同心之侣，王者之香

花务总理一人　金质梅花章　花魁独占，春讯先知①

在此之下，参政院正副院长、各参政，各部总长、次长等均按此制附以奖章名与题词。《新世界》报上的"选举票"、"报名表"也都是标识花选的传媒符码。

在各种花选名物产生标识效应的过程中，直观视觉性始终是极为重要的元素，色彩、图案、图像等也就成为小报叙事的重要手段。庚子年花选期间，《游戏报》特刊告白："本馆因三订淞滨花榜，特自月朔为始，改用红色纸张印报，以示区别。"② 这一基于纸张色彩的区别性标定，就是以鲜明视像提示花选的特殊性，营造热闹、繁盛的选举气氛。

在近代报纸满布印刷体铅字的版面上，与作为主体的模式化文字形态相异的图案化形体显然在映衬下更具直观性与视觉吸引力，因而体现个性特征的软笔手写体标语、各类手绘图案，甚至是照相技术得到运用后的纪实图像，都成为标识性显著的花选符码。《游戏报》所刊"淞滨叶榜"中，状元、榜眼、探花、传胪的"花名"采用了异于花榜主体文字的软笔手写体印刷（图1）；《新世界》报端颇多软笔手写体的花选预告与宣传：这类文字因其与主体印刷体铅字的差异，在报纸版面上已经具备一定的图案化特征。各类手绘图案被频繁运用于宣传花选的报端广告（图2），报端选票、报名表事实上也是一种异于文字的视觉图案（图3）。《游戏报》自首次花榜评选后就"随报附送花榜前列各名花拍照"③，"原拟黏贴报端"，后因"出报过多，连夜黏贴不及，特交售报人手"④，《新世界》报则将花国成员"玉影"直接印于报上，⑤ 可见照片图像始终是小报文字叙事之外的重要宣传形式。

---

① 《花国徽章一览表》，1917年12月8日《新世界》第2版。

② 《本馆告白》，1900年6月2日《游戏报》第1047号，上海图书馆藏。

③ 《本馆准于八月十五日起分日随报附送花榜前列各名花拍照告白》，1898年9月27日《游戏报》第454号。

④ 《本报定期附出名花小影因报纸过多黏贴不及望向售报人索购告白》，1898年9月28日《游戏报》第455号。

⑤ 1920年6月1日至6月15日《新世界》报陆续刊出第三次"群芳选举大会"11位当选者的"玉影"。

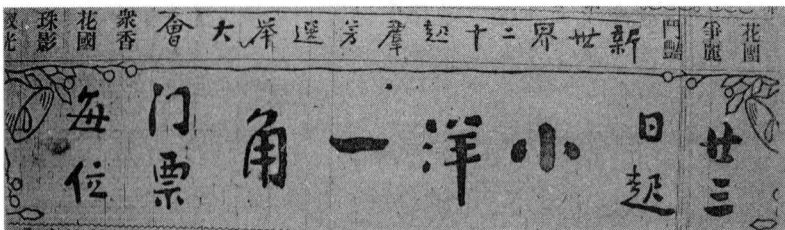

图 2　第二次"新世界群芳选举大会"报端广告①

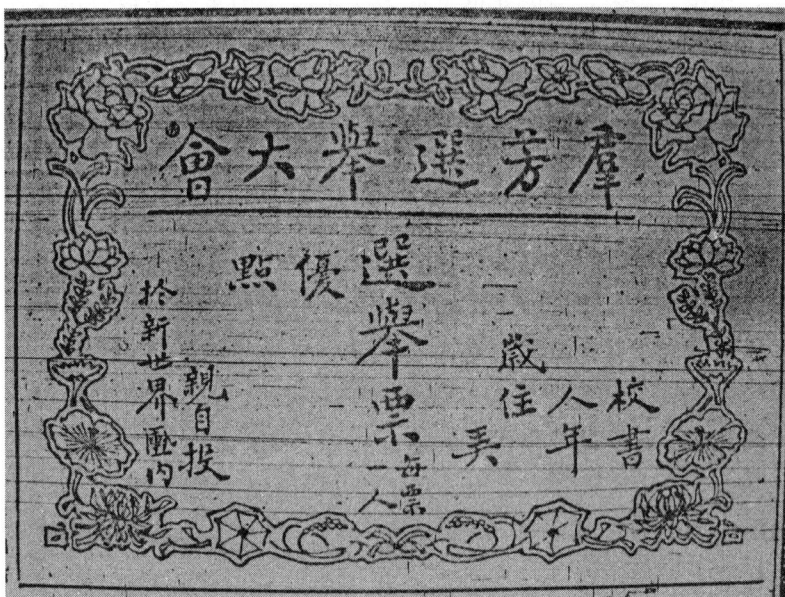

图 3　第一次"新世界群芳选举大会"报载选举票②

　　在各类名目、物象的众声喧哗中，小报符码以对科举、政治的自在戏仿与图文结合的叙事形式，营造出繁盛、自在的花选氛围。而在自在喧阗的表象背后，游戏场的建构者正以标识花选的传媒话语网罗大众。1946 年 8 月 20 日，《申报》为报道"上海小姐"选举发行《上海小姐竞选特刊》；"特刊"的发行，可谓大众传媒标识花选最为强力的符码。

　　在"标识"的基础上，大众传媒的能动性呈现作用还体现为"重复"

---

①　1918 年 12 月 25 日《新世界》第 1 版。

②　1917 年 12 月 1 日《新世界》第 2 版。

与"延展"。传媒因其连续、公开发行的特点，在时间、空间上都可复制，因而标识花选的传媒符码都具有时空上的重复性，从而强化着标识效果。传统花选在一时一地将评选结果向公众公布，其影响力极为有限；大众传媒对花选进行全程报道，其宣传效应则能随发行量而复制、飙升："花榜揭晓之日，就本埠一隅而论，初出五千纸，日未午即售罄，而购阅者尚纷至沓来，不得已重付手民排印，又出三千余纸，计共八千有奇。三日以来，而购者仍络绎不绝。"① 内藤湖南亦曾谈及近代上海报纸的发行情形："上海报纸虽有汉英数种，发行无一上万者，《申报》资格最老，七千左右；《新闻报》、《中外日报》次之，三千左右；《沪报》一千上下；《苏报》更少。独小报游戏报发售至万以上。"② 事实上，大众传媒通过印刷、发行技术"重复标识"着花选的影响力，花选也反哺着都市小报的重复发行：在这一互动关系中，愈来愈多的大众心甘情愿地成为游戏者。此外，关乎花选的各种告白、报道大都多日连续或隔日交错刊发，这种历时性重复也大大强化了标识效果。

大众传媒的能动性"延展"体现为一种时间性的把握，是花选陈述中对时间的延宕与拉展。第二届"群芳选举大会"中，《新世界》最初在农历十一月十一日刊出"大会条例"，告白"十二月初一日为开票日期"③，至十二月初七，却称"花国选举本拟于阴历十二月初一日在自由厅当众开匦，比接吴门陈庸庵君及杭州走马看花客来函，大致以途遥时促不及来申投票，特请展期，盛意难却"，故延期至初十日午后四时开票。④ 初十日，报端又刊告白："本届花选限期局促，各商店赠品虽已陈列多种，尚未齐集。昨接邮件，都请展期数日以便汇集赠品。盛意难却，爰定于十五日下午在自由厅开匦。"⑤ 十五日，开票再次推迟，"第二次花国花政府职员芳名准十八日下午六时在自由厅内发表"。⑥ 三番延期充分延宕了选举结果的揭晓时间，在客观效果上蓄势、张本，吸引、调动传媒受众的关注与期待；"盛意难却"的理由陈述则烘托了花选氛围，创造出"盛况空前"的公共印象。

①　《艳榜三科·游戏主人拟举行遴芳会议》，陈无我：《老上海三十年见闻录》，第 214 页。

②　〔日〕内藤湖南、青木正儿：《两个日本汉学家的中国行记》，王青译，光明日报出版社，1999，第 41 页。

③　《本报第二次群芳选举·大会条例》，1918 年 12 月 13 日《新世界》第 2 版。

④　《群芳选举会开匦展期启事》，1919 年 1 月 8 日《新世界》第 2 版。

⑤　《群芳选举会展期十五日开匦通告》，1919 年 1 月 11 日《新世界》第 2 版。

⑥　1916 年 1 月 16 日《新世界》第 2 版。

传媒报道还通过拉展花选的可视时间扩充其影响力。大众传媒不仅刊录作为选举结果呈现的报端"花榜"，还通过各类新闻报道将整个花选过程展现在公众面前，花榜选举也从传统阶段的点状时空拉展成线甚至是涉及临近地域的面。《申报》从当年 7 月 27 日起就对 8 月 20 日揭晓的"上海小姐"选举进行了一系列前期报道与背景介绍，平均两天一条，① 《新世界》在花选结果揭晓后多日连载当选者介绍、"玉影"，《游戏报》则对苏杭地区的花榜评选信息有所呈现。②

而大众传媒能动性最重要的体现，当为花选陈说中的"选择"能力。媒体报道的内容经由选择，大众接受的只是传媒筛选、过滤的部分，这是权力运作最直接、简易又不易察觉的手段。《游戏报》花选阶段，"游戏主人"李伯元经常将读者来信与自己的回应刊登报上，创设一种编读互动、包容质疑的民主表象，然而表象背后却别具深意：编读争论的结果并不重要，花选组织者只需借助这一具备民主形式的过程获取参与者的认同；组织者不必在互动中以"理"使读者信服，这一"论理"的姿态已然赢取归顺。要言之，小报陈述的内容与方式都经由权力中心的选择，无论组织者的"宣称"与陈说的表象如何，"读者始终未真正碰触到权力的中心，不过只是一种'好像握有权力'的幻觉"。③

《新世界》、《申报》则通过"选择"性陈述进行仪式感的构建，从而吸引大众。仪式性能够创生隆重感，大众进而产生权威想象与临对权威的在场感，这一切都有赖于仪式的繁复程式与细节规约。《新世界》在报道中选择性突出了花选过程中的数字、时刻、细节物象，在花选的仪式感构建中起到关键作用。《新世界》报曾刊出《第二次花国选举票数揭晓汇志》，④精确到个位的票数统计以量化的数字冲击产生与感性描述全然不同的感受。《申报》在"上海小姐"选举的前期报道中陈述了应选者登记表中的身长、

---

① 如《选举"上海小姐"——救济苏北难民又一新的计划》、《选举"上海小姐"在园游会上举行》、《"上海小姐"八月十五日在大都会选举——白杨、周璇、胡枫决定参加》、《应选小姐第一人》、《舞星管敏莉参加竞选》、《续有八小姐参加名媛组》、《"小姐"参加渐多》等。分别见 1946 年 7 月 27 日至 8 月 10 日《申报》第一张第四版、第六版。

② 如惜秋生《题苏台花榜后即希游戏主人指正》，1899 年 7 月 12 日《游戏报》第 734 号；惜秋生：《苏台花榜题词》，1899 年 7 月 13 日《游戏报》第 735 号；《拟花榜谢恩笺》，1899 年 7 月 21 日《游戏报》第 743 号；《杭州花榜展缓揭晓告白》，1900 年 10 月 17 日《游戏报》第 1184 号。

③ 蔡佩芬：《晚清浮世绘：〈游戏报〉与上海文人的文化想象》，第 56 页。

④ 《第二次花国选举票数揭晓汇志》，1919 年 1 月 20 日《新世界》第 3 版。

体重项目与照片的尺寸规定①，对身体的精约统计具有突出的庄重感。《申报》特刊以倒计时的数字关注渲染花选气氛："开票前之一刹那空气极紧张，负责人在台上高喊一、二、三、四……数至十位即停止投票。"② 大众传媒还在陈述中突出了对时刻的强调，如对投票"截止"时间的反复声明③，对"上海小姐"园游大会中各流程具体时刻的预告④。此外，媒体陈述还呈示了各种细节物象，如《新世界》报道中的"群花座"、"品花席"、"看花处"⑤，《申报》报道中的"月桂冠"、"播音机"、"挂灯结彩"、"玻璃雨衣"、"大银杯"、"金镯"、"职员均挂黄色出入证"、灯光布置等，⑥ 都烘托出现场的仪式感。对数字、时间概念与细节物象的关注在此前的花选报道中鲜见，这体现出大众传媒能动"选择"能力的细化、深化，暗含现代性权力的锐化与收紧。

大众传媒向公众敞开了花选组织者构建的游戏场，实现了花选的可视化，而更为重要的是，它通过"标识"、"重复"、"延展"、"选择"诸手段为花选空间涂抹诱人的缤纷色彩，隐去权力机制，呈露出繁盛、自由、民主、隆重的表象。这种自我隐蔽与表象创制，正是现代性权力模式的特征与运行方式，大众传媒则是一个重要的施行者。

三 参与度："书"·"票"·"权"

作为近代上海花榜演变过程关键一环的《游戏报》花选除却引入大众传媒这一重要权力工具以外，还产生出近现代民主选举选票制度的雏形："悉凭荐书多寡为定"所生成的量化民主表象貌似撼动了精英小众的绝对话语权力，为花榜选举公共可视基础上的公共参与开启了门径。在"荐书"的基础上，选举权力的信符以客观量化、简净化的趋势逐渐演变为"1元一

---

① 《选举"上海小姐"在园游会上举行》，1946 年 7 月 28 日《申报》第一张第四版。
② 《会场花花絮絮》，1946 年 8 月 21 日《申报》第一张第四版。
③ 强调截止时间概念的表述有"……止"、"截止结清"、"截止投票"等。如《本报第二次群芳选举·大会宣言》，1918 年 12 月 13 日《新世界》第 2 版；《上海小姐明夜诞生》，1946 年 8 月 19 日《申报》第一张第四版。
④ 《监督选小姐——游园会后天举行》、《上海小姐明夜诞生》，分别见 1946 年 8 月 18 日、19 日《申报》第一张第四版。
⑤ 《新世界群芳选举大会章程》，1917 年 12 月 1 日《新世界》第 2 版。
⑥ 分别见《上海小姐明夜诞生》，1946 年 8 月 19 日《申报》第一张第四版；《谁是小姐谁是后，且看胜负决今宵》，1946 年 8 月 20 日《申报》第一张第四版。

张，购票随客自愿，多少不限"① 的现代选票。作为权力信符的选票与其所代表的权力份额间亦发生对应关系的变动，最终成为金钱支配下的空洞形式。花选参与者踊跃购票、积极参评、争逐权力，在参与度的日益加深中，大众正通过权力信符的"复制"直接参与现代权力的扩张与再生产，游戏者终于陷落。

近代花榜评选中的权力信符经历了由"书"至"票"的演化过程，相伴的是公众参与度的深化。传统花选的权力载体是陈说评选者主观意见的诗文，如王韬在《淞滨琐话》中载录的光绪壬午年花榜材料：

> 壬午夏季，花榜独列三人：一素贞，二竹卿，三月琴。评素贞云："临风芍药，出水芙蕖；不言自芳，凌波独立。"②

以花比"花"，"以评文之法评花"，③ 类似的意象批评在传统花选的诗文题咏中不胜枚举。传统文人品花题叶的诗文实质上是"书"——具有所指意义的文字符号系统。这类诗文传达评选者观点，并可能对选举结果施加影响；但其影响力的产生需要经由"转译"、接受、认同的过程，即参评者在各种所述意象中提取特征，并对这些特征与所举之人间的关联度进行体认，而这整个过程都无法加以客观考量。文人题咏标举风雅含蓄，因而作为评选权力载体的传统诗文往往极具主观性、表意性。其影响力又多与品题者的身份、名望等"象征资本"密切相关，难以批量操控。这一传统的选举权力信符对评选者而言也颇具文化水平上的限制。

《游戏报》花选中的"投函"、"荐书"是诗文题咏的变异形式，其变革性意义深远。多运骈偶、惯用赋体、使事用典的"荐书"最大限度保留甚至发挥了传统诗文品题的内部特征，如"海昌太憨生"寄予"游戏主人"的荐书，其中写有：

> 清品：林月英。玉镜无尘，冰壶自朗，如莲花出水，不染淤泥。年十四，苏州人，居兆贵里。
> 奇品：潘素珍。雏凤新声，乳莺弱态，而痴憨娇小，谱入无双。

---

① 单光鼐：《中国娼妓：过去和现在》，第 153 页。
② 王韬：《淞滨琐话》卷七，齐鲁书社，2004，第 155 页。
③ 《艳榜三科·以评文之法评花》，陈无我：《老上海三十年见闻录》，第 212 页。

年十二，金阊人，居小桃源。①

另有"丽品"、"淡品"之荐。

"荐书"的变革性在外部体现出来：李伯元创立的考量多寡的评选标准触发了近代上海花选权力信符的可量化转向："本届花榜系仿泰西保荐民主之例，以投函多寡为定。甲第之高下、名次之前后，皆视此为衡，本主人不参一毫私意焉。"② 这一声明至少在理论上打破文化精英对评选权力的绝对掌控，为选举活动的客观化公众参与提供可能，而广泛的公共参与可谓现代权力运作的前提。但"荐书"这一过渡性权力信符在实践中尚未能真正容纳大众，种种内部性限制在下一阶段的花榜评选中方被完全撤除。

游戏场花选中，作为权力信符的"书"完全演化为"票"。《新世界》将选票刊于报上，其中包括姓名、籍贯、年龄、居所、优点五项内容。第一次"群芳选举大会"（图3）规定，参评者可以剪取报上选票投票，亦可在游艺场所设"看花处""随看随听，随购选举票投票"③；选票填写时"文字长短不论"，④ 此当就"优点"一项而言。选票内部特征的变革实现了真正的大众参与。与荐书相较，作为纸片的选票呈现一种更为轻薄的物理形态与更为简净的内容设置，这便为批量操控创生条件。考察选票的内部特征，其内容具有显著的客观性："优点"以外的各栏目都是客观化的身份信息，独有"优点"一项残留了可能的陈述主观性。但票面的空间限制与"文字长短不论"的规定已将主观性降至最低，"优点"一栏某种程度上已成为空洞的形式。事实上，"选票"本身就是被抹平、隐去所指性的符号能指，它只是参与计量、失却个性的筹码。如若说代表评选权力的"书"因其"个性"差异与持有者"象征资本"的不同而并不等值，那么客观化的选票已经彼此等值。选票的权力生产只能依靠量的累积，这与"以多寡为定"的评选标准完全投合，"量"也因此成为游戏者争逐想象的权力与权力施及结果的唯一焦点。

物理形态轻简、主观性为客观性取代的选票因而具有可计量、可操控、便于复制、易生产的特性，拉选票比雇人写荐书显然简易得多。选票的生

---

① 《艳榜三科·荐书一斑·海昌太憨生书》，陈无我：《老上海三十年见闻录》，第199页。
② 《艳榜三科·游戏主人拟举行遴芳会议》，陈无我：《老上海三十年见闻录》，第214页。
③ 《新世界群芳选举大会章程》，1917年12月1日《新世界》第2版。
④ 《新世界群芳选举大会章程》，1917年12月1日《新世界》第2版。

产、复制也就是大众的参与——剪票、购票、投票，其实质则是权力的膨胀与再生产。现代权力的生产构建起与资本运作一体化的商业游艺场，大众的迷狂是组织者的意图。"花场"权力信符的演变趋势产生出公众均可接近甚至占有权力份额的表象，游戏者为了争逐想象的权力，竞相占据权力信符，而参与者对选票越是关注，也就越是深陷权力的罗网，一步步"以身"宣传与臣服于现代权力的影响与意图，日渐成为被利用的客体，失落主体性的工具。因此，现代性的权力主体绝不"以身""运用"权力，而是触发场域中的权力"运作"；真正直接参与、助动权力扩充的正是权力的施及对象，那些乐在其中的陷落的游戏者。[1]

这一阶段，"票"还兼具报端选票、现购选票、"花场"门票等多种形式。第一次"群芳选举大会"允许报载、现购两种选票类型，而第二度花选只在报上刊出报名表，选票需在"新世界"游艺场现购，"每张费铜元一枚"[2]，第三次花国大选又恢复两种选票形式。值得指出的是，无论以何种选票投票，游戏者都必须"亲自投于新世界瓯内"[3]，这就需要进入游乐场，因此需购买门票。在花选刺激报刊发行量从而创生经济利益的同时，组织者还在传媒空间之外挂靠了"花场"的实体空间，以此实现经济利益的增值。这一挂靠并非强加而是令参与者甘愿认同。这种套锁式的连环挂靠可谓现代权力制定规则、施加影响的高明之处。

第一次花国大选的报端选票在"选举票"这一中央字符下方标明"每票一人"（图 3），"大会章程"也写明"一券只限一人"。[4] 这种对权力信符单一持有关系的规约是选举活动公平性的保证：评选参与者凭据单位权力信符所占有的权力份额彼此等值，"票"相对于"书"的现代性最初也在这种等值性中体现出来。然而要在权力争逐中获取显著优势，最直接有效的手段与诱惑就是重建权力信符持有者与所占权力份额间的对应关系，通

---

[1] 这里有必要对"权力"加以二分说明：游戏者争逐与想象的是花选中的评选权力，是参与者对结果施加影响的可能性；而其深陷其中并帮助再生产的则是不在场的组织者所代表的现代权力，是类乎陷落西西弗的"诸神意图"；与后者相较，前者只是现代性权力的游戏场幻象。

[2] 《本报第二次群芳选举·大会条例》，1918 年 12 月 13 日《新世界》第 2 版。

[3] 此为第一次"新世界群芳选举大会"报端选票上的文字，见图 3。第三次"群芳选举大会"报端选票上的文字略有差异，为"亲自投于自由厅瓯内"，见 1920 年 4 月 1 日《新世界》第 2 版。

[4] 《新世界群芳选举大会章程》，1917 年 12 月 1 日《新世界》第 2 版。

过占取更多的选举权力挣得影响选举结果的更大可能性：

①权力信符持有者（评选者）—— ②单位权力信符（荐书、选票）—— ③权力份额

可以见得，参选者与其所占权力份额间关联的改变，不外发生于①②或②③之间。虽然花选组织者进行了选票单一持有的规约（①②间的单一对应关系），但游戏者在选举中还是自发性地通过批量操控的方式松动了这一单一对应关系，实现评选权力的扩张。如1917年、1918年的"新世界"花选中，就有嫖客购买数万张选票投给某几个妓女。① 参与者对选举权力的扩占意图正是选举活动的一道符咒，可谓原生属性，也是组织者利用的对象。

为了吸引参与，进一步繁荣花选，花选组织者最终主动调整了最初的等值规约，这无疑为参与者设置了新的兴奋点。这种权力占有关系的主动调整发生于②③之间。第三次花国选举的报端选票中，"选举票"下的文字变成了"每票一权"，② "权"成为花选组织者提出的新概念。同报刊出的"大会简章"又规定："每购门票一张，附送二十权。报上选票，每张一权。另纸书写，作为废票。"③ 至此，最初取代荐书、彼此等值的客观化选票与决定影响力的权力份额之间被建立了新的不等值对应关系。票值权重向门票的倾斜，表明这一更直接、更具利润空间的利益获取方式在后期花选中更受倚重，反映出花选在近代化演变过程中由原生性精英文娱活动向以资本运转、赚取经济利益为中心的世俗商业活动的转变。不同权重选票的差异性并存似乎重现了文化精英时代"书"的非等值特征，实质上却进阶为大众可及的权力信符，吸引游戏者在新规则的刺激下更执著地争逐选举权力，从而为组织者权力的再生产与资本增值提升步速。

"花场"中的评选权力——即评选者对选举结果的影响可能——本是难以计量的抽象概念，而"权"可谓组织者主动建构的用以计量权力的单位名词。花选组织者主动呈示"权"的概念，重构"票"—"权"关联，实际上揭开了权力信符这一物质外在，展露出极富刺激性的权力实质，即评

---

① 参见〔美〕贺萧著《危险的愉悦：20世纪上海的娼妓问题与现代性》，第158页。
② 1920年4月1日《新世界》第2版。
③ 《新世界群芳选举大会简章》，1920年4月1日《新世界》第2版。

选权力的可占份额。只是，游戏场中为大众所争逐的选举权力永远只是巩固与再生产场外组织者权力的诱饵与幻象，真正的权力中心始终是安全的，因而组织者可以一步步以制造的"本相"去刺激大众，却始终不致激刺自己。组织者以这种"逼向本原"的想象激刺方式聚拢大众，却也终究进逼到幻象的底线，这或许也就是花选由盛而衰的开端。

当权力份额以"权"的具体化单位概念被示于大众，作为物质载体的权力信符其实已经向空洞的能指滑落。"书"与"荐书"以其所记内容负载选举权力，"荐书"与"票"则为不可计量的抽象权力提供单位化、物理化的计量筹码：权力信符的原初意义就在于对权力的物理化"代表"、"负载"与"计数"。花选组织者为激发花选热情而主动构建的"权"的概念，无意间对权力信符的存在本质进行了一番洞透：为抽象权力划定份额、提供计量单位，从而为选举活动创生基础，这就是权力信符存在的根本意义；与此相较，物理化已经不是一个必要的存在条件。一"票"多"权"的规定反映出权力信符物质形式与权力所指的分离趋势，选票成为空洞的能指已成为可能。

事实上，当选票成为标识选举活动特征性、仪式性的空洞物质形式，计量权力份额的单位概念已经结合到了新的物质载体，即钱币。"新世界"规定的"每购门票一张，附送二十权。报上选票，每张一权"，其实是将计量权力份额的"权"物理化为金钱，使钱币扮演昔日选票的角色。1946 年的"上海小姐"选举"可说是'钱的竞赛'，目的为捐款，选举自不以容貌、身段等为标准，因此各候选人都竭力地推销选举票"[1]。而"选票分蓝色（捐法币一万元，作十票计算）、黄色（五万元，作五十票）、粉红色（十万元，作一百票）"[2]；在这里，"票"类乎计量权力份额的"权"，"法币"是实质上的权力信符，而三色"选票"仅以物理性的缤纷视像保留了选举的形式特征。这次花选实际上是变相的捐款，在投票竞选、现场表演、授奖典礼等选举仪式下行筹款赈灾之实。在这里，作为权力信符的选票以及整个选举行为都成为虚空的能指形式，金钱对选举权力的支配度已达极致，而游戏场外的现代权力中心通过陷落大众、权力"运作"所获取的，

---

① 《选举上海小姐综合报道·候选人的联合宣言》，1946 年 8 月 20 日《申报》（《上海小姐竞选特刊》）第一版。

② 魏绍昌：《竞选上海小姐的内幕》，叶又红主编《海上旧闻》第二辑，文汇出版社，2000，第 219 页。

也从早期的象征资本（"名"）转向经济利润（"利"）。前数阶段的花榜评选甚至更为普泛的选举活动，其实都可视作这一极端形式的收敛或变体。花选"能指"与"所指"的分裂为现代权力对选举活动的利用又创设一重便利。

　　通过本文的分析，不难窥得近代上海花榜演变历程中逐渐生成的现代性权力模式：自直接参与者中分化出的组织者成为幕后、场外的现代权力中心，通过构建自在、民主、繁盛的游戏场及其选举权力表象吸引大众的关注与参与，大众游戏于规则、秩序并陶然其间，"以身"助动现代权力的再生产，并为组织者创生象征资本、经济利益。本文选取聚焦选举活动组织者的历时观察视点，着重阐析了现代权力模式的生成及其运作过程的展开；而花选的游戏场只是这一现代权力模式存在的一个样例，陷落的游戏者事实上不同程度地活跃于现代性生成的诸种情境之中。

我与明星龚琳娜的忐与忑

〔荷兰〕 雨龙*

摘要：2010 年的国庆节，《忐忑》火了，也打开了演唱者龚琳娜的明星之门。《忐忑》这首歌受到大众欢迎是因为它触及了经济欲望与精神生活间的冲突，相反，我倒觉得这首歌曲给观众提供了一个吐露另一种不安的机会。这不安是来自近几年逐渐形成的高雅文化与低俗文化之间的鸿沟，以及这两者间关系的微妙变化与不确定性。官方事物与民间事物的对比和意义在文化领域发生了转变，而龚琳娜则十分准确地在舞台上呈现了这个转变，从而为听众提供了一个在新局面中探索各自全新位置的机会。

关键词：龚琳娜　明星文化　民族唱法　艺术歌曲　流行音乐

Abstract："Disturbance" became a hit in October 2010. To some extent I agree with Gong's explanation. However I argue that the anxiety that "Disturbance" addresses doesn't stem from the conflict between financial desire and spiritual life, but rather emits from the gap between elite and common culture that has taken form in recent years, as well as from the minute fluctuations and the uncertainties of these two poles. The oppositions between and meaning of the official and the folk has undergone several shifts, and Gong Linna very accurately performs these shifts, thus offering her listeners opportunities to explore who they could be in these ever-new constellations.

Keywords：Gong Linna, celebrity culture, national singing style, art

---

* 雨龙，荷兰学者，原名 Jeroen Groenewegen-Lau。

songs, popular music.

2010 年的国庆节，《忐忑》火了，也打开了演唱者龚琳娜的明星之门。当《新京报》的记者牛萌问到龚琳娜，她是否觉得《忐忑》的火暴和中国当下的状态有关系时，她回答说：

> 我觉得有关系。我小时候家家都差不多，有钱没钱都一样，现在的人却要在钱和理想之间挣扎。大家的人生观和信仰受了很大的冲击，这个寻找的过程很"忐忑"，但也会爆发很多活力，因为中国在往前走，有一种向前推的力量。《忐忑》代表了当下中国人的心态。①

本文将要探讨的与《新京报》记者所提出的是同样的问题：《忐忑》和龚琳娜的流行究竟有什么社会意义？

某种程度上来说，我同意龚琳娜的解释，但我并不觉得《忐忑》这首歌受到大众欢迎是因为它触及了经济欲望与精神生活间的冲突，相反，我倒觉得这首歌曲给观众提供了一个吐露另一种不安的机会。这不安是来自近几年逐渐形成的高雅文化与低俗文化之间的鸿沟，以及这两者间关系的微妙变化与不缺定性。官方事物与民间事物的对比和意义在文化领域发生了转变，而龚琳娜则十分准确地在舞台上呈现了这个转变，从而为听众提供了一个在新局面中探索各自全新位置的机会。

当做明星般的个人

理查德·戴尔在他 1979 年的书《明星》中，第一次把玛丽莲·梦露等好莱坞明星当做一种文化现象来分析，并且系统化地提出了对明星的工作进行分析有助于理解当代社会状况的观念。虽然戴尔把明星的形象当做文本来分析，但他所用的方法与传统人文学科不尽相同。它没有通过解码来试图解释"作者"的意图，而是把重点放在了建立明星公共形象与社会现实之间的联系。与戴尔一样，我在本文中大量引用龚琳娜的媒体采访

---

① 牛萌：《"龚琳娜：〈忐忑〉代表现代人的心态"》。2011 年 5 月 3 日《新京报》。网络版见 http://epaper.bjnews.com.cn/html/2011-05/03/content_226876.htm? div=-1。

并不代表我要展现"作者之意图"，我更不打算描绘"一个真实的龚琳娜"的形象。龚琳娜在采访中的解释和眼泪，在我看来，只是公共表演的延续。

演唱会、电视专题节目等"舞台"通过不同的条件与效果给了像龚琳娜这样的明星一个发挥她们"有组织的多义性"的机会。戴尔将"有组织的多义性"（structured polysemy）定义为明星"所表现出来的有限的意义与情感的多重性，以及他们组织多义性的企图——这种企图导致他们所表现出的某些意义格外显著，而另一些意义则被隐藏或转移"。①戴尔的定义有着明显的新马克思主义的印记：

> 他们明白地指出，"个人"这个概念对于依赖它而生活的我们来说，既是一种承诺，也是一种困难。②

在下文中，我将重点讨论龚琳娜与官方、艺术、流行和民族等四种音乐类型的关系。通过分析和比较这四种音乐类型各自的特点与审美上的区别，我们就能够了解龚琳娜在官方与民间之间所处的位置，以及她带有"有组织的多义性"的身份和个性特征。

官方明星的美

龚琳娜很具有官方气质。她自 1992 年至 1999 年就读于中国音乐学院附中和大学，毕业后在中央民族乐团担任独唱演员。龚琳娜近几年来在语言表达方面的"提高"，或许正印证了国家级音乐学院彻底改造一个人的身份的能力。在电视专访节目中，龚琳娜用标准的普通话表示，她在校的时候自信不足是因为她有南方口音。③

至于声乐培训，中国音乐学院院长金铁霖有如下看法：

---

① Graeme Turner：*Understanding Celebrity*. London：Thousand Oaks，SAGE 2004，pp. 24 – 25. 引用戴尔（1979），第 3 页。

② Richard Dyer：*Heavenly Bodies：Film Stars and Society*. New York：St. Martin's Press，1986，p. 8.

③ 成长：《自由鸟》，《江苏教育电视台成长栏目》2011 年，上集第 14 分钟。请参考 http：//v. ku6. com/show/b5_ F4Q-S2WbAh4z2. html and www. gonglinna. org 。

　　声乐训练有三个阶段：自然阶段、不自然阶段和科学的自然阶段。我们追求的是科学的自然阶段。自然阶段是在没有正式学之前，自己找感觉唱；不自然阶段是指经过训练，打破了原来歌唱状态的自然平衡，在寻求新的平衡中寻找方法；科学的自然阶段是指找到了方法，并且运用自如，最后达到没有方法的约束，不用想怎么唱，不用想支点放哪，不用想通道怎么用，但可以准确地安放支点，正确地打通通道并按照作品内容的需要去充分地表达作品。①

　　这种声乐训练听起来对学生的地方特色和其个人特色很有破坏性。对于这种既暴力又辛苦的训练方式的提倡有诸多原因，其中我认为最主要的是国家主义。对金铁霖来说，他教授的民族唱法在国内外代表了中华民族声乐的必然性高峰：

　　全国各地都有地方风格浓郁的声乐形式，它们发展为民族声乐，因此民族声乐实际上也代表了国内五十六个民族，它是中华民族的乡音。民族声乐歌唱家在他国访问的时候，为海外的华人华侨们带来了民族声乐，很多人感动不已。感情是中国的感情，风格是中国的风格，尽管离开中国很久，但听到这种声音就像回到了祖国一样。②

　　同金铁霖一样，龚琳娜也很重视国家的概念，甚至有想要代表国家的迫切志向。我们且不谈她那一听就代表了国家的唱功，单单是她的一条博客"我们拿什么给世界？"就已经在题目中以"我们"代替全国人民开口了。③

　　以色列学者尼姆罗·巴拉诺维奇在《中国新声音：流行音乐、民族、性别和政治，1978～1997》（2003）中把国家和歌唱演员的关系描述得最为极端：

①　金铁霖：《民族声乐教学的现状及创新》，《中国音乐》2005 年第 4 期，第 33 页。请参考 http：//hi. baidu. com/gamblergod/blog/item/260b866e66fbefd080cb4a4c. html 。
②　金铁霖：《民族声乐教学的现状及创新》，《中国音乐》2005 年第 4 期，第 27 页。
③　龚琳娜：《我们拿什么给世界？》2011 年 5 月 19 日。请参考 http：//blog. sina. com. cn/gonglinnamusic 。

演唱官方歌曲的时候，歌唱者……的个性被忽略掉了，他们被转
变成一个大于他们自己和听/观众的力量，一个代表几千年历史和百万
又百万又百万人民的力量。①

前文中我引用过戴尔提出的明星跟个人主义的密切关联，现在我又引
用到巴拉诺维奇所提出的官方歌唱者的个人特点被忽略。那么，官方歌唱
者能被称为明星吗？官方与个人之间的矛盾应该怎么解决呢？

金铁霖因为培养出了包括彭丽媛、宋祖英等许多歌唱家而被称为"造
星"高手。这一点似乎表明，不仅仅是歌唱者，连那些成功的"幕后"工
作者都有可能引起大众注意而被当做明星。不过，也许巴拉诺维奇描述的
是一种改革开放以前所建立的文化模式。那么不如让我们略微探索一下，
在 1978 年以前，中国是否有明星。这或许能帮助我们进一步了解明星与个
人主义的关系。

路易丝·爱德华兹在《中国军事明星：军英模人物的演变》一文中，
把雷锋、欧阳海、王杰等 20 世纪 60 年代的烈士与 90 年代以来的徐洪刚和
叶爱群相提并论，看做同样意义上的明星。虽然爱德华兹是这样认为的，
但她在收录了这篇文章的《明星在中国》一书的序中，同伊莱恩·杰弗里
兹以编辑的身份如此评论毛泽东其人从领袖到明星的身份转变：

80 年代中期，毛泽东作为世界闻名的神化领袖的地位发生了转
变……如果说公众人物"在媒体对他们的行为活动的兴趣点从报道他
们的公众角色（如在政治行为或运动中的成就）转变为调查他们的个
性及隐私生活细节时"就变成了明星（特纳 2004：8），那么毛泽东在
去世以后便变成一个明星了。②

声誉（fame）非名气（celebrity）。一个有知名度的人，只有当媒体对
他们个人的关注程度超过了对他们的贡献或成果的兴趣时才能被称为明星。
换一种说法，明星是由绯闻成就的。在改革开放以来的中国，一个人一旦

---

① Nimrod Baranovitch：*China's New Voices：Popular Music，Ethnicity，Gender and Politics*，1978 -
1997. Berkeley：University of California Press，2003，p. 206.

② Louise Edwards and Elaine Jeffreys：*Celebrity in China*. Hong Kong：Hong Kong University Press，
2010，p. 10.

有了知名度，绯闻自然也就来了，所以在当代社会区分声誉和名气变得越来越没有意义了。

至于雷锋等烈士在革命时期是否算是明星，我在这里就不再继续论述下去了。我想要重点谈论的，是官方歌唱演员身份的有组织的矛盾与多义性。一方面，官方歌唱演员是与众不同的、有绯闻的明星。这个倾向让他们得以发挥各自的个人特点，也因此让官方音乐多元化起来。但是另一倾向使官方音乐更加一元化。官方歌唱演员的成功跟港台明星来比更依赖于他们代表国家的能力，而个性化——包括绯闻在内——有可能阻碍歌手得到代表国家这一殊荣。因为只有最"科学的"、最美的歌手才能代表国家，所以国家主义迫使官方歌手向一元化发展。为了预防他们之间被互相取代，官方歌手比的是标准美。也就是说，他们用限定的，"科学的"标准来强调，他们的唱功和表演比非官方演唱者和同行要更加完美和具有权威性。歌唱演员在限定环境内的竞争也为在现代社会如何作为个体存在这一问题提供了一个很现实也很有力量的范本。青年歌手大奖赛之所以能够长期成功，秘诀正在于此。

新艺术声乐的崇高

2000 年，龚琳娜荣获第九届全国青年歌手大赛银奖。她在各个电视专题中反复提到，青歌赛虽然给她打开了成功的大门，但是她在那段时间里很不快乐：

> 不满足是很多歌都差不多了。每次的表情啊，表演啊，还有唱的那些歌大同小异。我就是感觉不自在，浑身。然后第二是只唱一首歌，两首歌，就不满足。个性方面我觉得我没有能发挥出来。所以那个时候就觉得没有自己。然后我自己经常也听不出自己的声音跟别人的声音有什么区别。[①]
> 你有一种可被替代性，因为你跟别人唱的都是一样的。（音乐现场

---

① 成长：《自由鸟》，《江苏教育电视台成长栏目》2011 年，上集第 19 分钟。请参考 http://v. ku6. com/show/b5_F4Q-S2WbAh4z2. html and www. gonglinna. org。

片段）2002 年我遇到老锣的时候，我开始决定要走新艺术歌曲这条路。①

图 1　龚琳娜专辑
《走生命的路》封面

图 2　五行乐队的 2006 年的海报

在 2002 年，龚琳娜遇到德国作曲家老锣（Robert Zollitsch），并加入了他的五行乐队。她还在 2005 年定居德国。老锣和龚琳娜打出"中国新艺术声乐"的旗帜，龚琳娜则昭然从官方音乐转向艺术音乐。

如果说官方音乐因为要代表国家必须既大众又雄伟，那么艺术音乐则可以坦然地不考虑大众而探索精英的审美和身份。学院派最羡慕的精湛技艺，实际上是在表演和迎合精英们在社会和事业上精准把握的美梦。《忐忑》的精湛技艺便与这个愿望有着直接的关联。极其重视对演奏和作曲的把握的学院派，在表面上跟官方音乐一样追求科学式的完美。不过，至少在康德以后的欧洲，乐评人对于古典音乐的最高评价并非是受一定审美条件限制的完美，而是超越所有限制的崇高。所以当新艺术声乐的新声龚琳娜多次强调《忐忑》不美，也不用美，她其实是在表示，她已经改变了审美，而更追求崇高了。②

崇高比完美更适合个人主义。美的定义依赖于大众的永远在变的标准，这就使得完美主义者必须重视大环境。而崇高这个概念则提供了条件，让人可以摆脱环境的监督和要求。"为了艺术而艺术"的潮

---

① 新视觉：《龚琳娜·上下有心》2011 年，第 19 分钟。请参考 http://video. sina. com. cn/v/ b/47551202 – 1712782607. html 。

② 新视觉：《龚琳娜·上下有心》2011 年，第 18 分钟。

流在 18 世纪的欧洲慢慢出现。在这种距离康德美学已经十分遥远的审美和人生观中，追求崇高本身变成了唯一目标。这种倾向意味着，在现代社会，人人都可以把自己当做自足的、有个性的艺术品。

龚琳娜的母亲不能理解她为何如此坚定地选择背弃官方音乐，而去跟老锣"走新艺术歌曲这条路"。而在那个阶段，龚琳娜在生活中也走起了自己的路，或者，用龚琳娜和老锣 2005 年出的第一张专辑的标题来说，就是"走生命的路"。在我眼里，龚琳娜的母亲代表着服从"完美"这一审美标准的老一代，这尤其体现在当她给老锣看龚琳娜之前最辉煌时期演出的录像带却极度不满老锣的评价的时候。在这里我需要重申一下：无论真假，无论这样的故事跟龚琳娜的音乐有没有直接关系，它们已经变成了龚琳娜公众形象的重要成分。于是她宣布她要冒险，要探索，要独创，要当自由鸟。

不过这一转变并不足以说明龚琳娜的成功。毕竟龚琳娜并非第一个做艺术歌曲的中国歌手。早在 20 世纪 80 年代，刘索拉就已经有了同样的转变，并且同样追求一种文雅而自足的个性。安德鲁·琼斯在 1993 年的《像一把刀子》中分析了刘索拉在《你别无选择》（1985）一书中所描述的对于当时歌坛的不满以及她的转变所带来的文化意义。虽然龚琳娜并没有写书，但她和刘索拉一样用文学作品作为一个文雅的符号来表现她的文化素养。她曾把李白的《静夜思》、《将进酒》，李清照的《凤凰台上忆吹箫》以及白居易和欧阳修的一些古诗用作歌词。

然而，给龚琳娜带来火暴的，却并不是她文雅、严肃，迈着慢步走的新艺术声乐，而是节奏活泼、唱法多变并且适合拿来恶搞的一首《忐忑》。

流行歌坛的娱乐

龚琳娜并不完全属于崇高艺术这一理论框架：她不自足。她反复说，她属于舞台。而舞台是需要观众的。或许"走生命的路"和走自己的路区别就在这里：很明显，生命更依赖于生态环境。

所以，2010 年初，当龚琳娜走遍了欧洲各种小剧场，历经了各种小众而精英的音乐节之后，就觉得在国外有点待不住了。她在 2010 年 2 月、6 月回国演出的时候发现中国多了很多一流的舞台。在那年国庆节后，龚琳娜得到机会把发展终点转到中国了：

　　我在德国的时候有一天从西安那边有一个报社的记者给我打电话了。他说：你知道吗，王菲在微博里说了她关注这个作品。我说：真的吗？我没有想到这个作品首先会被流行音乐的人关注，我原来一直以为这个作品肯定会在专业环境里大家会觉得"哇"这个技巧，但是好像是流行音乐界的人，他们说出来的反响影响更大的。①

　　从这里就可以看出，龚琳娜一方面强调她是"专业"的、演艺精湛的歌手，但另一方面，她也很欢迎跟她身份不同的流行歌坛对她的关注。龚琳娜在流行文化环境里的古怪特性变成了她最大的卖点，使得《忐忑》被称作"神曲"。

　　网络平台上，网民翻唱这首"神曲"的视频点击率通常很高，而后来，像杜汶泽、郭德纲、杨迪这样的笑星们也在他们的节目中用到了这首《忐忑》。甚至有媒体透露，赵本山曾考虑让这首歌出现在他 2011 年春晚的小品上。不过尽管赵本山表示很喜欢《忐忑》，并且还在某综艺节目里唱了半句，他并没有在正式的舞台借用此歌。

　　网民和笑星拿"神曲"开玩笑，甚至恶搞：他们故意做出比原版更为夸张的表情；他们唱得并不像原曲，而且跑调，还会在手里拿着各种各样莫名其妙的道具或是给这首本没有词的歌填上搞笑的词。我认为他们这是在通过恶搞《忐忑》来讽刺官方歌曲的美和新艺术的崇高。老百姓通过这种讽刺回击了高雅文化模式和机构。从一方面来说，这种行为意味着艺术的俗气化和民主化；不过从另一方面来说，这种恶搞和讽刺在挑战和颠覆权威的同时也重申和支持了权力符号。

　　网民们会议论谁唱得最像，并且将唱得最像的评价为最有官方和学院派气质的。《忐忑》火了以后，主流明星如梁静茹，还有水木年华的缪杰，都在后台录了翻唱版本。他们主要是为了证明自己是有趣的，跟普通网民一样敢于冒险唱他们明知自己唱不完美的歌曲。因此，同恶搞《忐忑》的笑星们相比，梁静茹和缪杰的版本表达了他们对龚琳娜及其代表的"专业"领域的一种佩服。同样，由于龚琳娜参加了 2011 年 4 月的第五届娱乐大典的现场，走过红地毯的国内流行明星都被娱乐记者逼唱了一段《忐忑》，而且在娱乐新闻的结尾我们可以看到龚琳娜教李玉刚如何唱这

---

　　① 新视觉：《龚琳娜·上下有心》2011 年，第 4 分钟。

首歌。① 照此来看，网民和明星都觉得高雅文化对他们还是很有吸引力的。总而言之，对于官方歌曲和学院派地位的挑战与重申在《忐忑》的翻唱版本中同时存在。《忐忑》的速度和夸张十分适合讽刺的效果，也适合发挥唱功和用来发泄。

对于那些恶劣的关于《忐忑》的网络视频，龚琳娜并不表示反感。这其中有三个原因：第一，她可以把《忐忑》的恶搞理解为对于官方文化的一种调侃。这些恶搞版本并不针对她自己，而是针对在她身上的官方教育的痕迹；何况连她自己都把这段历史放在一边了。这种想法最能够解释龚琳娜何以能面对恶搞中含蓄的批评，但它并不足以解释龚琳娜为何会主动参与和辅导《忐忑》的翻唱。2011 年 1 月 17 日的《三联生活周刊》报道如下：

> 龚琳娜说，每次音乐会她都唱得十分尽兴，以前她会考虑唱歌能给她带来多少利，有没有好的影响。在老锣的影响下，她回归到享受歌唱的快乐，可以尝试不同的唱法。因此，无论《忐忑》怎样被恶搞，龚琳娜都不会介意，这首歌给她带来了回国的机会，经过考察，她发现全国都有辉煌华丽的音乐厅，缺少的只是适当的节目。《忐忑》是一块敲门砖，先是为她敲开了武汉琴台音乐厅的大门，然后是天津音乐厅的"世外桃源"独唱音乐会，紧接着是北京的新春音乐会。龚琳娜利用博客组织了 30 位从各地赶来的音乐爱好者，其中也包括专业音乐老师，到长城去喊山歌，她把其称为"声音行动"，就像和 100 人合唱《忐忑》一样，把音乐当成游戏，当成理想，而不是飞升的途径。②

因此，第二个原因就是龚琳娜懂得明星的"负面信息好宣传"这个娱乐圈内的规则。这其中暗示出龚琳娜的身份当中亦有实用主义的投机分子因素，也说明她很能代表摩登社会的个人主义。

不过让龚琳娜不反感《忐忑》被恶搞的，还有第三个理由。那就是她

---

① 娱乐现场：《众人忐忑　第五届娱乐大典多版忐忑新鲜出炉》，2011 年 4 月 1 日。请参考 http：//v. youku. com/v_show/id_XMjU1NDQ5ODM2. html 。

② 方婷：《"神曲"〈忐忑〉和它背后的故事》，《三联生活周刊》2011 年 1 月 17 日。请参考 http：//www. lifeweek. com. cn/2011/0117/30837. shtml 。

可以利用《志忑》赚钱和获得名气，同时也可以利用这首歌来宣传她个人的审美和人生观。像所有官方和学院派一样，龚琳娜特别相信教育。她喜欢为社会做贡献，喜欢提高别人的素质，包括唱功。所以她组织了一百个人在 BTV 一起演唱《志忑》的新版本。虽然唱得不完美，但这个活动提高了一些参与者对于"专业"演唱演奏的培训的信任和兴趣，同时也制造出了关于龚琳娜的新闻并确认了她的地位。①

教育代表了一种由上至下的姿态，上为"专业"，下为"非专业"或是"业余"。当龚琳娜说她属于舞台时，她在强调舞台和观众之间的距离。说到底，龚琳娜的名气是基于她非同一般的声乐技巧。在某种程度上来说，龚琳娜是处于官方机构中心论的框架之中（必须通过顶级音乐学院等机构或"青歌赛"等形式来入行），而流行文化和明星文化则恰好是往多元化、民间化和非专业化发展。

选秀的俗气

克里斯·罗杰克在 2001 年区分了三种成名的途径和背景：依靠家族关系成名（ascribed 或遗传型明星，比如皇族），依靠自己的成就成名（achieved 或赢得型明星，比如运动员）以及依靠媒体积累而成名（attributed 或炒作型明星，比如真实电视节目的参与者）。特纳和霍姆斯二人都在引用罗杰克的分类方法时指出，这一分类暗含了强烈的意识形态。② 它的目的在于批评那些没有什么真本事而只是依靠媒体积累而成名的新明星。相反，照特纳和霍姆斯的说法，全球正在经历的这种向炒作型明星倾斜的趋势有可能意味着明星文化在变得越来越民主。没有贵族血统的观众也有资格成为社会焦点。观众甚至不需要有任何天才，不必是任何领域的冠军或精英，但仍有成名的可能性。我在本文就不再进一步讨论这场学术辩论了，比如各种关于炒作和操控"炒作型明星"的媒体公司的民主性等疑问的立场。此文的重点在于，国际学术界在讨论如何理解流行文化以明星文化为中心

---

① BTV:《龚琳娜百人〈志忑〉幕后花絮》，2011。请参考 http：//v. youku.'com/v_ show/id_ XMjQwNTcwNjMy. html 。

② Graeme Turner：*Understanding Celebrity*. London：Thousand Oaks, SAGE , 2004, p. 22. Su Holmes：" ' Starring... Dyer？'；Re-visiting Star Studies and Contemporary Celebrity Culture". *Westminster Papers in Communication and Culture*, 2005, 2（2）, p. 10.

的俗气化。

龚琳娜的唱功十分了得，所以她算是"赢得型明星"。但她并不排斥参与典型的制造"炒作型明星"的选秀节目。在此重申，我并不是说参与选秀节目的人没有才华和能力，毕竟李宇春等冠军在参与节目之前已经经过专业的培训。不过以 2005 年"超级女声"为先导的节目的吸引力正是在于它们从海选到决赛的过程中努力说服观众每个人都有资格当明星：想唱就唱。

2011 年 4 月 1 日，龚琳娜在她的博客中写道：

> 我答应了湖南电视台作为"快乐女声"的音乐指导参与今年的活动，因为非常符合我去年号召的"声音行动"计划。……被选出来的年轻女孩很快就成为超级偶像明星。理想瞬间实现，不可思议！这样的节目注定成功，注定带来商业价值，可是这些背后的基础是媒体是金钱，成功的偶像年轻的女孩能够支撑多长时间？……我从小就参加唱歌比赛，获过无数奖项。2000 年央视的全国青年歌手大奖赛给了我更大的成名机会，当时我感觉双脚不沾地，非常恐慌的面对迅速到来的名利，害怕瞬间又会消失得无影无踪。……此时，我希望与声乐同行们一起分享心灵落地的感受，打开身心放声歌唱的技巧。①

龚琳娜在这里指出了"快乐女声"带来的名气是短暂的。想要像她一样"长期"拥有名气，那么参与者就需要通过专业培训而赢得成为明星的机会。不过按照我的理解，取消专业和业余的区别恰好是选秀节目的一种突破。选秀节目不选最完美或者最崇高的选手，而是选观众最同情和最熟悉的、最俗气的人。2011 年"快乐女声"冠军段林希再次证明了这一点。当我问龚琳娜她当时是否想把选手从炒作型明星训练成赢得型明星并且是否在试图把选秀节目改回到传统歌唱比赛的领域中来，她强烈否定。不过以我理解"快乐女声"选择跟龚琳娜合作的意义恰恰在这里。

无论如何，历史的潮流仍是向炒作型明星而流。"快乐女声"没有变成传统的歌唱比赛，反倒是"青歌赛"变得更像选秀节目了。由于选秀

---

① 龚琳娜：《声音行动与快乐女声》，2011 年 4 月 1 日 。请参考 http：//blog. sina. com. cn/gonglinnamusic。

节目占领整个市场而逐渐失去了影响力的"青歌赛"，于 2006 年在中国艺术研究院音乐研究所所长田青的顾问下改革了。田青在 2004 年的一篇《民歌与"民族唱法"》的文章中有这样一个章节："仿效西方、科学主义与时代需要是造成唱法单一的深层原因"。在这个章节中，他就已经宣布了他的立场：

> 【2000 年，】我在第九届青年歌手电视大奖赛上就曾经说过："五、六十年代，没有电视，只有广播。但那时候你一听就知道是谁在唱。⋯现在这些歌手，是工业社会的产物，是音乐学院的产品。工业社会所推崇的，是科学化、规范化。而科学化、规范化的结果，就是我们具备了批量生产歌手的能力，但却抹杀了个性。现在，我们已提前进入信息化时代，信息化时代的审美标准是回归自然，是个性化和多元化。"当时我的这段话，引起了一些人的共鸣，也引起了一些人的反对，可以说是第一次点出民族美声唱法单一化的问题。当然，也有作品的问题，现在的民族美声作品，几乎百分之百是反映集体意识的颂歌，祖国，党，黄河，长江，父亲，母亲⋯⋯都是集体意识的反映，很少听到个体感情的倾诉，更很少听到男女之爱。祖国当然要歌颂，但⋯不管怎样，【单一化】是不合理的，也不利于三种唱法的良性发展。"诗言志，歌咏情"，当一种唱法几乎被"颂歌化"了的时候，怎么可能避免单一化的倾向呢？①

田青提出，当代社会已经开始多元化了，像"青歌赛"这样的节目也必须顺应潮流，朝多元化和俗气化的方向发展：

> 那么，有什么办法呢？现在的办法首先就是向民间学习，走多元化的道路。向民间文化学习是现在能够拯救主流精致文化、使其再生的最好方法。我再说一遍：民间文化是源泉、土壤、母亲。如果不认识到这一点，还在争论民歌手是否进音乐学院是没有用的。要我说，民歌手要进音乐学院，是进音乐学院当老师，而不是按照所谓"科学"的方

---

① 田青：《民歌与"民族唱法"——在山西左权"第二届南北民歌擂台赛学术研讨会上的发言》，《艺术评论》2004 年第 10 期。

法"提高"。①

在田青的顾问下，"青歌赛"取消了专业和业余的区别，"通俗唱法"被"流行唱法"所替代，而且，"青歌赛"还介绍了一个新的类型：原生态。被纳入的少数民族民间的原生态音乐在"青歌赛"这个中心舞台上显出了民族唱法的本色。由于其他出现在中央电视台的民歌分类的存在，民族唱法不再代表全国的必然性音乐高峰，它只符合城市精英们在一定历史阶段的需求。

这些变化自然而然地引起了一些争论。有人提出，原生态唱法应该被归入民族唱法之下；也有人说，原生态的表演缺乏评论者对比和评价所需要的（科学的）共同基础；还有人提出，把原生态音乐放在舞台上，已经破坏了它的原味。② 田青为"青歌赛"的变革辩护说，无论是原生态还是"青歌赛"的其他音乐类别的评论都很主观、都基于跟科学无关的个人审美，而且音乐评价的主观性不说明它没有娱乐和社会价值。恰恰相反，关于社会价值，田青指出，原生态在中心舞台的表现有利于保护和复兴由于国内（官方）和国际（流行）音乐的现代化而濒临消失的民间音乐。

参加"青歌赛"的原生态选手跟民族唱法的选手截然不同。原生态选手穿着民族服装，用各种方言和语言演唱，他们说的普通话有很重的口音，有的甚至不会说普通话，而且他们不会跟随录制好的配乐来演唱，而是在现场伴奏。这样的"原生态"符合现代居民的另一种需求：朴素的真实。

民歌的真实

我认为，龚琳娜能在青歌赛改革五六年之后取得成功，这同"青歌赛"吸纳了原生态音乐有密切联系。学院派对龚琳娜跟对原生态同样尴尬。这在龚琳娜的声乐老师邹文琴的反应十分典型。对外中国音乐学院声乐系教授邹文琴夸龚琳娜说："我没有想到是那么好，龚琳娜站在台上不是为了表

---

① 田青：《民歌与"民族唱法"——在山西左权"第二届南北民歌擂台赛学术研讨会上的发言》，第 9 页。

② 李闽：《"原生态"的逆变——从青年歌手电视大奖赛的唱法分类谈起》，《人民音乐》2006年 12 月；李晓霞：《舞台上原生态民歌的争论》，《民族音乐》2008 年第 6 期。

图 3　龚琳娜穿传统服装在山区

现自己，她完全在音乐艺术里，我忍不住想要流泪。"不过同时邹教授禁止她的学生学龚琳娜。邹文琴想要流泪到底是为什么，民族唱法的困惑？并且，龚琳娜和老锣没有被邀请在中国的音乐学院讲课进一步证明了学院派还在犹豫他们代表一条活路还是一场厄运。

　　龚琳娜跟原生态还有其他的共同点。最近几年，龚琳娜越过官方音乐的美和艺术歌曲的崇高，越来越强调（大众所理解的）民间音乐的真实。这个发展趋势也体现在她对自己反感官方音乐的原因的描述：

　　　　有一次我在一个城市演出。头一天我才把这个歌拿到，我就赶紧录音了，第二天我就飞到那个城市。那个城市那天搭的舞台是一个室外的大舞台。观众很多，但是观众也很静。我穿得很漂亮那么老高的

图 4　龚琳娜在湖南卫视跨年
演唱会上技惊四座

高跟鞋，化很浓的妆。然后不知道唱了什么，因为我背不了歌词。头一天才学的。反正是假唱，基本上是【唱】一二三四。然后把麦克离嘴巴很近，看不见嘛。还要装作很漂亮很投入。然后突然看见底下的观众他们这样看着你（美慕的表情）。然后他们的眼睛是：北京来的歌手啊。那一分钟站在那儿的时候，我觉得我对不起观众。我就觉得所有观众的眼睛在就像箭一样一下就穿到我的心里。我打扮得那么漂亮，我拿了那么好的演出费，可是我连真正的声音都没有出，就更不要说我唱的歌是我自己都觉得完全没有

感觉的，很虚伪的东西，所以那次让我非常地痛苦 。①

　　这件轶事验证了龚琳娜是徘徊在高雅和民间之间的。她声称自己十分真实，然而声称的方式却是通过《天下女人》这样的电视节目十分戏剧性地再度表演。在同样煽情的《成长》节目中，龚琳娜在跟观众分享她妈妈有一段时间不理解她的时候，又掉下了眼泪，仿佛袒露了真我，但我却觉得这眼泪跟她唱《静夜思》时的眼泪一样，既真实得让我感动，又做作得让我觉得自己好像被她的精湛演技给骗了。②

　　我原本打算在本文中比较龚琳娜、宋祖英和李宇春的真实程度，可是我自己都不清楚应该从哪里开始作比较。在龚琳娜的语境里，内心的朴素和外在的夸张并没有任何冲突。她在湖南卫视跨年演唱会上穿的服装比宋祖英和梅艳芳穿过的还要夸张，但龚琳娜认为这件临时借来的服装很真实，很符合她想表达的艺术。③ 她还在博客里宣言：

　　　　在音乐中，我不是我，音乐在我的身体我的嗓音里面迸发出光彩和力量。

　　　　在生活中，我真实朴素，随性自然，和所有的人没有两样。

　　　　在舞台上，音乐是我的上帝，艺术灵魂是我的整个世界。我的身体被化解、被稀释……。④

图5　来自《南方都市报》的龚琳娜照片

　　依照她这种崇高的思维方式去想的话，全世界就没有任何虚假的表演了。一切舞台上的行为都可以被看做对某种

①　天下女人：《龚琳娜老锣做客》，《湖南卫视》2011 年 1 月 11 日，第 11 分钟。请参考 ht-tp：//www. tudou. com/programs/view/H2vIdJFWmvA/ 。
②　成长：《自由鸟》，《江苏教育电视台成长栏目》2011 年，第 13 分钟。请参考 http：//v. ku6. com/show/b5_F4Q-S2WbAh4z2. html and www. gonglinna. org 。
③　成长：《自由鸟》，《江苏教育电视台成长栏目》，2011 年，第 8 分钟。
④　龚琳娜：《成名感受》2011 年 2 月 23 日。请参考 http：//blog. sina. com. cn/gonglinnamusic。

艺术和审美的诚意。甚至在官方音乐和流行音乐中随处可见的假唱行为也可以被理解成是由它们各自的审美观所引导的。

可能在大众眼中，"真实"也意味着一种原始和朴素。人们通常认为，一个原生态的歌手从来没有离开过山村，也没有经受过音乐教育，因此她所唱的民歌一定跟土地有直接的联系：自然、朴素、真实。抛开原生态这个语境本身所引发的巨大问题和矛盾不说，单是它所描述的真实，就是龚琳娜远不能及的。比起老家贵州的民歌，龚琳娜更热衷于演唱"新家"老锣所编的"中国新艺术歌曲"。① 《忐忑》中借用了多种京剧行当的唱法，同时又有赋格式的作曲方法。而这种融合了国内外新老元素的歌曲很难说就比宋祖英的《辣妹子》或者周杰伦的《本草纲目》要更为朴素和真实。

到最后，只能说是"真实"这个概念本身的模糊性帮助了龚琳娜表演她在官方和民间中间的有组织的多义性身份和个性。真实不仅仅是大众对于民间音乐的需求的关键词，它还似非而是地凝聚着明星文化。霍姆斯引用戴尔的论点，分析了明星、真实、个人主义和资本主义的关系：

> 在支持资本主义赖以生存的个人主义概念时，戴尔提出，不断试图谈判明星形象中的"确凿性"以及不断企图声明"真我"（明星"真正是怎样的？"）的行为，都是围绕着一种欲望，那就是提议一种"可拆的，连贯的特质"。这种实质存在于意识的"内部"，并被冠以各种学名——'自我'，'灵魂'，'主体'……"（戴尔1986：9）。整个明星现象中最具讽刺意味的是，所有这些关于内在自我真实性的断言……都发生在现代生活中与入侵和破坏内在自我以及与公共生活的腐败堕落最脱不开干系的一个方面，那就是大众媒体（戴尔1986：15）。它【明星文化】把表演、建构和传媒作为前提，因为正是这三个元素引发了这场关于自我地位的自觉的辩论。总而言之，正是由于操纵机器和媒体骗局的存在，明星才变成了一个用来消解各种身份建构语境的场所。②

---

① 关于老锣对中国艺术歌曲的理解，见 Robert Zollitsch："Die Zukunft der Vergangenheit：Status Quo und Perspektiven der traditionellen chinesischen Musik"，《中德文化网》2009年版。请参考 http://www.de-cn.net/mag/mus/de5422153.htm。

② Su Holmes. "'Starring... Dyer?'：Re-visiting Star Studies and Contemporary Celebrity Culture". *Westminster Papers in Communication and Culture*, 2005, 2 (2), p.15.

　　龚琳娜的真实和夸张是一对再明显不过的矛盾。媒体报道常常一口气把龚琳娜描述成超级真实的"自由鸟"，同时又强调《忐忑》是多么的夸张，多么的戏剧化。但没有谁直率地提出这件本应众目昭彰的事情。王菲最终并没有翻唱《忐忑》的主要原因也在于这对矛盾。王菲之所以成功是因为她通过她的"酷"（冷淡、顽固、另类）说服了观众她是真实的，而龚琳娜和《忐忑》虽然也挑战了"美"，但还是太过夸张，有损于从不扮演角色的王菲的可信度和其亲密偶像的公共形象。①

　　中国媒体没有进一步分析这个矛盾，这或许意味着"真实"以及与此概念相关的亚文化、原创性、知识版权等资本主义柱石目前在"山寨"中国没有它们在国外重要。这样看来，我基于戴尔明星理论的讨论在这一点上遇到了它用来说明中国明星现象的极限。消极地说，在龚琳娜身上以及在中国明星文化中所存在的真实和夸张这对矛盾是我这个荷兰人的个人忐忑。积极地说，龚琳娜和中国大众文化正在创造一种前所未有的明星类型，而我将能借此探索在变化中的当下如何作为一个个体而存在。

---

　　① 　Jeroen Groenewegen. Faye Wong：Stardom in Chinese Popular Music. *International Journal of Chinese Culture and Management*，2009，2（3），pp. 248 - 262.

女观众眼中的女明星

——凡星研究的意义及其实例

周潞鹭*

摘要：目前，中外学界的明星研究几乎等于巨星研究，这忽视了凡星的意义。提倡进行凡星研究，给予凡星和巨星同等的重视，这种新的思路不仅可以为明星研究开辟新的可能，也力图修正研究生态，使其更加多元。选择女性观星学作为实例，将自我民族志和精神分析理论相结合来进行凡星研究，对比巨星举例的前人研究，可以得出不同的结论：像"我"一样的女观众可能把女明星当成"母亲替代者"，以便更好地满足成名欲和缓解等级焦虑。

关键词：凡星研究　女性观星学　女明星　女观众　自我民族志　精神分析

Abstract：The stardom studies have been almost equal to the superstar studies at home and abroad till now, which make me considerate the significance of the minor-stars. I argue that minor-star studies should be treated as important as superstar studies. Minor-star studies can be thought as a new kind of research methodology, which may open up new ways for stardom studies, adjust and diversify the research ecology. This paper takes the female spectatorship as the case study and try to combine the auto-ethnography and psychoanalysis methods to conduct the minor-star study, as a result, it leads to new conclusions compared to the former studies centered on superstars: fe-

---

* 周潞鹭，香港中文大学崇基学院文化与宗教研究系。

male audience or fans, like me, may take the female minor-stars as their mother-surrogates, so as to achieve their dreams of fame and alleviate the hierarchical anxiety more efficiently.

Keywords: minor-star studies, female spectatorship, female stars, female audience, auto-ethnography, psychoanalysis

研究背景

明星研究（stardom studies）在西方学界已经著述颇丰，它的诞生和发展直接建立在对美国好莱坞明星制度的考察研究之上，随后发展成为覆盖面更广的名人研究（celebrity studies）。学者们常常援引经典的文化理论如阿多诺、罗兰·巴特、鲍德里亚等人的观点，研究成果既有概括性的理论思考，又有梳理历史的专著，还有分别以不同类型的明星/名人为对象的个案研究，其中包括但不限于娱乐圈、政界、体坛、商界、文坛、网络界等领域的明星/名人现象及其意义，明星研究和粉丝研究（fandom studies）一起，形成了西方学术界新兴的、正在发展壮大的研究热点。在中国，明星研究尚处于起步阶段，2008 年香港学者洛枫出版了《禁色的蝴蝶：张国荣的艺术形象》并引进了内地[①]，该书以学术专著的形式推进了中国本土的明星研究。但中国的明星研究滞后于西方的明星研究，也无法充分解释中国社会已然兴旺发达的明星现象。

在阅读中外明星研究著文的基础之上，我发现这些明星研究都有一个明显的共性：基本上都只关注巨星（superstar）。整个世界学术界的明星研究在现阶段几乎就等同于巨星研究。比如，罗兰·巴特（Roland Barthes）唯一一篇明星研究专文是研究葛丽泰·嘉宝的[②]；理查德·戴尔（Dyer）在《明星》中偏爱简·方达、玛丽莲·梦露[③]；晚近的西方学者则喜欢研究凯

---

① 洛枫：《禁色的蝴蝶：张国荣的艺术形象》，三联书店（香港）有限公司，2008；内地引进版为《张国荣：禁色的蝴蝶》，广西师范大学出版社，2009。

② 〔法〕罗兰·巴特：《嘉宝的脸》，收录于《神话修辞术/批评与真实》，屠友祥、温晋仪译，上海人民出版社，2009，第 81~82 页。

③ 理查德·戴尔在《明星》中对简·方达进行了长达 32 页的专章论述，也多次用文字和插图的形式提到了玛丽莲·梦露的形象及其电影，这本书的中译版的封面也是一个梦露的形象。见〔英〕理查德·戴尔《明星》，严敏译，北京大学出版社，2009。

特·温丝莱特①、珍妮佛·洛佩兹②、汤姆·克鲁斯③，在中国，情况更加明显，从张瑜、巩俐、章子怡④到周润发⑤、周星驰⑥、张国荣⑦，基本上都在围着巨星打转。连和明星研究有直系血缘关系的粉丝研究也倾向于选择巨星的受众作为个案分析对象，研究李宇春⑧、周杰伦、陈慧琳等巨星的粉丝⑨。如此单一的研究倾向引发了我的思考，我们的社会，特别是在电影、电视、流行音乐界，存在着更多不那么突出和有名的明星，他们也拥有一定的知名度和影响力，未必不值得加以考察和研究，比起千篇一律的巨星研究，研究他们可能会有特别的内容，得出不一样的结论。巨星固然是明星文化最有代表性、最引人注目的现象，但与其同时存在、并非不重要的是"天边一群小星星"——我倾向于把他们称为"凡星"（Minor-star），这是本文的一个命名尝试。就我个人而言，我关注的从来都不是巨星，对凡星的喜爱成为我六七年粉都（fandom）生涯的全部内容。基于个人喜好和

---

① Holmes, S. (2007), "The Whiteness of Stars: Looking at Kate Winslet's Unruly White Body", in Redmond, S. and Holmes, S. (eds.) *Stardom and Celebrity: A Reader*. London: Sage, pp. 263 – 274.

② Beltran, Mary, C. (2002), "The Hollywood Latina Body as Site of Social Struggle: Media Constructions of Stardom and Jennifer Lopez's Cross-over' Butt", *The Quarterly Review of Film and Video* 19. 1 (January 2002): pp. 71 – 86.

③ Marshall, P. David. (1997) *Celebrity and Power: Fame in Contemporary Culture*. Minneapolis: University of Minnesota Press 第 4 章用 25 页的篇幅专门论述汤姆克鲁斯为电影明星的代表案例。

④ 丁亚平、张斌宁：《华语电影三代女明星的文化表征及其转移轨迹》，《上海大学学报（社会科学版）》2008 年第 15 卷第 6 期。

⑤ Choi, W, Y. (1998) *Reading Audiences: Spectatorship and Stars in Hong Kong Cinema: the Case of Chow Yun-fat*. Hong Kong University PG thesis.

⑥ 陈婉莹编《我是一个演员：周星驰文化解读》，南方日报出版社，2005。

⑦ 除了洛枫的书之外，还有 Wang, Y. M. (2007) "A Star is dead: A Legend is Born: Practicing Leslie Cheung's Posthumous Fandom", in Redmond, S. and Holmes, S. (eds.) *Stardom and Celebrity: A Reader*. London: Sage., pp. 326 – 340 等张国荣研究也有一定影响力。

⑧ 杨玲的李宇春粉丝研究，包括其博士论文《超女粉丝与当代大众文化消费》、期刊文章 Yang, L. (2009) "All for Love: The Corn Fandom, Prosumers, and the Chinese Way of Creating A Superstar", *International Journal of Cultural Studies*, Vol. 12 (5): 527 – 543。值得注意的是，杨玲本身不算巨星的纪敏佳的粉丝，但她有意识地回避了纪敏佳而选择李宇春的粉丝来做研究，其中很有可能存在倾向于选择巨星的原因。

⑨ 冯应谦研究过周杰伦的粉丝，见 Fung, Y. H. Anthony (2009) "Fandom, Youth and Consumption in China", *European Journal of Cultural Studies*, Vol. 12 (3): 285 – 303, 以及陈慧琳的粉丝，见《偶像与香港文化英雄：解构陈慧琳的歌迷文化》，收录于吴俊雄、马杰伟、吕大乐编《香港·文化·研究》，香港大学出版社，2006，第 175 ~ 196 页。

对学界研究态势的怀疑和反叛，我提倡在当下推进"凡星"研究在中国的步伐。

有鉴于此，拙文的研究目的就在于呼吁学界及时进行凡星研究，并提供一个及时的、可能算是比较早的"凡星"研究实例。因此，拙文的研究内容分为两大部分：第一部分描述并区别"凡星"、"巨星"、"明星"的概念，阐述凡星研究的价值和意义。第二部分对我熟悉的一个凡星进行个案研究，提供凡星研究的实例。在这里，我会特意选择一个外国学者已经通过巨星举例的方法研究过的题目——女性观星学（female spectatorship），即女观众是怎样看待、消费、利用女明星的形象的？对于女观众来说，女明星意味着什么？我希望通过另一条凡星研究的路径，来继续开掘这个选题，提供不一样的思维、内容和结论，并比较同一个研究选题下，凡星研究取径的优势和特色。

研究方法

首先，对凡星研究作为一种方法论的提出和思考，是本文的一大尝试。在明星赖以生存的摄影的领域，"没有任何时刻比另一个时刻更重要，没有任何人比另一个人更有趣"。① 我不提倡凡星研究压倒巨星研究，应对二者抱以同等重视的态度。在文学研究领域，一些名作家、名文本的研究已经趋于饱和，比如鲁迅研究就是一门拥有数以万计专著和论文的显学。但巨星是稀少的，"中国当代文学"甚至没有公认的文学巨星。于是文学研究早就被迫开始挖掘一些以往不被重视的文本和作家。这种现象是不健康的，是学术势利的表现，文化研究可以吸取文学研究的教训。我认为，"凡星"研究不仅是为明星研究开拓了一片新的领域，在明星研究尚处于起步阶段的中国，此时此刻及时地提出"凡星"研究，并呼吁相应的研究投入，而不是等为数不多的"巨星"被研究透彻之后才被迫转向，这一点是极其关键的，这可能可以从学术思路和研究生态上对学界长期存在的研究态势进行一种反拨和提醒。

其次，本文将从受众的角度特别是粉丝的角度来研究明星。自接受美学兴起以来，文学研究的读者维度日益受到重视，在文化研究领域，也发

---

① 〔美〕苏珊·桑塔格：《论摄影》，黄灿然译，上海译文出版社，2010，第46~47页。

生了从重生产轻消费到"葛兰西转向"后越来越重视消费主义的态势转变①，观众研究、粉丝研究兴起壮大，这为明星研究注入了新的活力。"明星及其观众"是《明星/名人读本》的最后一章，编者指出，观众研究是明星研究中最难、最朦胧的部分，但也是不可或缺的一部分②。戴尔的《明星》被公认为明星研究的奠基之作，但缺点就在于缺乏观众研究的维度，后继的电影学者随即发明了"观影学"（spectatorship studies）来描述观众对电影明星的视觉阐释。这方面已有很多著述，但"所有观影学理论的严重局限性在于它们都是假设地给电影观众确定位置，没有研究电影观众是否占据这个位置"③。这是流行文化研究的一种通病：研究者常常是坐在扶手椅中的学者，缺乏参与的经验和直接的体验。拙文将走观众研究的道路来分析明星的意义，并将其深化和再挖掘，用更多的一手经验和个人历史来参与观影学的话语建构，这就牵涉到下述的第三种方法。

"自我民族志"（auto-ethnography）是本文叙述经验的方法。我将结合自己追星六七年的实践来进行是次研究。"自我民族志"是一种新的质性研究方法，兴起于 20 世纪六七十年代，是一种用自己的亲身体验和自我意识来表达文化、讨论文化、深化对文化的解读的研究方法。作者既是研究者又是研究对象，从个体层面上来描述研究者的看法和实践。虽然民族志一直都被批评缺乏信度和效度，但既然所有人文社会研究都只能通过描述来呈现对象，因此所有描述都是等值的，唯一的差别就是研究者的个人经历④。自我民族志从不隐瞒自己的价值观和个人关切，这是一种新的研究思路，和任何一种研究方法一样有优点也有缺点，我之所以采用这种研究方法，在于自己的学术背景是建立在大量自我实践基础之上的。从小到大，我作为一个内地观众，一直迷恋香港电影、粤语流行乐，特别执著于观看香港无线电视台制作的电视剧，而被我奉为偶像的基本上都是女明星：从宣萱、黎姿、郭羡妮、胡杏儿到徐子珊，我更换了无数个偶像，她们都缺乏高知名度，属于拙文所描述的"凡星"，但我和她们都有不同程度的直接接触，甚至担任她们的影迷会负责人，跳出文本阅读的框架，进入深度追

①　陶东风：《前言》，收录于陶东风主编《粉丝文化读本》，北京大学出版社，2009，第 3 页。
②　Redmond, S. and Holmes, S.（eds.）*Stardom and Celebrity: A Reader.* London: Sage. , p. 309.
③　〔英〕保罗·麦克唐纳：《重新建构明星概念》，收录于〔英〕理查德德·戴尔《明星》，严敏译，北京大学出版社，2009，第 291 页。
④　蒋逸民：《自我民族志：质性研究方法的新探索》，《浙江社会科学》2011 年 4 月。

星的层面。我的个人经历促使我采取"自我民族志"的方法，力图最大限度地还原一个真实观众的观星体验。

最后，理论分析的方法也将是拙文一大基石。虽然以民族志为代表的经验主义研究和精神分析历来被视为互相矛盾，其实二者的结合可以互补各自的不足：精神分析法一直被挑剔为没有历史的、社会文化的维度，"自我民族志"能将研究限定在特定的地点和时间范围之内，又因为它是对自我的剖析和反思，因此可以化解精神分析法所遭到的诟病——"宣称能解读他人的潜意识的精英文化的表现形式"。① 精神分析法的理论厚度和阐释能力也弥补了民族志理性思维深度的不足。《明星的凝视》就是一种尝试将精神分析和经验主义民族志研究结合起来的虽不完全但仍然有可行性的证明②。我将继续推进民族志和精神分析的结合，用弗洛伊德的《女性性特质》、《一位女同性恋案例的心理成因》以及《爱情心理学》等著作中发展的理论，来分析女观众对女明星的情感投射。在我的亲身实践的基础上，我感到这几个文本对女性观星学有很强的阐释力，这是以前的明星研究学者未予注意的。

凡星：历时和共时的考察

提倡凡星研究，首先要界定"凡星"的概念。

从历时的角度来看，凡星（minor star）是明星/名人发展的趋势。在名人发展的轨迹上，有一个从贵族名人（aristocracy）到天才名人（meritocracy）再到平民名人（democracy）的趋势——以前的名人，是按照血统的高贵来划分的，后来被天才型的英雄所取代，他们或者道德崇高，或者才艺盖世，再后来法国大革命建立了民主社会，崇尚平等，于是名人变得越来越平凡，"崇拜我，因为我独一无二"的逻辑被替换成"崇拜我，因为我的独特性只不过是你的独特性的加强版和公众版"。③ 当代名人的成功与演技、

① John Fiske，转引自 Matt Hills《探究迷文化》，朱华煊译，台湾韦伯文化国际出版有限公司，2009，第 172 页。
② Stacey, J. *Star Gazing: Hollywood Cinema and Female Spectatorship*. London and New York: Routledge, 1994.
③ Gamson, J. "The Assembly Line of Greatness: Celebrity in Twentieth-Century America", *Critical Studies in Mass Communication*. Volume 9, Issue 1, 1992, pp. 1 – 24.

唱技等专业能力的关系似乎越来越远，私生活的丑闻百出也显示了他们在道德上毫无优越性可言，长相、穿着也日益大众化，今天的社会已出现"人人皆可成功"的明星神话（anyone-can-make-it mythology）。[1] 选秀节目的如火如荼、网络新媒体技术的兴起，正在实现着平凡人的明星梦。在可预见的将来，名人还将越来越平凡，名人承担的光环厚度会越来越薄，凡星会越来越多，昙花一现的流星漫天皆是，真正名垂青史的巨星则不可多得。从历时性的纵向观察，现在所谓的巨星已经不如以前那么完美，分工越来越精细——明星和血统、道德、才艺甚至已经没有必然的联系，越来越应验了那句话："名人是因为其著名而著名的人。"[2] 趋向平凡是明星/名人体制的大势所趋，凡星的数量越来越多，提倡凡星研究有利于把握住这个历史性的动向。

从共时的角度来看，凡星是一个相对的概念。凡星可能是巨星的前身，巨星也可降格为凡星，两者之间可通过一定的社会仪式加以转换和流动。凡星并不比巨星平庸，巨星也不必都比凡星卓越，二者的划分只依靠在一时一地的知名度，而知名度在上文已经被论述过，并不必然代表美德和才艺。吊诡的是，所谓的巨星，具有强烈的条件性（包括社会、历史、阶级、种族等变量在内），只在一定程度和范围内和凡星相区别，比如戴维·马歇尔（P. David Marshall）用 New Kids on the Block 为例子来研究流行音乐明星，[3] 但这个轰动一时的美国偶像组合在中国的知名度却极其有限。可见，巨星只具有相对的优势，其备受研究重视的合法性并不绝对。

女性观星学：寻找"母亲替代者"的故事

女性观星学这个选题是在我的追星实践中形成的：我一直以为，男明星的粉丝大多是女性，合情合理，基于同样的异性相吸的逻辑，女明星的粉丝应该大多是男性了吧？但据我在网上影迷会论坛和实地追星的观察中

---

[1] Marshall, P. David. *Celebrity and Power*：*Fame in Contemporary Culture*. Minneapolis：University of Minnesota Press, 1997, p. 91.

[2] Boorstin, D. The Image：A Guide to Pseudo-Events in America, New York：Atheneum, 1982, p. 57.

[3] Marshall, P. David. *Celebrity and Power*：*Fame in Contemporary Culture*. Minneapolis：University of Minnesota Press, 1997. 在第 6 章，作者用 20 页的篇幅专门分析了这个乐队组合的音乐明星意义。

发现，女明星的粉丝绝大多数也是女性，哪怕是那种走性感路线而不是邻家女孩类型的女明星。所以，我很想知道这种公开的、规模庞大的同性情谊是如何被具体定义的。

在研究史上，观影学的第一部权威作品被认为是劳拉·穆尔维（Laura Mulvey）的《视觉快感与叙事性电影》，[①] 她站在男性观众的位置上，为他们设想了两种看电影的乐趣：凝视女主角获得性快感，代入男主角以间接地控制和占有女主角，她列举了玛丽莲·梦露和嘉宝的例子来说明。后来她又认为，女性观众在要不要代入男性视角去看电影的问题上焦躁不安地摇摆。[②] 盖林·斯塔德勒（Gaylyn Studlar）则认为，有的电影通过去掉一个强有力的男角色作为观众凝视的载体，为女性观众直接思慕和欲求女明星提供了位置。[③] 玛丽·安·多恩（Mary Ann Doane）主张，在电影的解码中，女性观众只被提供了两种选择去超越对男性位置的简单接受：过度认同的受虐狂心理；接受自己成为欲望客体的自恋。[④] 以上成果都是没有或者很少有观众经验支持的空想观影学，它们生硬地预设了活生生的观众的观影体验。杰基·斯塔西（Jackie Stacey）的《明星的凝视》则把女性观影学扩大和深化，跳出电影文本，进入生活，发展成为涵盖面更广的女性观星学。她认为，英国的女观众这样利用好莱坞的女性巨星：按程度不同分为想象层面的热爱、爱慕、崇拜、超越、渴求和灵感，以及实践层面的装扮、相像、模仿和复制，而且她认为，同性认同可能包含同性色欲，二者不能分割。[⑤] 她通过对影迷进行书信问卷调查的方式弥补了自身对观众认识的不足，这样的研究虽然还是缺乏第一手经验，但已经接触到了经验主义的数据，说服力相对较大。总的来说，电影和观众研究史上的学者对女观星学的定义，无非是自恋、同性恋两个关键词，认为女观众看女明星要么是自

① 〔美〕劳拉·穆尔维：《视觉快感与叙事性电影》，周传基译，收录于《电影与新方法》，中国广播电视出版社，1992，第 203～221 页。

② 〔美〕劳拉·穆尔维：《视觉快感与叙事性电影》，周传基译，收录于《电影与新方法》，中国广播电视出版社，1992，第 222～237 页。

③ Studlar, G. "Masochism, Masquerade, and the Erotic Metamorphoses of Marlene Dietrich", in Gaines, J. and Herzog, C. (eds.) *Fabrications: Costume and the Female Body*, New York: Routledge, 1990, pp. 229 – 249.

④ Doane, M. A. (1982) "Film and the Masquerade: Theorising the Female Spectator", *Screen* 23. 3 – 4: pp. 74 – 87.

⑤ Stacey, J. *Star Gazing: Hollywood Cinema and Female Spectatorship*. London and New York: Routledge, 1994.

恋式的认同和代入，要么是同性恋情欲式的思念和喜爱，二者都是通过遥远地观看天上的巨星而发展的精神依恋。

我不认为已有的研究成果涵盖了全部的可能性，因为他们都没有考虑到女观众和女明星可以发展更亲密的也是更特别的同性关系类型——凡星研究为女性观星学提供了另一种模型：像我一样的内地年轻女观众，因为喜欢的明星在内地并不具备强大的知名度，出席活动时来去较为随意，作风比较平民，粉丝少，可亲近性（approachableness）十分明显。我们对于香港女明星的想象，不囿于电影、电视的框架，受到各种媒体报道的形塑，乃至追求生活中的直接接触。这种想象是很复杂、流动、多面的精神活动，概括地说，我们把她们当成是自己母亲的替代者（mother-surrogate）。让我们先看三个真实的小故事。

一个香港资深女明星的粉丝[①]曾经告诉我在她们影迷会有这样一件事：一位过早失去母爱的年轻女生把这位明星当成自己的偶像，帮她建立了影迷会，集结了粉丝，搞得有声有色，和她的私交也发展得不错，但可能是迷恋太甚，她开始匿名攻击该明星的女儿，认为其不配拥有这样完美的明星母亲，在她的幻想中，她把明星当成了自己的母亲。

在克里斯·罗杰克（Chris Rojek）的《名流——关于名人现象的文化研究》一书中的《圣多玛效应》一节中，也讲述了一个 19 岁女学生迷恋一个女作家，把她当成"圣母"，她一直在和女作家通信，当被对方发现其心理可能需要治疗的时候，中断了书信来往，于是她去女作家的别墅徘徊渴求交流，受到对方抗拒并报警的时候，死死抓住对方并大喊"妈妈，妈妈，不要这样！"[②]

在弗洛伊德（中国台湾地区有的译作"佛洛伊德"）于 1920 年公开发表的最后一个心理案例《一位女同性恋案例的心理成因》中，他讲述了这样的故事：一位 18 岁的少女，双亲健全，却发展了总是喜欢比自己成熟的女人的心理。当她还是学生的时候，她爱上一位严格和无法接近的夫人，对一些年轻的母亲明显有兴趣，后来她想要一位电影明星的陪伴，被父亲反对而作罢，最后，她爱上了一位以其高级妓女的身份而有响亮名声的、大自己十岁的女士。这少女不介意她的恶名，抓住每个机会和该女士在一

---

① 在征得该粉丝的同意下，此处隐去该艺人及其粉丝的姓名，以便公开刊登。
② 〔英〕克里斯·罗杰克：《名流——关于名人现象的文化研究》，李立玮、闵楠、张信然译，新世界出版社，2002，第 47～49 页。

起，打探她所有的习惯，在她门外等她好几个小时，送她鲜花当做礼物。她生活的中心变成这位女士，没有其他娱乐，只和一些可以帮助她或倾吐秘密的女性朋友维持关系，当父亲反对这种关系的时候，少女当着该女士的面跳下铁路以图自杀，最后侥幸保全了性命，也换来女士对她更友善的态度，父母也不敢再断然反对，于是找到弗洛依德试图让他医治她的心理。①

联系这三个案例的惊人相似，我想到了我自己：多年来不断更换偶像，来来去去都是比我年龄大的成熟女士，我同样送花、写信、等待、以女明星为我的生活重心，和影迷会的其他粉丝无日无夜地交换偶像的消息，大洒时间金钱、抓住一切机会飞到任何偶像出现的地方去见她……我感到我和上述三名年轻女子一样，是同一类人，只不过程度不同而已。弗洛伊德分析这位少女依恋成熟女人的原因的过程很复杂，在这里无法全部引述，具体可参见原文，但其结论可以概括为"分析揭露出女士之爱是一种替代——替代她的母亲。诚然，女士自己不是一位母亲，但是她也不是女孩初次的爱恋。"②我迷恋这些女偶像也不是我初次喜欢上比我大的女性，而她们全部都没有结婚，更没有孩子。

弗洛伊德在《女性性特质》中提出每个孩子在出生的时候都先是依恋母亲，但是女孩子的成长应该完成两个转移（虽然实质上是一个）：从阴蒂快感到阴道快感，与之对应的是，从依恋母亲转移到爱恋父亲。③但是由于种种不同的、因人而异的具体而私密的原因，如果女孩子没有能够完成这种转移的话，那么她还会继续依恋着她的母亲。"不少女性停滞于对母亲最初的依附当中，永远没有达到以男性作为客体对象的真正转变。……我们认为依赖母亲的这段期间，种下了日后女性妄想症的种子。"④不过，基于"退让以利于"的原则，女孩子知道自己和母亲是不可能的，也因为太爱母亲，以至于把男人都留给母亲，自己则会去寻找母

①〔奥〕佛罗伊德：《一位女同性恋案例的心理成因》，刘慧卿译，收录于佛罗伊德《论女性：女同性恋案例的心理成因及其他》，台湾心灵工坊，2004，第41～72页。

②〔奥〕佛罗伊德：《一位女同性恋案例的心理成因》，刘慧卿译，收录于佛罗伊德《论女性：女同性恋案例的心理成因及其他》，台湾心灵工坊，2004，第53页。

③〔奥〕佛罗伊德：《女性性特质》，杨明敏译，收录于佛罗伊德《论女性：女同性恋案例的心理成因及其他》，台湾心灵工坊，2004，第109～132页。

④〔奥〕佛罗伊德：《女性性特质》，杨明敏译，收录于佛罗伊德《论女性：女同性恋案例的心理成因及其他》，台湾心灵工坊，2004，第112～113页。

亲的代替者。① 女明星的活跃女粉丝，很有可能未完成这种转移，绝大部分都喜爱幻想，无论她们有没有意识到、愿不愿意承认，她们可能已经把女明星当成自己母亲的替代者。在以前，比如在明星制度尚不发达，粉丝文化未成气候的 1920 年，这种迷恋成熟女人的倾向被认为是逆反的、令人惊恐的同性恋、精神病，但在现在，那位欧洲少女，不就是现代版的少女追星族的类似刻画么？只不过，现在的人们虽然也污名化粉丝，认为我们幼稚肤浅、浪费青春，但还不至于把我们当成是精神病，也没有引发对于这种公然的同性关系的恐慌。有趣的是，在当时要求对孩子进行治疗的只是女孩的父亲，女孩自己无论如何都不觉得自己生病——"她自己并没有任何受苦，也没有抱怨自己的状况"。② 而我们追星族们也沉迷在自己的幻想的欢乐之中，不觉得自己是精神错乱、性倒错，因为成熟发达、日益扩散到每个行业的明星体制和粉丝情感让人们习以为常，如今，"我是你的粉丝"可以是任何崇拜、好感的安全性的庇护词。

这三个案例还都有一个共同特征：这些年轻的女子喜欢的都是易于接触的名人/明星。香港资深女艺人在香港娱乐圈也只是凡星，女作家也不同于超级巨星（她能和女孩通信，女孩能找到她的住处），而弗洛伊德案例中的高级妓女，虽然颇有名气，但也还未到电影巨星般的超级地位，否则也不会那么轻易被女孩常常找到。也就是说，女名人/女明星如果能被年轻女性当做迷恋的对象、母亲的替代者，那么她一定不能太高高在上、不可接触，否则距离太远，无法触摸的爱是不能产生超级的迷恋的，但同时，她又必须是小有名气的。随着大众传媒技术的发展，日益充斥生活的名人/明星为这些圈子窄、社交经验少的少女提供了多种多样的女明星形象，成为她们选择的理想的感情寄托。在我的经验中，我最后一任偶像徐子珊虽然是香港影视歌三栖明星，但也不见得家喻户晓，我帮她建立影迷会，得到她的赞许和关心，甚至送我珍贵的礼物来表达对我的感谢，在网站上留言鼓励我从逆境中走出来，这些突破"超社会关系"（Parasocial Interaction）③

① 〔奥〕佛罗伊德：《一位女同性恋案例的心理成因》，刘慧卿译，收录于佛罗伊德《论女性：女同性恋案例的心理成因及其他》，台湾心灵工坊，2004，第 56 页。

② 〔奥〕佛罗伊德：《一位女同性恋案例的心理成因》，刘慧卿译，收录于佛罗伊德《论女性：女同性恋案例的心理成因及其他》，台湾心灵工坊，2004，第 47 页。

③ Horton, Donald; R. Richard Wohl. "Mass communication and para-social interaction: Observations on intimacy at a distance". *Psychiatry* 19 (3), 1956, pp. 215 – 229.

的交流和接触让我产生无穷的幻想，所以我曾经全身心地迷恋她，为她付出金钱、精力和时间。和她的合影贴满了我的房间，她的亲笔签名数不胜数，其中大多数是专门写给我个人的题词。她的凡星特质让我更接近她的世界，更自如地展开"母亲替代者"式的想象。

结合前人对巨星的研究得出的结论，我想强调，在这种母亲替代者型的同性恋关系中，色情的、身体的欲望往往是隐而不显的。欧洲少女选择的高级妓女虽然代表了性的放荡，而我喜欢的女明星也不乏走性感路线者，但我们没有想过和喜欢的对象发生任何超越精神的关系，这种迷恋可能更偏重于精神层面。根据弗洛伊德的学说，自从我们知道我们来到这个世界上的真正原因以后，我们潜意识里可能会贬斥母亲的性行为，从而想象到母亲的另一面，继而在"母亲替代者"身上找寻放荡的痕迹，"被爱者必须像个妓女直接源于母亲情结"。① 一方面，我们没有任何想要和女明星、女偶像超越精神关系的需求；另一方面，我们却常常要选择一些以性感出名的女士为爱恋的对象，而且，我们在观看女明星和男明星在剧情中的正反打镜头的时候，一时代入女明星去享受男明星的帅气、刚健和体贴，但一时又代入男明星去享受女明星的美丽、风情和温柔。同性观星学的问题变得复杂起来，因为"母亲"角色的出现增加了理解的流动性和难度——"母亲"是我们每个人第一个爱的人，也是应当被我们克服和转移的爱的对象，"母亲"形象在精神分析学说中的重要性不言自明，而其暧昧性、复杂性、纠结性正好说明了同性观影学的多维度、多面向的精神过程。单单用爱慕或者欲求都无法解释这里面的复杂多变的可能。所以，我认为，把女明星看成是"母亲的替代者"，可以较好地概括和说明同性观影学的多层次性，这是一个很有涵盖力的比喻。

基于这个比喻，我还发现，同性观影学还包括在"母亲替代者"的庇佑之下的两种次级心理。

---

① 弗罗伊德认为，不仅未完成转移的女孩子会依赖母亲，从而寻找母亲的替代者作为爱恋的对象，青年男子在爱情生活的对象选择中也会选择极易辨认的"母亲替身"。大约在青春期前后，孩子第一次获得了成人性关系的或完整或不完整的知识，那些毫无掩饰地撩拨轻蔑与恶意的粗鲁信息，如今成了孩子所熟悉的性生活秘密，成人的权威受到了损坏，因为在孩子看来成人的权威与其性活动时是水火不容的。……当他不再认为自己的父母是例外，从未有过令人作呕的性活动时，他便以愤世嫉俗的逻辑告诉自己，母亲与妓女的区别并不很大，因为她们做着同样的事情。〔奥〕弗罗伊德：《爱情心理学》，收录于车文博主编《弗罗伊德文集》，长春出版社，2004，第99～101页。

（一）"代母"型的偶像，更能满足"我要成名"的欲求。我换过无数个偶像，她们都是比我年龄大的、不时走性感路线的女凡星。但是无论我喜欢谁，我最向往的却是她们的名气。只有名气，是外形、气质、事业、私生活迥异的她们唯一相同的特质。"凯特包含视频、静照、文本的日记，是粉都和想要成名之间模糊的界限的缩影。"① 隆比（Lumby）研究少女的网志时发现她们用追星做借口，招徕自己的粉丝。而我也从 2005 年起就专门建立了一个个人网站，② 用来张贴我自己的照片、文章和生活琐事，但我知道，光是这样是不够的，必须借助偶像的名气，于是我以粉都为名，扩展自己的影响力。"如果不能自己出名，那就做粉丝吧。……粉都调节了这个大众社会诱导我们想出名但又只能有少数人能出名的矛盾。"③ 一个明显的例子是，绝大多数粉丝喜欢分享自己和偶像的合影，展示偶像专门为自己题写的亲笔题词和签名，炫耀自己和偶像不一般的亲密关系。凡星易亲近，而且粉丝不算特别多，我容易脱颖而出，成为她的粉丝中无人不晓的佼佼者，我不敢想象我会去喜欢巨星——恐怕这辈子都没办法拍到一个合影，而且巨星粉丝多，相对人才济济，我想突围而出恐怕也不是易事。所以，凡星最能满足观众/粉丝成名的自恋型欲求，而且，还最好是同性的凡星，因为一旦在潜意识里把她当成是"母亲替代者"，我会认为，她不会阻止我分享她的荣光，她会让我尝到借助她的名声实现成名梦的甜头，同性的她不容易觉得我对她有非分之想，这样的偶像让我的野心感到安全和可靠，她的成就像一棵大树，会允许我攀上名气的枝头。

（二）"母亲"式的亲切感，更易缓解双重的等级焦虑。既然她们是我潜意识中"母亲的替代者"，那么这种等级焦虑可以被暗地里自认为的亲情的感觉所替换。这里涉及两种等级。先是父权压抑下的性别等级。因为是同为女性，所以在我和明星的关系中消除了父权压抑的焦虑，我会放心去付出感情，不会怕落入男尊女卑的窠臼，不会怕受到男性的伤害。而我选择年龄大过我的女星，在潜意识里尊崇她们为"母亲替代者"，我感到和她们的相处充满了亲情的体验。比如，2007 年 6 月在上海第一次会见徐子珊

---

① Lumby, C. Doing it For Themselves? Teenage Girls, Sexuality and Fame, in Redmond, S. and Holmes, S. (eds.) *Stardom and Celebrity: A Reader*. London: Sage, 2007, p. 348.

② TVB 文学视界，http://www.egretchow.com/。

③ Braudy, L. *The Frenzy of the Renown: Fame and Its History*. Oxford: Oxford University Press, 1986, pp. 589 – 590.

的时候，临走时她叮嘱我"自己一个人路上小心啊！"那句话中流露的亲情的感觉让我铭记到现在。虽然我们无法对抗整个社会的父权压抑，但至少在我们的关系中，我感到了一定程度上的平等和亲切。然后是媒介制造的符号等级。尼克·库德里（Nick Couldry）认为现代传媒制造了一种明显的符号等级：媒体世界和日常世界的尊卑秩序，前者被呈现为更好的、激烈的，媒体中的人物更特别。[①] 理查德·戴尔也指出大众文化的娱乐形式以丰盛、精力、激烈、透明、团结来吸引大众，因为日常生活是相反的匮乏、疲倦、单调、充满操控性和碎片化，所以观众喜欢看大众娱乐产品以逃离低劣的现实。[②] 如此叙述道出了媒体文化营造的高高在上的明星对观众的压迫性和吸引力。既然如此压抑，我为什么又会如此沉迷追星呢？约书亚·盖姆森（Joshua Gamson）说明星工业通过营造观众参与控制造星的幻觉、不断披露明星私生活的堕落和腐败来缓解大众对他们享有特权的不满，[③] 我觉得不仅如此。我不是没有觉察这种人造的差别，我的策略是选择同性凡星作为偶像，因为她们并不特别著名，所以我可以通过尼克·库德里所说的"会见明星"来跨越符号等级。[④] 我已经不满足于"超社会关系"，我突破媒体的限制和同性凡星直接交往，感受她们真实的个性，和她们建立良好的关系，互赠礼物，也接受她们的祝福和安慰。我陶醉于能和她们建立媒体呈现之外的私人关系，我也对比过那些迷恋超级巨星的粉丝，认为她们永远无法享受我这样体验到部分地消除等级制度的愉悦。

由此可见，女性观星学有趣但复杂。在我的理解中，女观众因为各种私人原因而导致女性性特质成长的阻碍，将家庭关系外化，把女明星看成是母亲的替代者，这是不同于以往学者研究的新发现。用"母亲替代者"来解释这种复杂、流动、多孔渗水的想象性关系，我认为比单纯的自恋、同性恋、认同、凝视等词要更具概括性和包容性。一个女生和母亲的关系，可能已经预设了这个人和世界上所有女人的关系的原型。虽然，这个新的

---

① Couldry, N. *The Place of Media Power : Pilgrims and Witnesses of the Media Age*, London, New York : Routledge, 2000, p. 45.

② Dyer, R. "Entertainment and Utopia", in Only Entertainment, Dyer, R. (ed.) London: Routledge, 1992, pp. 17 – 34.

③ Gamson, J. The Assembly Line of Greatness: Celebrity in Twentieth-Century America. *Critical Studies in Mass Communication*. Volume 9, Issue 1, 1992, pp. 1 – 24.

④ Couldry, N. *The Place of Media Power : Pilgrims and Witnesses of the Media Age*, London, New York : Routledge, 2000, p. 91.

定义不能阐释所有女观众喜欢女明星的精神原型，比如，当粉丝的年龄比偶像大，甚至大很多的时候，是不是应该反过来思考，女明星是否承担了女粉丝的"女儿替代者"的角色？这是后续研究可以继续探寻的内容。

"母亲替代者"的定义是在我自己的追星经历和长期与其他粉丝相处、交流的实践基础之上提出的，也是在学习弗洛伊德的精神分析学说之后提出的尝试，它可能不具有普适性，但它可以准确地表述女性观星学的复杂多变性，也为女性观影学提供一个有血有肉的自我民族志的故事，也证明了凡星研究的可行性，得出了和巨星举例不一样的结论，为整个明星研究作出了自己的努力。

结　　论

凡星研究理应得到和巨星研究相等的重视，它不仅是对明星研究的补充和拓展，更代表了一种学术思路的修正和反拨。凡星研究的思路，破除了琐碎的/重要的、没意义的/意义重大的道德二元论，将一切研究对象的可能性和潜力同等珍视，这更接近事物散布在世界上的真相，让研究生态更加多元。拙文用实例的方式来说明，在同样的选题下，凡星研究会得出不一样的特别的结论：女性观影学，因为加入观众的经验和实践而发展成为女性观星学，通过亲近观众的凡星举例，拙文采取自我民族志的方法，建立在弗洛伊德关于女性的精神分析的理论基础之上，重新考察了"女明星对于女观众来说意味着什么"这样一个长期热门的话题。我认为，以我为代表的女观众，可能在潜意识里把女明星当成是"母亲替代者"，这个词语涵盖了认同、自恋、同性恋、欲望、凝视等词都无法包容的多样性和复杂性，而且特别引出了两种次级观星心理：在"母亲替代者"的庇护下达成成名欲和缓解等级焦虑。本文用实例再次证明了精神分析和民族志这两种方法并非不能融合，反而，二者的结合互补不足，也证明了凡星研究不仅可能、可行，还有益于学术生态的多样化、健康化发展。不止在明星研究、粉丝研究领域，在整个人文社会科学领域都可以并应当尝试这种平等主义的"凡星研究"方法论思路。

影视与大众文化
价值观专题

转弯处的爱情

——国产言情剧的价值观

徐艳蕊　王军伟[*]

摘要："言情剧"是国产电视剧的重要类型。国产言情剧的制作生产受到韩剧和台剧的极大影响，但整体风格却又与后者有显著差异。中国台湾与韩国的言情剧，专注于私人关系的表现与探讨，社会背景模糊，几乎不涉及具体的社会问题。而大陆的言情剧，整体而言风格平实，常常可以在言情剧中找到现实问题的缩影；爱情不是被当做单纯的情感关系来讨论，而是与利益纠葛、权谋斗争交织在一起。中国大陆社会转型期的焦灼与阵痛，探索与渴望，都能够通过言情剧折射而出。这些充满世俗烟火气的爱情故事，具有很明显的价值倾向性：对财富和权势的肯定与渴望。然而这种"拜金主义"和"权势崇拜"，与其说是言情剧的价值取向，不如说是处于转型期的当代中国的一种普遍焦虑。

关键词：社会转型期　言情　普遍焦虑

Abstract：Romantic drama is an important kind of important TV play in mainland China. Mainland TV series are deeply influenced by Taiwan and Korean TV dramas, but not copies of them. Romantic Taiwan and Korean dramas focus on personal relationships, ignoring social context and problem. But romantic dramas in Mainland China show great interesting in social prob-

* 徐艳蕊，浙江大学宁波理工学院；王军伟，浙江大学传播研究所。本文为国家社科基金重大招标项目"当代中国大众文化的价值观研究"（项目批准号：11&ZD022）的阶段性成果。

lems. Love in these dramas is not only simple intimate emotion but also mixed with powers and plots. These dramas are full of anxiety, hesitation and suffering, showing deep desires for wealth and power. Nonetheless money and power worship are not so much the values of romantic dramas as the pervasive anxiety in the social transformation in mainland China.

Keywords：social transformation, romantic, pervasive anxiety

"言情剧"是国产电视剧的一种重要类型。国产言情剧的流行，严格意义上说是从 20 世纪 90 年代影视走向市场化开始的。在此之前，电视剧的制作都控制在计划经济之内、笼罩在"社会主义主旋律"之下，[①] "谈情说爱"需要依附于革命、建设等更宏大的主题而存在，很难有独立的空间。市场化的走向使得电视剧制作在坚持"双百方针"的前提下，逐渐向"大众口味"倾斜。1990 年的伦理剧《渴望》成了第一次有益的尝试，[②] 其后的言情剧《爱你没商量》、《过把瘾》虽然褒贬不一，却成功开启了言情剧的先河。1995 年之后，每年都有国产言情剧制作播出。国产言情剧的升温，加上韩、台言情剧的推波助澜，到 2007～2008 年，言情剧连续两年蝉联 18：00～24：00 时段播出时长的冠军，比重最高达到 14.2%。[③]

国产言情剧的制作生产受到韩剧和台剧的极大影响，但整体风格却又与后者有显著差异。中国台湾与韩国的言情剧，专注于私人关系的表现与探讨；社会背景模糊，几乎不涉及具体的社会问题；风格唯美柔和，画面干净清新。而大陆的言情剧，整体而言风格平实，常常可以在言情剧中找到现实问题的缩影；爱情不是被当做单纯的情感关系来讨论，而是与利益纠葛、权谋斗争交织在一起。也有大陆电视剧尝试模仿韩国言情剧的唯美格调和中国台湾偶像剧的梦幻童话风格，[④] 例如 2002 年上海剧酷文化传播有限公司制作的《水晶之恋》、湖南卫视 2009 年的《一起来看流星雨》，但

---

① 艾知生：《宏观调控　统筹规划　加强管理　提高质量——在全国故事片、电视剧创作和录像题材规划会议上的讲话》，《中国广播电视年鉴》，1990，第 18～24 页。

② 仲呈祥：《1990 年电视剧述评》，《中国广播电视年鉴》，1991，第 100～101 页。

③ 李红玲：《2008 年全国电视剧播出与收视分析》，《中国电视收视年鉴》，2009，第 104～120 页。

④ 言情剧和偶像剧是两个极为接近的范畴。偶像剧发源于日本的 Trendy Drama，以言情为主，特点是富于时尚感，男女主角多选取外形俊美的青年演员，以青少年为主要受众。偶像剧常常被视为言情剧中风格特征比较明显的一个类型。

是结果却南橘北枳，不仅风评不佳，也很快被观众遗忘。相反，比较成功的反而是《过把瘾》、《牵手》、《奋斗》、《蜗居》这种带有现实影子，或者干脆走写实风的这一类"言情"故事。

如果把"琼瑶风"、《蓝色生死恋》的格调当做言情剧的严格标准的话，诸如《牵手》、《蜗居》、《裸婚时代》等带有写实风格的电视剧并不完全符合言情剧的要求。但是，在大陆电视剧的传播语境中，无论是制作方、影视评论人还是普通观众，都已经默认了这些剧集的"言情"身份。那么大陆言情剧为什么发展出了和中国台湾及韩国言情剧的"爱情至上"氛围截然不同的风格？为什么关注的重点不在于如何通过情感交流建立亲密关系，而是利益、权谋对亲密关系的挤压和威胁？对大陆出产的比较有影响力的言情剧进行分类解读，将会有助于对这些问题进行思考。

为了深入解析上述问题，本文共考察了1992～2011年大陆生产的133部言情剧。所涉及的言情剧样本，选择时综合考虑了以下因素：收视情况；媒体和专业影视评论人的评价；受众反应，尤其是网络讨论热度。作为重点进行解读分析的都市言情剧《过把瘾》、《奋斗》、《蜗居》，古装言情剧《还珠格格》、《宫锁心玉》，不仅有着不俗的收视率，也都曾经引发一定的讨论热潮。①

一 现代都市的生存与奋斗

从题材和表现方式来划分，国产言情剧可分为两大类型：现代都市言情剧和古装言情剧。都市言情是大陆言情剧占比重最大的部分，也是最早出现的类型。从20世纪90年代早期到2000年后的头一个10年，都市言情剧的拍摄手法并没有发生根本性的变化，延续了一贯的偏重写实的风格，折射出了当代中国社会结构的变化和价值观念的变迁。

以都市言情剧中男女主人公身份职业的变化作为纵切面进行前后对比，能清楚地看到这种变迁。这种变化的总体趋向是：经济实力和社会地位在缔结亲密关系过程中的重要性正日益增强。

---

① 截止到2011年8月21日，在国内非常具有影响力的网络影视剧评论站点"豆瓣电影"上，这些热播言情剧获得的评价人次和短评回帖分别是：《过把瘾》（5481人评价，563短评）、《奋斗》（59426人评价，8514短评）、《蜗居》（43270人评价，10767短评）、《还珠格格》（32189人评价，4579短评）、《宫锁心玉》（14533人评价，5832短评）。

本文搜集了1992～2011年89部国产现代都市言情剧的基本信息，发现20年来女主角的职业构成基本平稳，没有随着时间产生太大波动，基本集中在服务性和辅助性行业：文员、教师、普通白领、空姐；而男主人公的职业构成则以1998年为界形成两大断层。1992～1998年的10部国产都市言情剧中，90%的男主角出身平民阶层，职业/身份涉及大学生、文员、教师、出租车司机等。而1999～2011年的79部国产都市言情剧中，男主角的身份和职业越来越趋于高端，富豪或富豪继承人、房地产商、企业主管、官员、律师等社会精英的百分比高达87.3%，而平民阶层的男主角只有12.7%。就连2011年热播的《裸婚时代》，因"家贫百事哀"而离婚的男主角刘易阳，也并不是底层贫民，而是月收入6000元以上的广告策划人。但只是这样还不够，他的生活依然窘迫，直到他最后成为广告公司老板。

什么样的男人和女人才是值得爱的人，才是理想的生活伴侣？上列数据并不能给出一个完整的答案，却可以成为一个指示器，显示这个时代的一种总体倾向。女主人公的职业往往和她们在剧中表现出的人格特质互为表里：她们大多美丽、温柔、体贴、多情，勇于付出和自我牺牲。这个标准在20年间没有太大变动，尽管美的标准因时尚变化而有所不同。而20年间男主人公的面貌却发生了比较深刻的变动：20世纪90年代的方言（《过把瘾》，1994）和陆建平（《东边日出西边雨》，1995），是王朔式的叛逆文艺青年，东游西荡、不务正业、善于调侃、言辞犀利，对所爱的人看似冷漠，不经意间却透露出深情一片；而2000年之后的陆涛（《奋斗》，2008）和刘易阳（《裸婚时代》，2011），则是奋发努力的好青年，对女友柔情一片，从不吝惜甜言蜜语，有坚定的人生目标，最终获得了成功，而他们的人生目标、他们的成功，不管表述的多么含混诗意，其实内涵非常简单：获得资产和社会地位。

与男主角社会身份变化相伴随的，是言情剧对爱情诠释的变化，90年代初方言和杜梅的感情，重点在如何处理亲密关系中依赖与自由的悖论：杜梅因为生活在一个父亲缺席的家庭里，因此极度缺乏安全感，所以她要求方言最多的，是他对她的爱的回应：

方言：我还能干什么呀？

杜梅：你可以当我丈夫。

方言：一个无业游民？

杜梅：我爱的是方言，不是洛克菲勒！

而在号称青春励志剧的《奋斗》中，陆涛和夏琳，杨晓芸和向南，他们缔结亲密关系的基础，则是共同"奋斗"：

陆涛：如果我一辈子穷困，你还会爱我吗？

夏琳：如果你一辈子努力，即使穷困我也还爱你。

两段爱情宣言，都作为经典对白被众多论坛转载，同样打动人心。但是仔细品味，却可以感知，后者的爱情观更为贴近现实。杜梅的表白，意味着我爱你，只是因为你是你。而夏琳的表白，则意味着我爱不爱你，取决于你坚持了什么样的人生态度。

那么"一辈子努力"指向的目标是哪里呢？从剧中夏琳和陆涛、杨晓芸和向南不无调侃的爱情宣言中，可以窥见端倪：

陆涛：我告诉你夏琳，从今以后你就是我的老婆了，想找死就找别的男人说话看看！

夏琳：我告诉你陆涛，从今以后你就是我的钱包了，想找死就找别的女人花钱试试！

杨晓芸：你是谁？

向南：我是你的丈夫向南，我就是你的钱包，我就是你的生活舒适的工具，为了你的幸福，我时刻准备着！为杨晓芸服务！

然而，尽管21世纪的夏琳和杨晓芸，比20世纪90年代的杜梅看问题要实际得多，但就此给她们贴上世故、拜金的标签，却仍是很不公允的。夏琳是在陆涛刚刚大学毕业、不名一文的时候，放弃个人发展的机会，陪伴在他身边的；而在陆涛成为房地产商人，个人资产超过2000万的时候，却感觉失去了自我，离开陆涛到巴黎继续自己中断了的设计学习。陆涛感觉到了自己对夏琳的忽视，内疚之余放弃了房地产经营，和夏琳一起到巴黎留学。对夏琳的人格，剧中人物向南的评价是"真诚"，"一直在付出"。

那么夏琳、杨晓芸与杜梅的差异在哪里？不在于个体观念，而是身处的时代氛围。20 世纪 90 年代的方言和陆建平，看似游手好闲，却都在某种程度上延续了 80 年代知识青年的理想化和不媚俗。而 2000 年之后的陆涛，虽然也被评价为"理想化"，也不断自我表达要"为了梦想奋斗"，但这种理想化，这种为了梦想的奋斗，在剧中唯一的表现却是陆涛对于炒房和经营房地产的努力。而房地产，目前在大陆恰恰是最现实、最残酷，击碎了无数年轻人生活梦想的产业。

《奋斗》带有一些脱离现实的成分。夏琳的家十分简陋，离婚后独自带大她的母亲生活简朴，然而她说出国就出国，去巴黎仿佛下楼去超市那么简单。不断强调为了人生目标努力奋斗的陆涛有两个父亲，一个体制内的养父在他的童年和青少年时期给了他关怀和爱，一个体制外的父亲在他成人之初带着几十亿资产追着他要赠与他财富和人生经验。然而白日梦的背后却是非常现实的功利态度：爱情的成功离不开物质条件的保障。《奋斗》里的数对情侣，凡是跨越不同社会阶层的爱情最终都没有成功；关系稳固的都符合"门当户对"的标准。尽管高举着青春励志的旗帜，《奋斗》激昂的故事之下却隐藏着一种普遍的焦虑：对更多财富和更高社会阶层的渴求。具体而言，就是更好的房子，更贵的车子。能否接近财富和权势似乎成了一种元准则，它并不是唯一的价值标准，却无时不在地对生活中的每一个抉择产生影响。

这种焦虑，20 世纪 90 年代末就开始在都市言情剧中出现，在近几年表现得更加突出。比如 1999 年的《牵手》，钟锐和夏晓雪感情的破裂源于钟锐事业的危机，使得家庭开支窘迫，引发夫妻龃龉，致使钟锐倒向了更年轻、富于朝气、理想化色彩更浓的王纯。2005 年《中国式离婚》中的林晓枫，将改变生活境遇的渴望和唯恐被社会淘汰的焦虑全数倾泻在丈夫宋建平身上，使宋建平不堪重压，最终以离婚告终。2010 年《新结婚时代》中的何建国和顾小西，2011 年《裸婚时代》中的刘易阳和童佳倩，都属跨阶层婚恋，爱情同样因经济压力的日益增加而几乎被消磨殆尽。不管结局如何，这些故事中的男女主人公面临的问题都非常明确——这是生活在现代都市中的年轻男女常常会遭遇到的威胁：没有房子，无安身立命之处；没有资产，生存成为问题；没有足够社会保障，严重缺乏安全感。

因此，2009 年涉及房奴、二奶、官员腐败、房地产市场操作的《蜗居》播映后，立即引发激烈讨论，并不令人感到奇怪。女主角之一的海萍，名牌大学毕业之后，无论如何辛苦也要留在大都市"江州"（上海）生活，而不愿回家乡小城安守平淡。要在这个城市立足，尤其是为了给女儿一个成长的空间，海萍咬紧牙关也要买一套房子。对于海萍的态度，海藻的初恋男友小贝评价为"虚荣"，但是海萍的态度有非常现实的原因。一个名为"昊天南"的网友在评价海萍时说："很多穷人家的孩子读大学也都是为了能够在一个喜欢的城市中实现自身价值。为什么？因为中国是一个城乡二元对立非常严重的国家，你做北京人、上海人，你就有比农村更好的医疗服务，社会服务，你的子女就能享受很好的教育，在高考的时候也能以比较低的分数进入一些名校读书。"① 这种评价非常恳切。

海萍考上了重点大学，留在了江州，成为一个"白领"。白领在 20 世纪 90 年代曾经是高收入和小资生活的代名词，2000 年之后，却成为日渐窘迫的一群。所以为房子焦灼沮丧的海萍在被人称为白领的时候，愤怒地回嘴："你才白领！你全家都是白领！"海萍省吃俭用攒钱的速度远远落后于房价飞涨的速度，买房遭遇一系列困难。与姐姐感情深厚的海藻，在帮助姐姐买房的过程中数次求助于宋思明。宋思明趁机诱惑海藻，使海藻成为了他的情人。海藻一步步走向宋思明的过程显得顺理成章，因为海萍和海藻面临的现实问题太沉重迫切，而宋思明的帮助又是那么妥帖及时。在海藻被现实这个最大的后母推挤到灰堆里践踏蹂躏时，宋思明伸出援助之手的身影，虽然逆着光，却像是戴着国王的冠冕，从头上散射出柔和的光环。

因此尽管海藻不无自嘲地亲口承认她不过是"情债肉偿"，要努力做好"职业二奶"，仍有许多网友说相信她和宋思明的感情是真正的爱情。这个电视剧的其他部分写实到残酷的地步，但宋思明的"痴情"，仍然为电视剧增加了几分"童话"的成分：一直在主动帮助海藻，帮助她的家人，满足她的需求；在面临覆灭时仍不忘为海藻留好退路。这些"无私"，常常使得对海萍与海藻的窘迫处境感同身受、同样渴望救赎的观众，忘记了造成这样高的生活成本的人，恰恰正是这些贪污腐败，操纵房地产市场从中获利的"宋思明"们。对于海藻和宋思明的关系，作者六六借海藻妈说出的一段话非常中肯：

---

① 昊天南：《〈蜗居〉杂感》，天涯社区影视评论，http：//www.tianya.cn/publicforum/content/filmtv/1/273390.shtml。

你和海藻，是被他的表象迷惑了。你想啊，他是公家的人，他就
要替公家办事。他的权利是人民给的。你们享受的那部分帮助，原本
就该属于你们自己。他为什么喜欢海藻？他是真喜欢海藻吗？我看，
他是在享受手里头的权力带给他的那份荣耀。像他这种人，荣耀压抑
久了不释放会得病。他不是在给一个当官的做秘书吗？那在单位里，
在家里，就不能太招摇，都得俯首帖耳。那他怎么体现他的成功啊？
海藻不过是他借以炫耀成功的手段而已。海藻还口口声声说爱他，这
是真的爱吗？我看她爱的不是宋本人，是宋那个光环照耀下，对她所
欲所求无不点头的一种畅快。

对于海藻和宋思明，原著和电视剧的立场都表达得很明确。甚至在电
视剧的结尾，还添加了原著没有的情节：以海萍的口吻再次申明了对宋思
明步入迷途的批评和反思。但是这种"曲终奏雅"无法掩盖海萍生活的转
机恰恰是受益于宋思明的事实，也无法阻止众多女性观众将宋思明想象为
理想情人。不是因为大众对于金钱和权势的崇拜已经到了无可救药的地步，
而是除了"宋思明"的方式，很多人难以看到其他救赎。

二 古装·宫廷的梦想和现实

古装言情是言情剧的另一重要类型，其中最受欢迎的当属宫廷言情剧。
虽然从数量上来说远不及现代都市言情，所制造出来的轰动效应却一点也
不亚于后者。最有名的代表当属 1998 年首播、曾经打破国内乃至亚洲以及
全球华人圈电视剧最高收视纪录的《还珠格格》。

《还珠格格》Ⅰ、Ⅱ、Ⅲ分别首播于 1998 年、1999 年、2003 年。《还
珠格格》第一部，1998 年 11 月在北京有线电视台播出时的平均收视率是
44%；同年 12 月，在湖南经济台播出时平均收视率是 44%，最高点达到
58%。1999 年，《还珠格格》第二部在湖南台播出时平均收视率超过 50%，
最高点突破 65%。[1]

《还珠格格》由琼瑶编剧，湖南台与台湾怡人传播公司联合制作。虽为

---

① 欧阳常林：《〈还珠格格〉——电视剧市场化运作的全新突破》，《湖南广播电视年鉴》，
2000，第 194～197 页。

琼瑶的转型之作，以轻松搞笑为主，却依然带有琼瑶唯情至上的基调。

首先最吸引眼球的是爱情。小燕子和永琪、紫薇和尔康、赛娅和尔泰、金锁和柳青、晴儿和箫剑，几乎每一个年轻人都能找到自己的情感归宿，每个人都爱得无怨无悔。其次是友情，紫薇和小燕子一直互相忠诚于彼此的情谊。虽然小燕子最初被误认为皇帝的私生女时，因贪恋"皇阿玛"父爱的温暖，没有及时说出自己的身份和紫薇的身世，给紫薇带来很多痛苦，但真诚道歉后，紫薇原谅了小燕子，两个人在皇宫的重重困厄中相互帮助、不离不弃，终于化解危机，赢得了幸福生活。再次是亲情，紫薇和小燕子并没有纯然把皇阿玛当做皇帝对待，而是当做一个父亲，她们对父爱的渴望，对父亲的尊重和体贴，使得她们也获得了皇帝的理解和喜爱。通过对爱的坚持，紫薇和小燕子们展现了她们的真情、智慧与勇气，这正是这部电视剧所想要极力塑造的人物品格。

然而，所有这些对感情的坚持，这些美好品质得以实现的原因，都来自一个源头：皇帝的支持和纵容。

琼瑶故事一向具有浓重的厄拉克特拉情结，执著于白雪公主式原型：母亲和女儿之间的嫉妒和竞争，最终以女儿的胜利而告终；胜利的标志就是赢得男性权威（国王或王子）的认同，分享他的地位和权力。琼瑶故事中的父亲往往亲切、慈爱又不失权威，对女儿充满理解和纵容；母亲则刚硬、刻板、严厉，不肯承认女儿已经长大，难以容忍女儿对于家庭权力的分享。琼瑶的代表作《窗外》、《一帘幽梦》、《庭院深深》、《还珠格格》，就属于这一类故事。

《还珠格格》中的皇阿玛，是慈爱而富于权威的父亲；母亲则一分为二，就像是《白雪公主》里的情形一样：好的母亲在故事开始之前就死去了；但是坏的母亲——皇后，依然充满活力，处处打压紫薇和小燕子。这其实是一种心理投射游戏，把对母亲的不同感受投射到两个不同的人物身上，将爱投射向好的母亲——生母，将敌意投注向坏的母亲——后母。这是民间故事常常使用的手法，用以表达母女关系中的负面因素，尽管在现实生活中，爱和敌对往往同时存在于同一亲密关系中。①

---

① 这种将母亲分裂为好的客体和坏的客体的投射游戏，其实从人类的婴儿时期就开始了。弗洛伊德的弟子，客体关系英国学派的创始人梅兰尼·克莱恩曾对此多有论述。见〔美〕克莱尔《代精神分析"圣经"——客体关系与自体心理学》，贾晓明、苏晓波译，中国轻工业出版社，2002，第47~65页。

这个故事所再现的原型本身就包含了强烈的父权制意味，与宫廷题材结合起来，则发展成为对集权和等级制度的顺从和肯定。紫薇和小燕子最首要的生存法则，是获得皇帝的认可，有了这一保障，其他任何人的意见和看法——哪怕来自皇后，都不能对她们构成真正的威胁。小燕子所到之处虽然鸡飞狗跳，但她从未曾真正叛逆过——从未质疑皇帝对他人所拥有的绝对支配权的合法性，也很懂得如何获得皇阿玛的欢心，只是采用了和紫薇不同的方法。剧中的其他人物也从不觉得自己所身处的阶层和扮演的角色有什么不妥。作为丫鬟的金锁，自然不能和小姐格格们并肩，她在尽心服侍过紫薇之后，嫁给了出身市井的柳青。服侍小燕子的小桌子和小凳子，完全是一副忠仆的模样，信任并崇拜着他们的格格。《还珠格格》呈现出来的是一种稳定、温情脉脉而又等级森严的社会结构，正是在这样的背景下，紫薇和小燕子那些鸡飞狗跳的行为才成了太平盛世的一种有趣点缀。

对权势的兴趣在最近几年的宫廷言情剧中体现得更加突出。比如 2010年的汉宫大戏《美人心计》，2011 年的清宫剧《宫锁心玉》和《步步惊心》。这几部古装言情剧都与网络小说有千丝万缕的联系：《美人心计》改编自网络言情小说《沉浮》，原著瞬间倾城，由于正执笔编剧。同样是于正编剧的《宫锁心玉》，虽然不是直接改编自某本具体的网络小说，但里面却充满了网络清穿小说中常见的桥段。而即将播出的清宫大戏《步步惊心》，则改编自晋江原创网的高点击同名清穿小说。

如果说《还珠格格》只是把获得皇权的庇护，当做故事发生、发展的背景的话，上述几部完全产自大陆本土的宫廷言情剧，则把权势争夺当作了戏骨。

这几部古装言情剧，核心情节是贫女与王子的相遇，其实就是中国宫廷版的灰姑娘故事。而且灰姑娘遇到的王子不止一个，往往能够同时得到几个王子的青睐。而"王子"们的"怜爱"，对于剧中的女主人公来说，最根本的意义不是情感的交流，而是一个有地位的男人带来的荣耀和权势。《美人心计》中云汐遇到的第一个"王子"是汉惠帝刘盈，第二个是汉文帝刘恒。起初云汐对刘盈体贴呵护，获得刘盈的依赖和信任，但是却被工于心计的吕后当做间谍送往代国，赐予代王刘恒。在代国云汐不但没有为吕后监视刘恒，反而暗地劝他厉兵秣马，最后帮他获得了帝位，自己也击败了后宫的诸多对手，包括她最好的朋友，成为后宫的主人。

　　《宫锁心玉》的男主角们都是康熙的儿子，历史上"九龙夺嫡"中表现突出的四阿哥胤禛和八阿哥胤禩，无论在小说还是电视剧中都是穿越女们的首选。颇有权势的十三阿哥和九阿哥，也往往在其中充当重要角色。

　　这些灰姑娘吸引王子凭借了什么样的能力？不只是年轻貌美，还有帮助她们从宫廷倾轧中脱颖而出的聪明才智。在《宫锁心玉》和《步步惊心》中，穿越女还具备了因熟知历史所带来的"预言"能力以及从现代社会带来的知识的优势。然而，值得注意的是，这些女主角虽然自称来自民主自由的 21 世纪，对宫廷的倾轧和杀戮却并没有水土不服，而是很快便游刃有余。她们总是被塑造得清纯无辜，这使她有机会站在道德制高点来俯瞰她的敌人：她的筹谋似乎都是为了自保，是她的对手——那些灰姑娘的姐姐们，太过阴狠刻毒，疯狂嫉妒她、攻击她，才迫使她出手反击。但是剥去道德的外衣，灰姑娘和她的姐姐们其实有着相同的渴望和动机。

　　权势崇拜不仅弥漫在清穿言情剧中，大多数流行的清穿言情小说，都多少带有这种特质。或者更扩大一步说，晋江、起点女频上风行的宫斗文、宅斗文，都具有同样的特性。不管是皇宫，还是内宅，都是一个充满危机和不确定性，让人丧失安全感，不断产生焦虑的场所。你没有办法去要求一种相互尊重和宽容的气氛，只能通过不断靠近权力中心、成为特权阶层，才能把握和控制自己的未来。这样的宫廷，与其说是对历史的浪漫想象，不如说是对现实的隐喻。从这个角度来看，晴川面对的宫廷和海藻面对的都市，其实是同一个场域。

　　另外，值得一提的是，《宫锁心玉》的剧情设置，除了受到网络清穿言情小说的影响外，还出现了许多酷似台湾偶像剧《流星花园》的桥段。有网友详细列出了《宫锁心玉》和《流星花园》的人物对照表："晴川＝杉菜，八阿哥＝道明寺，四阿哥＝花泽类，九、十阿哥＝西门、美作，宫女A、B＝千惠、百合，素言＝李真，或许那个成衣店少主应该是青和。"① 并指出剧情细节的重合：比如杉菜难过时是花泽类的小提琴声抚慰了她，而晴川难过时是胤禛弹古琴开解她。花泽类对杉菜说："当眼泪要流出来的时候，如果能倒立起来的话，那原本要流出来的眼泪就流不出来了。"胤禛对晴川说："每次我想哭的时候，就看看天空，这样眼泪就能回到眼眶里

---

　　①　大大大梦想家：《看出来了吗？宫是古装版的流星花园》。豆瓣电影评论，http：//movie.douban. com/review/4609428/。

了……"对此，编剧于正的解释是，因为酷爱《流星花园》，所以不知不觉受到影响。

但是，尽管故事的主线和细节有很多相似之处，杉菜和晴川的面目还是有很大不同：后者并不具备前者的活力和勇气。杉菜最闪亮的部分是她的正义感，所以当 F4 欺负她的好朋友李真时，她打抱不平说："只会躲在老爸底下的寄生虫，从来没有自己赚过什么钱，对社会也没有贡献，凭什么在这边耀武扬威说大话？"而晴川在相似场合下，则只能抱怨："你们是阿哥就了不起了啊？只不过是比我们会投胎而已！"杉菜第一次见道明寺的母亲，道明夫人咄咄逼人，逼迫杉菜表演琴艺，杉菜乱弹一通之后，才又奏出优美琴声，然后说："一个人的灵魂高贵还是低贱，难道就只看他会不会弹一段钢琴，或者是看他生在哪门哪户，身上穿戴哪些品牌吗？会弹钢琴又有什么了不起？我告诉你们，我就只会弹这一首，那又怎么样？"而晴川第一次和康熙正面打交道，则是献上一曲："但愿人长久，千里共婵娟。"①

单纯为剧中人物的道德勇气评分是没有意义的。需要追问的是：是什么样的环境，让女主人公在相似的情节设置里，做出了看似相像，立场却又全然不同的反应？杉菜可以直斥道明寺是寄生虫、道明夫人势力；晴川却只能抱怨自己投胎技术不好，只能小心迎合圣意。因为杉菜处于商业社会，道明家虽然富可敌国，却不能左右杉菜的意志。而晴川的死生却只在掌握绝对权力的皇帝的一念之间。晴川做出这样的反应并不奇怪，值得深思的是，是什么样的文化背景，使我们只能塑造出晴川，而不能拥有杉菜？是什么样的现实环境，使我们对权力抱有这样多的渴求，同时又有这样多的畏惧？

言情剧的核心故事是爱情，但无论这故事披的是现代都市，还是古装宫廷的外衣，都无法与现实价值观脱离。中国大陆社会转型期的焦灼与阵痛，探索与渴望，都能够通过言情剧折射而出。不同于追求唯美清新风格的韩国言情剧和中国台湾偶像剧，大陆的言情剧，满浸着世俗精神；这些剧集所表现的爱情，从未远离现实。这些充满世俗烟火气的爱情故事，具有很明显的价值倾向性：对财富和权势的肯定与渴望。然而这种"拜金主

---

① 《步步惊心》的女主角若曦，在第一次见到康熙时，也和洛晴川有相似的反应。她称赞康熙是一代圣君，并赋诗为证："惜秦皇汉武，略输文采；唐宗宋祖，稍逊风骚。一代天骄，成吉思汗，只识弯弓射大雕。俱往矣，数风流人物，还看今朝。"

义"和"权势崇拜"，与其说是言情剧的价值取向，不如说是处于转型期的当代中国的一种普遍焦虑。计划经济所带来的稳定感已土崩瓦解，市场发育艰难，膨胀的权贵阶层切断了社会上下流动的通途，垄断愈演愈烈。新的秩序如何建立？只能在迷茫中继续摸索。一切都处在变革之中，包括爱情、家庭以及建立这些关系所依据的伦理与社会价值观念。

现实感是大陆言情剧的特点和优势，但同时也是对言情剧发展的一种限制。大陆很难拍出唯美浪漫、童话般的爱情故事。想要走纯情偶像剧路线的《一起去看流星雨》，非但没能成功营造出干净清新的风格，反而因剧情的生硬、表演的造作被称作天雷搞笑剧；而想要对《蓝色生死恋》致敬的《一不小心爱上你》，则被批评是拙劣的仿制品。这些电视剧虽然极力钩织浪漫的剧情，却难以营造浪漫的氛围。在一个普遍存在焦虑情绪的语境中，童话是很难生存的。因为童话般的爱情固然不能免去现实价值尺度的参与，但却需要一个更大的自足空间，让亲密关系、生活理想得以自由生长。

如果在一个社会中，爱情不是一种平等的两性交流，而局限于生物与社会资源的交换，爱情能够走多远？言情剧能够走多远？

人间戏剧与神圣颂歌

——"文化大革命"时期的大众文化刍论

张志忠*

摘要：本文从如下几个方面揭示"文化大革命"时期的大众文化特征：从京剧批判和"京剧革命"发端而推及社会生活各个领域的"革命"；生活模仿戏剧的荒诞和戏剧折射生活的尖锐冲突；安抚人们的怀疑和焦虑心态的红太阳颂歌的建构功能；严重违背艺术规律的"颂"、"赋"体，浮夸虚假、滥俗的象征与骈俪文风等等。在某种意义上，"文革"就是一场用语言操控、用语言推动的运动；具有"语言膜拜"的原始巫风。其时的政治—文艺权威们也确实相信，只要改变了语言，就可以改变世界。这才是"文革"大众文化最重要的实质。

关键词："文化大革命" 大众文化 激剧冲突与心灵抚慰 赋颂风格与骈俪文体 语言膜拜

Abstract：This paper reveals the characteristics of the mass culture in "Cultural Revolution" period from the following aspects: the revolution that originated from Peking Opera criticism and "Peking Opera Revolution" generalized to each field of social life; the absurd of life imitation drama and the sharp conflict that refracted by drama; the construction function appeased the suspicion and the anxiety of Carol of the red sun; the serious violation to the "Ode", "Fu" of art and false and exaggerated symbol and parallel prose style, etc. In a sense "Cultural Revolution" was a movement which was con-

---

* 张志忠，首都师范大学文学院。

trolled and driven by language. It was a primal wizard cultural which was fea-
tured "worship of language". The political and literary authorities of the time
indeed believed that they could change the world as long as the language has
been changed. This is the most important essence of popular culture of "Cul-
tural Revolution".

　　Keywords：Cultural Revolution, popular culture, intense conflict and
spiritual comfort, the style of "Ode" and "Fu" and parallel prose, the wor-
ship of language

"京剧革命"：从京剧发端的"革命"

　　许多人这样说："文化大革命"十年无文学艺术可言。它无疑地表达出
深受其害的人们对那个时代的深恶痛绝。但是，情感上的愤激并不能取代
理性的分析。必须指出的是，"文化大革命"十年中以"革命样板戏"为代
表的文学艺术，一方面是新中国 17 年文学艺术主潮顺理成章的发展，将其
推至登峰造极的地步，并因此而导致 20 世纪 70 年代末期产生的文学艺术的
巨大转折；另一方面，作为特定年代的文艺现象和思潮，它有自身的某些
重要特征，有其内在的运作机制，有其完整的理论体系。轻蔑地称为文学
艺术的怪胎是容易的，但是，这怪胎至少还不失其作为文艺病理学之难得
标本的意义吧。

　　1965 年 11 月 10 日，姚文元的《评新编历史剧〈海瑞罢官〉》在上海
《文汇报》问世，揭开了所谓"无产阶级文化大革命"的序幕。

　　一场席卷全国各级党、政、军机关和亿万人民群众的大动乱，竟然是
以对一出戏剧的评论为导火索，这说来有些不可思议，却又有其深刻的内
在原因。

　　不妨把话题宕开去，从当代中国意识形态和大众文化的特殊地位说起。
马克思主义所由产生的社会基础，是 19 世纪工业化运动中的西欧各国和北
美洲，是以无产阶级队伍的壮大和成熟为其物质力量的。在这信息、通信
和交通日渐发达的世界上，它很快地传播开来，并借俄国十月革命之炮声
而输入中国，被五四时期的先进知识分子所接受和欢迎。但是，中国的工
业化进程却并不与之同步，时至今日，我们仍然没有在全国范围内实现工
业化的任务，许多乡村的耕种模式仍然是人力加畜力。因此，本来是诉诸

觉醒和有组织的无产阶级的革命理论，在现代中国却不能不诉诸自发的和各自独立的农民，因此，如何能够在促使农民无产阶级化的同时，保持意识形态的纯洁性和革命性，而不致被歪曲和异化，便成为中国革命进程中一个至关重要的问题。这一问题在新中国成立之后并没有消除，反面变得更加突出——马克思列宁所描述的无产阶级革命胜利之后要由社会主义向共产主义过渡的基本轮廓与中国的现实状况之间，如何协调，如何衔接，不容回避地摆在决策者面前。毛泽东所选择的，是通过对意识形态的不断纯洁化——通过不断地批判、清算和排除意识形态领域的异己分子——加强对权力的控制，主导社会进程。对意识形态纯洁化的阐释、鉴别和惩处之权，又掌握在毛泽东以及在某一特定时期受到毛泽东的支持和赞同的一部分人手中。

惟其如此，文学艺术在意识形态之中便不能不受到空前的重视。比起哲学、历史学等部门，它是最富有现实性和群众性的。对于文化水平极低的中国民众，文艺更要广施教化。它取材于现实和群众的生活，又返还于现实和群众的生活，并对此作出自己的阐释和评价，并扩散于广大群众之中。因此，这阐释、评价与意识形态纯洁化要求的吻合与否，便成为毛泽东最密切关注的重点。他在号召文艺要成为团结人民教育人民，打击敌人消灭敌人的有力武器的同时，也充满警觉，维护革命文艺的纯洁性，亲自参与对电影《武训传》、《清宫秘史》的批判，参与对《红楼梦》研究中胡适俞平伯学派的清算，主持对胡风等人的斗争。江青、康生、张春桥等人也正是在这一点上迎合毛泽东，从对文艺界的插手开始，逐渐接近和占据权力中心的。

在文艺界，江青、康生、张春桥等用气力最多的，又是戏剧。由当时的上海市委书记柯庆施提出的"大写十三年"，就是江青、张春桥等人在文艺界兴风作浪的一次前哨战，并由此引发激烈论争。在"左"的思潮日见其盛的年代，从"大写十三年"到批判《海瑞罢官》，到把新中国文学艺术描绘成"被一条与毛主席思想相对立的反党反社会主义的黑线专了我们的政，这条黑线就是资产阶级的文艺思想、现代修正主义的文艺思想和所谓三十年代文学的结合"（《林彪同志委托江青同志召开的部队文艺工作座谈会纪要》），再到把"黑线专政论"由文艺界推衍至教育、新闻、宣传、体育等文化部门，乃至党政各系统各方面，殃及全国，这便是江青等人作祟于文艺界和戏剧领域而企图最终实现篡党夺权阴谋的野心三部曲。

当大多数作家艺术家和他们的作品被判决为"黑帮"、"毒草"惨遭践踏的时候,《红灯记》、《智取威虎山》、《红色娘子军》等以现代革命斗争生活为题材的京剧和芭蕾舞剧却红极一时,被江青等"钦定"为样板,并一再地推广和拔高,这便是民间所概括的"八亿人民八个戏"的时代(京剧《红灯记》、《沙家浜》、《智取威虎山》、《奇袭白虎团》、《海港》,芭蕾舞剧《白毛女》、《红色娘子军》,交响音乐《沙家浜》)。

但是,问题又不能简单地全归诸江青和张春桥者流。

作为特定时代的社会现实和社会心理的投射,它是被那个时代所规定了的,是将生活中的现实冲突搬上舞台的结果——阶级斗争理论,不只是规定了文学艺术的表现内容,它首先是导演和规定了现实生活;生活与艺术的对应关系,在这里仍然是适用的。

笑剧:"舞台小世界"与"世界大舞台"

是的,进入20世纪60年代中期,社会生活都全面地戏剧化了。整个民族都被极"左"思潮引上一个空前绝后的大舞台,充当"世界革命的中心",要自觉地主动地吸引全世界的眼球和心灵,并企望以它的不断胜利去推动和影响世界革命的进程。

戏剧需要冲突,正所谓没有冲突就没有戏剧。国际上的"帝、修、反",国内的地、富、反、坏、右,都不足以充当这冲突的一方,或者是鞭长莫及,无法进行实质性的交锋,或者是早已打翻在地,打入地狱,苟延残喘,不配充当够资格的敌手。就像曹操和刘备的青梅煮酒论英雄一样,只有具有足够能量的对手,才值得认真对付,才能激起战斗的激情。阶级斗争、路线斗争理论的提出,对共产党内自上而下地、遍及各部门地存在着资产阶级司令部和走资本主义道路的当权派的论证,为这场冲突提供了有实力、够资格的对手,把它上溯到民主革命时期,即所谓的"右倾投降主义"和"叛徒哲学"的清算,直到给刘少奇扣上"叛徒、内奸、工贼"的污名,宣称其领导操纵了一大批党政军经文的各级当权者,又为这种冲突提供跨越几十年的时空,提供足够深广的历史背景。

戏剧需要演员,需要各种各样的戏剧角色,并且,依照传统戏曲忠奸对立、红脸白脸的惯例和思维定式,还要给他们以特定的标志和特定的夸张。红卫兵袖章、草绿色军装和批斗对象被迫戴上的大高帽和大木牌,便是脸谱的换置；人们都从日常生活中剥离出来，按照形势需要充当各种角色：学校的学生变成走向社会斗争的"红卫兵"，各级干部变成"走资派"和"修正主义分子"，工人被分成"造反派"和"保守派"，"红五类"、"黑五类"、"牛鬼蛇神"等称谓不只是创造了新的时代用语，更改变了人们的人际关系；"亲不亲，阶级分"，"忠不忠，看行动"，使人们按照所谓"阶级性"和"表忠心"去支配自己的行为。那些自命为时代主角的人物，"语录不离手，万岁不离口"的林彪，"平时看不见，偶尔露峥嵘"的江青，又何尝不是掩藏起各自的真面目，在众目睽睽之下表演其"亲密战友"、"一贯紧跟"的角色？

马克思在《路易·波拿巴的雾月十八日》中写道：黑格尔说过，一切伟大的世界历史事变和人物，可以说都会出现两次。他忘记补充一点：第一次是作为悲剧出现，第二次是作为笑剧出现。请注意，马克思在这里所用的是笑剧，而不是在被人们引用时信手写作"喜剧"，马克思指的是对悲剧的拙劣模仿，就像拿破仑第三（1808—1873）模仿他的伯父拿破仑第一（1769—1821）一样，是一幅"漫画"。马克思阐发他的观点说："人们自己创造自己的历史，但是他们并不是随心所欲地创造，并不是在他们自己选定的条件下创造。一切已死的先辈们的传统，像梦魇一样纠缠着活人的头脑。当人们好像只是在忙于改造自己和周围的事物并创造前所未闻的事物时，恰好在这种革命危机时代，他们战战兢兢地请出亡灵来给他们以帮助，借用它们的名字、战斗口号和衣服，以便穿着这种久受崇敬的服装，用这种借来的语言，演出世界历史的新场面。"（《路易·波拿巴的雾月十八日》）

十年内乱，恰恰就是马克思指出的这种情形，当从上到下的各阶层人士都宣称和相信"文化大革命"是"史无前例"的时候，他们却都求助于历史，求助于随岁月逝去的民主革命史和世界革命史，"借用它们的名字、战斗口号和衣服，以便穿着这种久受崇敬的服装，用这种借来的语言，演出世界历史的新场面"。

毛泽东把"文化大革命"描述为共产党同国民党斗争的继续，无产阶级同资产阶级斗争的继续；他所向往的民主模式则是更为久远的法国巴黎公社。

学生们丢下书本，穿上绿军装，戴上红袖章，把自己命名为"红卫兵"、"井冈山"、"延安"，模仿红军前辈的长征，也模仿他们的对敌斗争；至于"苏维埃"、"近卫军"、"公社"等，显然具有一种"国际化"色彩。

在革命战争年代为组织革命队伍所采用过的阶级分析，在这一时期又被空前广泛地推行；军队作为光荣传统的载体，受到全国人民的崇敬；直到 1976 年元旦，毛泽东诗词二首公开发表，它所激起的反响是"跟着毛主席，重上井冈山"，仍然是模仿历史，模仿那在人们心头记忆犹新的历史。

这种模仿，或许正是我们所说的社会生活戏剧化的最深刻的原因。

这样来概括十年内乱时期的社会生活，只能是取其一隅，取其与文学艺术思潮相对应的一面；我们毕竟是在作特定时期的大众文化的探寻，而无意于对现实生活作全盘分析。生活的戏剧化和角色化，促使人们自觉地或被迫地进行表演，掩盖起自我的本色，依照时代所规定的几种类型，迷狂地或者迫不得已地进行演示，站在戏剧冲突的各自一方，推进着冲突的进程。

在这样的大背景下，我们才能够理解，为什么戏剧会成为这一时代的典范性文艺样式。

苏联美学家波斯彼洛夫指出，舞台向剧作家提出了特殊的要求。舞台演出必须有情节。但是表现情节只有在它具有内在的戏剧性，有冲突开展的情况下，才有可能。舞台上表演的冲突性情节，根据戏剧本性和约定俗成，它不可能进行很长时间。因此，对剧作家的要求就是：他所创作的剧本应该既有冲突又非常紧凑。他必须将冲突性情节浓缩在一定的空间和时间内，主要通过一些极其关键的时刻去开展情节，剔除那些过渡性的、次要的东西（波斯彼洛夫《文学原理》）。

戏剧艺术所特有的冲突的浓缩、集中和强化，正适应了这个时代空前突出的斗争主题——阶级斗争和路线斗争，因而独领风骚，岂非必然？

浓缩、集中和强化：愈演愈烈的冲突

《红灯记》、《沙家浜》、《白毛女》等剧作，其题材大都流传甚广，为民众所喜闻乐见，而且都是在十年内乱前问世的。它们的出现，可以说是凝聚了时代精神、群众情趣、民族特色和艺术心血的。

首先应当提及的是，它们的问世，是伴随着五六十年代之交的巨大挫折，即三年困难时期，国家和人民需要同心同德，重振斗志，继续奋斗。文学艺术作品对革命历史的回溯便应运而生，古老的京剧在搬演数十年上百年的帝王将相、才子佳人之后，脱去蟒袍玉带、水袖粉靴，而去展现抗日烽烟、剿匪传奇，从西方移植不久的芭蕾舞、交响乐，也从革命斗争历史中汲取激情，洋为中用……一个年轻的国度，一群年轻的艺术家，满腔热情地寻求以各自的艺术门类去适应和满足时代需求的途径，去寻求新的艺术手段和艺术语言，去创造能够接受和欣赏这艺术创新的观众。十年内乱之后，它们仍然能够被观众所认同，便是因为这一点，它们所表现的革命斗争，在人们心目中仍然占有重要的地位。

其次，这些剧作大都是移植而来，具有一个良好的接受前提。李玉和一家三代异姓同心献身革命。在1963年就被拍摄为《自有后来人》的故事影片，因其触及当时被视为至关重要的培养革命接班人的重大主题而受到欢迎；沪剧《红灯记》就是根据电影剧本改编，翁偶虹、阿甲又将沪剧改编为同名京剧。杨子荣智闯威虎山的故事，先是出自长篇小说《林海雪原》，亦有同名电影，然后才进入京剧舞台。白毛女和红色娘子军的故事，都是经过歌剧和电影的先行普及，同样是既有生活原型，又富传奇色彩，兼有可信性和故事性，具有相当水准而又业已在群众中得到普及和验证，几至于脍炙人口，从情节、内容和观众等方面保证了它们改编为舞台剧的先决性成功。

而且，排演现代题材作品，是大势所趋。芭蕾舞剧《红色娘子军》，就是在周恩来编一个革命题材的芭蕾剧目的建议下编创的。这个题材带有传奇性，也利于舞蹈。他们又接受陈毅元帅的意见，全体演职员打起背包深入连队，接受了一个月严格的军事训练，使舞台上出现了真正具有军人气质的、英姿飒爽的娘子军。

此后，江青插手文艺界，自封为"文艺革命的旗手"，又通过册封"样板戏"，贪天之功据为己有，抢夺艺术家们辛勤耕耘的果实，在这些作品上留下某些印记。她左手参与《红灯记》的修改，又右手迫害《红灯记》的编导阿甲，似乎是由于她的高明，她的点石成金，才把一出错误百出的坏作品起死回生、脱胎换骨；她点名迫害《林海雪原》中的人物原型孙大得，以维护"样板戏"的神圣不可冒犯，维护其自身的权威。直到后来形成所谓演出和移植"样板戏"不走样，连衣服上的一个补丁的位置都不得更动云云。

在江青等人指导下，对这些剧作的修改，最重要的，是依据阶级斗争愈演愈烈的理论，强化和夸张戏剧冲突，使舞台上的冲突也愈演愈烈。在歌剧和同名影片中，杨白劳都是悲愤交加，可怜无告，踉踉跄跄地在黄世仁家门前喝滷水自尽；二者也都有着喜儿被黄世仁强奸后怀孕产子的情节。在舞剧《白毛女》中，让杨白劳这位备受屈辱的老实佃农扬起愤怒的扁担，打得穆仁智和狗腿子满台乱转，强化了斗争气氛；喜儿的贞洁则得到保存，人物形象也更加纯化。八个戏中唯一反映新中国建设题材的《海港》，本来是歌颂新时代新风貌的，歌颂海港工人的国际主义情怀，但是，在后来的修改中，依照阶级斗争愈演愈烈的理论，强行塞入与阶级敌人展开生死搏斗的内容。剧作中的反面人物钱守维，本来是一个思想落后的留用旧职员，当年的账房先生，留恋"仓库里有什么，我家就有什么"的旧时光，后来却改为穷凶极恶的阶级敌人，看见党员干部"眼睛都要出血"；剧作的中心情节则由疏忽和懈怠造成事故改作蓄意破坏，直至投敌叛国逃上外轮，图穷匕见行凶杀人。时值"九一三"事件发生不久，其喻指性一目了然，这样的"样板"作用，可想而知。

在这样的创作思潮指导和影响下，后来出现的各类作品莫不在强化阶级斗争，强化中心冲突上下工夫。在后出的革命现代京剧《龙江颂》、《磐石湾》中，在中断八年之后于1974年面世的故事片《艳阳天》、《青松岭》、《火红的年代》中，与暗藏的阶级敌人和党内的蜕化变质分子的斗争，都成为作品的中心情节。曾经以《艳阳天》这样的鸿篇巨制引人注目的浩然，在一段时期中成为唯一获准继续发表新作的著名作家，他的《金光大道》同样引人注目，其长处在于他对乡村生活的稔熟，但完全按照时下流行的阶级斗争、路线斗争理论去组织全书所反映的农村合作化运动的冲突，从上而下，从县委会到乡镇到村落，设置两条路线斗争的代表人物和矛盾冲突，给作品造成致命伤。

随着江青、张春桥等窃取党内最高权力的步伐的加快，他们在文艺界的倡导，从1973年1月提出"努力反映文化大革命的斗争生活"演化到写"与走资派作斗争"，炮制了小说《初春的早晨》、《金钟长鸣》、《一篇揭矛盾的报告》等，电影《欢腾的小凉河》、《反击》和话剧《盛大的节日》。在这些直接反映十年内乱时期社会生活的作品中，斗争在"无产阶级革命派"与"走资派"之间展开，围绕着权力和归属殊死搏斗，激烈异常。

在写"与走资派作斗争"的作品中，《反击》和《盛大的节日》最具有代表性。《反击》把在"文革"后期重新出任省委第一书记的老干部诬作"还乡团"、"刽子手"、"死不改悔的走资派"，说他"翻文化大革命的案"，干的是"国民党办不到，地主、资本家办不到"的事，并且着意表现"顶逆风斗狂澜"的造反派，"教育革命的旗手"则气势汹汹地要省委书记及其后台"立即缴械投降"。《盛大的节日》表现的是动乱初起的造反夺权，以上海的"一月风暴"为背景，写工人造反派与以市委书记为代表的"走资派"的较量，并不断出现"把走资派手中的权力夺回来，夺回到无产阶级手中"的狂喊场面，把"夺权"视为"盛大的节日"，迫切之心溢于言表，赤裸裸表现出其狼子野心。

由此看来，矛盾冲突愈演愈烈，在社会现实中，至少在一个方面的确如此，那就是极"左"思潮愈演愈烈，发展到其极致——"文革"后期，江青等人关于毛泽东以后的权力争夺，也进入了疯狂的加速度时期。要全面地改变党、人民和国家的命运，并且因此而与人民群众和坚持正确方向的各级干部形成剧烈冲突，进行最后的决斗，只不过这种斗争是以种种变化万端的形式进行，并不总是跟被操纵的舆论和宣传机器相吻合。

经过无数次的重复和强化，江青等的意志笼罩整个文艺界；当然，更强大的，是十年内乱中的社会思潮，那种全部进入戏剧角色、参与重大社会冲突的错觉，支配着人们的情感。于是，便出现一种有趣的现象：即使是在那个年代艰难挣扎、侥幸问世，甚至受到江青等人粗暴批判和迫害的作品，我们也可以感觉到那绷得紧而又紧的"阶级斗争"这根弦，感觉到那愈演愈烈的矛盾冲突所造成的紧张感。

这是在各种各样的文艺史和电影史论著中都被视作是敢于抗拒江青等钦定的创作原则而产生的难能可贵的优秀作品，电影《创业》、《闪闪的红星》、《海霞》。这些影片，回避了当时甚嚣尘上的"与走资派作斗争"的公式，各自作着不同的努力和追求，给沉闷窒息的文艺界带来一般清新的风。《创业》真实生动地表现出石油工人为甩掉"贫油"的帽子艰苦创业的英雄气概和伟大业绩，塑造了石油工人周挺杉的感人形象。《闪闪的红星》和《海霞》表现了红军后代潘冬子和渔家女儿海霞在与地主、渔霸、还乡团和国民党匪帮的严峻斗争中成长的足迹。也正因为它们是对登峰造极的极"左"的文艺思潮的背离和抵制，它们遭到江青等的残酷围剿，《创业》和《海霞》都险些被置于死地，只是因获得毛泽东的赞许而得以脱逃弥天大祸和灭顶之灾。

我们的志趣不在于对具体的作家艺术家和他们的作品作恰如其分的评价，而是从宏观上描绘大众文化的主导走向尤其是美学形态上的主导走向。这决定了我们考察文艺现象的切入点。因此，从《创业》等影片中，我们关注和发现的，同样是这种不断加剧、日渐激烈的戏剧性冲突和浓郁的斗争氛围。《创业》在塑造周挺杉的时候，不只是让他直抒胸臆："在这大草原上，跟天斗，跟地斗，跟阶级敌人斗，跟错误思想斗，心里有多痛快！"还在影片中设计了反面人物冯超，一个"叛徒、工贼、野心家、修正主义分子"（与刘少奇的诸多"罪名"暗合）。他当年在监狱里出卖了罢工领袖周老大（周挺杉的父亲），向敌人屈膝，后来又唯命是从于洋专家，在中国工人阶级独立自主地拿下大油田的每一步过程中，他都拼命加以阻挠，造谣污蔑，煽风点火，挑拨离间，阳奉阴违，直至最后赤膊上阵，制造特大事故。作为英雄人物的周挺杉则作为冲突的另一方面的主要代表，与之进行针锋相对的斗争。《闪闪的红星》在根据同名小说改编成电影的时候，有意地激化矛盾。拔高人物，让少年潘冬子担当成人的使命，让他在母亲被敌人纵火杀害、乡亲们愤怒地要冲下山去抢救她的关键时刻出面加以阻止，以免招致更大损失，让他在影片结尾处挥柴刀砍死胡汉三，报仇雪恨——我们从这些小说原作改动较大的细节中，都可见出编剧为强化影片中的冲突、激化对敌斗争所付出的努力和代价。一时代的文学艺术主潮，甚至从远离其中心并因此受到排斥的作品中也可见到它的烙印，政治选择上的差异并不抹杀审美风范上的趋一，这才是最令人深思的。

安魂净土：通体光明的神圣颂歌

做戏，是要有人看的。当人们或虔诚和虚伪地进入角色的时候，他们就把自己置于被看的地位。在"共产党与国民党的斗争"中，在"无产阶级革命派与走资派的斗争"中，非此即彼，不容逃遁，人们只能进入规定的角色，做戏给他人看，给社会看，给世界看。而最高的裁决者，最权威的观看者，则是在当时受到全国人民拥戴的毛泽东。甚至那些在十年内乱中吃尽苦头、历经坎坷的人们，都不能不折服于这旷世的伟人名下，饱经磨难的战士诗人郭小川在他的未尽之作《痛悼伟大的领袖和导师》中便这样写道："几十年的斗争/使人懂得/这个时代的性能：/我们生活战斗在/毛泽东时代/这个区别于过去的时代的/半个多世纪中。/几十年的亲身经历/使众多的人/立下心愿一宗：/或者同您一起/为您而生，/或者先您而死/为您的事业而牺牲。"这是一种普遍的社会心态。

是的，毛泽东的确在看，他在北京先后八次检阅了上千万红卫兵，让他们带着巨大的鼓舞和力量去充当文化革命的先锋；他曾经数次到大江南北视察运动的进展情况，随机发表各种批示；他也曾一次又一次地站在天安门上，与民共庆，那些与他握过手的人们，又把从掌握国家命运的大手中获得的信念和支持传到四面八方。

但是，这种看更多的是一种心理的信仰和崇拜，是舆论导向和被看人的自我感受使之然。从那种遍布于大大小小的广场、高高低低的建筑物和深入每一个家庭的毛泽东肖像和塑像，到恭立于毛泽东像面前的早请示、晚汇报，敬祝万寿无疆等仪式，从天南海北萃集于北京的向领袖表忠心报喜讯的致敬电，到一夜之间覆盖全国的"毛主席最新批示"，这种信息的往复交流，也给人们造成被看、即被关心被指引的普遍心态。

这不能不使我们重新思考那些年间最常用的一个词"太阳"，这用来比喻毛泽东的光辉的专用语，同时就隐含有无所不在、无所不察的寓意。

当然，看与被看，崇仰和被关怀，使人们格外检点自己的言行，格外注意自己的表演，以便证明自己的革命意志和政治忠诚，这只是普通民众与毛泽东的关系的一个方面。人们的一切努力和超常的行为，需要有强大的精神支柱和心理动力；当人们因为过于强烈的社会冲突和肩头使命之沉重不堪而难以支撑的时候，又热盼着获得一种心灵的憩息和抚慰，能从人间戏剧中暂时退场而驻足于和平安宁的净土；把渺小的自我交给伟岸的巨人，把有限的个人融入阔大的心灵，便不能不是人们的最佳选择。

于是，在最剧烈动荡的年代，产生了最热烈崇敬的太阳颂歌，在冲突愈演愈烈的同时，又堂而皇之地觅得一片无冲突无矛盾，只有灿烂阳光和熏风雨露的圣土。

正是这样的背景，使得这一时期出现了一种奇特的现象：在文艺创作一片颓势的时候，歌曲创作，主要是指歌颂毛泽东、阐扬人民对领袖的依恋情感和依赖关系的歌曲，却繁荣一时，仅收入《毛主席，您是我们心中不落的红太阳》歌曲集（人民音乐出版社，1977）的便有 140 余首。

群众歌曲，抒情歌曲，由于其篇幅短小，情绪单纯，不可能在一支歌中展示内在冲突，相反，它的情绪单纯、旋律整一，使它只能表达一种情感，创造单一氛围。因此，在担当时代的赞歌和战歌的时候，它可以依照情感的规定性，塑造和强化某一种感受，却很难去演绎那日渐激烈的戏剧性冲突。失之东隅，收之桑榆，它的那种"无冲突"的特性，在对毛泽东的赞颂中得到充分的发扬——在这里，只有崇高，只有光明，只有战无不胜，只有灿烂辉煌。

颂，古已有之，历来是用以赞扬伟大人物的。刘勰云：

> 四始之至，颂居其极。颂者，容也，所以美盛德而述形容也。昔帝喾之世，咸墨为颂，以歌《九韶》。自商以下，文理允备。夫化偃一国谓之风，风正四方谓之雅，容告神明谓之颂。风雅序人，事兼变正；颂主告神，义必纯美。……原夫颂惟典懿，辞必清铄，敷写似赋，而不入华侈之区；敬慎如铭，而异乎规戒之域；揄扬以发藻，汪洋以树义，虽纤巧曲致，与情而变，其大体所底，如斯而已（《文心雕龙·颂赞》）。

由此考察毛泽东颂歌的艺术特征，是很有一些启发的。它的确是颂美毛泽东的"盛德"，"颂惟典雅，辞必清铄"，既铺陈排比，又虔敬慎重，有深广之义的。从歌词上来说，它既能够从一个特定角度落笔，也可以作大范围的概括，又不失其清辞丽句，"幸福的伽倻琴在海兰江边激荡，热烈的达甫鼓在天山南北敲响，欢乐的芦笛吹奏在槟榔树下，深情的马头琴回响在内蒙古草原上。翻身的农奴献上洁白的哈达，解放的牧民捧起鲜美的奶浆，清香的山茶饱含着深情厚谊，彩色的壮锦绣出了心中的红太阳"（洪源、石祥词，唐诃、生茂曲《毛主席是各族人民心中的红太阳》）；"跟着您，我们踏破了多少惊涛骇浪；跟着您，我们驱除了多少虎豹豺狼；跟着您，我们开辟了新中国的历史；跟着您，我们去实现共产主义理想。您教导我们洞察世界，辨明方向；您教导我们立场坚定斗志昂扬。您庄严的号召，四面八方回声响亮；您伟大的思想，百战百胜壮丽辉煌"（乔羽词，沈亚威曲《毛主席，我们心中的红太阳》）。铺陈扬厉，气势恢宏，充满虔敬之情，以大江南北、千山万水去烘托出太阳的辉煌，以歌曲中少见的长句式和连篇累牍的赞颂去表现如长江大河式的激情。

与这种大篇幅的歌词相适应，"颂"的主体音乐大多采用了三段式或者它的各种变体：它以平缓而壮阔的起句，造成庄严而又高昂的乐感；在歌曲的中段，用轻快、活泼的乐句表达人民群众在太阳沐浴之下的欢乐、幸福之情；在乐曲的第三段，情绪又转向全曲开端时的起伏不大但因节奏放慢而显得悠长、凝重的句式，以虔诚和崇敬之情表达对毛泽东的感情和敬仰之情。

旋律与旋律背后：从辞浮气躁到皇家气象

对毛泽东的赞扬，并非自十年内乱始。自 1949 年的中华人民共和国建立之始，人们感谢新生活，也感谢新中国的缔造者，感谢代表了他们的意志和愿望的领袖。但是从文体和旋律上，这和"文革"时期尤其是中后期之铺陈扬厉、颇具皇家气象的神圣颂歌，是有所差异的。这就像刘勰是将颂和赞列在同一篇章中，又尽力做出对两者的区别那样。

正如刘勰所言，赞是颂的变体，是其低一级的文体："然本其义，事在奖叹。所以古来篇体，促而不广；必结言于四字之句，盘桓乎数韵之辞；约举以尽情，昭灼以送文；此其体也。"从陕北边区唱响的《东方红》、《绣金匾》，到五六十年代的《赞歌》、《北京的金山上》，它们都具有两个特点：其一，它们大多是各地区各民族的民歌，是民众发自内心的咏赞，亲切、朴实、多用比兴等民间形式；其二，篇幅"促而不广"，章法、句法都以简短、"约举"为特征，旋律亦简洁明快，以词达意，以曲传情。这和那种典型的、文人色彩很浓、铺排夸饰的"赋体"文字和三段式的典雅乐章有很大区别。

在这两者之间作为过渡的，是"文化大革命"初起之时的"语录歌"和红卫兵歌曲。"语录歌"的兴起，是顺应当时背诵毛主席语录和"小红书"即由林彪撰写前言的《毛主席语录》的全面普及人手一册之大的时代背景，由处处响起的铿锵有力的朗诵语录之声，到给它配上乐谱，作为合唱性的群众歌曲，也便水到渠成。以写过《我们走在大路上》和《歌唱二小放牛郎》而著名的作曲家李劫夫，便在"文化大革命"初期写作了大量的语录歌。今日回首，把那些政论性的、参差不齐的、既无节奏又无韵脚的文字唱得有声有色，岂不荒唐？但是，那是在特定的环境下特殊的情感需要。据报载，西方某个著名戏剧演员曾经在公众场合读一份菜单而使闻者尽伤魂落泪，"文化大革命"初期的作曲家和演唱它的广大群众，也因为被激发起投向伟大斗争的激情而赋有表演才能，他们把自己的满腔热情贯注于吟诵和吟唱毛泽东语录之中，使之获得美感。不过，他们却没有意识到，这种美感在很大程度上源于他们自己的真诚和热情，相反，他们却把这种美感视为《毛主席语录》的魅力。与这相关的是，一支歌的是否成功，占主要地位的是它的音乐部分，李劫夫给"我们共产党人好比种子"一段语录配乐，就因吸取了湖南民歌的素材而具有了较强的可唱性。

与"语录歌"并行于世的是红卫兵和"文化大革命"歌曲，其代表性作品有《我们是毛主席的红卫兵》、《草原上的红卫兵见到了毛主席》、《工农兵，革命路上打先锋》等。它们不可避免地充满了"文革"初起之时的激进、偏执、喧嚣和狂躁之势，节拍短促，音韵铿锵，词浮意切，充满了盲动和冒进的亢奋之情，几近于口号式的词语和与之相适应的乐句，记录下那个时代的狂热和躁动。其极端则是那种"老子英雄儿好汉，老子反动儿混蛋"的"滚蛋歌"和"我是牛鬼蛇神"的"嚎歌"。这样的蛮横霸道、毫无理性可言的狂热，则在后来的《文化大革命就是好》等中得到延续。

这种亢奋和狂躁，在短时间内席卷全国。正像当时报纸上所宣传的那样，"文化大革命的烈火在全国各地燃烧"，红卫兵和"文化大革命"歌曲便具有这如火如荼的狂烈。但是，随着形势的发展，派性林立，打倒一切，全面内战，争权夺利，在理想的旗帜下露出其狞厉的一面；虽然人们仍然在追随毛泽东，但过分激烈的狂欢之后，难免有些疲惫，需要某种安宁和休憩，在随着进行曲（这是红卫兵歌曲和语录歌共有的节拍）的速度疾进之后，需要优美和抒情，来调整节律，转换心态。

在这样的情形下，一批抒情歌曲应运而生。从《看见你们格外亲》到《老房东"查铺"》，从《天上银河落太行》到《我爱五指山，我爱万泉河》，它们保持了从战歌兴起以来的高亢、嘹亮，只是节拍开始放慢，并加强了抒情的色彩。但是，这些抒情歌曲，选材范围相当有限，表现军民关系的，占了绝大多数；同时，专业的作曲家很多人还在遭受迫害，被剥夺创作权利。因此，它的数量和质量，远远不能满足群众需要。

"礼失，求诸野"，边疆各少数民族歌颂毛泽东的歌曲便蜂拥而起，《苗岭连北京》、《阿佤人民唱新歌》、《延边人民热爱毛主席》、《歌唱我们的新西藏》等，以西南边地的活泼欢快，东北大地的辽阔宽广，青藏高原的浓烈欢畅，以其独特的民族风格和清新乐句受到欢迎。颂歌的主体便在这样的演进中形成。它萃集了"四方来朝"式的各种音乐的因素——从红卫兵歌曲延续下来的对毛泽东的久盛不衰的崇敬和信仰，《老房东"查铺"》等抒情歌曲所采用的三段曲式，以及丰富多彩的少数民族风情和音乐素材，而集时代之大成。

这是最具有典范的颂歌风格的《北京颂歌》。音乐学专家分析这首歌曲说，这首歌的艺术形象富有光彩，笔墨凝练、洒脱，感情发展的逻辑严谨，情感浓烈，艺术概括性极强。为了体现各族人民的共同心愿，在音乐素材的选用上，没有局限在某一民族和地区的音调中，而是在民族音调的基础上创造出既有庄重巍然之势，又有亲切细腻之情的旋律，还糅进《国歌》、《东方红》的曲调因素。第二乐段，每句都从后半拍起，造成一种心潮逐浪的意境，使排比语句挟着音乐的波浪，推向感情的高潮。随后，以七度大跳引出异峰突起的警句，迸发出各族人民歌颂首都的强烈而炽热的心声。第三乐段，带有进行曲的特点，采用第一乐段的音乐素材加以发展，富有动力而又稳健，表达前进中的祖国人民的昂扬激情，使音乐升华到一个新境界（《音乐欣赏手册》之"北京颂歌"词条，上海音乐出版社，1981）。

但是，颂歌作品以发出时代最强音而自豪，它过多的高强音，和从头到尾都是强烈、激动的音调，不但限制了它的表现力，而且控制了一个时代的乐风。廊庙之音，从来没有这般风靡。甚至连中国最保守最复古的古代文人在论述"风、雅、颂"时都不忍多言，更不愿予以高度评价的颂体，占据了中心位置，为现代迷信、造神运动推波助澜。在戏剧化冲突不断激化的作品中，先进人物和英雄人物莫不要从《东方红》的旋律所代表的领袖毛泽东那里汲取精神力量，《红灯记》也罢，《创业》也罢，莫不如此，颂歌则把这一音乐素材扩展开来，以黄钟大吕般的气势敷衍开去；那些受难者被以"走资派"和暗藏的阶级敌人的罪名排除出人的行列，沦落为"牛鬼蛇神"的同时，人民领袖却被超升到至高无上的神的位置；戏剧和圣歌，画鬼和造神，便是如此相辅相成地合为一体，变成《镜花缘》中的两面国之奇观。

人间戏剧与太阳颂歌，规定了文化艺术的方向，舍此别无选择。因此，当许多人已经从政治的是非上评述这段历史的时候，我们宁愿选取美学风范的角度考察。政治上的专制必然导致文艺上的专制，但从美学上去评析它，更贴近文艺的特性。

非此即彼的机械论的思维方式，在太阳的光明与魔鬼的黑暗之间，没有任何中间地带，也不允许任何模棱两可或离经叛道。于是，不只是十七年乃至从五四以来的新文艺都被扫荡一空。十年内乱中出现的《园丁之歌》、《三上桃峰》等没有着力表现阶级斗争、路线斗争的作品亦被强行扼杀。进入 70 年代，为适应对外交往的需要，周恩来组织一批国画家给宾馆饭店画了一批山水、花卉、翎毛之类的作品，也被当做反面教材，办"黑画展览"。相反，一幅颇类西方宗教画的作品《毛主席去安源》却备受宠爱，它在命意上是消除原先宣传的刘少奇领导安源工人运动的影响（我在20世纪60年代初所读的小学语文中，就有刘少奇领导安源煤矿工人斗争的课文。事实则是，毛泽东、刘少奇、李立三等中共领袖，都先后在安源发动过工人运动），1968年7月12日，《光明日报》发表评论员文章《为捍卫毛主席革命路线而创作——赞革命油画〈毛主席去安源〉》。文中说："他们创作的《毛主席去安源》，不是一幅普通的油画，而是一把刺向中国赫鲁晓夫心脏的利剑，是一首毛主席革命路线战胜中国赫鲁晓夫反革命修正主义路线的赞歌。这是产生在阶级斗争暴风雨中的伟大作品，这是史无前例的无产阶级文化大革命时代的伟大作品。"油画作者刘春华也在创作谈中写道：

> 毛主席在安源的伟大革命实践，是一部无比宏伟壮丽的史诗。我们能用画笔来表现这部史诗的一个片断，感到无比的光荣和幸福！可是，长期以来，中国赫鲁晓夫竟然贪天之功，把毛主席亲自领导的安源工人斗争，说成是他的功劳。他为了给自己树碑立传，妄图实现他篡党篡国的野心，不惜工本地绘制黑画，拍摄电影，炮制回忆录等等，硬把一个工贼和小丑，打扮成"领导"安源工人斗争的"英雄"。是可忍，孰不可忍！中国赫鲁晓夫在安源的滔天罪行，激起了我们无比的仇恨。我们是毛主席的红卫兵，我们一定要把中国赫鲁晓夫颠倒了的历史重新颠倒过来！（刘春华：《歌颂伟大领袖毛主席是我们最大的幸福》，《人民日报》1968年7月7日）

所谓中国赫鲁晓夫，就是当年尚未公开点名但已经全国批判的刘少奇的代称。不但是在立意上，它在画面营造上，也与侯一民早先的著名油画作品《刘少奇和安源矿工》（1961）形成艺术上的鲜明对比。

侯一民为了表现工人斗争的宏大场景，采用了俯视的角度；《毛主席去安源》却采用了仰视法，抬高地平线，以显示人物之高大伟岸；前者把刘少奇置于工人群众之中，虽然在用光设位上给其以重要位置，但并非鹤立鸡群，作者强调的是他与群众的共命运感，后者却渗透着领袖的超凡出群，至尊至圣。

《毛主席去安源》，一时间恩宠倍加，先是随着建党纪念日7月1日的报纸一起发行，后又放大至各种尺寸发行画页，还特意将它制成邮票，使它进一步普及，在美术史上创造了空前绝后的纪录。

这样的充满造神气味的作品，当然需要被否弃。1979年3月14日《人民日报》发表了著名画家叶浅予的文章《从油画〈追念战友〉说起》。该文严厉批评油画《毛主席去安源》："……不禁又想起林彪、'四人帮'鼓吹过的那幅《毛主席去安源》的油画。见过那幅画的内行人都说其构思、构图，甚至用色，无不脱胎于意大利文艺复兴时期的宗教画。'四人帮'把那幅画钦定为美术作品的样板，命令大量复制，凡楼堂馆所、公私房舍统统悬挂，并且大量印刷，广为分发。"令人惊诧的是，时下人们讲到《毛主席去安源》，对其重要的政治蕴涵都闭口不提，难道真是到了"全民遗忘"的时代？

浮夸虚假：滥俗的象征与骈俪文体

　　人间戏剧和太阳颂歌，都是对现实的夸张和变异，并以此而败坏了一个时代的文学艺术风尚。

　　前文我们已经对它的强行扭曲人际关系、激化矛盾冲突作过论述，在这里，我们只想论及它对语言的严重污染。阶级斗争理论在生活中的贯彻，是用语言加政治权威创造了一种现实，因此，它便不能不把语言的功用发挥得淋漓尽致。

　　其一，是创造了以画鬼和造神、"黑"与"红"、"阴暗"与"太阳"为两极的话语关系，以及特殊的表达方式。比如舞台上"三突出"、"三陪衬"，画面的青松、大海，文学语言中对于领袖语录的直接引用和间接引用以及黑体字等。

　　姑举一例。刘春华在《毛主席去安源》的构图和设色上，煞费苦心，机关用尽。其自述说："为了集中突出毛主席的光辉形象，在构图上我们把毛主席的形象安排在最突出的地位。毛主席高大的形象迎着我们，向我们走来了，象一轮光彩夺目的朝阳从我们面前升起，给人带来了无限的希望。毛主席的一举一动，都体现着伟大的毛泽东思想。在动态处理上，要让毛主席的每一微小动作都有一定的含义：用稍稍扬起的头和稍稍扭转的颈部表情说明毛主席不畏艰险、不畏强暴、敢于斗争、敢于胜利的大无畏的革命精神；紧握的左手表现毛主席具有坚决、彻底、下定决心，不怕牺牲，排除万难，为争取解放全中国全人类的雄心壮志和必定胜利的信念；右手挟着一把旧雨伞，说明毛主席风里来，雨里去，为革命不辞辛苦，跋山涉水，到处奔波的艰苦的工作作风；迈着稳健的步伐，踏在不平的路上，表明毛主席为我们披荆斩棘，踏平了我们前进的道路，引导我们胜利前进；秋风吹起了由于工作紧张而没有时间修整的长发；衣衫被风吹得飘起来，表明这是一个不平常的时刻，是革命暴风雨即将到来的时刻。我们看到，随着红太阳的升起，安源山区见到了红色的曙光，随着救星的到来，安源见到了青天。总之，山也好，天也好，树也好，云也好，这些都要有思想，构成艺术语言，为烘托我们心中的红太阳的伟大形象起到它们应起的作用。就拿画中层层叠叠的云彩来说吧，'乱云飞渡仍从容'，它既表明了毛主席是在阶级斗争激烈的时刻来到安源的，在这样的时刻毛主席是何等的从容、沉着、坚定，同时又预示着毛主席的到来，将掀起一场新的阶级斗争的风暴！"（原文见《歌颂伟大领袖毛主席是我们最大的幸福》，《人民日报》1968年7月7日）

其二，由于难以在现实中找到直接的对应物，而采用双关、隐喻、比附、用典等都空前地得到流行。连报纸的社论和各种致敬电都向文学靠拢，骈体盛行，象征滥俗，"千钧霹雳开新宇，万里东风扫残云"，"革命方知北京近，造反更觉毛主席亲"，"芙蓉国里尽朝晖"，"辽阔中原唱凯歌"，在文艺作品中就更是泛滥成灾，到《平原作战》、《杜鹃山》，连对白都韵文化、骈偶化；《西沙儿女》本是作小说写，却要用所谓的散文诗的笔法，以掩饰其内在的空洞无物——浩然熟悉的是北方农村，写海南的渔民生活，明明是巧妇难为无米之炊，却偏偏要做出九月怀胎一朝分娩的假象。

小说一开篇，就是主人公程亮的妻子难产，因为没有钱，请不起郎中，产妇和胎儿都面临死亡的危险。可笑的是，到这里，浩然写道："程亮越说越激动，扯下葵蓑摔掉，不顾一切地冲到舱口，挤开站在那儿的渔妇们。他像对天、对海，大声地呼喊起来：'娃呀，娃呀，你为什么不肯出生呢？你嫌我们穷吗？穷是穷的，头上没有一片天，脚下没有一块板，浑身碎布不蔽体。可是，娃呀，阿爸我力壮，阿妈她勤劳，大海对我们最有情，西沙给我们藏着宝，我们拼了命也要把你养大，我们定要疼爱你的！你怕这个世道黑暗吗？黑暗是黑暗的，海里鲨鱼翻恶浪，路上豺狼逞凶狂，穷人都在水深火热里。可是，今时跟你阿公在世那时不一样了，涨潮会落潮，黑夜过去就是天明，穷人就要抬头、就要直腰，世道就要大变啦！娃呀，娃呀，你是咱穷人家的后代根苗，阔人们越欺压咱，咱越要挺着胸膛生、挺着胸膛活，一代一代接下去呀……'"

不知道这是否可以称为语言拜物教。从《西沙儿女》的文本来说，产妇难产，不是奇迹，程亮要靠这样的呼唤，把自己的孩子从产妇肚子里唤出来，才是奇迹。语言的合辙押韵，工整对仗，张扬铺排，情感泛滥，正是"文革"语言的集大成。请注意，这里还有一个前提，就是前来助产的符阿婆已经指明，当下的情势是危急万分，要求程亮在保产妇还是保胎儿的两者之间做出选择，程亮却宣布老小都要保，然后就有了这一段助产词。他真的以为语言万能吗？

接下来的文字描写，仍然充满喧嚣浮夸，把程亮的呼唤无端地放大：

这声音像雷鸣，似电闪，震动着渔船，响彻在汪洋大海。

狂风，胆怯了！

巨浪，低头了！

暴雨，躲避了！

一船人擦掉泪水，昂起头！

（《西沙儿女——正气篇》，北京人民出版社，1974，第4页）

程亮的狂躁呼喊，就这样地回响在天地和海洋之间，鼓舞了身边的渔民，还让他的女儿平安降生，这只能让人称赞"高啊，实在是高！""玄啊，实在是玄！"

以小见大，从"文化大革命"来讲，那些操纵全局的人，确实都犯了语言崇拜狂。在某种意义上，"文革"就是一场用语言操控、用语言推动的运动；他们也确实相信，只要改变了语言，就可以改变世界——这不是正常的语言，而是黑白颠倒、指鹿为马的谎言，谁说中国人缺少发明创造呢？如果能够编撰一部"文化大革命"语言大辞典，那才能够看出时代的荒诞呢。比如说，"牛鬼蛇神"一词，本来出自唐代诗人杜牧的《李贺诗序》："牛鬼蛇神，不足为其虚幻荒诞也。"这是对李贺诗歌的奇异的想象力的高度称赞，本无贬义，"文革"时期，它却成为诬陷他人的一个堂而皇之的名号。类似的例子不胜枚举，我们的语言宝库中，从古以来都没有过这样的庞大污染吧。

其三，由于把艺术的具体细节都加以引申发挥到事关全党全国之斗争大计的高度，在叙述方式上，便造成一种奇怪的衔接，由或一具体事物的陈述陡然拔高到一个无可再高的"高度"，以语言的黏合剂去填平和黏合其巨大的裂痕。最典型的，是《大海航行靠舵手》的歌词和《龙江颂》的对白。"鱼儿离不开水，瓜儿离不开秧，革命群众离不开共产党，毛泽东思想是不落的太阳"，前三句的否定句式与第四句的陈述句，本来是大相径庭、悖谬不然的，但是，那四个"不"字却以其表面的相同而瞒天过海，违背修辞和逻辑的情理和惯例，去强行造出理直气壮、斩钉截铁的气势，真可谓"语言大师"。《龙江颂》中有一座山叫"巴掌山"，这种现实中的小山包去引出宏阔无边的教诲：抬起头，挺胸膛，高瞻远瞩向前方。莫叫"巴掌"把路挡，世界风云胸中藏……这种借题发挥，巧舌如簧，造成翩翩有理的假象，实际上不过是另一种无限上纲法——在打击和剿灭那些"敌人"

的时候，可以深文周纳，过甚其词，提到"斗争"高度加以鞭挞和惩罚，在进行自我陈述时，同样可以无限夸张，似是而非，在恶性膨胀中获得陶醉，岂有它哉！

常见的轻浮

——新世纪国产动画电影长片的艺术问题与价值缺憾

冯学勤　王　晶[*]

摘要：新世纪的头一个十年，是中国动画电影长片产量由少到多、技术由粗到细、市场由弱渐强的十年。然而，增值的现状并不能使我们忽视一个基本的事实：缺乏现实指涉和价值支撑，占据整个动漫产业最高端的动画电影长片就只能表现为虚假的繁荣，而所有外表光鲜的动画形象也只表征为常见的轻浮。本文具体通过"缺席的民族文化价值观"、"女性性别的刻板印象"、"难以认同的代际身份"和"物种主义批判的可能性"等四个主题，探讨新世纪动画电影长片的价值缺憾及其他相关艺术问题。

关键词：动画电影　中国元素　女性主义　代际尴尬　物种主义

Abstract：Even if the productions increased, the techniques advanced and the market blow out, Chinese animation films in the first decade of 21st century were shill fake flourishing. Without care for reality and core value, all of the animated images were just only what Baudrillard called "The Frivolity of the DéJà - Vu". Through four themes, such as the absence of national cultural value, the stereotype of female gender, the identity problem of gen-

---

* 冯学勤，杭州师范大学人文学院；王晶，浙江师范大学幼儿师范学院。本文为国家社科基金重大招标项目"当代中国大众文化的价值观研究"（项目批准号：11&ZD022），2010 年浙江省社科联研究课题重点课题"浙产动画电影长片的现状剖析与前景展望"（课题编号：2010Z23）的阶段性成果。

eration, and the possibility of speciesism criticism, we will discuss the value absence and other art's questions of Chinese animation films in the 21st Century.

Keywords：animation film, Chinese elements, femalism, generation awkward, specisism.

就制作技艺的高要求、资本投入的风险度、商业运作的复杂性以及传播媒介的覆盖面而言，毫无疑问，动画电影长片（即剧场动画或影院动画）处在了整个动漫产业发展链条的最高端，同时也构成了判断特定地域动漫文化发展是否成熟的重要尺度。进入 21 世纪后，中国动画电影长片借力于经济转型背景下文化产业政策的战略性调整以及本土电影市场本身的井喷式勃兴，开始摆脱原有计划经济体制所带来的产业发展弊端，走上了一条产量由少到多、技术由粗到细、市场由弱渐强的发展道路。虽然就艺术风格的成熟度、审美内涵的蕴藉性、文化表征的原创性及其在世界动画电影史中所占据的位置而言都远远无法与生长自旧体制中的"中国学派"相比，但题材选择的相对开放性、价值观念的相对多元性、意识形态的相对宽容度却是显而易见的。这种由经济体制变革、社会文化转型所带来的变化首先是可喜的，因为它构成了良性的动画文化发展的前提条件；然而需要进一步指出的是，当讨论中国动画电影长片的关键词由"教育意义"、"审美蕴藉"、"人文内涵"及"民族风格"转变为"娱乐功能"、"数字技术"、"产业效益"和"文化战略"之时，警惕在当今消费主义文化、新兴媒介文化的混流影响下掏空动漫艺术的现实指涉功能和人文价值内涵从而使动漫文化流于一种常见的轻浮，显得十分重要。

"常见的轻浮"（The Frivority of the DéJà‐Vu）借自波德里亚《象征交换与死亡》中译本（车槿山译）第三章"时尚或代码的仙境"第一节标题，这一短语同时也构成波德里亚对消费主义和新型媒介技术所催生的虚拟仿像覆盖一切事物的深度担忧。波德里亚的仿像概念排除了形象或符号本身所具有的一切现实指称和价值承载功能，从而无根的仿像以时尚的形式飘浮在日常生活世界中，成为一种"常见的轻浮"。① "The Frivority of the DéJà‐Vu"最为合适的翻译也许应该是"似曾相识事物的轻浮性"，法

---

① Jean Baudrillard. *Symbolic exchange and Death*, SAGE Publications, 2004, p. 87.

语"DéJà - Vu"更恰当的意涵指向了那些并不依赖于现实—反映原则或存在—表象原则即并不以现实为摹本而是仅仅根据差异性和替换性原则自动生成的仿像，这些无根的仿像并非作为现实事物及其倒影而"常见"，但却能给人以"似曾相识"的感觉。需要指出的是，尽管波德里亚的"常见的轻浮"可以直接关涉对动漫文化既作为一种时尚文化，同时也作为数字技术实验场的理解，但我们并不完全在波德里亚的立场上和语境中使用这一术语，我们将在尽量排除波德里亚过于骇人听闻、过分未来主义的前提下，保留这一术语所具有的现实批判潜质：即对新世纪中国动画电影长片在民族、代际、性别、物种等不同层次上所表现出来的缺乏现实关涉和价值支撑的总体现状进行反思性概括。

一　抵制熊猫与"中国元素"：缺席的民族文化价值观

在虽有代差但却基本平行的中美动画电影长片史上，有两部电影真正刺痛了中国电影人、文化批评者乃至一些中国电影观众的神经，并引起他们试图保卫中国文化免受外来文化"殖民"乃至"侵略"的行动，这些行动不仅仅只是在学术刊物、报纸杂志乃至网络博客上发表反思性或呼吁性的文章，最近一次的保卫战甚至演变为一场商业气味十足、难脱炒作暧昧的阵地攻坚战。一部是迪斯尼 1998 年推出的《花木兰》（Mulan）系列，一部是梦工厂 2008 年推出的《功夫熊猫》（Kung Fu Panda）系列，后者的续集刚刚伴随着"熊猫'艺术家'"赵半狄、北大教授孔庆东、北影动画学院院长孙立军以及一个"好莱坞叛徒"提姆·赖斯（Tim Lies）的联合唱衰声下线。这两部电影所刺痛的神经，是如何自信自如地运用"中国元素"① 并以此创造出"富有中国文化底蕴、承载中华优秀传统文化的动漫产品"②。当国人发现好莱坞如此轻松自如、毫不客气地运用中国文化符号生产自己的文化产品并在全世界赚得盆满钵满之时，"后殖民阴谋"及与"文明冲突

---

① 当今对"中国元素"的寻求表现出本土动画艺术发展史上的断层：计划经济时期的"中国学派"对"中国元素"的纯熟运用建立在无须计较成本的基础上，因此产量极低且不能适应产业化大规模发展；进入市场经济之后国内大量的动画艺术生产者随之沦为美日动画的外包，再加上播映市场上美日等现代动漫文化的涌入导致观众趣味的变异，从而影响到国产影视动画片，结果是越来越丧失本国风格。

② 摘自国务委员陈至立于 2006 年 11 月 9 日在扶持动漫产业发展部际联席会议全体会议上的讲话。

论"捆绑在一起的"文化侵略论"就成为最便（bian）宜、最冠冕同时也最骇人听闻的理论武器了。

国内关于这两部动画的研究中，最常见的批评套路就是运用后殖民理论，持文化侵略论调细察好莱坞如何以"中国元素"为幌子在主题、叙事、语言、人设、动作等不同技术层次偷偷塞入"西方价值观"："它（指花木兰）正如 ABC（American Born Chinese）被戏称为'香蕉人'一样，是'黄皮白心'的。由于影片是用西方的话语、西方的视角，并用西方的价值观来规定和观照其所叙述的中国故事，因此无论它在制作中采用了多少中国的元素，其所折射出来的意识形态还是西方的价值理念。"① 在《花木兰》中，"西方价值观"的体现是用"女权主义"、"人人平等"和"自我意识"来偷换本土文化传统中的"忠孝"主题，"因为美国在世界媒介文化中占据主导地位，美国在全球化的进程中实际上扮演着主角，这使《花木兰》迪斯尼全球化在实质上成为了美国化，只不过美式的女权主义和个人主义在西方世界、在现代社会具有很强的普适性而已。"② 而在《功夫熊猫》中则强调"好莱坞这个美国文化部、美国中宣部"（孔庆东语）用"个人英雄主义"以及"美国梦"的价值差异性来赚中国人的钱、洗中国人的脑。"《功夫熊猫2》是一部挪用中国元素，以热爱中国文化的名义戏弄中国人的电影，好莱坞所谓'给中国的情书'、'保护中国文化'，全部都是谎言，正如一位前好莱坞工作者所说：一切都是以赚钱和洗脑为目的！"③

无论这些论说出于何种良善动机，当后殖民批评者或文化侵略论者不恰当地将女性主义、自我意识、个体价值等视作本土文化的他者之时，所拒绝的不仅是西方文化对本土文化的影响，同时也是本土文化进一步现代化的契机以及文化启蒙的继续推进。陶东风教授在《告别花拳绣腿，立足中国现实》一文中指出："后殖民主义把对现代性转化为空间上的强/弱文化关系，而不是原来理解的时间上的先/后关系，但是却不能解释为什么强的即是坏的、不道德的。不管是强势文化还是弱势文化，都仍然存在是非

---

① 李婉：《穿比基尼的花木兰——从叙事学角度看迪斯尼影片〈木兰〉对中国〈木兰诗〉的改编》，《重庆交通大学学报》2007 年第 4 期。

② 秦志希、翟晶：《从迪斯尼〈花木兰〉看全球化语境下的跨文化传播》，《现代传播》2002 年第 2 期。

③ 《"六一"去看大自然，不看〈功夫熊猫2〉——致家长和孩子们的一封信》（该信由赵半狄、孙立军、孔庆东等人在北京电影学院联合发出，并得到前好莱坞工作者提姆·赖斯的响应），摘自赵半狄新浪博客 http://blog.sina.com.cn/u/1226712162。

问题。关键的问题还是：我们必须在我/他族、强/弱的标准之外与之上，建立一个普世的标准。"① 诸如自由平等理念及自我意识的张扬、个体价值的实现等所谓的"西方价值理念"即便是异于中国传统文化的，作为一种普世性的现代价值观也并非是站在我们当下对立面的"他者"。事实上，如果这些"西方价值观"成为包括动画在内的本土文艺创作必须绕过的障碍（实际情况中根本绕不过），那么本土文艺作品上所显露出来的价值空洞就清晰可见了。

　　因此，反观21世纪以来的中国动画电影长片，即便充斥着海量的"中国元素"，也绝无任何一部作品清晰表达了"民族文化价值观"。受国家文化管理机关以及产业发展政策的鼓励，以及诸如《花木兰》、《功夫熊猫》等"盗用"中国文化符号的外国电影的刺激，"中国元素"早已铺天盖地地出现，其运用也开始渐趋成熟，却至今都没有一部真正能给人留下深刻印象、吸引最大的观影人群、激起非炒作的自发性热议乃至可作为中国动画电影发展史之新标杆的作品。据笔者的统计，从1999年美影的《宝莲灯》这部试水产业化运作的动画电影开始计算，十余年来中国动画电影长片的院线放映总量至今已达60部左右。② 在这些影片中，除了像《魔比斯环》等极少数几部因题材或合拍等因素而较为明显的不具备"中国元素"的片子，绝大多数的动画电影不仅在题材、场景、人设、动作、音乐、色彩等制作技艺层面或多或少地凸显出"中国元素"，甚至在后期商业推介层面突出"中国元素"也成为十分常见的一种宣传手段。这种宣传手段主要面向国家相关文化管理机关，作为取得官方认可、官方资源乃至各类奖项的依据；同时也部分面向普通观影人群，希望凭借镜像效应使本土观众获得日常生活的熟悉趣味乃至国族身份认同。

　　然而，正是因为在价值理念层面缺乏有力支撑和艺术统一，包括题材上的传统故事、人设上的民族造型、动作上的中国功夫、场景上的中国风、音乐上的民族器乐等中国元素无法形成一种相互应和、相互撑拒、相互融

① 陶东风：《告别花拳绣腿，立足中国现实》，《文艺争鸣》2007年第13期。
② 当然，这也包括许多只是"院线一日游"的片子，即那些虽然公映，但却因市场吸引力太弱而很快下线的片子；另外，笔者的统计不包括诸如《宝葫芦的秘密》、《铠甲勇士之帝皇侠》等真人＋动画类型的电影。随着数字技术的广泛应用，真人电影中出现的3D特效及动画形象越来越多，表现出动画与真人电影之界限的模糊，其所造成的文化及美学问题的复杂性并不在本文的讨论范围之中。

合的关系，最终这些元素只能作为点缀或装饰，流于精致的外表下常见的轻浮。在 60 多部长片中，创自中国传统民俗、民间故事、历史故事、神话传说、四大名著的至少有《马兰花》、《梦回金沙城》、《麋鹿王》、《西岳奇童》（下）、《虎王归来》、《红孩儿大话火焰山》、《梁山伯与祝英台》、《神弓传奇》等二十多部，然而这些本该最具有"中国元素"特征的产品却没有任何一部票房超过一千万（甚至许多作品票房仅以数十万计）——与动画电影长片动辄投入数千万乃至上亿资金相比，结论似乎十分讽刺地说明"中国元素"简直成为打垮中国动画电影长片的票房毒药。唯一的反例则是没有在大陆公映的《麦兜故事》（而非上海文广的《麦兜响当当》），这部制作技艺简单、投资相对低廉却票房大卖且收获国际动画最高奖项——安锡奖的香港动画电影，其中一点都不精致的"香港元素"得到了正经历着亚洲金融危机的"草根价值"的有力支撑。

　　因此，并非如同许多动画评论者所认为的那样，从传统文化的故纸堆中拨拉出一些东西就能开发出"中国风格"和"中国形象"，也并非将"中国元素"拼凑在一起就能够组装出"深层的民族文化价值观"。任何价值观的形成都必须立足于当下现实，无论其作为资源诉求的面向是传统还是西方。缺乏现实关涉是根本原因——诚然，动画电影长片因其自身有别于真人电影的艺术特长即势必要求通过天马行空的想象制造神奇的时空幻境从而特别偏爱童话神话、魔幻科幻等题材，但这并不意味着这些神奇的幻境可以脱离当下社会语境的现实土壤。虽然今天对"中国元素"的诉求之声超过中国动画电影长片史上的任何一个时期，然而在时代精神和现实关涉上却远远不如没有电脑、没有动作捕捉器、没有数字化的从前——尽管数字化已经成为复制现实取代真人电影从而拓宽创作题材的最有效手段。

　　事实上，如果我们回顾一下已经"孵化"出"经典"的前两个时期，我们就会更加清楚地意识到"民族文化价值观"是如何产生的：以《铁扇公主》（1941）为代表的中国动画电影长片初创期（20 世纪 30 ~ 40 年代）同时也是中华民族进行民族解放战争的时期，在孤岛上海那种极端恶劣的被占环境下，万氏兄弟将抗日主题偷偷编码进入传统故事并创造出亚洲第一部、世界第四部动画电影长片，集中表现了中华民族团结御侮的时代价值观（该片中的孙悟空甚至还是个穿着虎皮裙的米老鼠）；"中国学派"的成熟期（20 世纪 60 ~ 80 年代）则以《大闹天宫》（1964）、《哪吒闹海》

（1979）等为长片代表，这些作品同样能够轻易接合"文化大革命"结束、反抗迫害的时代历史语境，从而拥有更为沉重的价值压舱石。这两个时期也许并不像今天那样在打造"文化品牌"即将钱长长远远地赚进自家口袋的资本焦虑和产业轻浮中将"中国元素"的幌子举得老高，但却因其历史的凝重而永远属于中华民族。①

　　总而言之，就 21 世纪以来在资本热力蒸腾下生产出的中国动画电影长片而言，我们无法找到任何一部将根系深扎于现实土壤中亦即深扎于最广大的人群之普遍诉求之中的作品，从而深层的"民族文化价值观"也根本无处找寻。刚刚公映的两部在制作上十分杰出的作品也许能够提供某种进一步的启示，尽管他们也并未能够承担起表征"民族文化价值观"的重任。青青树制作的《魁拔》代表了技艺层次上的日系走向，虽然该片哈日风格令人讨厌（青青树做了日本动画多年的外包），但故事中蛮吉代表的底层妖侠与贵族妖侠之间的冲突以及底层妖侠受蛮吉鼓舞共鸣发出谐脉阵成为该剧最富张力、最具亮点同时也最为煽情的剧情设置，底层民众百折不挠、不畏权贵、力争平等的草根价值理念得到了集中彰显。北京电影学院制作的《兔侠传奇》在技艺层次上几乎达到了其对手《功夫熊猫》的水准，都是美式 3D 全动画的技法，都是正义战胜邪恶的传统主题，都是底层小人物变成大人物的故事，都是中国功夫的尽情展示，甚至在功夫招式的动作设定上比"熊猫"还要清晰、复杂和正宗——然而，即便这部电影可以与《魁拔》一起使 2011 年成为中国动画电影长片发展史上的重大转折点，但其为了强调与《功夫熊猫》在价值观上的差异性而突出"路见不平、拔刀相助"的"传统文化精神"却是相当乏力的：兔二与熊猫阿宝的不同在于，后者通过自身的艰辛努力以及团队帮助最终完成自我认同从而成为神龙大侠，而前者之所以能登上武林盟主的宝座（尽管最后放弃）却从根本上依赖于临死前的老猴子将毕生"功力"传授给自己——如果我们能够沿着"功力"想得更远一点的话。这两部离笔者写作时间最近的电影有两点启示：①不管用的是中国元素、日本元素还是美国元素，只

---

① 事实上，如果我们对中国动画电影长片史上的这三部当之无愧的经典作品进行反思，我们就会发现它们的主题都相当一致地凸显了反抗性：《铁扇公主》的反抗性针对的是凶残的日本侵略者，《大闹天宫》、《哪吒闹海》的反抗性则针对的是所有高高在上、欺压百姓的统治阶级。然而孙悟空或哪吒等此类民众反抗征符在 21 世纪动画电影长片中却难得一见——仅这点就值得人们深思。

要是真正具有现实关涉意义、表达本民族普遍价值诉求的作品，都不是外族作品；②与其从一开始就从普世价值理念中切分出"我的"和"他的"并小心翼翼地绕过"他的"且苦心孤诣地拼凑"我的"，不如将"山寨精神"发挥到底——谁叫我们无论在科技还是文化领域都如此精通逆向工程学呢？

二　蛇精、蜘蛛精与蝎子精：女性性别的刻板印象

一个十分有趣的现象是，在上海美术电影厂 1986 年推出的动画电影系列短片《葫芦兄弟》（2008 年动画电影长片《葫芦兄弟》只是对 1986 年系列短片的精编，故本文不加特别论述）中，其反面人物形象即蛇精 + 蝎子精的组合，到了新世纪以来继续在诸如《麋鹿王》（蛇精 + 乌鸦精国师）、《精灵女孩小卓玛》（蜘蛛精 + 蝎子精）等片中延续，从而构成国产动画电影长片中相对稳定的反派性别组合。然而，具有明显差异的是，《葫芦兄弟》中的蛇精与蝎子精在夫妻关系上基本平等，而在他们所领导的、由大小妖怪组成的黑社会组织遭遇危机或面临重大决策时，蛇精作为"邪恶智慧"的表征拥有毫无疑问的主导权；但在《麋鹿王》、《精灵女孩小卓玛》等影片中，无论是蛇精还是蜘蛛精都屈从于比她们拥有更强法力或更大力量的男性领导者，表现为明显的仆从关系。虽然我们不能立即得出中国女性主义运动的倒退结论，但却也使我们将新世纪以来中国动画电影长片视作折射相关议题的棱镜，毕竟这一变化颇富戏剧意味。

这种意味在于，尽管 86 版中蛇精这一形象完全靠对其女性气质的强化和丑化，即柔韧、精明和阴毒来成为反派领导者，然而在组织权力的层面她却与男性平等甚至超过她的男性伙伴；而新世纪以来那些反派女性虽然依旧因同样的原因而被丑化，却在组织权力上完全屈从于他们的男性领导人。86 版蛇精不由得让我们想起新中国成立后影视剧中几乎所有"国民党女特务"形象，恰恰是这些女妖精女特务们比其对立面——即新中国成立后进入"花木兰式境遇"（克里斯蒂瓦《关于中国女性》）、丧失女性社会性别（gender）差异表述可能的铁姑娘们——更为立体且更具"女人味"。然而完全走出"花木兰式境遇"后即新世纪以来，在这种相对稳定的角色组合上发生的权力变化恰如戴锦华所言："当代中国女性之历史遭遇呈现为一个悖论：她们因获得解放而隐没于历史的视域之外；那么，另一个历史

的悖论与怪圈则是，她们在一次历史的倒退过程中重新浮出历史的地平线。"① 简而言之，这一变化的实质是女性性别差异的再度被发现要以女性在两性权力方面的牺牲为代价，进步与倒退悖论式的并存。

我们从棱镜中发现的倒退并不止于在两性权力方面——事实上，新世纪动画电影长片不仅参与建构女性社会性别，而且在总体上还强化了关于女性社会性别的刻板印象。第一，以女性或雌性动物为一号角色的动画电影少之又少，仅有《梁山伯与祝英台》、《精灵女孩小卓玛》、《麋鹿王》、《马兰花》、《犹太女孩在上海》五部，而绝大多数影片的一号角色为男性或雄性动物，几乎所有女性或雌性形象都仅为相对次要角色。第二，在包括主要角色和次要角色、正面角色和反面角色的所有女性形象当中，与迪斯尼传统影片一样（好姑娘＋坏巫婆式的女性角色模式），简单的两极分化现象极为严重，要么是纯洁无瑕如天使一般的女孩儿或少女，要么就是阴毒、丑陋、凶残的成熟女性（如蜘蛛精及蛇精）及老年妇女（如《马兰花》中的藤妖）——她们总是因为追逐年轻、充满欲望或试图拥有更大控制力而作恶或作为恶的表征。第三，绝大多数的正面女性形象虽然可用"天使"来笼统概括，然而这些甚至拥有特殊神力或特殊品质（道德品质直接转化为物质能量）的"天使"却几乎无一例外都是花瓶，她们虽然拥有"很萌很萝莉"的外表但却普遍智商低下，既然爱心总是泛滥那么表演自然矫情，因为弱不禁风所以必须召唤男性英雄前来拯救。

另外，不但绝大多数的作品中女性形象仅以被支配性的地位以及被事先指派好的刻板模式出现，而且在极少数勉强适合成年观众观影（而且这些观影的成年观众必须在一定程度上是动漫迷）的动画电影长片中，女性角色既可以因人物关系的需要被分配给那些多少显得孤独的男性英雄，同时也可以因剧情发展的需要而随时被牺牲——哪怕这种牺牲或分配意图太过明显或太过无厘头。比如，在内地票房三千多万的香港电影《风云诀》中，由四男四女配对组团、四邪四正搭配出现的八个主要人物如下：聂风＋第二梦、步惊云＋紫凝构成的正面形象与傲决＋残姬、断浪＋冰影构成的反面形象。其中第二梦和紫凝至少在这部动画电影中毫不加以掩饰地被分配给两位绝世英雄，而且只是挂在他们肌肉发达的胸前、奖励他们英

① 戴锦华：《当代中国电影中的女性与女性的电影》，中国艺术批评网，http：//www. zgyspp.com/Article/y5/y54/200809/12177. html。

勇无畏的男性气质的两个勋章——甚至在某种程度上还起到了提示他们注意自身男性性别边界、防止兄弟之情转变为耽美之爱的附带作用；而两位男性反派的勋章——残姬和冰影从一开始就注定要随她们邪恶恋人的毁灭而毁灭，只是残姬的毁灭为傲决蓄积愤怒同时还能建构其孤傲性格从而多少还有些价值，但冰影的毁灭在匆忙完结的情节叙事、糟糕的动作定时（timing）、莫名其妙的对白下显得极无厘头。

在 60 部左右的动画电影长片中，唯一的反例是被许多资深动漫粉丝骂为"脑残"但同时却又在票房上遥遥领先于其他国产动画的《喜洋洋与灰太狼》系列（三部均为亿元左右），其中的红太狼尽管不是主要角色，但随时砸向灰太狼的"平底锅"却时刻提醒着她在家庭中的霸权地位，而灰太狼也成为国内千千万万待嫁女性或已嫁女性理想丈夫的欲望投影，同时构成吸引最广泛的人群前往影院观看这部 Flash 动画的重要理由之一。然而，这颗千万女性心中在家庭模式方面显得如此完美的宝石仍然折射出这样一道昏暗幽昧的光线："嫁人要嫁灰太郎"的另一种表述是，女性就应该心安理得地躲在男性打造的家庭堡垒中，花更多的时间关心自己的容貌，反正美丽和生育已经足以抵偿男性的所有艰辛付出。

三　早熟的儿童与长不大的成人：难以认同的代际身份

"难以认同的代际身份"是指，一方面，尽管中国新世纪动画电影长片的绝大多数观影者都是成人，然而绝大多数的动画电影长片都并非为成人拍摄，从而使他们在整体上无法对国产动画电影发生代际文化的身份认同，因此国产动画电影的理想受众主体在逻辑上也许只能是那些"长不大的成人"；另一方面，在迟迟不肯出台电影分级制度的前提下，为了实现观影人群的最大化（同时也是资本回报的最大化），制片方又不得不在受众年龄定位偏低的产品中偷偷调入许多并不适合"未成年人特点"的成人趣味，从而露骨的性暗示、快意的粗口和几乎无处不在的暴力都成为儿童早熟的催生剂。

任何关于 21 世纪以来中国动漫产业政策的研究都逃不过两份重要文件，这两份重要文件不仅决定了原先远在整个国家文化事业发展之边缘位置的动漫进入中心地带，而且在随后的一系列配套的文化及经济政策上加速了中国动漫产业的跃进式发展。在 2004 年 3 月《中共中央国务院关于进一步加强和改进未成年人思想道德建设的若干意见》的文件中，第一次从党政最高层发出"积极扶持"国产动画片的信号，而且明确指出国产动画要"适合未成年人特点"。两年之后国家广电总局作为对"一号文件"的具体贯彻，发布了《关于发展我国影视动画产业的若干意见》，指出影视动画是"满足人民群众特别是广大少年儿童日益增长的精神文化需求的重要途径"，还要求"有针对性地开发制作适合不同年龄观众的动画片"。这两份文件首先是一个提示，即中国动漫产业是受到国家意识形态主导性制约的，其起航是在原有的动画生产能力和生产水平不足以承担"未成年人思想道德建设"的因素下发生的；同时，中国动画的受众是以"未成年人"即"广大少年儿童"为核心的，在此基础上兼及"不同年龄观众"即"人民群众"中的成人部分的"精神文化需求"。

需要指出的是，这两份文件都没有区分性地对待动画电影（长片）和动画电视的受众群体，然而两者就国内当下语境而言是有很大区别的：在尚未出现《辛普森一家》、《南方公园》或《摩登原始人》这种适合成年人趣味的电视动画类型片之前，国产动画电视的唯一受众群体就是"未成年人"（自从针对境外动画的黄金时段限播令得到愈来愈严格的执行后，"未成年人"中的高年龄段也大量流失）；然而由中国电影家协会理论评论工作委员会发布的《2011 年中国电影艺术报告》则显示，2010 年中国上映的动画电影 83% 的观众都是 18 岁以上的成年人。正如该报告的主要负责人盘剑在比照好莱坞同类产品后指出的那样："电视动画片的消费主体是孩子，但电影动画片的消费主体一定是成年人。"[①] 显然，国家意识形态主导部门以及相关文化管理机关这种笼而统之、未加区别的态度对中国动画电影的发展是不利的。

于是，我们在 60 部动画电影长片中相应地发现，绝大多数影片都存在目标受众年龄定位偏低的现象。[②] 除了《风云诀》这一十分暴力且具有露骨的性暗示内容因而完全属于成人（主要是青年观众）的电影外，大多数影片一开始就将目标人群锁定在了 14 岁以下，如《小虎斑斑》、《红孩儿大话

---

① 详见《国产动画电影很低幼，要加入成年人喜欢的元素》一文，http://www.ccdy.cn/ch-anyeshichang/content/2011-04/06/content_858603.htm。

② 需要补充的是，在长期以来对动画艺术的社会偏见影响下，现行绝大多数的影视制作公司在前期策划时都不敢将观影人群直接定位在 18 岁以上，否则会面临极大的市场风险。

火焰山》、《闪闪的红星》、《小兵张嘎》、《西柏坡》、《潜艇总动员》、《精灵女孩小卓玛》、《海底淘法》、《恐龙宝贝》、《虹猫蓝兔火凤凰》等等，这些电影往往因为老掉牙的故事、直白的说教或闹哄哄的打斗使成人观众（包括 14 岁以上的青少年）毫无兴趣，最多是因为不希望"亲子观影"的年轻父母们太过无聊而在人物关系或对白中加入一些时尚元素或流行话题，如票房最高的《喜羊羊和灰太狼》系列（尽管该片不仅在票房上成功，甚至已经成为一种波及成人世界的文化现象，但据该片主创透露目标人群定位仍然是 14 岁以下）；其余一些影片定位并不清晰，如《梦回金沙城》、《麋鹿王》、《太阳使者》、《神刀传说》等等，这些影片的受众主体应当是将要或已经触及爱情的青少年（14 岁以上），然而宏大的主题（动不动就要拯救世界）、拙劣的技艺配上简单（甚至混乱）的故事、幼稚的人设都迫使他们觉得智商和趣味受到蔑视从而远离影院。

在这种情况下，绝大多数成人观众——甚至那些童年及少年时代在电视动画陪伴下长大、在动画生产断代期接受过美日动画的趣味培育并养成一定的动画欣赏习惯的 70－80－90 后观众——都无法对国产动画电影长片发生整体性的代际文化认同，而能够成为他们代际身份标志、产生代际文化认同、形成相应亚文化圈子的主要资源只能来自境外电视动画（主要通过盗版 DVD 或网络下载等方式）——其中以日本电视动画为主。于是诸如"正太"、"萝莉"、"御宅"、"耽美"、"秋叶系"、"茧居族"等相应关键词下所隐藏的不同价值观念以流行文化的方式悄无声息地影响着中国都市青年，借此他们构筑起抵御本土现实或拒绝长大的亚文化隔离墙。而在电影大银幕上，真正能够让成年人觉得不花冤枉钱的只有皮克斯、梦工厂、蓝天、派拉蒙等少数几个有幸挤入引进大片名额的好莱坞动画工作室的产品，也许这些产品故事同样简单、人物未必唯美，但至少在视效及动作层次上能让他们感受到即时的快乐。久而久之，受异域动画及其裹挟的审美趣味、艺术风格的潜移默化，反过来更使得这批原本应当成为国产动画电影长片的最佳受众乃至忠实粉丝的观众短期内难以接受国产剧场动画。笔者曾就刚刚上映的国产动画电影《魁拔》与凭《勇闯天下》获"中国动画学会新人奖"的傅燕导演交流，她甚至猜测像《魁拔》这样优秀的作品之所以满是哈日风，原因竟然或是因为青青树公司意欲通过这种明显讨骂的方式将趣味已经日本化的国内哈日粉丝（这些哈日粉丝正构成了中国动漫文化受众当中的核心层）以抽丝剥茧的方式一点点抽离出来，又或是哪个日本动画公司想借青青树这个国产动画的壳子上中国的市场。① 不管硬币的哪一面被她猜对，结果都反证着国产动画电影长片的可悲之处。

相对未成年受众而言，成年受众还是十分幸运的，因为他们拥有独立的判断能力和自由选择的权力——至少他们可以不选择大银幕或假装不选择本土现实。然而，在当前电影分级制度迟迟不被相关管理机关采纳的前提下，那些打着"老少咸宜"或"亲子观影"的旗号同时却充满暴力、粗口和性暗示的电影将通过高度清晰的影音设备轰击懵懵懂懂的未成年人，一向以为动画是儿童的专属自然适合儿童的家长也会毫不加以提防地将孩子带进播放诸如《风云诀》的电影院。当未成年人听到热情洋溢的国骂、看到漫天飞舞的断手断脚、感到男女之事甚为有趣的时候，国产动画电影的可悲立即转化成为孩子的可悲。与电视动画在理论上随时可以因家长的反对意见而停播不同，新世纪以来的剧场动画丝毫没有建立起一道安全的防线，这道防线在保证孩子得到快乐以及附带教育的同时能够抵御成人世界过早地伤害；同时也没有建立起一道清晰的分界线，② 这条分界线将允许动画艺术在成人世界中得到更大的自由发展空间，同时能使成人在娱乐的同时顺便反思一下或体验一把。

事实上，本文的所有问题均多多少少与这一问题有关，包括不关涉现实从而难以表现"民族文化价值观"、没有复杂立体的女性形象以及缺乏建筑在物种差异性认识基础上的动物形象等："适合未成年人特点"在某种程度上已成为国产动画电影长片肤浅（就现实关涉而言）幼稚（就知识而言）的天然保护伞。

四 好动物、坏动物与永远不死的动物：物种主义批判的可能性

也许没有任何一种艺术形式像动画那样"热爱动物"，这不仅表现在我

---

① 尽管傅燕后来否定了这一可能（青青树一开始就将市场聚焦于海外而非国内，并通过海外发行收回了投资），但还是提示笔者注意像《银发的阿基多》这样打着"中日合拍"旗号"暗度陈仓"的案例。

② 非常奇怪的是，当 2010 年 8 月 19 日广电总局副局长赵实回答好莱坞电影报记者"是否引进电影分级制度"的问题时，其答案是该制度在理论上虽然有效，在实践中却"难以抵御青少年观众进入影院"。然而，就算国内永远不可能接受 R 级以上电影，但至少当家长看到电影信息中标有 NC17 的时候，不会带着自己上小学三年级的孩子进影厅。

们所熟悉的那些诸如米老鼠唐老鸭、汤姆和杰瑞、一只耳和黑猫警长、孙猴子和猪八戒、喜洋洋与灰太狼等著名形象身上，也表现在几乎难以在一部影视动画当中找不到动物形象上，更表现在当今动画作品当中流行宏大的环境保护及动物保护主题上。然而硬币的反面却是，没有任何一种艺术形式比动画更充斥着将人类自身的道德标准、价值理念和喜恶趣味强加于动物身上，使其分化为善与恶的刻板阵营、成为传达国族冲突的愚蠢表征、变成人类身边宠物式的小跟班乃至构成验证动画技艺的不死牺牲品。当一种基于物种主义和反人类中心主义的透视法揭示出反面黑暗的沉重感之时，那么所有正面的积极意涵立即转变成为常见的轻浮。

鉴于物种主义（specisism，又译为物种歧视主义）并不为本土的动画批评所常见，因此此处有必要简单回顾一下其历史及内涵：该词首先出现在英国作家莱德（Richard D. Ryder）的《科学的受害者：科学研究中的动物使用》（Victims of Science: The Use of Animals in research，1975）一书中，在他看来是继殖民主义、种族主义和性别歧视之后的下一个阶段的批判逻辑扩展。该词在西方语境中真正被广泛应用则是得力于英国哲学家兼环保主义者辛格（Peter Singer）的推广，他在《动物解放》（Animal Liberation，1975）一书中写道："物种主义是因为某一物种的成员因自身的利益需要而将不公正和偏见态度强加于其他物种的成员之上。"[①] 在辛格之后，反物种主义不仅常常与反人类中心主义、环境保护主义、生态伦理学及社会生物学联系起来，作为反对因人类自身的利益而肆意破坏自然、滥捕滥杀动物的批判理论资源，而且西方也开始向包括文学、影视、动画在内的文化及艺术批评扩展，解码人类那些有意识或无意识的包含物种歧视态度的文化符码。如塔德·鲁特尼克（Tadd Ruetenk）对美国黑人女作家托尼·莫里森小说《宠儿》的物种歧视主义的批评，认为她错把剥削动物视为奴隶解放的条件；[②] 又如约翰·多威（John Dower）、托马斯·拉马利（Thomas Lamarre）等人对第二次世界大战时美日动画的研究，他们发现当时美日流行动画大量采取了将种族矛盾转换成物种矛盾的创作策略，如美国将日本敌人描画为令人恶心的爬行动物、面目可憎的昆虫或恐怖残忍的大猩猩，日本战时流行动画《桃太郎的海鹫》中的桃太郎则带着一群正义动物攻打长着

---

① Peter Singer, *Animal Liberation.* New York: HarperCollins, 1975, p. 6.

② Tadd Ruetenk, *Animal Liberation or Human Redemption : Racism and Speciesism in Toni Morrison's Beloved*,《外国文学研究》2007 年第 1 期。

犀牛角的"西方殖民者"。①

　　与多威及拉马利研究的情况极为相似的是，在《功夫熊猫Ⅰ》这部作为"好莱坞写给中国观众的第一封情书"的影片当中，梦工厂工作室就以较不起眼的方式将中日两国的积累已久的国族矛盾塞进动物形象当中，希望中国观众能在欣赏代表中国的阿宝最终打败代表日本的雪豹太郎（TAI LANG）过程中获得额外的被取悦感。当然，TAI LANG 这一投机取巧的中文音译肯定不会激起日本观众的不满或英语世界文化批评者的警觉，毕竟日文太郎的罗马文翻译是 TARO。然而，《功夫熊猫》系列在中国的大卖激起了国内动画人在荣誉和票房上的双重不满，从而以孙立军为首的本土动画精英创作团队在故事题材基本相似、技艺水准相差不多的《兔侠传奇》中将反一号角色设置为"伪装成熊猫的大白熊"。这只将自己眼圈涂黑的大白熊外形魁梧，内心残忍，迷信暴力，试图通过巧取豪夺的不正义手段取得武林盟主的最高宝座，但最后仍然被一只与"功夫熊猫"相比身材同样肥胖、心智同样简单、运气同样不错的本土大白兔打败。这种角色设置虽然寄予着国产动画人的战术性考虑，即借"打伪装成中国熊猫的美国大白熊"的舆论造势来激起国人对本国动画的关注和信心，但试图将民族主义情绪通过动物形象编码进动画却并不值得鼓励。

　　除了这种在国产动画中并不十分常见的编码方式外，大量以动物形象为主要角色或次要角色的新世纪动画电影长片中，最为常见也最为刻板的手段是以与人类亲近的关系或是否对人类具有攻击性危害性为标准，将动物编码为善与恶的不同阵营。一般而言，食草动物、非肉食性鸟类或猫狗等已被人宠物化及家畜化的动物往往与人类一起站在善的一边，而食肉动物、猛禽、两栖动物及昆虫则经常成为恶的表征。在人类的道德理解中，具有潜在攻击性、以其他动物为食物的动物自然是恶的，反之吃草的动物则是善的。这将早在一百多年前被尼采批判过的人类最为庸俗的价值观强加到动物和自然之上，将人类的偏见态度和厌恶情绪通过动画形象继续错误流传。周作人则早在 20 世纪二三十年代就对中国古代那些毫无科学之真却有卫道之志的格物学说进行了批判（如"螟蛉有子"或"恶枭食母"），然而今天的动画电影长片中针对动物却依然充满了人类的价值判断标准，仍旧缺乏具有一定程度的科学真实性并对野生动物表示敬意的角色设定。

---

① Thomas Lamarre, "Speciesism Part Ⅰ: Translate Race into Animals in War Time Animation", *Mechademia* Vol. 3, p. 75.

即便诸如《麋鹿王》、《梦回金沙城》、《虎王归来》、《藏羚王》、《马兰花》、《精灵女孩小卓玛》等以环境及动物保护为主题的电影当中，除了让动物与人开口说话、让动物拥有神力等十分低端的拟人策略外，从未给予动物以建立在物种差异性基础上的应有尊重和必要距离。

固然，动画对动物角色的偏爱出于拟人手法的惯常使用，让动物像人那样说话、行动和生活至少对儿童而言是具有吸引力的，然而这并不意味着拟人就必须以一种低端和幼稚的方式达到——并不是只要在人身上嫁接一个动物的头就是拟人，也并非将人类中心转换为动物中心就是对动物的尊重。反观西方优秀动画电影，更为高明的拟人方式是在尽最大可能地了解人与动物以及不同动物间的差异性基础上实现①：如《料理鼠王》中不仅让人类感到恶心的老鼠成为主角，而且这只老鼠恰恰是因为自身的喜好（做美食）而脱离了种群的差异性才与人类为友，人类与鼠类种群之间的紧张关系直到最后才以理想的隔离方式消除；再如《了不起的狐狸爸爸》尽管其社区化的生活方式乃至行动方式与人类几乎无二，但不仅人与动物之间的激烈冲突成为该片的主题，而且还使得这群在人类周边生活的狐狸通过对一头野狼（表征为野性的呼唤）的怅惘表达了自身的种群身份（wild animal）认同。相反，在我们的动画电影中充满的不是具有张力的差异性，而是几乎毫无差别的"和谐"，人类与他们所喜欢的动物总是像朋友更确切地说是像和自家的宠物那样走在一起唧唧喳喳。

除了在拟人层次上的低端外，一种相对高端的舶来技艺②也在"夸张"的表现方式下逐渐将出现在中国动画电影中的动物塑造成永难被伤害（Invulnerable，参见拉马利的研究）的形象——当然"永难被伤害"的前提是

---

① 当然，就动作表现这一动画本体论层次而言，在拟人与保持原先物种差异性之间寻找平衡点是需要逼真技术效果、极高艺术水准和大量资金投入的，这对在该层次上极其粗糙的新世纪中国动画电影长片而言意味着巨大的差距——无论是横向比较（好莱坞动画）还是纵向比较（"中国学派"时期）。

② 这种舶来技艺最早要追溯到第一部国产动画电影长片，即万氏兄弟创作于 20 世纪三四十年代的《铁扇公主》，该部电影作为中国动画电影的最初萌芽对迪斯尼动画技法的依赖性是非常明显的：这不仅表现在人设方面的孙悟空与米老鼠如出一辙、狐狸精类似于贝蒂小姐等，还表现在对迪斯尼动画之塑性力学（plasmaticity）和弹性力学（elasticity）的动作技法借鉴上，比如沙和尚的脸被门撞平或猪八戒的身体被大石头压扁等等。正是后者意图将动物塑造成永不会死或永难被伤害的形象，然而当中国动画自 50 年代中后期进入"中国学派"的黄金时代后，因对传统美术形式的倚重而抛弃了的这种好莱坞变形技法，却又在新世纪以来产业化时期再度出现。

为了屡屡被伤害，从而成为验证"画出来的运动"之动画本性的不死牺牲品。中国动画在"中国学派"时期所秉持的"会动的画"即美术片品质进入产业化时期后被渐渐放弃，于是突出动作表现（"画出来的运动"）而非展示美术水准成为新的追求目标。然而，当中国动画似乎渐渐"回归"到动画艺术的美学本体之后，对运动的崇拜（Kinetophilia）势必导致"热爱动物"的动画在动态形象塑造当中将动物视作各种内外力形式作用下的试验品，它们在包括摩擦力、引力、重力等力学条件下因被挤压、被摔打、被拉伸、被扭曲而变形——同时却又能在遵循或不遵循力学逻辑合理性的前提下不受任何伤害。必须承认的是，当迪斯尼及好莱坞影视动画中常常出现诸如汤姆猫被从高空掉落的电熨斗砸成熨斗脸或迈克老狼遇到美女时掉落的下巴和突出的眼睛之时，在纯粹的变形技法层次上是值得中国动画艳羡的，他们至少还遵循力学逻辑或其他一般物理学逻辑从而可以躲在"艺术真实"的美学碉堡中；然而面对诸如《喜洋洋与灰太狼》、《虹猫蓝兔火凤凰》、《虎王归来》中经常遭受暴力的正反动物形象之时我们就会感到双重悲哀：一方面是因为影片为了表现出运动的夸张效果从而动物时不时会被炸飞上天或重摔在地，另一方面则是这些不死的动物往往因为简单省钱的 Flash 形式（拙于在轮廓上体现出自然细腻的变形）或无能于遵守力学逻辑而没有表现出其作为"技艺试验品"的"应有价值"。

结　语

　　面对新世纪以来中国动画电影长片的种种轻浮，最后重温中国动画之父万籁鸣先生对中国动画初创期的历史总结是十分必要的："我国的动画片从一开始就不仅仅是供人玩赏和娱乐的消遣品，它从一产生就跟当时的斗争现实紧密配合，紧紧地为政治服务。我受到了现实政治的教育和文艺界进步人士对我的帮助，因而当时我们画笔下产生的动画片，都是以战斗的姿态在社会政治生活中发挥它应有的战斗作用。这样我们的动画片在内容上走着与欧美动画截然不同的道路。"[①] 经历"文化大革命"迫害的万籁鸣在文艺"工具论"仍旧拥有话语威慑力的 20 世纪 80 年代初所说的话也许今天听来多少有些刺耳，但这刺耳的声音难道不能给当下的中国动画人以警醒和启示吗？

---

　　① 万籁鸣口述，万国魂记录：《我与孙悟空》，北岳文艺出版社，1986，第 69 页。

你想要知道的台湾新电影
（但又没敢问拉康的）

杨小滨[*]

摘要：台湾最具影响力的三大导演——侯孝贤、杨德昌、蔡明亮——的电影美学代表了台湾电影中的不同心理——文化指向。本文透过拉康理论中有关精神领域的三个层次——想象域、符号域和真实域——来考察这三位导演的电影美学，同时梳理出台湾电影中有关前现代、现代与后现代的错综复杂关系，即对现代性与后现代性的各种辩证的、冲突的表达。因此，本文也试图在理论上拓展拉康有关想象域、符号域和真实域的论述，将其连接到同现代性与后现代性相关的议题上。

关键词：侯孝贤 杨德昌 蔡明亮 拉康 真实域—符号域—想象域 （后）现代性

Abstract：This essay examines the films of Hou Hsiao-hsien, Edward Yang and Tsai Ming-liang, the most influential filmmakers in Taiwan in the past few decades, in order to elucidate the different psycho-cultural dimensions in Taiwan films. The filmic aesthetics of these three directors can be investigated through Lacan's three registers of perception, namely, the Imagi-

---

* 杨小滨，台湾中研院中国文哲研究所。本文标题出自齐泽克所编论文集 *Everything You Always Wanted to Know About Lacan（But Were Afraid to Ask Hitchcock）*，即《你一直想知道的拉康的一切（但又没敢问希区柯克的）》。而齐泽克的书名则源于伍迪·艾伦（Woody Allen）的电影 *Everything You Always Wanted to Know About Sex（But Were Afraid to Ask）*（中译片名为《性爱宝典》）。

nary, the Symbolic and the Real. By studying the three registers that operate in their filmic works, I attempt to disentangle the intricate relationships of the premodern, the modern and the postmodern in Taiwan film, i. e., the various dialectical and contradictory articulations of modernity and postmodernity. Theoretically, therefore, this essay attempts to explore the possibility of connecting the Lacanian theory of RSI to the discussion of topics regarding modernity and postmodernity.

Keywords：Hou Hsiao-hsien, Edward Yang, Tsai Ming-liang, Lacan, RSI, (post) modernity

在为杨德昌《恐怖份子》所作的著名评论《重绘台北新图象》一文中，弗雷德里克·詹明信（Fredric Jameson）试图说明台湾新电影与大陆第五代的区别。不过，当他指出大陆第五代导演的影片中"浮雕式的风景有史诗叙事风格"之后，并未对台湾新电影作出十分明确的定位，尽管他分别提到了杨德昌电影中"城市富足与机会的指标"和侯孝贤电影中"都市发展已经有效地将自然的乡村转变成为延伸的郊区空间"[1]，等等。事实上，所谓的"台湾新电影"不但无法在同一种美学风格的框架内探讨，更无法作为一个群体来同相对而言有一致倾向的大陆第五代作有效的比较。比如说，侯孝贤和杨德昌（或蔡明亮）之间的区别很可能要比他和陈凯歌（或张艺谋）之间的区别大得多。我们不难从侯孝贤早期影片中看到对自然的迷恋，这种迷恋是杨德昌和蔡明亮的影片中完全阙如的，但却可以从早期张艺谋和陈凯歌的电影里很容易地捕捉到。我们甚至可以断言，侯孝贤和第五代时期的张艺谋与陈凯歌的兴趣都在于通过对前现代风景与风俗的展示来发掘潜在的现代性，这与杨德昌和蔡明亮电影的以都市为背景（或可相应于大陆第五代中的黄建新）来阐述对（后）现代性的理解形成了巨大的反差。

从表面上看，侯孝贤电影镜头所关注的显然是徘徊于前现代与现代之间的台湾图景，并用一种怀旧（同情于前现代）的视角来舒缓或包容两者之间的冲突。而杨德昌的题材大多是以繁华都市或至少现代生活为背景的，

---

[1]　郑树森编《文化批评与华语电影》，麦田出版社，1995，第241页。原文见 Fredric Jameson, *The Geopolitical Aesthetic：Cinema and Space in the World System* (Bloomington：Indiana University Press, 1992), pp. 118–120。

表达对现代性的批判式审视①。相对而言，蔡明亮电影的都市修辞则更具后现代的风格，反讽地展示出意义耗尽的、脱序的社会与家庭境遇。不过，这样一种前现代、现代、后现代的划分还需要从文化心理层面深入而精确地图绘台湾当代电影的地貌，或者说，这种文化史的分类似乎应当置于某种心理史的框架内才能更有力地阐释台湾电影的三种文化指向。因此，本文试图透过拉康（Jacques Lacan）有关人类心理的三个界域——想象域（Imaginary）、符号域（Symbolic）和真实域（Real）——的理论（即通常所称的 RSI 的理论），从侯孝贤、杨德昌和蔡明亮电影在这三个界域间的复杂关系来论述他们电影美学的基本精神面向。

侯孝贤：向想象域的怀旧，或前现代
作为一种现代目标

在拉康的想象域中，虚幻的完整自我来自与其镜像的想象性认同，这是幼儿未进入符号秩序时的精神态势。在拉康学派的电影理论中，银幕上的电影便是作为镜像提供给观众某种想象性认同。鲍德利（Jean-Louis Baudry）便认为观影的过程就是自我与银幕形象的认同过程②，而梅兹（Christian Metz）则进一步认为，观众所认同的实际上是摄影机的镜头③，也就是说，观众将电影摄影机所捕捉和投射的影像误认作镜中自我，即自我投射的影像。对拉康而言，想象域作为主体符号化之前"原初形态"的所在，那种虚幻的自我认同（即"理想自我"）最终被"对于他者的认同"所覆盖和取代④。在侯孝贤的影片《风柜来的人》中，有一个片段是阿清、阿荣和郭仔三个人拿着一千块钱想去看电影，结果却被骗子骗到了一栋修建中的空荡大楼上，只能从还没装玻璃的大窗口俯瞰高雄城。不知是谁此时感叹道（画外音）："他妈还真是大银幕，还彩色的咧！"（图1）

① 在这方面，我赞同 Lorenzo Chiesa 的说法，即"拉康……认为现代性……将自身建立在大他者的符号大他者之上"（Lorenzo Chiesa, *Subjectivity and Otherness: A Philosophical Reading of Lacan* (Cambridge, MA: MIT Press, 2007, p. 113)，依赖于符号秩序的后设基座。

② Jean-Louis Baudry, "Ideological Effects of the Basic Cinematographic Apparatus," in Bill Nichols. ed., *Movies and Methods: An Anthology* (Vol. 1), Berkeley, University of California Press, 1985, p. 539.

③ Christian Metz, *The Imaginary Signifier: Psychoanalysis and the Cinema*, Bloomington: Indiana University Press, 1982, p. 49.

④ Jacques Lacan, *Écrits*, Tr. Bruce Fink. New York: Norton, 2002, p. 76.

图1

　　如果说他们所期待看到的电影（真正的大银幕）正是那个虚幻的想象域，那么在现实里，这个想象域遭到了符号域的规整和警醒。侯孝贤将都市文明表达为一套语言建构的秩序（经由电影假票贩子的话语而达成），一个难以逃脱的罗网或陷阱。由此，阿清等人从乡村移居到都市的过程，可以看作是从虚幻的想象域进入严酷的符号域的过程。都市生活的现实以符号秩序的面貌击破了阿清等仍然试图寻找和认同的想象性镜像（银幕），这符号秩序正是城市文明所代表的"父"的去势性力量。阿清等人从去除了银幕（镜面）的窗口看到的不再是令人怦然心动的自然景物，而是阳具般挺立的高楼。至此，城市从视觉意象和语言构成等多方面显示出符号域的整饬功能。

　　与城市相对，侯孝贤电影中的自然或乡土便形成了能与之认同的某种镜像化的理想自我（ideal-ego）。这里，我试图将拉康的镜像理论与中国古典诗学的基本原则相链接，因为这种将外在自然镜像化的精神，本来就是中国古典诗学的核心。焦雄屏在论述《悲情城市》的著名文章中早已发现侯孝贤"将自己主观心理投射到外在客观世界"的方式"是中国诗词传统中物我同一"[1]。焦雄屏所引王国维所言的"以我观物，故物皆着我之色彩"

————————

[1]　焦雄屏：《寻找台湾的身份：台湾新电影的本土意识和侯孝贤的〈悲情城市〉》，《侯孝贤》（台北：国家电影资料馆，2000），第58页。

最简要地道出了这样一种我与自然的关系：我所看到的自然对象成为有如
镜像中具有自我色彩的形象。如同电影观众将银幕当做自我的镜像，古典
文人将自然景物看作自我的对象化，借以完成一个（镜像化的）完整自我。
这种将自然视为镜中自我的想象在中国古典诗词中屡屡出现："相看两不
厌，惟有敬亭山"（李白：《独坐敬亭山》）和"我见青山多妩媚，料青山
见我应如是"（辛弃疾：《贺新郎·甚矣吾衰矣》）都十分精妙地表达了外在
自然与自我之间的镜像关系。尽管侯孝贤没有提过中国古典诗学的直接影
响，但不容忽略的是，中国古典诗学也曾通过沈从文的作品与观念，间接
地传递到侯孝贤那里。① 我们不会忘记在《恋恋风尘》的末尾那幕阿远和他
阿公之间的对话场景。阿公在抱怨了一通台风肆虐之后，一边抽着烟，一
边遥望对面的青山；而阿远的眼光也随着阿公遥望青山（图2）。

图 2

① 侯孝贤曾多次提到朱天文推荐他读的《沈从文自传》对他的影响。他说："拍《风柜》时
就有个困扰，'我到底要怎么拍?'……于是朱天文给我看了一本很重要的书《沈从文自
传》，看了后顿觉视野开阔"（张靓蓓：《〈悲情城市〉前与侯孝贤一席谈》，《北京电影学
报》1990 年第 2 期，第 69 页）。在另一处，侯孝贤似乎是接着感言道："读完《沈从文自
传》，我很感动。书中客观而不夸大的叙述观点让人感觉，阳光底下再悲伤、再恐怖的事
情，都能够以人的胸襟和对生命的热爱而把它包容"（转引自林文淇、沈晓茵、李振亚编
《戏恋人生》，台北：麦田，2000，第 33 页。又见袁琼琼《他的天空——侯孝贤访问记》，
《电影欣赏》1985 年第 3 期）。

廖炳惠在《女性与台风——管窥侯孝贤的〈恋恋风尘〉》一文中把这一段看做将女性比做多变的台风[1]，经历了台风肆虐之后的阿公和经历了女性背叛之后的阿远一同从宁静的青山那里找到了心灵的慰藉。这样的慰藉当然来自对于回归的完整自我的感受，但这种自我的完整性是通过与其虚拟的镜像——作为自然景物的青山——之间的认同而获得的。在侯孝贤电影所提供的想象域中，自然景物始终是作为某种自我认同的对象化自我展示的，作为物我合一的契机，拉开了与社会符号域之间的间距。

侯孝贤曾经承认小津安二郎电影对他的影响，这种影响之一，我们可以发现，出现在侯孝贤电影中经常出现的隔幕间空镜头。在小津的电影里，这样的空镜头往往是街景或大楼的外观，有如戏曲唱段中的一段过门，衔接了前后的情节性段落。侯孝贤的隔幕间空镜头，除了小津式的街景和大楼，更多的是自然景物。比如在《风柜来的人》中，阿清被母亲扔来的菜刀砍伤的场景和他整理背包出远门的场景之间有个几秒钟的美丽渔村的空镜头（图3），似乎是表达对于纷扰世事的精神超脱。同样，在《悲情城市》中也有一个宁静港湾的空镜头（图4），出现在文清给宽美讲述风起云涌的事件与经历之后，作为从动荡的社会前景向宁静的内心自然的撤退。只不过这个内在的自然，必定要在外在自然中找到自身的镜像。

图3

---

[1] 廖炳惠：《女性与台风——管窥侯孝贤的〈恋恋风尘〉》，林文淇、沈晓茵、李振亚编《戏恋人生：侯孝贤电影研究》，台北：麦田，2000，第148～150页。

图 4

这种自然与社会——或想象域与符号域——之间的对立往往是侯孝贤电影的基本结构。《悲情城市》中的文清便可以看作某种无言的、自然的前主体，他所代表的语言化与社会化之外的暗哑或沉默同天皇/陈仪/国文教员等人代表了社会政治符号秩序的压迫性声音形成了这部电影中的基本对峙①。在一个令人难忘的场景中，一群男性知识分子在讨论着国事，文清和宽美则并未加入讨论国事的小群体，而是游离在外，用笔交谈着个人的回忆和女妖的音乐②。一个是哑巴，一个是女人——即拉康称为男人之征候的——疏离于符号化的世界，似乎尚未进入那个社会秩序中。在另一个场景中，老吴等一群知识分子在餐会中激情地唱起抗日的爱国歌曲，唯独宽

---

① 这样的前语言的形象也屡屡出现在陈凯歌的电影中。比如《孩子王》中王福的爸爸是个默不做声的劳动者，体现了自然和土地的无言的力量。《黄土地》中不发一语（虽然可以唱歌）的憨憨与他满身的泥土气是相应的。由此也可见侯孝贤与大陆第五代导演的风格之间具有某种亲和关系。

② 有关女妖作为理性原则所拒绝的致命感性，可参见霍克海默和阿多诺在《启蒙辩证法》中的论述。Max Horkheimer and Theodor W. Adorno, *Dialectic of Enlightenment* (New York：Continuum, 1972), 34。那么，文清的笔谈是否已纳入了语言象征秩序？我的回答是否定的。在这个场景里，吴老师等人的讨论代表了典型的社会话语。而文清的文字（正如多处出现在影片中的默片般的字幕），更接近于拉康所说的"无意识中的文字"，构成了梦境运作机制般的转义效果。

美没有加入，而文清则在此刻端来一盘肉串让大家享用——他们仍然疏离于现实的符号秩序之外。同样，电影中反复出现的宽美日记和家信中对天气和风景的迷恋迥异于整部影片背景上的政治社会氛围，凸显了女性的前现代视野从现代秩序中的撤离。

从某种意义上说，对自然的感应也关联着对土地的感应，也就是侯孝贤电影中时常出现的对于乡土——台湾的乡土——的某种热情。《童年往事》中的阿婆早先执著于找寻回老家梅县的梅江桥，但却在路上不经意地发现并摘取了一堆台湾的特产水果番石榴，而且在回家后像孩子一样开心地表演起了扔番石榴的技艺。这里，番石榴不仅属于自然，更属于台湾本土的自然，也属于阿婆渐渐认同的那个族群。这个生长在自然乡土上的族群的概念，同样也是侯孝贤在他的电影里试图加以强调的。比如《悲情城市》中的吴老师（吴念真饰）有一句著名的台词"《马关条约》有谁问过我们台湾人愿不愿意？"我以为，"台湾人"的概念提出的并不是作为国家的台湾意识，而是作为族群的台湾意识①。甚至可以说，《悲情城市》中的国家意识——或更精确地说，是国族意识——仍然是中国的，不过，即使黄先生的弟弟对于"生离祖国，死归祖国"的信念和宽荣对于"我人已属于祖国美丽的将来"的表白也似乎并非将祖国等同于作为政权的国家。然而，纯粹自然的族群或乡土，在20世纪已经是神话，正如想象性的自我认同不可能摆脱大他者的符号性统摄而持久存在。那么，侯孝贤对乡土的执著热爱，如同中国大陆20世纪80年代的寻根思潮，也不能不放在面向整一文化身份的现代性维度上去考察。

在侯孝贤的电影中，与国家权力对立的不仅是自然与乡土，不仅有"自然"的社群或族群，还有国家体制外的组织——帮派、团伙、黑道、民间群体等，它们具有明显的自发和反叛的色彩。从《风柜来的人》中阿清、阿荣、郭仔的小帮派和《童年往事》中阿孝等人在校内和校外的小团伙，到《悲情城市》中阿禄和文雄所代表的地方流氓，再到《好男好女》中的阿威和《南国再见，南国》中的大哥和扁头所代表的当代黑道，侯孝贤所表露出来的对他们的同情是不言而喻的。除了《悲情城市》中与权力机构勾结的外省人帮派之外，侯孝贤电影中的黑道和帮派基本呈现出正面的形

---

① 侯孝贤携《悲情城市》获威尼斯电影节金狮奖返回中国台湾时，在机场发表的谈话明确表示反对"台独"的立场。

象。侯孝贤曾经承认，如果不是去拍电影，他自己就"很可能变成一个流氓"①。作为这一系列电影的尾声，《南国再见，南国》似乎是对帮派文化的一次挽歌式的道别。兄弟纽带和江湖情意犹在，但已经无法面对当代社会的种种制约。在这部电影的结尾处，大哥由于坐车冲出车道，死于葱郁的农田里，这幕场景可以说是侯孝贤电影中田园主义的深刻反讽（图5）。

图 5

《好男好女》中的阿威则死在黑道的枪口下。这使得《好男好女》建立起现在与过去的对立关系：阿威的随意被杀同锺浩东的英勇牺牲相对照，梁静与姐夫的暗度陈仓同蒋碧玉与丈夫生死与共的爱情相对照，甚至互打出手的梁家姐妹同情意至深的蒋家姐妹相对照，更不用说（梁静所唱的）"别人的生命是框金又包银/我的生命不值钱"的颓唐小调同（当年热血青年所唱的）"当悲哀的昨日将要死去/欢笑的明天已向我们走来"的奋发歌声之间的对照了。这便是《好男好女》所展示的彩色与黑白的辩证法，用侯孝贤自己的话说，就是"目的是要表现这两个时代的对比"②：现在与过去的对比似乎就是空虚与理想的对比，那么怀旧也就与我刚才论述到的怀乡一样成为一种从现代社会的撤退。然而，这个受到怀念的过去却并非寄

---

① 《侯孝贤》，台北："财团法人国家电影资料馆"，2000，第83页。
② 《侯孝贤》，台北："财团法人国家电影资料馆"，2000，第104页。

情山水、天人合一的前现代诗境，而是现代性符号秩序的一部分：锺浩东和蒋碧玉所为之献身的——不管是称作爱国主义还是共产主义——本身就是大他者提供给现代性的具体命名。这就难怪《好男好女》这部影片暗含了一个深刻的反讽罅隙：假如锺浩东、蒋碧玉们为理想而奋斗所实现的历史结果是梁静们空虚颓废的当代生活，那么这种奋斗的积极历史意义又从何谈起？

不过，可以看出，在某些时候，怀旧也同样可以成为精神成长的契机。甚至镜像化的自然也能转化为符号化的门槛。其实，在《恋恋风尘》的结尾，在阿远遭遇镜像化自然的同时，他也同时聆听了阿公有关台风肆虐的（原型）故事。这时，自然就不仅仅是可以认同的自然，而是作为法则的自然，是必须臣服才能成长的父亲形象——而这个法则也是通过阿公这个男性长者的话语来传递的。有意思的是，阿远穿过家里的房间到屋后的菜园聆听阿公的话语的过程中，他看到了母亲正在沉睡。女性长者的沉默与男性长者的话语形成鲜明的对照。在《童年往事》的结尾，同样是女性长者的无声——陈尸多日的阿婆——衬托了阿孝的成长。而男性长者的话语则是由收尸人来完成的。在这个场景中，阿孝的画外音告诉我们："收尸的人狠狠地看了我们一眼：不孝的子孙！"（图6）在这里，收尸人显然代表了社会伦理的大他者，而对于阿孝来说，"主体"的建构不能不说是通过社会伦理大他者的质询来完成的（按照阿尔都塞的理论）。

图6

《风柜来的人》、《童年往事》和《恋恋风尘》都可以看做某种意义上的成长小说（Bildungsroman）的变奏。而成长小说也是现代性的典型表达，因为青年的成长必然关联着目的论，成为线性历史发展的缩影。莫瑞蒂（Franco Moretti）就曾说，"青春是现代性的'本质'，是寻找未来而非过去的意义世界的符号"，因而成长小说是"现代性的'象征化形式'"①。在《风柜来的人》的结尾，阿清在一系列的经历之后，在街上叫卖起打折的商品来，成长为商业秩序的语言体系所建构的"主体"（图 7）。而对于现代商业社会的批判，正是杨德昌电影的核心母体之一。

图 7

杨德昌：对符号域的审视，或现代
作为一种后现代碎片

杨德昌在多部电影中以讽刺的方式揭露商业主义法则（Law）对现代社会的统制。这种统制，又往往是通过对某种语言体系的质问或训导来完成

---

① Franco Moretti, *The Way of the World：The Bildungsroman in European Culture*, London：Verso, 1987, p. 5.

主体化的——也就是使自以为完整的自我陷入符号法则的重压之下。比如《独立时代》中的 Larry 以感情投资论试图说服 Molly，把情感放在商品交换原则的基础上加以论述，视为利益的交换物。在另一部影片《麻将》中，红鱼几乎是在实践《独立时代》中 Larry 的这个原则，他对马特拉的照顾完全是基于将来有可能要利用马特拉的实利考虑。而《麻将》中的 Angela 毫无廉耻地标榜"跟我亲嘴的男人个个开奔驰"，把男女情爱的基础置于物质条件的基础上。当然，商业秩序与商品社会话语只是社会现代性的一部分，而杨德昌所表达的往往更多的是作为符号体系的现代生活本身的机械与压迫。《恐怖份子》中的李立中每天回家后的强迫性重复洗手可以追溯到的不仅是他的职业习惯，而是现代职业人所必须遵循的被大他者所规整的行为方式，或者说，是一种被现代社会中的专业语言所规范的肢体书写。而《一一》中洋洋的妈妈（敏敏）也沉陷和迷失在语言的绝望网络中。她努力陪昏迷的婆婆说话，却悲伤地发现"我怎么跟妈讲的事情都是一样的？我一连跟她讲了几天，每天讲得一模一样，早上做什么事，下午做什么事，晚上做什么事，几分钟就讲完了……我觉得我好象白活了"，醒悟到现代生活的盲目与无聊。然而，这种无聊却恰恰是全家人试图通过"说"来掩盖的（尽管这种努力对大多数家庭成员都极具挑战性）：似乎只有语言才能将生活组织成有意义的符号网络。

这种"说"，虽然初衷是心灵的交流，却不料往往成为对大他者话语的挪用（后来，按照 NJ 的建议，干脆让护理员念报纸来代替①）。而这个符号域，作为父法的秩序，在杨德昌另外的电影中更无情地展示为暴力化的国家机器。《恐怖份子》的一开场就有警车的呼啸声，打破了夜的宁静，仿佛是对那个原始的想象空间的强行侵入②。当然，《牯岭街少年杀人事件》中的警备总部就显示出国家机器更为严酷的面貌。黄毓秀在《赖皮的国族神话（学）——〈牯岭街少年杀人事件〉》中认为该影片"所要阐发的……便是改革父权，去除父的残暴跋扈"③，而在国家机器面前，甚至小四的父

---

① 当 NJ 自己跟婆婆说话时，他自己也怀疑是否可以说出真心话，或者从根本上说，是否真的有所谓"自己"的"真心"话，而不是他者的话语。

② 蔡明亮的《洞》也承袭了这个警车呼啸声的开头，但有意思的是，不同于《恐怖份子》，电影《洞》全片和警车并无直接关联，也印证了蔡明亮对于那种不明所以、不知所终的威胁的敏感。

③ 黄毓秀：《赖皮的国族神话（学）——〈牯岭街少年杀人事件〉》，见郑树森编《文化批评与华语电影》（台北市：麦田，1995），第281页。

亲"基本上也是儿子，……时而惶惑，时而反抗的儿子"。①

《牯岭街少年杀人事件》中的压迫性体制更多地呈现在教育的训导体制上。教导主任的跋扈，国文教师的蛮横，教官的权威，全校大会上的严厉训话，整个学校肃穆的官僚气氛，无不以语言秩序的方式暴露出符号域的严苛面貌。而《一一》则延续了《牯岭街少年杀人事件》对学校体制的批判，揭示了童心洋溢的洋洋与迂腐无知的教育体制及其威权话语之间的矛盾。洋洋对想象域的营造不是经由与自然景色的遭遇，而是经由他捕捉的某种能够投射自我的空间——洋洋打算拍摄到有蚊子的空间，但并不是以消灭蚊子为目的——从中发现某种感应。但洋洋拥有的完整世界遭到了教导主任的无情嘲笑："甚么玩意儿？拍一大堆这是甚么东西啊？"（图 8）而年长同学则已经认同了社会的商业原则："不赚钱拍那么多干嘛？"主任命令洋洋转过身去，面壁思过。这样就出现了类似《一一》影碟封面的场景。（图 9）不过，这幅图片所遵循的形式是洋洋拍的一大批别人的后脑勺儿或后背的照片，按照洋洋的说法，是给他们看他们自己看不到的背面（图10）。而洋洋的这些照片令人自然想起马格利特（René Magritte）的著名画作《被禁的复制》（La Reproduction interdite，图 11）。

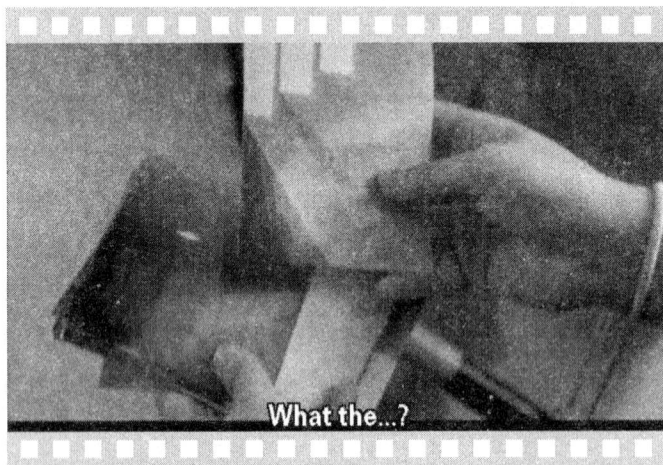

图 8

---

① 黄毓秀：《赖皮的国族神话（学）——〈牯岭街少年杀人事件〉》，见郑树森编《文化批评与华语电影》（台北市：麦田，1995），第 282 页。

图 9

图 10

图 11

　　我们可以通过马格利特的画来理解洋洋的后背以及洋洋所拍摄的那些后背。后背的形象，正如《被禁的复制》这个画题所提示的，可以说是一种被禁的镜像。洋洋所揭示的，正是老师所代表的符号秩序对完整镜像的拒绝和禁止。教育体制的律令迫使洋洋转过身去，迫使他成为镜像中的背影，即，一个不可能的自我镜像。也就是说，洋洋的想象域遭到嘲笑和禁止，他被勒令进入符号域——教导主任在教训洋洋时手里握着的木棍或竹棍难道不是阳具的显著象征吗①？在影片结束的时候，洋洋颇具深意地表白

---

① 类似的道具也出现在《牯岭街少年杀人事件》中：小四拿同学的棒球棒想要打滑头，结果球棒被教导主任没收。这个场景也可以看做父法通过剥夺子对阳具的想象，确立了父之名对阳具的象征性占有。不过，杨德昌的电影也呈现了拉康所说的阳具与去势的辩证关系。在《牯岭街少年杀人事件》中，训导处的灯泡仍然可以被棒球棒击碎；在《一一》里，教导主任和女同学的暧昧关系也仍然可以是学生们嘲弄的话题。

道："我看到那个还没有名字的小表弟……我很想跟他说，我觉得我也老了。""老了"，在这里指明的无非是一种成熟，一种婴儿时代的想象域的破灭。这段话精妙地表达了洋洋在面对一个符号化（语言化）之前的存在的时候，意识到了他自己已经失去了想象域的纯粹，而与前符号化（"还没有名字"）时期的弟弟成为两"代"人。

镜像的翻转也意味着，人只能成为自认的意识自我（ego）的反面，成为自己所相信绝不可能是的那种无意识主体（subject）。在杨德昌的电影中，人物命运往往如此。《恐怖份子》中的李立中白日梦般地声称"主任选了我，现在我已经是正式的组长了"，意味着他尽管坚持将幻想认定为现实，但却逃脱不了他所拒绝的那个主体身份。《牯岭街少年杀人事件》中的小马谆谆告诫小四说："为了女孩惹这种麻烦是最土的。"还举例 Honey 的悲剧来警告小四，可以说他对自我的控制能力似乎具有绝对自信。可是到影片的最后，小马却正是为了女孩惹上了麻烦，他因为泡小明而差点葬身在小四的刀下。同样，《独立时代》里的 Larry 一再劝诫阿钦，"越是生气，越要赔笑脸"，似乎自己就是这个能够以理性意识自控的模范。但话音刚落，他就彻底失态，操着道具刀追打那个他怀疑跟自己的情人有染的 Birdy。在《一一》中，胖子最后成为情杀案里的杀人犯；但是他之前在谈起电影经验补充了生活经验的时候，曾经轻松地说"我们没有人杀过人，可是我们都知道杀人是怎么一回事"，仿佛自我是能够远离残暴的理性自我，完全没有料到自己会变成一个在生活中杀人的实践者。虚幻的完整自我最后必然呈现为分裂的主体，在陈述的主体和被陈述的主体之间无法同一，在能指（语言）的主体和所指（意旨）的主体之间产生错裂或背离。

当然，从拉康理论的角度来看，自足的主体并不存在，所谓的主体欲望无非是他者的欲望。更极端的情形是，主体必须按照大他者的律令行事，或者成为大他者所期待的人。在《牯岭街少年杀人事件》中，小四的父亲从温柔敦厚变得暴躁、妄想，小四从乖学生变为杀人犯，可以说都是大他者的符号秩序所培养的。《恐怖份子》中的李立中从典型的现代职业人变为杀人犯，《独立时代》中的小明从兢兢业业到身体出轨，无不受到这个符号秩序的操控。《牯岭街少年杀人事件》中符号秩序对主体的建构也体现在帮派/个人暴力与国家暴力的同构：穿军装的教官，靶场、坦克、军车的背景，酷似军装的校服，这些都标明了一个军事化时代的显著符号。从这个意义上说，Honey 的海军服、小猫王的匕首（恶狠狠的复仇欲望）、小马爱玩的猎枪、小四学西部片的开枪动作，也无不留有这个军事化时代的符号印迹。他们的成长，是依赖于这样的社会化历程的。

应该说，杨德昌电影的魅力既在于展示了主体如何产生于大他者符号能指的缝合构成，更在于揭示出这个符号域的不完整，这种符号认同所充满的裂缝破绽，特别是从中渗漏出来的"小它物"（objet petit a）。拉康将小它物定义为无法符号化的真实域残余，是欲望亟须填补的短缺，因而是欲望的对象—原因。拉康的幻想公式 S′<＞a 由此指明了分裂主体与小它物的依存关系。比如，作为空缺的小它物在《恐怖份子》中体现为李立中觊觎的那个职位空缺，这是李立中主体分裂的直接原因。在拉康所列举的四种最典型的小它物之中，凝视和声音占据了重要地位①。凝视和声音往往也是杨德昌电影里起着关键作用的因素。尽管拉康对此的论述并不受限于具体实际的凝视和声音，在杨德昌的影片里，我们的确遭遇到直接可感的凝视和声音，它们作为小它物而起着关键作用。比如《恐怖份子》中淑安的恶作剧电话声音常常是令人起疑的，甚至令人受惊的，但又充满着具有召唤力的不确定和神秘感。即使从表面情节上看，淑安就是从社会符号秩序中脱漏出来的（从警察的追捕中逃脱），也正是她的电话（作为小它物的暧昧声音）引起了女作家周郁芬的疑心、好奇心和创作激情，但最终也导致了致命的后果。类似的电话声音出现在《独立时代》中，也就是坐在车上的阿钦在电话里听到的小凤的声音：轻柔，神秘，引人遐思，使阿钦几乎不能自持。在《牯岭街少年杀人事件》的结尾，小明隔街叫喊小四的声音是完成小四主体分裂的一击，小四面对诱惑性的声音，却在拒绝和接受之间挣扎，最后只能以刺杀小明达成溢出的欲望。这些作为小它物的诱惑性声音都带有齐泽克在论述拉康声音概念时所谓的"声音的幽灵般维度"②，当然迥异于比如侯孝贤《悲情城市》中天皇、陈仪、国文老师等代表了大他者的声音，后者代表了权威的、压抑的体制语言。

而作为小它物的凝视——人物从银幕上对观众或主人公主体的凝

---

① Jacques Lacan, *The Four Fundamental Concepts of Psycho-Analysis*, London：The Hogarth Press, 1977, p. 242.

② Slavoj Žižek, "The One Measure of True Love Is：You Can Insult the Other," in *Spiked*, 15 November 2001（Interview by Sabine Reul and Thomas Deichman）. Available online at：www. lacan. com/zizek-measure. htm.

视——出现在《恐怖份子》中：摄影师小强张贴在他暗室里的，是一张他摄下的淑安跳下楼之后回眸一瞥的镜头（图12）。这一凝视，与侯孝贤《童年往事》结尾处收尸人的瞪眼相比（图6），也可以看出两种截然不同的文化心理功能。收尸人的瞪眼代表了社会伦理大他者的规训，将阿孝推入符号域的领域中；淑安的凝视则意味着小它物的"闪烁"（有如拉康所谓的"光点"①），是符号域所未能规范的那一部分真实域泄露出不驯的面目。对于迷恋这个镜头的小强来说，淑安回头凝视的此一瞬间是具有强烈诱惑力和迷惑力的。不过，我们必须发现的是，淑安凝视的对象其实并不是小强，她只是在扫视追捕的警察。这似乎印证了齐泽克常引用的拉康的格言，"真理来自误认"②，小它物本来就是虚空的他者，是主体移情的对象。非但如此，拼贴而成的大幅淑安照片最后被风吹起，吹成一片片零散的无数小张，使完整的凝视图像无法"凝"固，而涣散成一组碎片（图13）。

图 12

---

① Jacques Lacan, *The Four Fundamental Concepts of Psycho-Analysis*, London：The Hogarth Press, 1977, p. 95.

② Slavoj Žižek, *The Sublime Object of Ideology*, London：Verso, 1989, p. 57.

图 13

　　这幅凝视涣散的图景还出现在《恐怖份子》中的得奖作家周郁芬在电视上亮相的场景。周郁芬在演播室面对镜头的注视，对观众而言是被误认的凝视（图 14），但同样随后被即刻揭露为涣散的，可无限增值的（图 15）。可以说，杨德昌不仅召唤出现代性底下小它物的幽灵，并且将小它物又放回到非神秘化的现代性背景上，凸显出现代与后现代之间永无止息的张力。

图 14

图 15

蔡明亮：与真实域的博弈，或后现代作为一种前现代幽灵

如果说杨德昌电影呈现的符号秩序中不时显露出真实域的残渣——小它物，蔡明亮的电影则更直接地与真实域展开了一种面对面的博弈。拉康的真实域指的是无法被符号化的内在硬核，无意识深处的黑洞或深渊，它被永久切断进入语言的状态，标明了语言的限度，是对语言的抵制。拉康认为，"真实域是不可能的"①，它只能以否定的特性被定义。蔡明亮在接受我的一次访谈里说："我比较愿意去面对真实，或者越来越愿意接受生命的真相。"② 正是在这个意义上，蔡明亮电影中的静默与《悲情城市》中文清的喑哑产生了根本的区别：文清的喑哑代表了尚未被语言化、符号化的原初存在，是侯孝贤对想象域的怀旧式致意，而蔡明亮电影中的静默则是符号化世界中塌陷的黑洞，威胁着符号域的正常运作。比如《爱情万岁》中阿荣与阿美第一次的邂逅、勾引、同行，直到上床，都依赖于肢体和眼神，

① Jacques Lacan, "Le séminaire, Livre XVII: L'envers de la psychanalyse", edited by Jacques-Alain Miller, Paris: Seuil, 1991, p. 143.
② 蔡明亮、杨小滨：《每个人都在找他心里的一头鹿》，《收获》2011 年第 2 期，第 93 页。

没有任何语言。而在《河流》中，作为符号秩序的语言体系愈加失效，夫与妻之间、子与父之间乃至情人之间，都出现了严重的（并非基于生理的）语言交流障碍。比如小康的父亲去接小康母亲一起去医院看儿子，小康母亲跑出来，上了电梯（小康父亲已在里面），二人一言不发，隔着冷漠的间距，同时面朝外，这时电梯门缓缓关上（图 16）。在另一幕场景中，小康母亲在沙发上对她的情人调情，情人睡眼惺忪几无响应。当然，更典型的便是父子之间的语言联系。在整部影片中，小康骑机车跌倒过两次，每次都有父亲在场，父亲总是以责怪的方式来关怀，而小康每次都不予响应，沉默以对，直至最后才咕哝出一句："不要管啦！"蔡明亮致力于表现父的话语在建立符号权威，以及在建构稳定符号体系的过程中所留下的裂隙——而这种裂隙往往正是小它物闪现的契机。失语，在这里可以看做语言体系中间难以填补的社会沟壑，标明了对真实域的探索以某种碎片化的后现代方式在蔡明亮电影中的主导作用。

图 16

在《爱情万岁》中，人际的语言交流集中充斥于商业行为的过程中。比如阿美虽然跟阿荣的关系中保持无语（除了对阿荣匿名电话的简短响应），但推销住宅时却采取了颇为进取的话语方式（无论是电话还是当面），声音在空荡的房间里显得特别清亮。小康把阿荣带去灵骨塔参观时，我们也可以看到（听到）另一位推销灵骨塔的销售员在喋喋不休地推销。不管是用来推销活人还是死人的空间，语言构成了作为符号域的商业体制。而人与人之间的真正交往，却暴露出这个符号域无法规整的心理暗室。因此，蔡明亮电影中的符号秩序，呈现出强烈的反讽意味，无时不被隐在的真实域所侵袭。正如《爱情万岁》中的推销意味着滞销，而纳骨塔则被描绘为豪宅（可以用来打麻将）；《河流》中治疗小康脖子的医术和法术在表现上没有什么差别，充满了神秘的幽灵气氛；而在《洞》和《天边一朵云》中，修缮管道或修筑马路实际上变成或导致了毁坏，那个地板/天花板上的洞和那个马路上拔出钥匙后留下的洞，以拉康意义上难以蠡测的凝视来呈现出小他物的神秘面貌，也正可以看作通往真实域的阴暗入口。正如戴维·林奇（David Lynch）电影《蓝丝绒》（Blue Velvet）开头从草丛中拱出的爬虫对齐泽克来说意味着真实域的汹涌[1]，《洞》里那一只从天花板的暗洞中爬出的蟑螂[2]，《天边一朵云》中那一股被小康从马路上拔出钥匙后留下的洞里渗出的水，无不隐喻了真实域的暗流涌入了符号化的现实。

蔡明亮电影中充满了各种不可确知的险境，让人时时感受到真实域的闪灵。比如在《天边一朵云》中，AV女优突然在电梯里抓狂起来，甚至脱光了上衣，惊慌地、不能自已地猛抓自己的身体，但始终没有发现任何确定的原因。另一个在电梯里的场景，是陈湘琪被突然进入的一个男人所惊吓，那个男人只是很平常地进入电梯，背过身去，按了一下楼层的按钮，但陈湘琪仍然莫名地惊惧着。这种来自真实域的创伤性袭击也时时表现为各种无法控制的威胁，就像《天边一朵云》中的李康生和陈湘琪所遭遇的在地板上乱爬，张牙舞爪的螃蟹。也可以说，蔡明亮的电影是对符号域失序的摹写。在他的影片中不断出现的渗漏出来的水显然也隐喻了无法控制的真实域的渗漏——从《青少年哪吒》一开始倾泻的大雨和积水的厨房，到《河流》中天花板的漏水和疏导，到《洞》里淅淅沥沥下不完的雨和满溢到卧室的水，到以干旱季节为背景的《天边一朵云》中A片拍摄场景用假淋浴器喷洒的脏水，一直到晚近的《脸》当中由于水管爆裂而难以遏制的喷涌。水的漫延标志着固体构筑的无能，即符号秩序的陷落。《河流》中

---

① Slavoj Žižek, *The Metastases of Enjoyment: Six Essays on Women and Causality*, Landon: Verso, 2005, p. 115. 另外，Žižek 在电影 The Pervert's Guide to Cinema 中也论述了这个片段。

② 蟑螂的意象在蔡明亮的第一部影片《青少年哪吒》的开头就已出现，先是被小康用圆规的尖脚刺中，但被小康甩出窗外去之后不久又爬回到黑黢黢的窗玻璃外面，暗示着这种幽灵般显现的不可遏制。

父亲功能的变异，当然也是符号秩序陷落的另一个标志。作为符号域的表征，父亲的形象不但不能使符号世界正常运作——即无法通过现实文明所提供的任何方式来治愈小康的颈病——反而不期地陷入了与儿子的性关系中——在这里，"乱伦"意味着作为符号秩序的伦常体系的紊乱。这正是齐泽克在论述凡提博格（Thomas Vinterberg）的影片《那一个晚上》（Celebration）中强暴女儿的父亲形象时所说的，这是一个"处在（符号）法则约束之外的父亲，享受着通往彻底快感的路径"①。

蔡明亮电影中符号域的脱序往往也从形式美学的角度来暴露由于真实域侵入而疏漏的缺口。真实域所显露的无序、失衡与符号域所提供的完整恰好形成了鲜明的对照。从这个意义上说，蔡明亮电影美学体现了齐泽克所谓的"丑的本体论主导性"："丑的东西终究是（真实域的）存在本身这个残酷事实"②。于是这种美学显示为《爱情万岁》的丑学，充斥了从符号秩序渗漏出来的污点或残渣，包括作为符号化形象及其空间的污点——撅屁股搬石头（图17）、嗑瓜子捡瓜子壳（图18）、挂广告牌的窘态（图19）、抠牙缝（图20）、打蚊子（图21）。

图 17

---

① Slavoj Žižek, *The Art of the Ridiculous Sublime*：*On David Lynch's* Lost Highway, Seattle：The Walter Chapin Simpson Center for the Humanities, 2002, p. 31.

② Slavoj Žižek, *The Abyss of Freedom*, Ann Arbor：University of Michigan Press, 1997, p. 21.

图 18

图 19

图 20

图 21

　　这种丑态或窘态，可以说是真实域所流露出来的部分，而真实域的核心便是绝爽（jouissance，亦可译作"痛快"）。而快感获得超常放大时，一方面追踪崇高顶点却无法抵达，另一方面因其多余无用而具有废物的特性。这种绝爽在《爱情万岁》中也表现为"做得甚至有点夸张"的"性爱场面"（蔡明亮语）①。这种夸张到极点的性爱场面在《天边一朵云》中达到了高潮。《天边一朵云》展示的是快感的反讽：当性行为成为强迫和劳役，快感就变成一种责任。而这一点，恰恰体现了拉康对超我的著名描述：绝爽正是超我对"去爽！"的律令②。蔡明亮电影中对真实域的关注，集中表现在那个糅合了痛感与快感的内在领域，这个"绝爽"或"痛快"的概念与"愉悦"（pleasure）相对。因此，这种"绝爽"接近于巴塔耶（Georges Bataille）在描绘一张 1905 年在北京的凌迟酷刑的照片时所概述的："受刑人面部表情的狂喜……"③（图 22）

图 22

　　在《河流》中，这种痛（快）感来自小康的病痛与堕落，而病痛又似乎是来自小康与陈湘琪性爱的扭曲体态，这使得病痛与快感更加密不可分。④整部影片反复出现小康的扭曲表情——在推拿治疗时（图 23）、在针灸治疗时（图 24）、用按摩棒自疗时（图 25）、三温暖里父子乱伦的性爱场面中（图 26）——而这种扭曲表情典型地显示了痛感与快感之间的暧昧地带。值得指出的是，父子性爱的场景正是在三温暖的昏黑幽闭里表明了这种创伤性快感在真实域中的幽暗与不可显见。

---

① 《定位：与蔡明亮的访谈》，《蔡明亮》（台北：远流，2001），第 79 页。

② Jacques Lacan，"Encore：On Feminine Sexuality, the Limits of Love and Knowledge"，1972 - 1973, Book XX（New York：W. W. Norton, 1998），p. 3.

③ Georges Bataille, *The Tears of Eros*, trans. Peter Conner, San Francisco：City Lights, 1989, p. 206.

④ 不少评论将小康的颈病归于在河水饰演浮尸的结果，但事实似乎并非如此。

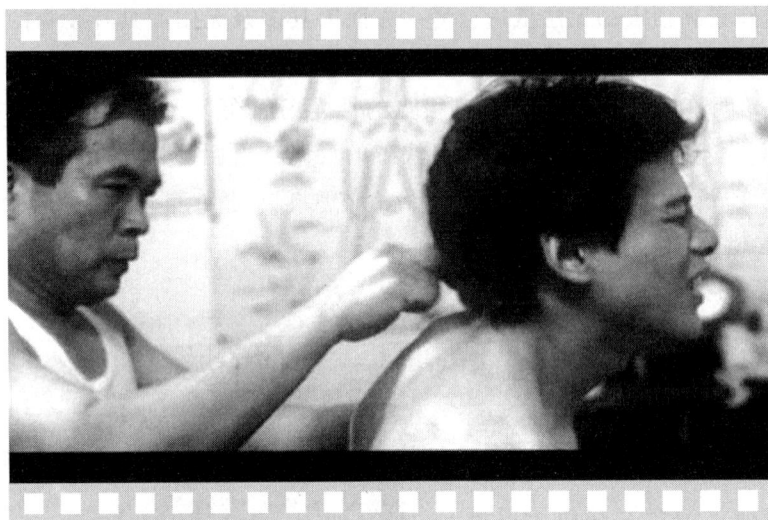

图 23

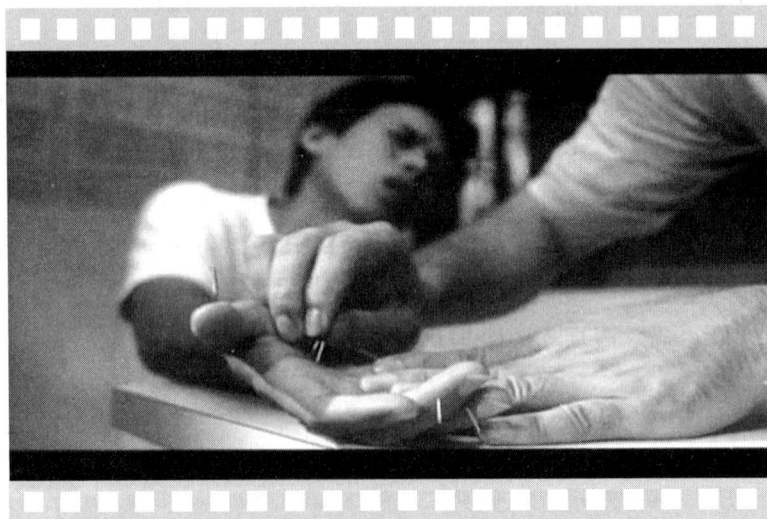

图 24

图 25

图 26

　　除了痛感之外，蔡明亮还致力于表现伤感。在《爱情万岁》（图27）、《洞》（图28）、《你那边几点》（图29）、《天边一朵云》（图30）的结尾处，都出现了哭泣或流泪的场景。但如果痛感可以是一种痛快感的话，蔡明亮的伤感也绝非感伤，伤感是和受伤感紧密联系在一起的，尽管这种受

图 27

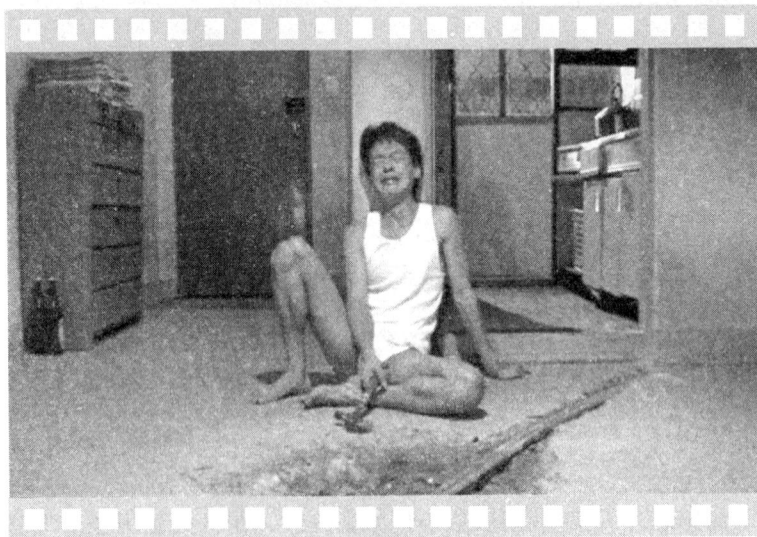

图 28

图 29

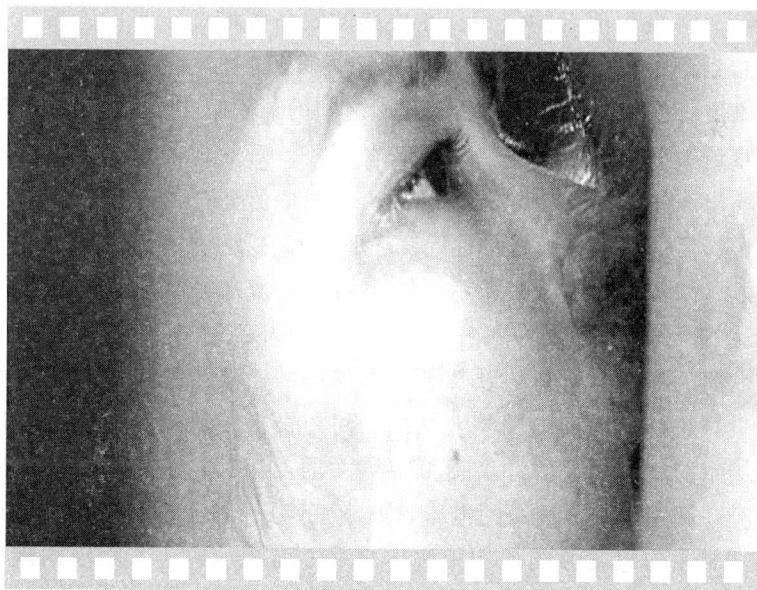

图 30

伤感常常无法确认。《爱情万岁》中的阿美在与阿荣一夜情之后，为什么坐在公园的长椅上痛哭？《洞》的结尾处小康痛哭是因为地板上无法填补的洞吗？《你那边几点》里的陈湘琪为什么在巴黎的湖边独自涕泪交零？《天边一朵云》里的陈湘琪最后流下一行泪水是因为同情小康吗？这种直接原因的不明确反而标明了真实域的难以捉摸，尤其是滴下的泪，正如同《天边一朵云》中马路上渗出的水，源自一种深层的、无法言说的创伤内核。

真实域的这种创伤内核在《洞》这部影片里获得了最精确的表达。这个出现在地板或天花板上的洞，当然就是真实域的一个隐喻；不过真实域深藏其中，洞仅仅是以凝视的方式让我们感受到小它物的致命吸引。对于影片中的李康生和杨贵媚来说，这个既诱惑又威胁的洞具有真实域潜在的吞噬力量。因此，电影《洞》展示了一种围绕着真实域的黑洞重复运动的驱力（drive），驱力成为永无满足的欲望，失败的欲望。[①] 按照齐泽克的说法，我们可以在这里看出蔡明亮的后现代主义美学展示出主体与真实域黑洞之间"'不可能'关系的极端含混性"，相对于现代主义的"直接到终点"的不妥协态度：

欲望和驱力之间的对立因此也就是两种相反态度之间的对立：一种是"不跨越"，尊重大他者的秘密，在快感的致命领域前止步的态度，另一种是"直接到终点"，无条件地、不管所有"病理学的"考虑而坚持自己的道路。这难道不也正是现代性和后现代性之间的对立吗？"直接到终点"的坚决态度难道不正是现代严格主义的基本特征，而后现代态度则不正是由主体和原质之间的"不可能"关系的极端含糊性所标志的吗（我们从原质中获取能量，但是如果我们离它过近，它那致命的吸引力就将吞噬我们）？[②]

不过，蔡明亮的电影在揭示了驱力永无止境地围绕着真实域的黑洞但无法抵达的同时，也展示了另一种对黑洞的填补：幻想。《洞》穿插了五段在葛兰歌曲的背景上展开的歌舞场景：华丽的、浪漫的或兴高采烈的李康生和杨贵媚超越了现实的困境。然而，幻想被揭示为幻想，歌舞片段由于同现实场景的过于明显的冲突而形成巨大的反讽。这里，蔡明亮所做的恰如齐泽克在评述戴维·林奇的电影《妖夜荒踪》（*Lost Highway*）时所说的：他"将通常由幻想支撑的现实感解体为一方面是纯粹的、冷漠的现实，另

---

① 有意思的是，《洞》里出现了一个在地上乱爬然后钻入菜市场墙壁黑洞中的疯子（最后像野兽一样被缚住抬走），显示了直接进入真实域的后果——疯狂。

② Slavoj Žižek, *The Plague of Fantasies*, London：Verso, 1997, p. 239.

一方面是幻想：现实和幻想不再垂直地相联系（幻想在现实之下支撑它），而是水平地相联系（并列）"。①

　　而在《天边一朵云》中，歌舞本身就展示了反讽的喜剧。《天边一朵云》中的歌舞片段和《洞》的歌舞片段有非常大的不同，如果说《洞》的歌舞是通过与歌舞片段之外的现实场景相对照时才显出它们的反讽意味，那么《天边一朵云》中的歌舞自身就是夸张搞笑的、通过艳俗的场面来进行戏仿的。比如一段在蒋中正雕像前的艳舞，无情地解构了性—政治符号的权威意涵：挺立的领袖铜像作为阳具符号本来是具有强烈的去势功能的，但在"这就是我俩爱的开始，就是我俩爱的关系……永远难忘记……要什么都给了你"的歌声里，在众多小型阳具模型（去势的能指）的包围下，在艳舞女郎的挑逗抚摸下，变得荒诞可笑。而"这就是我俩爱的开始……永远难忘记"的歌词，也不禁让我们疑惑：究竟"难忘记"的是什么？是威权统治的历史？是深藏在真实域中的创伤记忆？"我俩爱的关系"暗含了什么样的主奴关系？"要什么都给你"的社会又是一种怎样的严酷现实？

　　而影片《洞》末尾的双人舞则在非现实的衣着与现实的背景下展示了某种幻想的认同。如果我们把洞（地板）的另一边看做镜面的另一端，那么李康生也就有理由将洞另一侧的杨贵媚视为自身的镜像。在《洞》的结尾处，李康生将杨贵媚从楼下穿过洞拉上来，便无异于一种对镜像的想象性同一。在拉康关于 RSI 三角图式中，从真实域向想象域的回归，Φ（阳具符号）穿过某种压抑状态，抵达自我同一（图 31）。作为阳具的

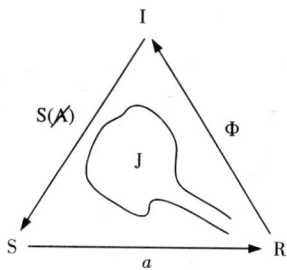

图 31

女人身体正是拉康理论中重要的一环，因为"她整个的身体成为阳具以补偿生殖器官的'缺失'"。② Φ 所依附的矢量从 R（真实域）到 I（想象域），按照齐泽克的说法，体现了"真实域的想象化"，是"实现了恶心的快感"③ 的奇观意象。同样，在《河流》的结尾，我们看到歪着头的小康穿越

①　Slavoj Žižek, *The Art of the Ridiculous Sublime*：*On David Lynch's Lost Highway*, Seattle：The Walter Chaplin Simpson Center for the Humanities, University of Washington, 2000, p. 21.

②　Elizabeth Grosz, *Jacque Lacan*：*A Feminist Introduction*, London：Routledge, 1990, p. 133.

③　Slavoj Žižek, *Looking Awry*：*An Introduction to Jacques Lacan through Popular Culture*, Cambridge, Mass：MIT Press, p. 135.

作为镜面的门，如同走入自己的镜像，似乎意味着穿越黑暗的孤独而抵达自我。而《天边一朵云》的末尾，李康生的性器穿越窗口与陈湘琪口交更可以看做与镜像的想象性认同。

无论如何，这种"真实域的想象化"在蔡明亮的电影中是以反讽式的和谐显现的。一次毫无来由、突如其来的"团圆式"解决，似乎无法翻转全片的气氛，反而可能凸显了这种对想象域回归的荒诞。也就是说，对"真实域的想象化"的反讽式处理更强化了真实域令人恐惧的险境，它的不可能性。蔡明亮影片中所表达的拉康式的不可能性，也就是阿多诺（Theodor W. Adorno）在阐述贝克特（Samuel Beckett）戏剧时所论及的"无意义性"①。所谓的无意义性，便是现实符号秩序所规定的意义的缺失或丧失：符号化失败的瞬间，也就是真实域的创伤内核外泄的瞬间。比如《爱情万岁》中小康的割腕，并不提供任何符号化的意义，或者说，不具有任何符号性的叙事逻辑，既无前因，也无后果，透露出只是无以名状的创伤。

结　语

很显然，本文的理论框架并非简单地将侯孝贤、杨德昌和蔡明亮的电影美学归结到想象域、符号域和真实域，或者前现代、现代和后现代。他们始终处于"之间"的过程中，体现为某种关系的形态。比如，侯孝贤电影所营造的乡镇或乡土叙事绝非仅仅是牧歌式的、田园般的前现代风景，倒可以说是——套用一个哈贝马斯的术语——"未完成的前现代性"，甚至作为理念的前现代性，即超越现代的前现代性，它几乎可以说是现代性基本观念的某种变奏。在侯孝贤的怀旧中，无论是前现代的自然（《恋恋风尘》）或乡镇生活（《童年往事》），还是现代的国族伟业（《好男好女》），父的话语形态往往占据了主导的地位。甚至《悲情城市》也不例外：台湾族群意识与中国国族观念的冲突在现代理想主义与总体主义的框架下奇异地结合了起来。从这个意义上说，侯孝贤体现了中国传统文化价值与台湾现代性之间隐秘而复杂的纠结。

而杨德昌，虽然把镜头对准了现代都市生活，但从观念上而言，则是

---

① Theodor W. Adorno, "Trying to Understand Endgame", *The Adorno Reader*, ed. Brian O'Conner, Oxford: Blackwell, 2000, p. 322.

现代性的冷峻批判者——无论现代性体现为商业体制、教育体制还是政治体制。值得一提的是，杨德昌的现代性批判并不建立在一个至高的批判主体的基础上，而是揭示出现代性自身的破碎与错位。如《恐怖份子》的不同结尾以叙事结构的自我冲突与失效显示了现代社会生活逻辑的错乱，而《独立时代》中几乎每一个人物都与其自身的符号性身份产生了极大的错误——微笑天使琪琪私下的情感生活矛盾重重，偶像作家已转型为隐者，戏剧大师其实是小人懦夫，按部就班的白领小明跟老同学出轨，阳光风格的电视主播在背后面临婚姻危机，模范恋人的 Molly 和阿钦只是戴着面具各怀心思……可以说，现代性在不同向度上都不得不从自身产生逆向的变异。尽管晚期杨德昌在《一一》中的日本人软件商大田先生（一个能够与鸟对话的、深具音乐素养的、坚持生产质量的完美人物）那里寄托了某种朴素的理想，但不幸的是，这个可能的现代性出色代表却在商场上遭到了无情的抛弃和失败。无论如何，杨德昌基本上代表了台湾现代知识分子对现代性的深入反思。

在蔡明亮那里，批判性的反思蒸发了，取而代之的是视像与戏剧修辞的充分表现。而那种现代性的失败则更加凸显为后现代风景的冷漠与不测。比如《爱情万岁》表现的都市中商业销售成为贝克特式的独白（美美），或甚至凯吉（John Cage）式的无声（小康）。但蔡明亮电影中的希声或空无只是前现代理念的反讽式重现，不仅不具其本体论的意义，反而是揭示了现代性意义的掏空。这种反讽也更突出地显示在《洞》和《天边一朵云》的歌舞场景里，艳美（甚至艳美到滑稽）的表象在现实颓败的衬托下，是对幸福的巨大叹息。当然，蔡明亮电影最惊人之处在于那种对于情色与性爱的特殊迷恋。然而，我们同样不会从中发现性爱的理想本质，而情色也没有被当做解放的必然源泉。蔡明亮所探索的恰恰是快感与创伤的辩证法，从这个角度说，蔡明亮的电影虽然与次文化不无关联，但并未陷入次文化表面上的反叛意味背后的妥协性。也可以说，蔡明亮所代表的是一种更为激进的文化话语，来逼视现代生活中被逐出、掩盖或幻化的那些精神深处的魅影。我们由此可以观察，台湾三大导演的电影美学形态，如何表明当代台湾文化话语三种不同的（尽管是复杂的）指向，或许也可以说如何分别映射了当代台湾不同的文化取向：怀旧、批判和反讽。

新世纪以来中国大众文化中的民族主义

陈国战*

摘要：新世纪以来，中国的民族主义主要以大众文化为载体得以表露和生产，虽然它在反西方立场、情绪化特征、对抗性品格等方面与 90 年代一脉相承，但是，它的自信已经主要不是来自辉煌历史或传统文化的优越感，而是由近年来中国的经济成就和美国的经济"颓势"双向支撑的。在当前这个社会分化加剧的时代，民族主义成为官方意识形态和大众社会心理共享的一面旗帜，从而起着社会整合的作用。但是我们也应该看到，它们二者其实有不同的利益诉求：官方希望把民族主义当成一种社会整合的工具；而大众的民族主义与其说是出自对民族共同体的高度认同，不如说它更关心的是为自己的不良情绪寻找一个宣泄口。

关键词：民族主义　大众文化　反西方

Abstract：Since the turn of the 21ˢᵗ century, the Chinese nationalism is mainly displayed in its popular culture. Although it inherits such features as the anti-western standpoint, irrationality and aggressiveness from that of the 1990s, the difference between them is also evident——its confidence no longer comes from China's glorious history or traditional culture, but from the economic achievement of China as well as the decline of American economy. In the era of the increasing polarization, nationalism is playing the function of social integration as it is a shared stand for both the official ideology and mass

---

* 陈国战，首都师范大学文学院。

social psychology. However, it must be pointed out that in spite of their superficial consistency, there exists different motivation between them—the official want nationalism to play the role of social integration, but for the public, it is an outlet of their unfavorable emotions rather than the approval for the national community.

Keywords：nationalism, popular culture, anti-western

在很大程度上，发端于 20 世纪 90 年代的中国当代民族主义是以反西方主义的面貌出现的。许纪霖先生认为，90 年代中国反西方主义有三波发展：第一波是 90 年代初何新的种种反西方言论；第二波是 1994 年以来在知识界出现的种种反西方主义思潮，如张颐武、陈晓明等人的后殖民文化批评，甘阳、崔之元的制度创新说，以及盛洪的文明比较论等；第三波则是由 1996 年出版的《中国可以说不》掀起的。① 从这里不难看出，虽然 90 年代中国整个社会中都涌动着强烈的以反西方主义为表征的民族主义情绪，但它在文化中的表达和生产却主要是由知识界来完成的。

进入新世纪以后，随着中国经济的高速增长以及几次重要国际赛会的承办，民族主义情绪持续升温、加剧。新世纪以来的民族主义虽然依旧没有脱去浓重的反西方主义底色，但是它所借用的反西方的理据却已发生了不容忽视的变化。更为明显的是，如果说民族主义在 20 世纪 90 年代主要是由知识界来表达和生产的，那么新世纪以来，各种类型的大众文化则成为民族主义的主要"展出舞台"和"生产商"。畅销书、电影、广告、小品等各种形式的大众文化产品不仅四处流露着社会中的民族主义情绪，而且通过它们的广泛传播使这种情绪在社会中进一步发酵。因而，大众文化就成为理解我们当前社会中的民族主义，并进而探察更为深层的社会心态的绝佳入口。

从《中国可以说不》到《中国不高兴》

学术界的一个基本共识是：中国的民族主义虽然和西方一样也是现代

---

① 参见许纪霖《在巨大而空洞的符号背后》，载许纪霖《另一种启蒙》，花城出版社，1999，第 212 页。

或现代性的产物，但西方的民族主义是在西方民族的现代化过程中自发自然地产生的，而中国的民族主义却是在中国与西方国家的交往和冲突中被动地产生的。独特的产生背景使中国的民族主义自近代以来一直难以摆脱西方影响的焦虑，从而先天具有一种对抗性格和情绪化特征。这种内在品格集中体现在《中国可以说不》（1996）和《中国不高兴》（2009）这两本政治类畅销书中，它们分别代表了 90 年代和新世纪以来民族主义的整体特征。通过对它们的对比考察，我们能够看出新世纪以来的民族主义既保留着一些一以贯之的特征，又出现了一些微妙却重要的变化。

首先，它们都把美国当成是头号敌人，并预言美国的没落和中国的崛起。《中国可以说不》的作者不仅断言"美国的青年一代注定是葬送它们大国地位的'八旗子弟'"[1]、"美国的没落，可能比我们所预想的还要早"[2]，而且还笃定"中国将是世界的希望"，终有一天能够取代美国的地位。《中国不高兴》的作者同样也认为，现在的美国已经全面堕落，它外强中干，不过是"老黄瓜刷绿漆"而已；而中国才是真正的"嫩黄瓜"。因而，我们要敢于树立"大目标"，除了"在这个世界上除暴安良"外，还要"管理比现在大得多的资源，经济上进行管理，政治上进行指导，我们要领导这个世界"[3]。众所周知，自从苏联解体以后，美国成为世界上唯一的超级大国，并时常与中国在政治、经济、军事各领域发生摩擦和冲突。据 1995 年《中国青年报》刊登的《〈中国青年看世界〉读者调查统计报告》显示：在中国青年"最无好感的国家"排名中，美国以 57.2% 的得票率高居榜首，远远超过了曾发动侵华战争的日本；而认为美国是对中国"最不友好的国家"的比例更是高达 87.1%。[4] 在这样的社会心理背景下，这些唱衰美国的论调无疑迎合了普通大众的内心期待，所以取得了商业上的成功。此外，在很多国人的意识中，阿 Q 式的"老子以前比你阔多了"的心理一直根深蒂固，这种取代美国的宣言既能给人一种弑父般的快感，同时也带有一种重整旗鼓、重回中心的豪迈意味，所以颇能得到许多人的共鸣。

然而，对于如何实现"彼可取而代之"这一宏大目标，不管是《中国可以说不》，还是《中国不高兴》，都没有提供令人信服的论证，情绪化、

---

① 宋强、张藏藏、乔边：《中国可以说不》，中华工商联合出版社，1996，第 26 页。

② 《中国可以说不》，第 28 页。

③ 宋晓军等：《中国不高兴》，江苏人民出版社，2009，第 98~99 页。

④ 《〈中国青年看世界〉读者调查统计报告》，1995 年 7 月 14 日《中国青年报》第 8 版。

不讲逻辑是它们的一个共同特征。在前者中,我们不仅可以经常见到"美国大鼻子"、"给脸不要脸"、"娘稀屁,帝国主义"等辱骂性的情绪宣泄,而且许多"惊世骇俗"之论既没有逻辑论证,也未提供事实支持。比如,作者认为,"大多数中国高中学生对美国历史文化的了解比美国大学生还要多得多。同样,其他领域中对美国的了解也可能优于美国青年"①。如果事实果真如此,我们当然有理由对未来抱有极大的自信,然而作者并没有为这一惊人的结论提供任何论证,这使它听起来不免像是一种盲目自大的呓语。这种现象同样大量出现在《中国不高兴》中,作者鼓吹中国人应该树立"大目标",即"除暴安良"和"领导这个世界",那么,我们能否以及如何实现这个目标呢?作者提供的答案是:"如果中国人当中能有一部分人有一个大目标,并为之努力奋斗,中国必能更快地改正自己的许多缺点,重新站到领导这个世界的位置上。"② 这里的逻辑是:只要有一部分人"有一个大目标",就能实现"大目标"。这种豪言壮语听上去颇能鼓荡人心,但细究起来其实毫无逻辑可言。

它们的另一共同特点是:鼓吹对抗,甚至放言战争。《中国可以说不》的作者提出,"割裂中国领土的世界性阴谋——决非危言耸听——正反映在国际事务的微妙变化之中"③,因而,他不仅号召青年"准备打仗",而且郑重建议,"华盛顿建造一座更大更宽的阵亡军人纪念墙,预备刻上更多的美国青年的名字"④。《中国不高兴》的整个论述都建立在"生存空间"理论的基础之上,而它所谓的"生存空间"理论,其实不过是弱肉强食的丛林法则的美化版。作者认为:"中国的经济发展了,而世界上的资源有限,怎么分配这些资源?不就是谁手中的枪厉害谁说了算吗?"⑤ 因而,"无论从历史经验上看,还是从现实情况看,中国不可能没有战争准备"⑥。不可否认,中国在发展过程中确实一直承受着来自西方的压力,但正如学者任丙强指出的那样,"西方压力来自于政治、经济、文化各方面,已经完全不同于传统的侵略。然而,大多数民族主义者经过记忆的重构,将这些转换为资本主

---

① 《中国可以说不》,第 25 页。
② 《中国不高兴》,第 99 页。
③ 《中国可以说不》,第 40 页。
④ 《中国可以说不》,第 42 页。
⑤ 《中国不高兴》,第 79 页。
⑥ 《中国不高兴》,第 80 页。

义精心策划的政治阴谋"①。这种动辄诉诸战争威胁的危机动员模式，很容易就激活了普通中国人对近代以来民族屈辱历史的记忆，从而达到同仇敌忾的动员效果，因而一直是中国民族主义惯有的手段之一。

然而，从《中国可以说不》到《中国不高兴》，从 20 世纪 90 年代到新世纪，我们也可以发现中国民族主义的一些微妙却重要的变化。虽然它们都断言美国正在衰落、中国正在崛起，但是，这种民族自信心的支撑基础已经发生了变化。在《中国可以说不》中，这种自信主要来自对中国传统文化和辉煌历史的重新肯定，以及相应的对美国历史文化的鄙薄。作者认为，"世界上的一切解放运动，无不沐浴着中国思想的阳光。世界上的一切和平进步，无不得惠于中国的功德"②；与中国相比，美国则"没有国家历史观念，没有思想深度，没有痛苦感受"③，因而不可能是一个先进的民族。这种对中国传统文化和光辉历史的重新肯定，既与 90 年代整体的社会文化心理密切相关，同时也是当时中国在其他方面尚无力与美国相抗衡的现实处境使然。然而，到了《中国不高兴》出版的 2009 年，中国不仅已经成功举办了奥运会，而且经济总量节节攀升，大有超过日本之势；相反，以美国为首的西方国家却普遍陷入金融危机的泥沼之中。这种情势对比不仅使中国人的民族自信得到了空前膨胀，而且，这种自信的来源也悄然发生了改变：如果说《中国可以说不》的自信主要来自历史文化的优越感，那么，《中国不高兴》的自信则主要是靠中国的经济成就和美国的经济"颓势"双向支撑的。

"不差钱"与金融危机

要理解新世纪以来的民族主义，中国经济总量的突飞猛进和发端于 2007 年的全球金融危机，是两个无法绕开的事件，它们分别从内部和外部共同促动了民族主义的升温和转型。2000 年以后，中国经济总量的世界排名健步如飞，先后超过了加拿大、意大利、法国、英国和德国，2010 年更是超过日本成为紧随美国之后的世界第二大经济体。正如许纪霖所说，"当一个劣势民族开始改变劣势的时候，第一个反应往往是对以往所追随的优

---

① 任丙强：《中国民族主义的重新兴起：原因、特征及其影响》，《学海》2004 年第 1 期。

② 《中国可以说不》，第 49 页。

③ 《中国可以说不》，第 25 页。

势民族说'不'"①，中国经济蒸蒸日上的发展势头也不免在国人心中滋生出跃跃欲试的挑战冲动。更加火上浇油的是，蔓延全球的金融危机使西方各国的经济前景一片暗淡。对于金融危机这一复杂的经济现象，普通大众当然没有能力自己去理解，而在主流意识形态宣传的暗示下，社会上形成了一种理解金融危机的通俗版本——美国人的钱不够花了，而中国则"不差钱"。于是，在很多人的意识中，中国正扮演着世界经济救世主的角色，大有"风景这边独好"之感。因而，在整个西方世界都在为金融危机而焦头烂额的时候，中国从官方到民间的民族主义狂欢却在热火朝天地上演。

在某种意义上，我们可以把2010年上海世博会看做一个大众文化事件。就像好莱坞被称为"梦工厂"一样，在为期半年的展览中，上海世博会也为7308万的参观者，以及更多的电视观众提供了一次"看遍世界"的梦幻之旅；不同的是，它所动用的举国体制使它具有一层抹不去的政治色彩。因而，我们可以把上海世博会看成是民族主义的官方表达。据称，举办奥运会和世博会都是一个国家走向大国的标志，于是我们看到，上海世博会上充满着加冕仪式般的喜庆和隆重。继北京奥运会以后，中国政府的一掷千金再次向世界展示了在全球金融危机影响下中国"不差钱"的傲人气魄，一座座或恢弘或别致的场馆共同编织的，其实是一则关于中国崛起的励志故事。更加耐人寻味的是，中国馆就如同一个强烈的暗示："东方之冠"的考究造型自然激活了"万国来朝"的前世遗梦；而它的超群体格也用无声的身势语向国人指点着中国在世界中的新位置。在上海世博会期间，借助媒体铺天盖地的宣传，几乎所有中国人都经历了一次对世界图景与中国位置的酣畅想象，民族自信心得到了空前提振。

这种由金融危机和"不差钱"双向支撑的民族主义还在大众文化中催生出一种新的叙事模式，我将之称为"折返的寻梦之旅"。20世纪90年代初，中国兴起了"出国热"，很多年轻人都奋不顾身地到美国去寻梦，这种盛况在葛优主演的电影《大撒把》（1992）中有真实的再现。电影中的很多人都把移民当成生活的最高目标，在"美国梦"的强大诱惑下，中国传统的伦理亲情不堪一击，以致葛优在电影中感慨："你当咱中国丈夫是什么？就是出国人员培训班。"然而，三十年河东三十年河西，我们发现，在金融危机发生以后的大众文化产品中，很多主人公的寻梦之旅都开始掉头转向。

① 许纪霖：《另一种启蒙》，花城出版社，1999，第215页。

在葛优主演的另一部电影《非诚勿扰》中，男主人公秦奋当初就是移民大军中的一员，在美国浪荡十几年依然孑然一身，事业无成，用他自我调侃的话说就是，"没正经上过学，蹉跎中练就一身生存技能，现在学无所成海外归来"。然而回国以后，他不仅立即就把所谓的"分歧终端机"的专利以200 万英镑高价转让了出去，从此变得"钱对我不算事"，而且还收获了一份让人羡慕的爱情。这种叙事模式在冯巩的小品《暖冬》中有更加清晰的呈现：11 年前跟随出国热潮到美国去寻梦的女友在遭遇金融危机后回到国内，不仅与等候多年的男友重拾旧好，而且还分享了男友蒸蒸日上的事业。此外，在郭冬临等人的小品《一句话的事》中，那个没有出场的美国大姐夫的前夫身份，也隐约显示出这种折返的轨迹。

不难看出，这种"折返的寻梦之旅"模式把宏大的国家叙事转换成小型的、可感的两性关系叙事，将国家力量的强弱与个人的性吸引力的大小联系起来，通过制造一种强烈的今非昔比之感，达到对当下中国的认同。正如冯巩在《暖冬》里的台词所说："我恨我自己当初这棵小树留不下你这样的飞禽，可自打'申奥'成功的那天，我发现自己变梧桐了，连凤凰都往我这棵树上落，我就不信招不来你这个家雀儿。"如果说在《大撒把》一类的叙事中，主人公面临的实际上是传统伦理亲情和现代（西方）生活体验之间的不可兼得的矛盾，在"留守"和"出走"的两难选择中，他们最终选择了忍受亲情撕裂的割痛，投身到对现代（西方）生活体验的追求中，那么，在"折返的寻梦之旅"一类的叙事中，我们看到，这种两难选择以"出走"的全面失败、"留守"的全面胜利而得以化解。它向人暗示：如今的梦想已不在大洋彼岸，而就在中国。

受金融危机事件的影响，中国当前的民族主义情绪还常常与一种幸灾乐祸般的心理搅和在一起，这种情绪在 2010 年"春晚"上得到了排比式的释放。赵本山在小品《捐助》中说："美国人都牛成啥样了，不也上咱这儿借钱来了吗？"姜昆等人的相声《和谁说相声》中有台词："2009 过得美，因为老百姓知道，阅兵的队伍谁走得最齐，现代化的武器哪件最具时代的锋芒，铁路提速频率哪国最快，外汇储备多，谁的底气最壮，世界会议在哪儿开得最安全，哪个国家的农民优惠到拿着补贴在种粮，答案就是两个字，那就是——中国！"小品《一句话的事》中也有类似的台词："看美国大姐夫，怎么看也没有中国大姐夫棒"、"这饭咱们得请，不能在美国人面前跌份。"毫不意外，这些鼓荡人心的民族主义口号都收获了观众热烈的掌声。

从以上这些例子可以看出，新世纪以来，尤其是金融危机以来中国大众文化中的民族主义的一些突出特点。最为明显的是，虽然它们依然把美国当成假想敌，但是它们所建构出来的美国形象却已发生了根本性的变化：美国虽然依然推行"霸权主义"和"强权政治"，却似乎不再是一个高高在上的强者形象，甚至也不再是一个需要赶超的对象，而是变成了一个不再具备竞争能力的、需要"借钱"的、狼狈的破产者形象。与之构成此消彼长关系的是，中国的形象变得越来越强大，这从由"中国可以说不"到"中国不高兴"的态度变化中就可以感觉出来：在断然"说不"的激切反应中，流露出的是弱者常有的不服之气；而"不高兴"却颇有一些威而不怒的意味，流露出的是强者惯有的傲慢。

此外，将复杂的问题简单化、家常化是它们惯用的修辞策略。《一句话的事》把中国和美国之间的关系用一句"美国大姐夫怎么看也没有中国大姐夫棒"隐喻式地表达出来，这种"棒"不仅体现在"中国大姐夫"的豁达（"不就是孩子想见妈，妈想见孩子的事儿嘛？"）和慷慨（"这饭咱们得请"）上，而且还通过那个没有出场的美国大姐夫的身份——前夫，一个在婚姻竞争中的失败者——体现出来。赵本山在小品《捐助》中巧妙利用了中国人"富不过三代"、"风水轮流转"等传统观念，把复杂而棘手的中国外汇储备问题通俗地解读为"美国人向咱借钱"。这种将国家观念转化为家庭观念的做法，更容易调动起大众的民族情感，也是民族主义的惯用手法。因为"传统上家庭一直被设想成是属于无私的爱与团结的领域"①，所以，将国与国之间的关系转化成家与家之间的关系，就完全抹平和掩盖了一国内部的利益分歧。

让人忧虑的是，这种将复杂问题简单化的做法常常造成对事实真相的严重歪曲。正如有人指出的，"美国人向咱借钱"的结果其实是美国人享受了高福利，而中国人遭受了通胀，实际上等于拿中国人，尤其是中国穷人的血汗补贴美国人。② 所以，对于中国的普通大众来说，巨额的外汇储备非但不是一件让人自豪的事情，还颇有些充当了冤大头还不自知的意味。《和谁说相声》中的说法同样也经不起推敲，"拿着补贴在种粮"的并非只有中

---

① 〔美〕本尼迪克特·安德森：《想象的共同体：民族主义的起源和散布》，上海人民出版社，2005，第139页。

② 参见 http://view.news.qq.com/zt/2010/mgjq/index.htm。

国农民，美国、欧盟、日本等发达国家其实早就推行了种粮补贴政策。另外，2011 年发生的"7·23"甬温线特大铁路交通事故也以惨痛的代价证明了"铁路提速频率最快"也并不一定是一件值得骄傲的事情。然而，当前大众文化对娱乐快感的片面追求，使它与民族主义的情绪宣泄功能一拍即合，除夕之夜，在调侃、奚落美国的话语狂欢中主流意识形态与大众社会心理二者之间终于四手紧握。

两种民族主义的貌合神离

许多论者都已指出，民族主义思潮既适应了转型时期中国社会内部整合的需要，又为由丛生的社会问题引发的大众不满情绪提供了一个疏泄口，因而它已经成为"国家意识形态与大众社会文化心理共享的一面旗帜"[1]。电视广告最能说明这一问题，众所周知，一方面，广告的目的在于促销，因而它势必会精心揣摩并迎合社会大众的情绪和心理；另一方面，在中国特殊的媒体生存环境中，只有它所挪用和传达的观念与主流意识形态并行不悖，才会得到相应的表达空间。新世纪以来民族主义话语在电视广告中的大量出现——比如奇强洗衣粉的"干干净净中国人"、伊利牛奶的"有我中国强"、柒牌男装的"立领中华"等——表明国家意识形态与大众社会心理在民族主义问题上取得了一致和共鸣。

然而，民族主义的官方版本与民间版本之间也并不总是琴瑟调和，而是经常会显现出一些貌合神离之处。以北京奥运会期间的民族主义表达为例，此时，有两则电视广告意味深长——立邦漆"让世界瞧瞧中国的颜色"，思念金牌水饺"让世界尝尝中国人的味道"。这两则广告异曲同工，都是在宣示"中国"和"世界"之间的关系，不难理解，这里的"颜色"和"味道"都是巧妙的双关用语，在汉语语境中，它们不可能只是指好看的颜色和好吃的味道。因而，这里表达的就不再是"中国"的热情好客，也不完全是一种自豪之情，而是隐隐透露出争强斗狠的复仇意味。特别值得说明的是，根据电视广告中流露出的民族主义情绪，很多人都想当然地认为立邦漆是一个有责任担当、长国人志气的民族品牌，后来才发现它其实是地道的日本货。可见，这些电视广告都是在有意迎合并利用当前社会

---

① 尹鸿：《历史虚构与国族想象》，《当代电影》2000 年第 2 期。

大众复杂的民族主义情绪：既为民族的重新崛起而感到自豪，又无法完全摆脱由屈辱历史造成的心理阴影，而且心中似乎总有一股无名的怒火不吐不快，因而，言语之中时常闪烁着刀剑的寒光。

与民间版本的对抗冲动不同，官方版本则试图建构一个和平崛起的中国形象，如果我们把上述两则广告与奥运会官方歌曲进行对比，这种分歧就显而易见了。不管是《我和你》中的"我和你，两个人，同住地球村"，还是《北京欢迎你》中的"我家大门常打开，开放怀抱等你"，同样是在阐释我／中国和你／世界之间的关系，然而这里表达的完全是我／中国的开放、热情和友好，而丝毫没有要清算历史旧账、还以"颜色"的复仇意味。再比如，在中央电视台制作的一则宣传广告中，一位身穿旗袍的东方少女用横笛吹起经典民歌《茉莉花》，全世界不同民族、肤色的人们都为之吸引，驻足聆听，画外音响起——"让世界倾听我们的声音"。虽然这里直接表达的是文化传播问题，但如果我们将之理解为一种政治隐喻——中国开始有能力在国际上发出自己的声音——也并不十分牵强。然而，在这里，中国呈现给世界的是温婉动听的也为人所乐于接受的"声音"，而不是带有恫吓意味的不好看的"颜色"或不好受的"味道"。

民间版本的民族主义的对抗冲动在《中国可以说不》和《中国不高兴》中体现得更加淋漓尽致，那么，这种对抗冲动从何而来呢？表面上看，中国同美国以及其他西方国家之间经常发生的各种摩擦和矛盾，往往是其直接诱因。然而，一个毋庸置疑的事实是，普通大众很少能够切身感受到来自美国或其他西方国家的压力，这种压力与他们的日常生活也没有直接的联系，相反，他们却时刻经受着由房价飞涨、贪污腐败、食品安全等国内问题带来的烦忧，并不断积累起越来越深重的不良情绪。在这种情况下，由于民族主义与爱国主义有着近乎天然的联系，而爱国主义在任何社会中都具有不可置疑的合法性，因而，民族主义就为大众长期得不到疏解的不良情绪提供了一个安全而合法的出口，从而承担起维护社会稳定的作用。正如徐友渔总结的那样，民族主义"用对外的敌意或傲慢来置换对内部体制缺陷的批判与改革，用国家、民族之类的大概念屏蔽个人的自由和权利，用对知识分子启蒙努力的谩骂来掩盖真正的社会矛盾和社会问题"[①]。所以，它在事实上已承担起意识形态的功能。

---

① 徐友渔：《我们需要什么样的民族主义》，《中国企业家》2010 年第 5 期。

然而，我们也应该看到，中国当下的民族主义在疏导大众不良情绪、维护社会稳定的同时，也潜藏着巨大的破坏力量，许多人都曾指出民族主义的这种"双刃剑"性格——"社会经济运行以及国家权力运作如能符合民族的大众的愿望和共同利益，则民族主义提供群众基础和民心支持。否则，民族主义则有可能成为社会与国家的离散力、离心力，成为导致动乱，甚至政权颠覆、社会解体的重要根源"①。众所周知，五四运动就是由反抗西方列强最终演变为对国内政权的质疑和冲击的。职是之故，我们可以明显感觉到，大众的民族主义情绪一直为一只看不见的手所调控。最明显的例子是，被认为掀起了 20 世纪 90 年代民族主义情绪高潮的《中国可以说不》一书，在疯狂销售 300 万册之后，被官方紧急叫停，禁止发售。可见，作为国家意识形态的民族主义和作为社会大众心理的民族主义其实"各怀鬼胎"，仅仅是共享了一面旗帜而已。

结　语

通过以上考察，我们认为新世纪以来大众文化已经成为中国民族主义的主要文化载体，由于大众文化有种迎合受众的天性，所以这也反过来说明了民族主义在中国社会中的广泛影响。新世纪以来的民族主义在反西方立场、情绪化特征、对抗性品格等方面与 20 世纪 90 年代一脉相承，但是，它的自信已经主要不是来自对辉煌历史或传统文化的优越感，而是由近年来中国的经济成就和美国的经济"颓势"双向支撑的。在当前这个社会分化加剧的时代，民族主义成为官方意识形态和大众社会心理共享的一面旗帜，从而起着社会整合的作用。但是我们也应该看到，它们二者其实有不同的利益诉求，官方希望把民族主义当成一种社会整合的工具，甚至是外交中的一张"民意牌"；而大众的民族主义与其说是出自对民族共同体的高度认同，不如说它更关心的是为自己的不良情绪寻找一个宣泄口而已。

---

① 房宁、王炳权：《民族主义思潮》，高等教育出版社，2004，第 40～41 页。

没有假正经，只有散德行

——第二次世界大战后欧美与华语邪典电影探析

李闻思[*]

摘要：Cult Film 在中国大陆被普遍称作"邪典电影"。它从表面上看似乎是小众的、边缘的、与主流审美情趣相背离的，但作为一种亚文化资本，它败坏的美、邪恶的气息与震耳欲聋的声响，仿佛某种散发腐臭的热带食肉性植物，硕大无朋、光彩照人，令追随者如痴如醉。它们天差地别，却又彼此相似；因其独立的品格，邪典电影最初在不同的文化与地域背景中生发出绝无雷同的风格，而后，则逐渐在全球化视域中产生了跨文化的融合。当下，越来越多的影迷也在渴求着"中式邪典"，对这种异色文化进行梳理与探讨，就更显得十分有益了。

关键词：邪典电影　文化研究　西方语境　华语邪典

Abstract：Cult Films are generally interpreted into Chinese as Xiedian Movie in the mainland of China. It appears that these kind of films are marginal, contrary to the mainstream aesthetic appreciation, and fanatically pursued only by specific groups. But as a sort of "subcultural resource", it is corruptly beautiful, evilly scented, and earsplitting noisy, that is like a certain kind of rotten tropical plant, unspeakable huge and splendid, captivating its fans so much. Because of the essence of independence and uniqueness, cult films have different styles in different cultural and regional environment, and these styles tend to merge into each other in the world of globalization. In

---

* 李闻思，中国社会科学院文学研究所。

recent years, there are more and more cult films fans in China who has been hungering for the so-called "Chinese cult film", so it will be interesting and beneficial to try to study the meaning of it.

Keywords：cult films, cultural studies, western context, Chinese cult film

电影作为一种媒介，从一开始就是不同意识形态聚拢、分离、抗衡或协商的场域。在后现代景观社会，影视文化更早已成为某种权力图景，漂移、弥散或集中在社会生活的方方面面。丹尼尔·贝尔指出："目前居'统治'地位的是视觉观念。声音和影像，尤其是后者，组织了、统帅了观众。在一个多元社会里，这几乎是不可避免的。"① "当代文化正变成一种影像文化，而不是一种印刷（或书写）文化。"② 当下，从文化研究的维度上解读电影，将电影看作是一种地位不断上升中的社会文化资本，比起单向度地聚焦文本技术层面的研究要有益得多。而在消费主义的洪流中努力确保独立性、颠覆性和实验性（不管是否能保住）的邪典电影，则是某种更为有趣和耐人寻味的存在。

一　什么是邪典电影？

（一）不可回避：cult 与 cult film

什么是 cult？"cult"一词的原意是"礼拜"、"祭仪"，在宗教学和社会学领域中，"cult"则常指具有某种邪教意味的非正统宗教。后来，"在宗教礼拜和宗教仪式之外，延伸出了对某人、某物或某种思想的热诚崇拜甚至献身，延伸出以这种热诚崇拜为特征的人所组成的宗教团体，并发展成为一种时尚"③。英文维基百科（Wikipedia）指出，"20 世纪 70 年代晚期，cult 一词开始被用于电影领域"，被称为 cult film 或者 cult classic。在这里，

---

① 〔美〕丹尼尔·贝尔：《资本主义文化矛盾》，严蓓雯译，三联书店，1992，第 154 页。
② 〔美〕丹尼尔·贝尔：《资本主义文化矛盾》，严蓓雯译，三联书店，1992，第 15 页。
③ 〔美〕克里斯汀·汤普森、大卫·波德维尔：《世界电影史》，陈旭光、何一薇译，北京大学出版社，2004，第 559 页。

cult 的意思就有了"受特定群体欢迎的，作为偶像崇拜的"意思。① "cult film，是指被某一特定群体狂热追捧的影片。它总是成为某一繁荣、偏执而庞杂的影迷亚文化群体之文化资本。通常来讲，cult 电影都具有一些非常特殊的诉求，它们被认为是怪异的，不遵从主流院线标准的，并且展现出主流价值观无法接受的争议性、爆炸性主题"②。丹尼·皮瑞（Danny Peary）撰写了《Cult Movies》（1981）一书，并在其后的《Cult Movies 2》（1983）和《Cult Movies 3》（1988）中，总共列举点评了两百余部 cult 影片③。从制作的角度，这类电影似乎可以算作 B movie（B 级片），但相当一部分大制作的电影也被公认为 cult；从内容来看，它又好像与剥削电影／极致电影（exploitation film）或磨坊电影（grind house film）八九不离十，但它的种类和题材又不局限于此。事实上，它可以是广义上的恐怖电影、情色电影、科幻电影、歌舞喜剧、功夫武侠甚至是动画片。早在 20 世纪二三十年代电影业的繁荣时期，在欧美各国乃至中国，极具 cult 意味的影片就曾风靡一时：托德·布朗宁（Tod Browning）饱受争议的《畸形人》；贝拉·卢戈西（Bela Lugosi）逼真恐怖的吸血鬼形象；朗·钱尼（Lon Chaney）"千面人"之称的特效化妆……中国则在民国初年就有《红粉骷髅》、《化身姑娘》、《空谷猿声》及后来的《夜半歌声》等许多现在看来无比 cult 的"怪片"于各个院线上映。随着第二次世界大战爆发、经济衰退、文化消费水平急剧下降，电影业陷入低迷，这类粗制滥造、类型风格混乱的影片，也逐渐消弭了一段时间，直到第二次世界大战后又开始浮出水面，并被翻箱倒柜的影迷以 cult film 的概念重新界定。这里，我们就将重点放在第二次世界大战后

---

① （only before noun）very popular with a particular group of people; treating sb./sth. as a cult figure, etc. 〔英〕霍恩比：《牛津高阶英汉双解词典》第 6 版，商务印书馆，2005，第 412 页。

② A cult film... is a film that has acquired a highly devoted but specific group of fans. Cult films often become the source of a thriving, obsessive, and elaborate subculture of fandom, hence the analogy to cults. Usually, cult films have limited but very special, noted appeal. Cult films are often known to be eccentric, often do not follow traditional standards of mainstream cinema and usually explore topics not considered in any way mainstream, Many are often considered controversial. 英文维基百科 cult film 词条：http://en.wikipedia.org/wiki/Cult_film。

③ Cult Movies is a 1981 book by Danny Peary, consisting of a series of essays regarding what Peary described as the 100 most representative examples of the cult film phenomenon... Two sequels were published, Cult Movies 2 (1983, Dell, ISBN 0-440-51632-3) and Cult Movies 3 (1988, Fireside, ISBN 0-671-64810-1), with each book reviewing fifty additional cult films. 英文维基百科 http://en.wikipedia.org/wiki/Cult_Movies_(book)。

的这一社会文化语境中进行探讨。

在中国，很多人把 cult 电影与恐怖片联系起来，也有些人将其简单等同于情色片或"禁片"。后来人们又叫它"异色电影"、"私宠电影"或"信徒电影"等，香港人则称为"沟片"。还有不少人干脆中西结合，就叫它"cult 片"。事实上，关于它的翻法没有官方的界定，因为 cult 电影作为一个影片类型本身，就是一个被主流电影教科书和字典所无视或规避的概念，仅在趋之若鹜的小众影迷中间被广泛讨论、津津乐道。在中国大陆，"邪典电影"这一翻译已被普遍接受，其定义来自 2003 年第 6 期的《环球银幕画刊》："我们把 cult movie 翻译成邪典电影，这'邪'与'典'两个字概括了这类影片的两种情况：一是'邪'，大多数 cult movie 都是 B 级制作的低成本小片子，一般都在低等的院线放映，情节多半离奇怪诞，拍摄手法也自由放肆，不按常理出牌，并拥有一群人数虽少却非常死忠的影迷。……但 cult movie 也不都是怪异疯狂的小片子，不少经'典'大片也同样可以纳入它的范畴……这些邪典影片的共同之处在于：影片历久不衰，一直会在影院中放映，令影迷如同对待宗教般狂热地投入，不断去探索其中的细节与内涵。"① 这个界定虽然略嫌局限于 cult 电影在美国的状况，而不够精准概括欧陆、大中华地区乃至世界范围内的全貌，但也基本点出了这类影片的精神实质，况且，这一翻法已在大陆影迷间达成共识，在电影杂志、相关研究书籍、网络豆瓣小组等媒介中被广泛使用，因此在下文中将如是沿用。

（二）疯魔、败坏、高举中指：一种亚文化

邪典电影是一种真正的亚文化。布尔迪厄指出，电影与其他意识形态一样，把观众个体变为主体臣民，从而利于社会形态再生产。电影的一切艺术功能和技术手段都只是某种意识形态的策略代码。电影利用影像和叙事，创造统治阶级需要的臣仆的角色，使之在社会生活中安分守己，消除革命性与激进性。② 邪典电影的存在正是对主流意识形态的反叛。它拒绝一切规则、挑战一切禁忌的颠覆性，令它自然而然地成为小众群体的亚文化资本，成为"不健全人士""仪式的抵抗"，在主流文化的霸权下自得其乐。

---

① 严蓬：《大话邪典电影》，《环球银幕画刊》2003 年第 6 期。
② 〔法〕皮埃尔·布尔迪厄：《艺术的法则：文学场的生成和结构》，刘晖译，中央编译出版社，2001，第 10 页。

伯明翰大学当代文化研究中心（CCCS）将青年亚文化的关键词归纳为"风格"、"抵抗"和"收编"，在我看来，对邪典电影的解读，同样应集中在其"风格"的意义及"抵抗"的价值上。邪典电影是一种姿态：它的制作总是独立的、低成本的、快速而粗糙的；它的内容总是不加掩饰地展现痛苦、没边儿没沿儿地挑战底线、号叫着追求金斯堡的"最高真实"、肆无忌惮地嘲讽恶搞一切规则……或仅仅是没头没脑地发泄愤怒和不满；它的发行方式总是难登大雅之堂的；它的受众总是少数的、边缘的、特殊的；它可以是一部电影，一个仪式，一种意识形态甚至是一类生活方式。其独一无二的存在价值和审美价值都是不可忽视的。那么，邪典电影是否也同样将被收编？我想答案是肯定的。毕竟，"电影是一种想象的技术……这种技术是在一种具有对象性关系的社会运作系统中被运用的，而这一运作系统，则包含生产机器、消费机器和促销机器"。① 一方面，很多邪典电影难逃被剥离个人语境、用作批量生产的时尚消费品，而在商业操作下消亡的结局；另一方面，大量邪典影片的被禁，统治集团对其"贴标签"式的"他者化"界定，又使之成为"一个纯粹的客体、一种奇观、一个小丑"（罗兰·巴特）②，从而失去了其本身意识形态上的全部抵抗价值，沦为某种毫无意义的感官刺激物。

需要注意的是，邪典电影研究与文化研究的所有方面一样，有极强的语境决定论（contextualism）特点，世界各地的邪典电影文本，都脱离不了叙述者的社会文化背景，都有着独一无二的特殊性。在本文中，我将简要梳理此类影片要塞之地欧洲（主要是意大利）和美国的情况，并就华语地区的现状作出思考。

二、哪里？哪些？

（一）隐喻、戏仿、自娱自乐：分类或不分类

邪典电影的分类是比较模糊的，并没有清晰的边界，因为它"指一切

---

① 〔法〕麦茨：《想象的能指——精神分析与电影》，王志敏译，中国广播电视出版社，2006，第 215 页。
② 〔美〕迪克·赫伯迪格：《亚文化：风格的意义》，陆道夫、胡疆锋译，北京大学出版社，2009，第 171 页。

可以取代大制片厂制作的主流电影的东西，它可以是任何东西，就是不是好莱坞式的"。① 简单说来，我认为可以借用前文中的定义，将其分为偏"邪"的和偏"典"的。偏"典"的，也分好几类：首先，很多在主流电影界赫赫有名的大导演，都拍摄过邪典电影（或一直在拍摄），甚至是以邪典片声名鹊起的：《群尸玩过界》（*Braindead*，1992）、《疯狂肥宝综艺秀》（*Meet the Feebles*，1989）、《宇宙怪客》（*Bad Taste*，1987）等片对一些人来说，可能比《魔戒三部曲》更能说明彼得·杰克逊的卓越才华；史蒂文·斯皮尔伯格在《阴阳魔界电影版》（*the Twilight Zone*，1983，其中一部短片）中虽然表现不佳，但他的《侏罗纪公园》、《大白鲨》、《AI》等片却被认为是大制作的邪典名作；蒂姆·伯顿所有的影片都带着若有似无的苍白诡异感；斯坦利·库布里克非人性化的风格倾向与扭曲拉伸的构图方法邪典味儿浓郁；奥利佛·斯通将纪录片、动漫、新闻片、音乐电视等杂糅到电影中的跨媒介手法不按常理出牌……对邪典影迷来说，这些导演的邪典作品比他们拍的主流大片更值得赞赏。

其次，一些题材及制作手法都相当主流的影片，因为阴错阳差地切合了某些亚文化群体的需要，从而在小众范围内经久不衰，成为某种隐秘的符号化转喻物，被当成彻头彻尾的邪典片解读和流传：比如儿童歌舞片《绿野仙踪》（1939）之于美国男同性恋群体的特殊意义②，又比如战时农学教育片《为胜利的大麻》（*Hemp for Victory*，1942），"滑稽过时""描述过火"③ 的抵制大麻宣传片《大麻狂热》（*Reefer Madness*，1936）在20世纪70年代之于热衷软性毒品的美国青少年亚文化群体的反讽作用。④

最后，与前面相反，一些题材和内容颇具邪典意味的但却并非独立制作的低成本B级片，是以大厂牌、大制作、大导演、大明星等好莱坞模式

---

① 〔美〕彼得·毕斯肯德：《低俗电影：米拉迈克斯、圣丹斯和独立电影的兴起》，杨向荣译，广西师范大学出版社，2006，第84页。

② 《绿野仙踪》中桃乐丝的扮演者朱迪·加兰（Judy Garland），一生饱受毒品、酒精和自杀折磨；她曾与男同性恋者结婚；她的表演充满"坎普"色彩，这些都使她受到男同性恋群体的追捧。她的名曲 over the rainbow（彩虹末端）成为同性恋者的经典励志歌曲。1969年加兰死于服药过量，她的葬礼举行当天，当地的很多同性恋酒吧都挂出黑纱表示哀悼。"Friends of Dorothy"（桃乐丝的朋友）也成为美国俚语中对同性恋的委婉说法。

③ （香港）伍诗铭：《大麻狂热：经典片 Reefer Madness》史丹笔记 Stanley5's Blog，http://www. stanleyng. net/16052006. htm，2007年5月16日。

④ 参见英文维基百科 drug subculture 词条与 420 cannabis culturehttp：//en. wikipedia. org/wiki/420_（cannabis_culture）。

打造出来并获得超高票房的影片，也被影迷们归入了邪典影片的范畴。最典型的莫过于沃卓斯基兄弟的《黑客帝国》、斯皮尔伯格的《侏罗纪公园》、雷德利·斯科特的《异形》系列、昆汀·塔伦蒂诺的《低俗小说》等。

偏"邪"的，就是所谓的 so-bad-they're-good（烂到绝）电影，是邪典电影真正的主力军。在一般人看来，这些粗制滥造的 B 级独立片或地下影片，要么愁云惨淡，要么疯疯癫癫，要么不知所云，要么血呼呲啦，要么装傻充愣⋯⋯但其实，他们的样态是有一定脉络可循的。科林·迈凯布在《理论与电影：现实主义原则和快乐原则》中指出："电影并不是透明地揭示实在事物的：电影由一套话语构成，这套话语规定了主体与客体的位置，并生产出某一种现实。⋯⋯影片分析就是研究由特定实践所转换的一套矛盾的话语。即使在一个本文内部，也有着不同的现实'图景'。"邪典电影因其极强的独立性和抵抗性，有着更为明显的文化与地域性差异。

（二）文化、反文化与跨文化：欧陆、北美的概况

从文化背景来讲，早期欧陆的邪典电影以意大利为重镇，影响最大、最有代表性。它循着哥特艺术的脉络发展而来，题材常以邪魔崇拜、渎神行为和畸形生物为主。一批致力于此的意大利导演共同开创了意大利 cult/giallo 片的黄金时代。马里奥·贝瓦（Mario Bava）的《撒旦的面具》（the Mask of Satan, 1960）、《着魔的丽莎》（Lisa e il diavolo, 1974），阿金图（Dario Argento）的《阴风阵阵》（Suspiria, 1977）、《深夜血红》（Profondo rosso, 1975）及《恶灵之泪》三部曲等，安东尼奥·马格里提（Antonio Margheriti）的《鲜血城堡》（the Castle of Blood, 1964）⋯⋯单从名称上看，就能感受到扑面而来的阴郁冰冷的宗教气息。可以说，在 20 世纪六七十年代及之前，风味纯正的哥特式恐怖片勾画出意大利邪典"乌黑与淡白"[①] 的最初时光。此后，由阿金图监制、索维（Soavi）导演的强强联合之作《教堂阴魂》（The Church, 1989）就是向这段佳作辈出的好时光致敬的经典回归之作。

故事开始于中世纪铁十字军东征的背景下。十字军借着上帝的名义滥杀无辜，血洗村落，还要在万人尸坑的上面，修一座宏伟壮观的哥特式大

---

① 〔美〕大卫·怀特 David white：《意大利恐怖电影史》，老驹译，转引自百度贴吧"哥特吧" http://tieba.baidu.com/f? kz = 327737333。

教堂，将异教徒永世镇压。场景转回现代，一个男人来到教堂工作，他想要探寻中世纪遗失的宝物，却将尘封多年的冤魂野鬼召唤出来……一场大屠杀，一座空旷的教堂，一批神秘的财宝，一个与恶魔有关的仪式，一位贪婪的男子与转世轮回的纯真处女，所有的要素一应俱全。然后，与所有哥特邪典片一样，本片循着"善有善报，恶有恶报"的逻辑关系，用简单的情节和场景，把邪教献祭、精神错乱、腐尸与虐杀、点到为止的诡异情色一一奉上，再以阿金图御用哥特乐队圣杯（The Goblins）的原声音乐烘托气氛，为我们声情并茂地讲述了一个有关杀戮与贪欲的恐怖故事。哥特式邪典片永恒的主题是宗教、人性与欲望，带着某种存在主义式的茫然和徒劳。每部影片都是一个阴郁如迷宫，冰冷如迷雾，却又纯净如深潭的黑色童话。这对刚刚经历了第二次世界大战的一代人来说，无疑是其内心焦虑与恐惧的外化。战争的残酷记忆尚未消退，战后经济的蓬勃发展和生活水平的飞速提高却又让人类丧失了精神家园。失去精神引导对现实的超越性，使人们的生活在极度世俗化的同时也平面化起来，"物"的极度膨胀给人造成了现实中的"非现实"之感。上帝缺席，贪婪而脆弱的人类将永远沦为恶魔的玩偶。

　　之后，欧洲电影界受到好莱坞电影产业的影响，哥特式邪典片逐渐发展为比较主流的"意大利铅黄"（Italian giallo）片。giallo 一词的意思就是黄色，因为其时的意大利流行惊悚小说多为黄色封面，于是便将犯罪、侦探、神秘、惊悚、恐怖等题材的影片统称为"意大利铅黄"。① 铅黄片爱向好莱坞谄媚，怎么看都是纯正的意大利制作团队，却使用糟糕的英语为同期声，意大利语反而成了后期配音。就内容来看，不管是赤裸裸的暴力元素（滴血的剃刀、皮手套与手枪、滑稽可笑的打斗与追杀），还是明摆着践踏和物化女性的性元素（刺耳的尖叫、女同性恋性爱场景、缓慢晃动的窥视的长镜头）都让铅黄片成为一种品位不高、稀奇古怪、不伦不类的大杂烩，是纯属娱乐的"令人愉悦的血腥片，适合全家人观看的血腥片"。② 在

---

① Giallo is an Italian 20th century genre of literature and film, which in Italian indicates crime fiction and mystery. In the English language it refers to a genre similar to the French fantastique genre and includes elements of horror fiction and eroticism. The word giallo is Italian for "yellow" and stems from the origin of the genre as a series of cheap paperback novels with trademark yellow covers. 英文维基百科 http：//en. wikipedia. org/wiki/Giallo。

② 〔英〕伊恩·普赖尔：《彼得·杰克逊．从嗜血王子到指环王》，上海人民出版社，2006，第 198 页。

这之后，对冒险刺激的视觉体验的追求一发不可收拾，铅黄片一路滑向了生吞活剥的"血块"电影：拍铅黄片起家的卢西奥·弗尔兹（Lucio Fulci）以系列丧尸片开启了一代风潮；乔治·罗梅罗（George Romero）的僵尸三部曲奠定僵尸（Zombie）电影里程碑；Mondo 电影（意大利残酷实录）和 Cannibal（食人族）电影相继播出；而在德国，导演琼格·布特格雷特（Jörg Buttgereit）惊世骇俗的恋尸片鼻祖《困惑的浪漫》横空出世，并由此发展出了以虐杀镜头吸引心理变态者的、毫无审美意义可言的虐杀电影（snuff film）。这些影片逐渐脱离了邪典电影一贯的纲领，只顾追求感官刺激的最大化，这种筋肉横飞的狂热在 20 世纪 90 年代中期便偃旗息鼓也就不足为奇了。除此之外，欧陆邪典片还有《纳粹集中营》（Nazisploitation）、《女子监狱》等类型不一而足，而这些影片因其对情色的过度偏好都昙花一现。时至今日，在复古大潮席卷各个艺术领域的背景下，好莱坞这些年来出品了不少意识相当主流的翻拍邪典片，包括《我唾弃你的坟墓》（I Spit on Your Grave，1978）、《得州链锯杀人狂》（Texas Chainsaw Massacre，1974）等，最著名的当属昆汀·塔伦蒂诺和罗伯特·罗德里格兹的《磨坊电影》（Grind house Film），狠狠地抒发了一把充满怀旧情绪的文化乡愁，也又一次引发了群魔乱舞的观影狂潮，概不赘述。而欧陆这边的邪典电影，却依然与他们的经济状况一样，处于委靡不振的衰微状态。

　　早期美国的邪典电影同样包括上述这些种类，但其发展脉络与欧洲是完全不同的。可以说，美国邪典电影与其盛行于 20 世纪六七十年代的"午夜场电影"（midnight movie）是息息相关的，甚至可以约等于同一种东西。当时，美国许多城市的影院开始推出午夜场，播放一些难登传统院线大雅之堂的怪片。这些因为租金便宜，而专在上座率很低的午夜场上映的 B 级片，却吸引了一批固定影迷的观影狂潮，长期轮番播映而热度不减。这里面就包括后来被一致认作邪典影片典范之作的《鼹鼠》（杨德洛夫斯基）、《发条橙子》（斯坦利·库布里克）、《洛奇恐怖秀》（洛·阿德勒）、《粉红色的火烈鸟》（约翰·沃特斯）等等。其中，又以《洛奇恐怖秀》（The Rocky Horror Picture Show，1975）和《粉红色的火烈鸟》（Pink Flamingos，1972）两部"坎普"风格（camp）的影片最为惊世骇俗。关于 camp 的中文译法现在也是众说纷纭，在此权且使用音译"坎普"。这类电影是美国邪典的代表性风格，是不折不扣的"坏品味"（bad taste）之王。苏珊·桑塔格在《关于坎普的札记》（Notes on "Camp"）中写道："坎普是一种以风格

表达出来的世界观——不过，这是一种特别的风格。它是对夸张之物、对
'非本来'（off）的热爱，是对处于非本身状态的事物的热爱。""作为一种
对人的趣味，坎普尤其对那些十分纤弱以及极度夸张的人物感兴趣。女性
化的男子或男性化的女子肯定是坎普感受力的最伟大的意象之一。"① 在影
片中，"滑稽模仿、仿拟和戏剧性"是坎普趣味的核心。它们爱用舞台剧般
过度艺术化的处理方式，服饰场景华丽媚俗，人物造型夸张败坏，念白表
演极尽夸张，故事情节离奇古怪，充满喧哗聒噪的黑色幽默氛围。坎普影
片作为美式邪典最突出的类型之一，在小剧场里长映不衰，影迷们的观影
奇观，使其外延早已突破电影的范畴而成为小众群体的拜物教狂欢仪式，
"是一种节日的保留节目，是一种运动"。"影迷们身着盛装，在银幕前同影
片中的人物对答唱和。"② 这甚至是一场小型的政治暴动："震撼'资产阶
级'最容易，因而也最频繁使用、最壮观的方式，就是给予那些被时代主
流美学排斥的事物或表现方法以美学的地位。"③

　　约翰·沃特斯（John Waters）可谓坎普电影的标杆式人物，他以《粉
红色的火烈鸟》奠定了其在业内至高无上的"呕吐王子"地位。但比起已
经被说烂了的本片，我觉得更有趣的是他的另一部作品《拼命活着》（Des-
perate Living，1977。通常译作《绝望生活》，但笔者认为不准确），虽然没有
标志性的御用男？/女？主角 Divine 出演，但它贯彻了一如既往的极"低"
的"品味"（low taste），而且更坎普，更颠覆，更戏仿，更"无浪潮"（no
wave）④。比起沃特斯其他作品，本片胡言乱语和疯疯癫癫的程度有所减
轻，竟然还颇有逻辑：神经质的佩吉妄想症发作，和黑人女仆联手杀了丈
夫后逃到一个下三烂聚集的村子里，认识了阳刚气十足的女同性恋摩尔和
她的女朋友墨菲。这两口子各有各不堪的过去，在这里虽然也经常拌嘴，

---

① Susan Sontag, "Notes On 'Camp' Published in 1964", reprinted in Against Interpretation, 1966.
　　转引自豆瓣 camp 小组 http://www.douban.com/group/topic/1233508/。

② http://en.wikipedia.org/wiki/Cult.

③ 〔法〕让·波德里亚:《消费社会》，刘成富、全志刚译，南京大学出版社，2001，第 131
　　页。

④ No Wave Cinema was a nearly nine year boom (1976 – 1985) in underground filmmaking on the
　　Lower East Side neighborhood of New York City. Its name, much like its cousin No Wave music,
　　was a stripped down style of guerilla/punk filmmaking that emphasized mood and texture above eve-
　　rything else. New York: New Wave Cinema, a defending period in the history of the relationship be-
　　tween film, art and music. Cinefilo, PDF document http://www.modernart.ie/en/downloads/no-
　　wave-cinema.pdf.

但两人小日子过得还是很幸福和谐的。摩尔为了墨菲还攒了一笔钱进城做变性手术。此外，村里还有其他的"同志"情侣以及各色被主流社会所抛弃的怪人，他们在这里的生活美好，但大胖子"女王"和她手下的一群颇具性虐待意味的皮装男警卫，却为这一切笼罩上了某种荒淫无度的阴影。

大胖子女王的闺女爱上了一个捡垃圾的，女王一怒之下将男方杀死，给公主打了狂犬病针。公主跑到摩尔家哭诉一番。于是，摩尔领着墨菲和其他怪人，闯进皇宫，杀死淫乱警卫，烤了大胖子女王，在奄奄一息的公主吐出的绿色毒液旁，全村人民在大解放的欢乐中开始了不健全人士的狂欢……

可以看出，本片完全是一部坎普邪典片的标范之作，吵吵嚷嚷中含有颇为强烈的意识形态倾向，是一个真正好玩的白人垃圾版无政府主义女"同志"英雄传奇。中产阶级出身的佩吉被摩尔与墨菲好心收留，却在影片中段偷偷投靠了女王，她的一身黑女巫装束极具讽刺意味。而不管是试图强暴佩吉的警察、大胖子女王与荒淫警卫的上朝仪式、"反穿衣服"节还是公主与垃圾虫，都同样明目张胆地恣意嘲弄着并然有序的政府、制度与权力。最后由同性恋、流浪汉、小摊贩等社会最边缘群体组成的队伍大获全胜，则将导演的大解放乌托邦幻想推向了高潮。我觉得特别有趣的，还有影片中女同性恋角色的设定。在20世纪七八十年代，经过五六十年代的暗涌、1969年的石墙暴动（the Stonewall Riot）等一系列著名事件，男同性恋群体已逐渐走入公众视野并为自身取得了相当的认同与权利。但女性同性恋在那个年代依然悄无声息。电影中的女同性恋角色，往往是作为被男性观众窥视的色欲对象而存在，比如阿金图的《黑影》（*Tenebrae*，1982）等。而在本片中，女同性恋的角色设置却是一个拥有过去、现在与未来的，爱与恨、友情与爱情的颇为立体的形象，并且作为被排斥与抛弃的群体，实现对霸权的颠覆，不得不说意识是十分超前的。

（三）狂欢话语的大杂烩：华语电影界的 cult film

华语语境下的邪典影片，与欧陆及美国相比又自有别样风采。我们发现，华语电影的邪典之作多出自港片。香港国际电影节近些年来都会设立"我爱午夜长"环节，旨在专门放映恐怖怪奇、感官刺激的"午夜元素"影片。不仅如此，香港邪典电影其实早已形成了自己的风格，并在西方掀起观影热潮，不少学者就此撰写了研究作品，"这些作者认为香港电影是这个星球上最令人癫狂、最自由奔放的电影制作"。① 港式邪典似乎更为巧妙地将 cult 题材与消费文化相结合，既想要颠覆，又不放弃票房。从跨文化的视角来看，华语邪典电影是既受到西方影响，又具有强烈的地域性差异的。从这个意义上讲，港式邪典片基本可以概括为两类。

一方面，由于文化视角的差异和文本误读，一些在香港本土视为主流的功夫片或鬼怪片，却被西方影迷奉为邪典，许多"港片发行至西方后引发小众热潮（cult phenomenon），规模之大更是空前"。② 正如马修·肯尼斯指出的："在一种社会或文化中被认为主流的电影，在另一种社会或文化中会被视作反主流。"③ 这一类型的影片在香港本地往往并不边缘，还十分卖座；比如说，在西方影评人看来是不折不扣的香港邪典典范之作的，正是被我们认为非常主流的，吴宇森的港产片《辣手神探》、《喋血双雄》，徐克的《刀马旦》，霍耀良的《赤裸羔羊》等。这类影片充满本土化特色，充分迎合观众口味，早期循着"鬼片"与"功夫片"的途径一路走来，之后又加入了枪战片：从早期的桂治洪、牟敦芾，到后来的刘镇伟、邱礼涛、吴宇森等人，都拍摄了大量鬼怪、武侠、僵尸、改编古典名著及枪战等题材的影片。而另一方面，粗制滥造、"崇尚官能快感与古怪作呕的东西"④，以暴力、科幻、禁忌爱情为卖点的低成本港片，因其拥有与西方邪典片同样的元素，而同样在世界范围的亚文化群体中受到追捧，尽管它们最根本的出发点还是票房；这类大杂烩影片将大悲、大喜等完全相反的情感全部融入其中，形成了精神分裂般的怪异风格，被称为"癫狂的电影"。或许也正因如此，"港式邪典"反而抛却了对精神层面和"最高旨趣"的执著而更加毫无顾忌地表现自己，用更为赤裸的方式娱乐大众。美国学者大卫·波德维尔这样概括港片的魅力："香港电影也许煽情与纵乐，也集吵闹与愚昧，血腥与怪诞于一身；但香港电影亦敢于破格，技巧纯熟，诉诸情感亦坦率直

① 〔美〕大卫·波德维尔：《电影诗学》，张锦译，广西师范大学出版社，2010，第 440 页。
② 〔美〕大卫·波德维尔：《香港电影的秘密：娱乐的艺术》，何慧玲译，海南出版社，2003，第 11 页。
③ Bishop, Matthew K. "A case study of Donnie Darko: analysing interpretations and its cult status", BA dissertation, University of Portsmouth, 2006.
④ 〔美〕大卫·波德威尔：《香港电影的秘密：娱乐的艺术》，何慧玲译，海南出版社，2003，第 11 页。

接因而赢尽全球观众的欢心。"①

那么，中国影迷心中的港式邪典典范又有哪些呢？"网易娱乐"曾评出十大港产邪典片，包括极端暴力的《力王》，科幻喜剧《魔翡翠》，荒诞残忍的《地狱无门》，都市传说《人肉叉烧包》及上映之初票房惨淡、后来却被青少年影迷热烈追捧并形成"大话"文化的《大话西游》系列等。相较之下可以看出，中国邪典影迷在解读一个电影文本时，更倾向以西方邪典的标准来评判和衡量，通过恐怖、暴力、荒诞、奇诡、情色、禁忌等关键词，来认同其"邪典"的属性。而西方人则对跨文化的中国元素充满好奇：古装、戏曲、民间传说、功夫等。在"去西方化"仍然停留在一个口号的今天，东方文化始终被边缘化和他者化而成为某种事实上的"亚文化"，或许正是这种差异出现的原因。

不管怎样，比起欧陆邪典充满宗教隐喻的沉重古老、日本邪典源自生活的压抑扭曲、韩国邪典抓人眼球的暴力情色，中国香港邪典片更接近美式邪典亚文化式的粗鄙胡闹，并以其"狂欢话语"、"游戏心态"展示出更加百无禁忌的娱乐精神，是最具有跨文化思维的邪典影片，也是与后现代消费主义最紧密结合的邪典影片。

三 "中式"邪典

那么，中国内地的邪典电影情况如何呢？一位学者曾经将《让子弹飞》称作新中国第一部邪典电影，理由是因为它够邪，而且成了经典。②这种说法虽有一点道理，但却略嫌武断。首先，就算20世纪二三十年代《夜半歌声》时期的恐怖片没赶上"邪典"热潮的第二春，但即使在新中国成立后，中国大陆也并不是没有过邪典片的。邪典电影虽然生发于欧美，但其特有的亚文化属性，决定了势必在不同的语境下会有不同的邪典景观，所以西方邪典电影的标准从文化的层面并不能界定中国的情况。事

---

① 大卫·波德威尔：《香港电影的秘密：娱乐的艺术》，何慧玲译，海南出版社，2003，第16页。

② 颜纯钧认为：当下对邪典电影已经有了各种权威或不权威的解释，再增加一个也不为过——尽管有点"歪解"。在我看来，如果有一种电影，它有够邪，居然邪成了经典，那就叫邪典电影！有人说中国电影史上早就有邪典电影了，那是胡扯！在全球范围内，邪典电影从来就不是一种常规电影，也不是一种类型电影，不是谁想拍就一定能拍成的（颜纯钧：《电影艺术》2011年第2期）。

实上，拍摄于 1989 年的《黑楼孤魂》（梁鹏、穆德远，深圳影业公司），就是一部成本极低、独立制作、充满探索性和批判性的地地道道的本土邪典电影。

《黑楼孤魂》植根于"文化大革命"背景，却又处处透出美国 B 级片和意大利铅黄明晰的影子：全片采用"戏中戏"的方式，讲述在一个拍摄恐怖片的剧组发生的闹鬼故事。音效师和女演员在一幢即将拆除的洋房中录音，破旧的楼梯、漫长而昏暗楼道和尘封的地下室间仿佛回荡着怪异的声音和氛围。果然，录音机录下了非常奇怪的哭泣声及撞门声。有特异功能的女演员感知到一场谋杀和一个 14 岁的女孩为了弄清真相，她与录音师一道展开调查。原来，饱受"文革"迫害的"父亲"在临终前将自己的女儿及一笔财富托付给了至交好友，但贪欲却让对方谋财害命。而这位当年的"好友"，竟是这部电影的导演。于是，录音师与女演员四处搜集证据准备将凶手绳之以法，但萦绕在旧楼中含冤多年的孤魂却早已按捺不住，疯狂地展开报复。遭到阻拦的鬼魂大发雷霆，整座洋楼在闪电雷鸣的暴风雨中摇摇欲坠。最后，凶手还是逃不过正义的制裁：沉浸在影片获奖的喜悦中的导演，猛然发现他坐的汽车没有司机。汽车自动行驶，带着他径直来到旧楼前，导演被摔进楼中并最终吊死在里面……随着一声"吃药了"，画面一转，原来这一切只是精神病房中一群疯子的臆想。

《黑楼孤魂》被称为中国电影史上最恐怖的影片；但它显然不仅是恐怖片，更是一部童叟无欺的正宗邪典电影。死不瞑目的大特写、破败阴暗的孤楼、盛满鲜血的浴缸、狞笑的粉笔画、作为女鬼替身的恐怖洋娃娃……这些元素到今天仍显得激动人心。而"要人没人、要车没车"的退休主任，"没三房一厅不搬"的钉子户，"你们这些拍电影的就知道教育人"的对当时电影界迷恋宏大叙事的冷嘲热讽，导演对女演员的"潜规则"……处处透着对社会阴暗面的不满与讥笑。至于更显胆大妄为的"那年月活不了，只有死……那些讲阶级斗争的年月……国家都疯了，何况人呢？""上面说要……""托个人找个指标"等对白，及影片结尾报案不成、决定放弃法律手段自行解决等情节设置，恐怕成了本片上映不久便被匆匆撤下的根本原因。有趣的是，电影最后精神病人的角色符号，与片子的被禁之间，形成了更大的反讽张力。时隔多年，在渴求"中式邪典"的影迷中间，《黑楼孤魂》仍被竞相收藏着、津津乐道着。

除此之外，同样拍摄于 1989 年的《凶宅美人头》（刘邑川，西安电影制片厂）、拍摄于 1992 年的《毒吻》（陈兴中，西安电影制片厂）及拍摄于 1994 年的《飞天蜈蚣》（吴清国，长春电影制片厂）等，也都以超前、怪异、魔幻的风格和某种政治性的隐喻，而成为影迷心目中的"中式邪典"经典之作。然而这股自由的浪潮来得快去得也快，随着 90 年代中期电影业陷入困境而销声匿迹了。

近年来，中国电影业重放生机，占据各大院线狂轰滥炸的"国产大片"倒足了邪典影迷的胃口，偷偷摸摸淘换"禁片"似乎成了唯一手段。此间上映的几部颇具邪典意味的电影，立刻让期待已久的影迷打了鸡血般亢奋起来，对"中式邪典"的拳拳期盼重又燃起火焰。《疯狂的石头》系列、《大电影》系列都引起了热烈讨论，而《刀见笑》和《让子弹飞》则干脆被迫不及待的影评人认作"中式邪典"的回归之作。一些影迷，如网友"山村贞子"在博客中提出质疑："（《刀见笑》的）艺妓、幕府将军、食神风格、街霸风格、案件聚焦风格、日式 cult，……这就是中式 cult 吗？"而另一些影迷则在小组中大声疾呼"给华语新邪典一个机会"，对《刀见笑》跨文化、跨媒介、跨类型的表现形式大加赞赏。《让子弹飞》则引起了更多的热议，有人盘点了影片中典型的邪典风格桥段：麻匪，面具，断肠凉粉，兜肚，身首异处还能说话，古怪而俗艳的歌舞……然后得出这是一部邪典电影的结论。那么，一部满含邪典符号的影片，就能看做邪典电影吗？从广义的角度讲，是的。不过，从本质的角度看，又不尽然。同时，此"邪典"又能不能成为"中式邪典"的标范，就更值得商榷。

现实的状况是，电影分级制的缺失，主流意识形态的操控，对商业利润的疯狂追逐，对独立影人发展空间的限制等原因，使得多数"中式邪典"电影，仅只一股脑儿从"恶搞经典"、"戏仿"、"反讽"入手，从拍摄手法、表现方式等技术层面为自己涂抹上鲜艳的邪典色彩，试图搭上"邪典电影"狂放不羁的昭彰恶名，制造话题吸引追求个性的后现代消费主义观众群。但从意识形态的维度来看，它们对抵抗核心价值小心翼翼的规避，对制度和规范打擦边球式的妥协及对主流院线受众的媚俗和讨好，都使之更趋向于"典"而不足够"邪"，难免令真正的铁杆邪典粉丝感到失望，意识到这不过是体制内装模作样的"伪邪典"，与青春期少年荷尔蒙作用下的"愤怒"和"对着干"没什么不同（可能还不如）。尽管如此，每每此类影片一上映，还是会受到被定义为"压抑文化的混乱症候群"① 的青少年影迷热烈追捧讨论，足见作为对某种追求的象征性的外化和某种想象性的宣泄出口，邪典影片之存在的重要。在当今社会全球化的语境下，何时"中式邪典"电影能够真正甩掉"假正经"，尽情"散德行"，让我们共同期盼！

---

① 娄军:《200 万中国电影青年的趣味》,《电影世界》2008 年第 3 期。

为谁立传？ 如何再现？ 谁来评说？

——对 20 世纪 80 年代以来中国大陆人物传记电视剧创作的思考

李　艳*

摘要：人物传记电视剧是一种特殊的文化产品类型，作为传记与电视剧的结合体，它是千年传记的现代表达，是人生故事的影像记忆，其在具备传记文学作品所有传播功能的基础上，又融入了新的传播元素和更多的传播技巧。"文革"结束后，中国大陆制作播出的第一部人物传记电视剧是 1982 年的《鲁迅》，至今已有 30 年的时间，在这一个节点有必要对人物传记电视剧这一特殊的文化产品类型进行盘点、分析。30 年间，围绕人物传记电视剧的制作，谁来选择？选择谁？讲述什么？怎样讲述？效果如何？谁来评说？这一系列值得探讨的问题，会帮助我们更加清楚地看到传记电视剧的生产特点，也将引发我们对如何生产文化产品的深层思考。

关键词：20 世纪 80 年代以来　中国大陆　人物传记电视剧

Abstract：Biography teleplay is a special kind of culture production, which adds some new communication elements and skills to the traditional biography. *Lu Xun*, first showed in 1982, was the first biography teleplay after the Culture Revolution in Chinese mainland. It is necessary to have a survey on the biography teleplay and analyze some questions about it, such as who

---

* 李艳，首都师范大学文学院。本文为 2008 年度国家广电总局部级社科项目"改革开放以来人物传记电视剧发展研究"的成果之一，文中所引导演阐述来自中国电视剧制作中心。

have the right to choose the master? Who will be selected to be the master? What will be told and how to tell? What is the effect? Who is the important one to judge of the production? The thinking will help us to know the specialty of biography teleplays product.

Keywords：since 1980s, mainland China, biography teleplays produce

如果给不同类型中国电视剧生产的商业化程度从高到低排序的话，有一种类型的电视剧位于队尾或许是不争的事实，那就是人物传记电视剧。

本文采用实证研究的方法，首先界定人物传记电视剧的内涵和外延，然后划定时间界限，选择了从 1982 年至 2011 年 30 年间的 154 部人物传记电视剧，对其进行统计分析。发现在制作单位这一项，约 70% 的传记剧为中央、省、市电视台制作，25% 左右的传记剧为各级宣传部门、地方政府、法院或军队等与电视台影视制作中心合作拍摄；仅有 5% 左右的传记剧制作单位构成中可见少量企业的名字，如某地水泥厂、某地搪瓷厂、某地煤炭公司。体制内的制作单位、体制内的导演甚至编剧和演员，主流的传播语态，尤其是一些当代英模人物传记剧的主旋律"潜台词"等等，无不令人好奇：在传记电视剧的背后，有怎样的制作动因？是怎样的创作理念主导着传记电视剧的生产？其传播效果如何？本文旨在对这些问题进行探讨。

相对于《史记》、《汉书》、《后汉书》、《三国志》等史传文学的浩长历史，"传记文学"概念的出现不过百年。同属于传记门类的传记电视剧的历史无疑更短。中国大陆传记电视剧的出现集中于 20 世纪 80 年代，现今看到的最早一部人物传记电视剧是 1982 年播出的《鲁迅》。

人物传记电视剧是用电视剧形式演绎一个真实人物人生经历的电视作品，通过真实地展现人物独特的人生经历及人物与时代的关系，刻画人物的性格，展现其人格魅力，挖掘其精神境界，实现历史性和文学性的统一。

传记剧是传统传记作品的电视化形式，其核心是传记，电视是其传播形态，传播形态的变化随之也带来了创作手法的改变。在社会功能上，传记电视剧与传统的传记文学作品无甚区别。第一，传记作品以其真实的人物形象，对于读者更有吸引力，如果传主的典型化程度高，对于一般读者将具有更大的教育和感染力量，由此起到一般文学作品所无法起到的作用。

第二，传记作品比之一般史籍能够更有效地把历史人物的形象镂刻在人类的心灵中，从而构成一种特殊的社会精神文化财富。第三，传记作品在迎合读者的阅读心理的同时，还能够传播某些有益的知识。①

与传统传记作品不同的是，作为影像化的传记作品，传记电视剧具备了更多的视听表现手法，形成了这一类传记作品以及这一类电视剧的特色，较之单纯以文字为传播符号的传记作品，更能在视听感官上满足受众的欣赏需求，最大限度地做到对历史的真实还原、对人物细腻入微的塑造，实现受众与人物之间穿越时空的精神交流。同时，又可以产生不同于其他类型电视剧的真实感。例如，在传记电视剧空间的架构中，有的就是人物曾经工作、生活的真实场景。这种真实不同于单纯的文字描绘所形成的"真实感"，在确保真实的前提下，直观的空间环境可以折射出更多的信息，带给观众的触动也可能更深。

在电视产品当中，传记电视剧、传记纪录片以及人物专访等，都属于传记作品。作为影像化的传记，它们在塑造人物、思考历史、反映社会、影像受众等方面所释放出的能量不可小觑。特别是传记类电视剧在这方面有着天然的优势，它可通过对一个个独具个性的人生样本的深层透析，既关照大的历史背景和社会变迁下个人命运的跌宕起伏，又透过个人命运的风雨浮沉来反观特定的历史阶段和社会进程。人物的人生抉择、价值观念等无疑会引发观众的深层思考，从而会对观众的思维方式和行为方式产生不同程度的影响。

但是，当今的人物传记电视剧是否以及在多大程度上实现了这一功能，是我们需要分析与思考的问题。

一　双向扫描：对大陆 20 世纪 80 年代以来传记 电视剧的统计分析

在国家广电总局备案的 1978 年以来制作播出的所有电视剧中，根据人物传记电视剧的基本界定标准，选出 154 部，可划分为帝王将相、文化人物、近代革命人物、当代英模四类。

---

① 对传记社会功能的论述，可参见朱文华《传记通论》，复旦大学出版社，1993。

表 1 20 世纪 80 年代以来中国大陆地区制作播出的人物传记电视剧统计表

年　份	A 帝王将相	B 文化人物	C 近代革命人物	D 当代英模	当年剧目数量
1982	0	0	1	0	1
1983	0	0	0	1	1
1984	0	0	2	0	2
1985	1	0	0	0	1
1986	1	0	0	0	1
1987	1	1	1		3
1988	2	0	0	0	2
1989	0	0	3	2	5
1990	0	1	1	2	4
1991	0	4	1	1	6
1992	1	0	1	1	3
1993	0	1	0	0	1
1994	0	0	3	1	4
1995	1	2	1	3	7
1996	1	2	0	4	7
1997	1	2	2	1	6
1998	1	1	2	1	5
1999	4	2	5	2	13
2000	2	3	4	0	9
2001	2	3	4	2	11
2002	2	1	4	3	10
2003	3	0	1	6	10
2004	5	1	2	0	8
2005	1	4	2	2	9
2006	6	2	3	0	11
2007	0	0	0	1	1
2008	2	2	2	1	7
2009	0	1	1	0	2
2010	1	0	3	1	5
合计	38	33	49	34	154

　　假设以类型为横轴，以时间为纵轴，可以帮助我们更清晰地发现人物传记电视剧制作播出的一些规律。

（一）以横轴为线索可发现：革命及英模人物所占比重较大

　　帝王将相、文化人物、近代革命人物、当代英模人物的数量分别为 38 部、33 部、49 部、34 部。其中，近代革命人物 49 部，占总数的 32%，位居四类人物传记剧数量之首，其他三类人物传记剧的数量虽大致相当，但其中当代英模类传记剧又略多于另外两类（见图 1）。

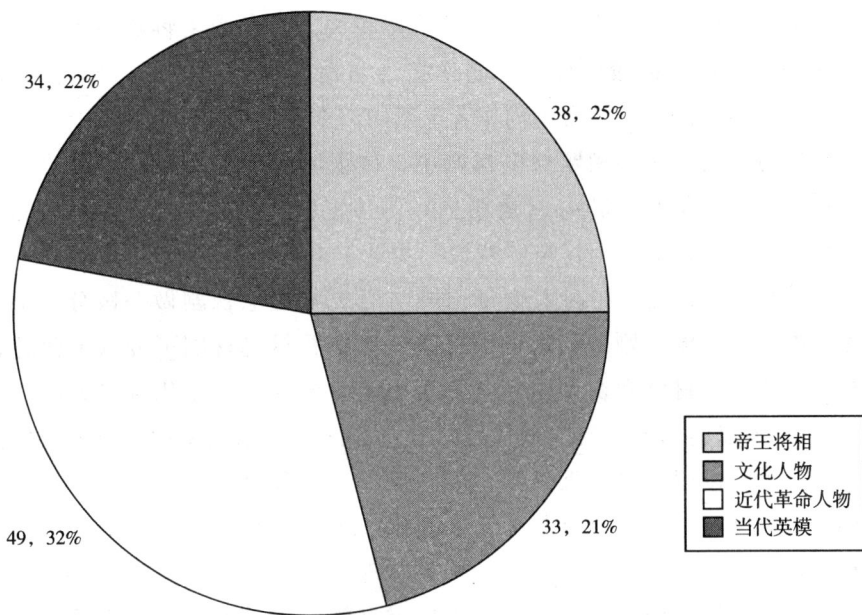

图 1　人物传记剧类型及比例图

　　单纯从比例上来看，近代革命人物和当代英模人物传记剧所占比例较大，其中，有相当比例的作品隶属于某次宣传"战役"，渗透主流意识观念的意图较为明显。虽然，其中不乏真实感人之作，但此类电视剧也存在一些共性化的问题，如对人物的描写较为"脸谱化"，演员在追求"形似"的过程中忽视了"神似"，有些场景和表演甚至出现类似舞台剧的效果，对真实状态的背离，令观众敬而远之。

（二） 以纵轴为线索可发现：发展轨迹和选题来源差异明显

1. 帝王将相传记电视剧有较为明显的集聚倾向

这一类型电视剧始自 20 世纪 80 年代中期，以 1985 年的《诸葛亮》、1986 年的《努尔哈赤》的播出为标志，此后两年缓慢发展，至 80 年代末停滞，停滞状态持续到 1994 年。这一状况在 1995 年至 1998 年之间逐步改变，帝王电视剧开始升温，帝王将相类人物传记电视剧也在 1999 年出现了一个小高峰。在新的千年之初，这一热度平稳持续，并在 2004 年、2006 年达到了高峰。此后，呈现逐步下降趋势。

这一现象的出现与大的社会背景密切相关，由于帝王将相类人物传记电视剧的商业化特征较为明显，制作播出与消费需求之间的关联度较强，所以，收视状况的波动是影响创作者选题的一个主要因素。

在同时期的帝王将相题材电视剧中，传记剧的制作质量相对较高。如《汉武大帝》、《雍正王朝》、《唐明皇》等传记剧，在尊重史实及对人物进行合理地艺术塑造等方面，与"戏说"类帝王电视剧形成了较鲜明的对比。

在这里，我们需要再对人物传记剧与历史题材电视剧做一区分。根据国家广电总局对电视剧题材的分类标准，历史题材电视剧可分为近代题材电视剧、古代题材电视剧和重大革命历史题材电视剧。年代背景为辛亥革命至 1949 年以前的电视剧为近代题材剧，具体包括近代革命题材、近代传奇题材、近代传记题材、近代都市题材等；年代背景为辛亥革命以前的电视剧为古代题材剧，可分为古代传奇题材、古代宫廷题材、古代传记题材、古代武打题材等。

近代、古代传记电视剧属于历史题材电视剧的范畴。除此之外，人物传记电视剧还包括现、当代英模题材电视剧。因此，历史题材电视剧与人物传记电视剧是一种交叉关系。

2. 文化人物传记电视剧制作播出未呈现明显规律

文化人物传记电视剧在 20 世纪 90 年代初期和新千年第一个 10 年的中期分别出现了一个小高峰（见图 2），但经分析可发现其具有一定的偶然性。

通过对文化人物传记剧导演阐述的梳理发现，文化人物传记剧的制作动因主要有两个：一是导演、编剧对传主有浓厚的兴趣，产生了很高的创作热情；二是一些地方影视制作机构以弘扬当地文化为主旨，为与当地有关的文化名人立传。

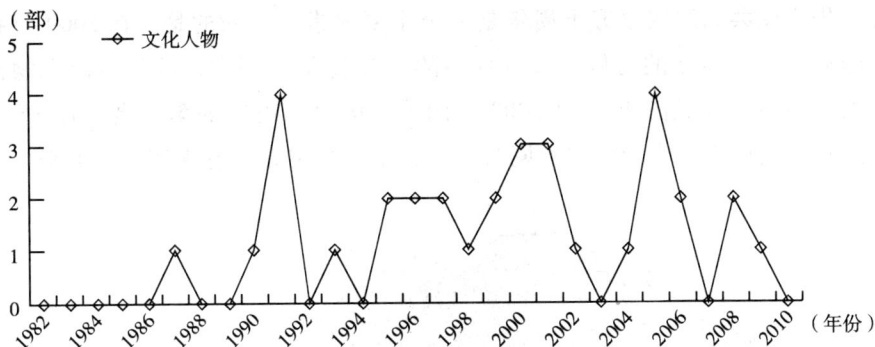

图 2　文化人物传记电视剧

与帝王将相类人物传记电视剧相比，文化人物传记电视剧主观表达的色彩较浓。其在主流价值观的传播意图方面，介于帝王将相类与革命、英模类之间，既不像帝王将相类传记剧那样有一种对商业价值的内在渴望，又不如革命、英模类传记剧的官方色彩、政治意味那么强烈，属于相对比较超脱的传记剧题材。

3. 近代革命人物传记电视剧中开国元勋题材呈减少趋势

这一类人物传记电视剧从时间上来看，除了在 20 世纪 90 年代末期和新千年之初形成一个突出的峰起之外，其他时间段的制播数量基本较为均衡（见图 3）。分析 1998～2002 年的这一革命人物传记剧的高峰，1999 年的纪

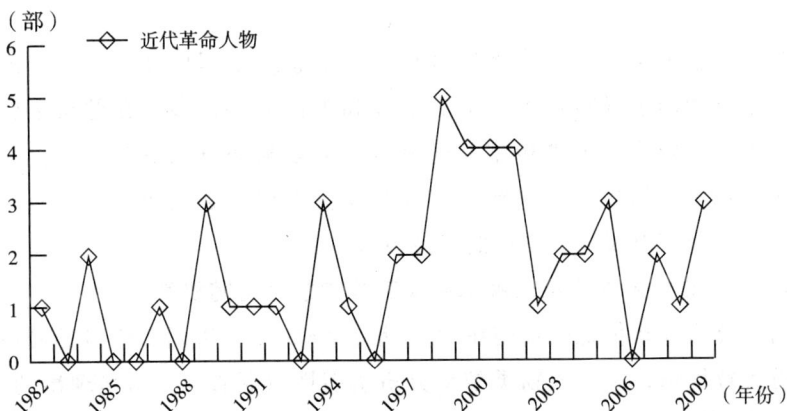

图 3　近代革命人物传记电视剧

念中华人民共和国成立五十周年是一个主要因素。不同的是，在 2009 年新中国成立六十周年的时候，数量众多的"献礼剧"当中，近代革命人物传记电视剧很少（见图 4）。以 2009 年国家广电总局确定的第一批共计 36 部纪念新中国成立六十周年献礼剧为例，其中近代传记只有 4 部，占 11%。

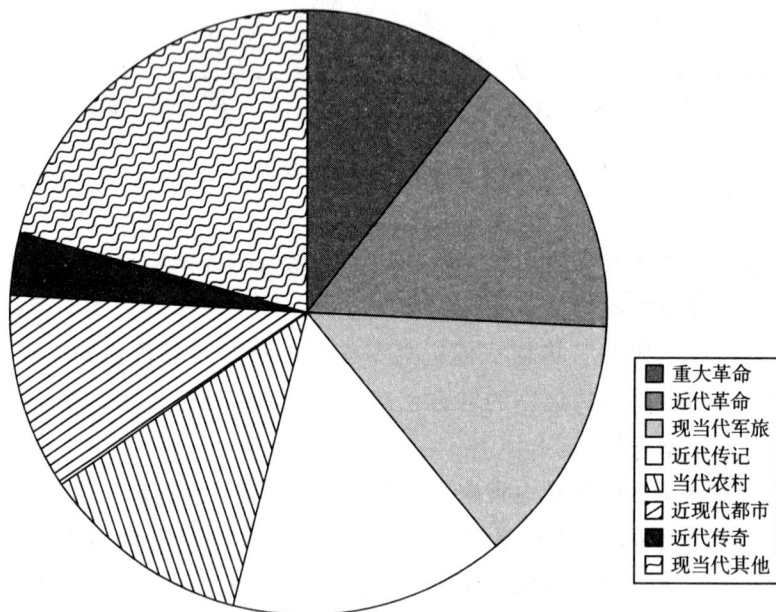

图 4　近代革命题材电视剧的类型构成

与纪念新中国成立五十周年时相比，纪念新中国成立六十周年的革命题材电视剧倾向于描写重大的历史事件和革命人物群像，在题材上较之以往出现了一个较为明显的转型。这一转型可以从两方面寻找原因：一是电视剧市场竞争日趋激烈，求新求变是产业化发展的必然要求；二是开国元勋在此前已经多有展现，创作的难度较大。

4. 当代英模人物传记电视剧制播兼具常规性与随机性

当代英模人物传记电视剧在 1996 年、2003 年出现两个明显的峰值，其他年份大致均衡，结合人物类型来分析折线图（见图 5）所呈现出的轨迹，这一变化趋势受两方面因素的影响：一是宣传的整体部署，二是先进人物的涌现。

所以，较之近代革命人物，当代英模人物传记电视剧在选题上有更强的主观色彩，主观表达意识更浓。除隶属于大的宣传战役外，因先进人物的涌现而创作的传记剧，则有一定的随机性，包括创作者有感而发（如潘霞导演的《法官潘火中》，也包括命题作文（如沈好放导演的《任长霞》），当然，后者有时也会衍变为一场浩大的宣传战役。

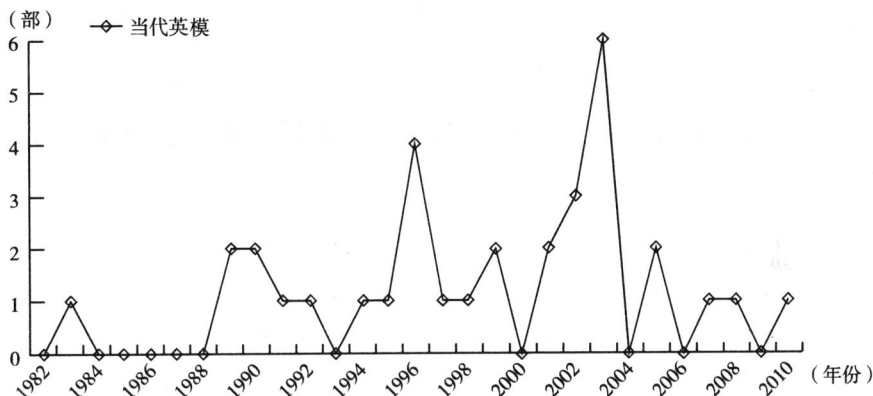

图5　当代英模人物传记电视剧

二　动因探究：对人物传记电视剧选题来源的分析

研究中国大陆的人物传记电视剧，探究其选题来源是一个很有意义的视角。相对于表达什么，为什么要表达或许更为真实可信一些。

通过导演访谈及阅读导演阐述，我们发现人物传记电视剧的选题来源基本上可以分为三大类。

（一）导演深感于人物的个性魅力，产生了难以抑制的创作冲动与热情

如潘霞导演之于《弘一大师》、《法官潘火中》，杨洁导演之于《司马迁》，王静导演之于《曹雪芹》，黄健中导演之于《越王勾践》，等等。这一来源的选题以历史文化人物居多。如潘霞导演在《弘一大师》的导演阐述中对其创作初衷进行了细致的描写："1994年初夏，一部名为《弘一大师》的传记小说摆在了我的案上，阅罢之后，心头涌起一股无法抑制的创作冲动。'长亭外，古道边，芳草碧连天……'这首悠远哀怨的千古绝唱不时萦

绕在耳边，这位曾为中国新文化运动及佛教文化做出过巨大贡献的名僧身影也不时浮现在眼前。就在这令人感奋的瞬间，我下定了为其做传的决心。"

《法官潘火中》虽为当代英模题材，但却并非命题作文，在该剧的导演阐述中，潘霞导演开篇即写道："我接这个戏，不是为了任务或出于某种政治因素，而实在是被已故去的主人公那高尚的情怀与精神所感动。我相信，一部作品，只有打动了自己，才能再去打动别人。"

（二）指派给导演的"命题作文"，题材主要为近代革命人物和当代英模

如沈好放导演在接受笔者访谈时，诚实而幽默地谈到，当电视剧制作中心的领导将《任长霞》的导演重任安排给他时，他连任长霞是谁尚不清楚，并且当被下达任务的领导问及时，"无知者无畏"地回答"不知道"。很快，他便在抵达河南登封后受到了"惩罚"，拍摄理不出头绪，让这位曾拍摄《贫嘴张大民的幸福生活》的导演感到从未有过的压力，因为，从知道任长霞是谁到这部电视剧播出，只给了他不到 6 个月的时间。

《李克农》一剧的创作动因是在李克农诞辰 90 周年之际，时任国家主席的杨尚昆嘱托国家安全部领导，希望能看到一些纪念文章和影视作品。此后，李克农传记电视剧的创作开始进入筹备阶段，导演都晓在电视艺术界权威人士的力荐下走入剧组。又如《潘汉年》一剧，是"根据《中共中央关于为潘汉年平反昭雪、恢复名誉的通知》精神，经党中央批准决定把卓越的无产阶级革命战士潘汉年的光辉事迹搬上荧屏"。《潘汉年》导演朱一民在导演阐述中写道："本剧首次将我党隐蔽战线高级领导者的事迹搬上荧屏。这是一部遵命创作，是一部十分厚重、在某种程度上也可以说是具有填补历史空白意义的巨作。"

（三）以地方政府为主导，为与当地有关联的名人立传

在这些人物传记电视剧中，又以历史文化人物、近现代革命人物居多，如《鲁迅》、《华罗庚》等。《鲁迅》是"文革"后第一部人物传记电视剧，《华罗庚》被认为是第一部"为活人立传"的传记电视剧，这两部电视剧均为浙江电视台制作。浙版《华罗庚》的拍摄时间为 1983 年，时隔 14 年后，江苏电视台又拍摄了一部《华罗庚》，因为华罗庚先生出生于江苏金坛。

通过对选题来源的分析可以看出，大多数人物传记电视剧的拍摄动机源于主观表达的需求，与同期其他类型的电视剧相比，人物传记电视剧的整体商业追求较弱，从文化生产的角度来衡量，其更像是传递情感与观点的作品，而不是以营利为首要目标的商品。

从传播意图来看，人物传记电视剧更看重的是剧作播出后的社会影响，其是否有助于观众更清晰地认识传主，更准确地把握传主性格中魅力所在，并且能够有所触动、有所启发。

可以说，除帝王将相类人物传记剧之外，文化人物、革命人物和当代英模题材传记剧都在不同程度上肩负着意识形态渗透、政治观点表达、价值观及道德观教化等功能。隶属于中央电视台的中国电视剧制作中心从 20 世纪 80 年代至今制作播出人物传记电视剧 60 余部，其中，当代英模人物占 50%，近代革命历史人物占 27%，帝王将相及古代、近代文化人物仅占 23%。究其原因，从客观方面来看，中国电视剧制作中心的"奉命之作"较多；从主观方面来看，因为"皇帝女儿不愁嫁"，不必像一些民营电视剧制作公司那样过于考虑播出平台、商业利润等问题；同时，在某些题材上，中国电视剧制作中心具有其他制作机构不具备的比较优势，其竞争力不言而喻。

但是，在帝王将相类人物传记剧的创作上，地方电视台的影视制作机构及一些民营电视剧制作公司在实力上并不逊色于"国家队"。同时，也因其相比其他题材人物剧较少承担意识形态方面的表达功能，因而使得帝王将相类人物传记剧较突出地体现出了市场化运作的特点。

三 抽丝剥茧：对人物传记电视剧创作理念的分析

（一） 真实呈现与教化意图

人物传记电视剧的基础是"真实"，难点也是"真实"，历史人物和当代人物的创作在"真实"这一目标的实现上各有各的"难处"。

有的历史人物，可供依凭的记载有限，在创作时不得不融入对人物的合理想象，如杨洁导演的《司马迁》，"因为史书上关于司马迁的文字记载甚少，除了《太史公自序》与《报任安书》中叙及身世与遭遇外，再无详细记载。那么，创作《司马迁》就不得不参考与他同朝同事的其他人物的记载，从他与其他人物的交往关系中理出他的处境、位置、线索，勾勒出他一生的命运遭际，然后通过艺术想象完成他的形象塑造"。① 显然，这对编剧和导演提出了非常高的要求，需要将人物放在当时的历史背景中，在对传主的成长经历和社会关系的深入分析中，对传主的心理发展轨迹做出较为清晰的勾勒，将真实的记载和合理的想象相结合，使人物的性格、形象逐渐丰满。但如果对想象、推测或者虚构的把握稍有不慎，就有可能在真实性方面出现瑕疵甚至硬伤，这对于人物传记剧来说是致命的。

对于当代人物来说，创作所面临的问题不是素材少，而往往是太多，加之"命题作文"的"主题先行"，使得如何在真实呈现、美的表达与宣教功能之间找到一个较好的结合点，成为创作者必须面对的问题。创作者需要将传主首先作为一个真实的"人"来刻画表现，其次才是突出其身上与众不同的、令人感动的、值得人们学习的品质，前者是根基，如果过于强调后者而失去对前者的重视，那么，这个人物很难立得起来，在观众眼里，主人公只不过是一个概念化的英雄模范，而不是可感可触、有血有肉的人。所欲达到的宣教功能可能只能成为一个良好的愿望，甚至适得其反。

以1990年播出的《赖宁》为例，这部四集电视剧从"童年的梦"、"少年状元"、"塑造自我"到"扑救山火"而牺牲，塑造出的赖宁的形象是在学习上没有丝毫懈怠、自我管理能力超强、对需要帮助的人毫不吝惜，同时又疾恶如仇。一个十几岁的孩子，被呈现得如此完美，或许，一个偶尔想睡懒觉、有些青春叛逆心理的赖宁，才会更加真实、可爱。

由此可见，对于人物传记电视剧的创作者来说，厘清"真"与"美"的内涵及其相互关系是创作的基本前提。

（二）导演个性与作品风格

电视剧作为一种精神文化产品，无疑也会或多或少地融入创作者的个性、喜好，受到创作者的思维和行为方式的影响。但是，作为人物传记电视剧，其首先要实现的是对传主的真实呈现，因此，留给创作者的主观表达空间是有条件的。在有可能损伤传主形象或历史真实的时候，创作者要随时准备放弃自己对内容与形式的设想，无论其将达到的效果多么令人激动。

---

① 张德祥、李德琼：《漫议电视剧〈司马迁〉》，《中国电视》1998年第1期。

　　已故潘霞导演在一系列传记剧的创作中，形成了温和细腻、见微知著的风格，在尊重历史真实的基础上，通过对内容的选择和形式的创造，塑造了弘一大师、宋氏三姐妹、法官潘火中等一系列生动鲜活的人物，给观众留下了深刻的印象。

　　从潘霞的导演阐述中可以看出她在创作过程中点滴思考：在《弘一大师》的创作中，镜头语言的准确运用，对表现人物的内心世界、丰富感情以及对渲染气氛、烘托人物、表现情绪、突出主题，都有着不可低估的作用。例如李叔同皈依佛门的一场戏，采用了主人公在走向山顶的途中三次回首的面部特写。三次回首中的面部表情和眼神流露，把李叔同无以言表的内心世界淋漓尽致地表现出来，"人物肖像镜头用于捕捉人物最富情感的瞬间，给人留下极其深刻的印象和油画般的美感"。①

　　在布景方面，《法官潘火中》多选实景，布置出符合人物身份的典型环境，营造出符合特定情节的典型氛围。在镜头方面，在潘火中执行公务时，多用对切镜头，画面洁净、庄严，节奏明快，背景清新，形成一种神圣之感；在表现日常生活场景时，镜头力求流畅，相对多用纪实性较强的长镜头，光效相对更自然，强调真实感。在结构方面，以潘火中和他的几个战友为主要线索，从中穿插了若干有典型意义又生动感人的真实案例为副线的交错式结构，既突出了潘火中和他的战友所走的不同人生道路，又增强了该剧的真实感和可视性，艺术地再现一位普通的法官所经历的人生历程和他维护法律尊严、捍卫人民利益的艰难历程。

　　但是，不可否认，潘霞导演的创作在整体真实的同时，某些细节方面由于过于想突出主题，反而会令观众对内容的真实性产生怀疑。如在《法官潘火中》中，细心的观众会发现每当潘火中筋疲力尽回到家里，只要一拿起筷子，他的战友就会敲门而入，然后两人就会就某问题展开讨论，每每如此，所以，在整部剧中，潘火中几乎没有吃过一口饭，甚至没有夹起过一筷子菜。不过，瑕不掩瑜，无论从人物塑造还是艺术表现来说，潘霞导演的人物剧创作可以说都是首屈一指的。

　　另一位女导演金萍的作品也非常值得分析，其带给我们对于人物传记剧生命力的思考，即我们是否可以用评价文学创作的标准来衡量影像作品，

----

　　①　参见曹文莉《匠心独运　重现人格魅力——潘霞导演人物传记电视剧的艺术追求》，《电视研究》1997 年 3 月。

即经得起历史检验的作品才是好作品，因为，至少在艺术与技术等表现形式方面，影像创作的发展是极为迅速的。

在《赖宁》一剧中，金萍导演采用诗朗诵的形式来渲染情感、烘托主题；虚构了一个"神女"的形象，通过"神女"与赖宁似在梦幻之境中的对话来描写赖宁的性格。

这种抒情式的表现方式，或许与导演金萍的艺术经历有关。客观地说，如何将一个小英雄的形象描写的既真实又不死板，确实是一道并不简单的考题。采用画外诗朗诵、虚构主人公与"神女"的对话等方式，未尝不是辅助表达的一种手法。从网上搜集到的一些观众对当年收看《赖宁》的回忆来看，"感动"、"流泪"是使用较多的关键词，这在一定程度上说明，这一抒情手法的运用在 20 年前是被相当数量的观众所接受的。

但在今天看来，这种抒情的手法还是有一些夸张、不够自然。具体来看，如赖宁在水边放小船，这时画外音的诗朗诵声响起，显得有些突兀；多次出现的赖宁与神女的对话可以理解为赖宁内心的思想活动，是其与另一个"我"的交流，但恍若来自"天外"的声音多少还是让这部纪实性的人物剧多少有了一些雕琢的痕迹；赖宁去山中探险寻宝，用小锤敲山石的声音也处理得有些过于艺术化，随着他兴奋地喊"找到了"，紧接着出现连绵的群山、激昂的配乐，主观抒情的色彩有些过浓；剧中的孙爷爷是赖宁的忘年交，有较多的戏份，但有的段落处理得不够精细，如孙与赖宁的对话，台词过于书面化，显得不自然。另外，孙和赖宁在桥上跑，镜头从桥上拉开，但两人说话的声音却没有丝毫变化，显得不够真实。

因此，结合历史和时代背景、从人性和环境角度，来刻画人物性格、塑造人物形象。挖掘典型环境中的典型形象，在"同"与"不同"中让观众看到眉目清晰、血肉丰满的"这一个"，让作品能够经得起岁月的检验，才是一部成功的传记剧。

（三）"盖棺定论"与"为活人立传"

从当前人物传记电视剧的选材来看，有两个较为突出的缺憾，一是多选择历史上各个时期的伟人、名人，描写当代普通人的作品较少，现在能见到的又只有少量以反映派出所民警、居委会主任一心为群众服务等为主题的小型传记剧。二是多为"盖棺定论"型，即现当代人物，特别是一些当代英模，必定是辞世之后，才能为其"立传"。多年来，这仿佛已经成为一个不成文的规定，除了 1983 年的《华罗庚》被公开称为"为活人立传"之作外，其他在传主尚在世特别是还正当年时所拍摄的人物传记电视剧几乎没有，我们能看到的至多是一些电视纪录片，或是在一些类似《人物》、《人物志》、《面对面》等电视栏目中看到对人物生平、性格、兴趣及人生感悟的描述或分析。

究其原因，通行的"潜规定"是表层原因；深层原因或许较为复杂，如创作者会有一种担心，如果一部沉甸甸的人物传记电视剧播出之后，没过多久，该传主腐化变质甚至锒铛入狱怎么办？或是债台高筑甚至流落街头怎么办？当然，这些假设比较极端，但可以反映出一种创作心态。相比之下，"盖棺定论"较为安全一些。

但是，我们不妨换一个角度来看这一问题。首先，对"真善美"树立客观、正确的认知标准，在对人物做出整体评价的基础上，要允许其在某些局部是不美的、虚假的，甚至某些时候是与善相冲突的；要接受其在未来有可能朝与今天相背离的方向发展，而创作者，只能对你创作的那个节点的真实负责。其次，文化产品的生产者需要通过不断的努力，提升受众的读解能力与消费素养，能够辩证、客观地去对一人一事一物做出评价，不绝对、不偏激，同时，也要相信和尊重受众的判断能力，并不用将结论"塞"给受众，而要请受众自己去咀嚼、品味。

实际上，在以往的人物剧创作中，一些导演对如何辩证地塑造人物进行了积极的思考和尝试。例如，《任长霞》的导演沈好放谈道，在任长霞生前，人们对于她"爱哭"这一性格特征是有争议的，但这是真实存在的，那么，对于这种争议是否需要在剧中有所表现？是否需要对这种争议做出评价？对此，沈好放的观点是不加选择的"真实"未必是真正的"真实"，它有可能只是事物的表象，而对于这种表象的展示，容易模糊主题、偏离主线。作为一个导演，对"真"与"美"的理解与表现，既要从宏观上着眼于大的历史和时代背景，又要从微观上关照人物细腻丰富的心理状态。在《叶挺将军》中，导演王冀邢选择了既展示了这位"北伐名将"非凡的军事指挥才能和坚定的革命信仰，也不刻意回避叶挺有时意气用事这一性格弱点，如广州起义后，因受到中共广东省委的错误处分和王明的指责，他负气脱党，流亡欧洲长达 10 年，在德国街头卖豆腐；受到同志不公平对待时，他像个孩子似的与妻子相拥痛哭……实际上，这些情节反而增加了作品的艺术感染力，让观众看到了一个血肉丰满的叶挺。

从当前的人物传记电视剧的创作与传播来看，整体的数量还较为有限，人物类型也不够丰富，并没有跟上社会快速发展的节奏，这也在很大程度上影响了其传播效果以及社会功能的实现。从受众角度来看，希望看到更多当代的、在各行各业有影响力的人物出现在传记电视剧中，如刚刚宣布退役的姚明，如果以其退役为节点，围绕其篮球生涯来还原、展示一个真实的姚明，恐怕是许多观众所期待的。"进"一步海阔天空，其实，人物传记电视剧的选材可以更丰富多彩一些。在文化、商业、教育、医药卫生等领域，有许多的普通或不普通的人，做着普通或不普通的事，他们每一个人都有着自己的故事，每一个人都是传奇。为"大人物"立传，树起的是"碑"；为"小人物"立传，树起的是"镜"，从中，更可以让人们照到自己。因此，我们期待更多的创作者将目光投向当代，敢于为一些开风气之先、引领时代潮流的人物立传。

四 结语：对"叫好"与"叫座"的反思

最近，媒体对国产动漫影片"叫好"却不"叫座"的问题进行调查。针对这一分析，实际上最基本的是搞明白"叫好"与"叫座"的主体是不是同一群人，如果是少数怀揣良好愿望的评论家、政府官员在"叫好"，但是占数量大多数、需要自己买票进电影院的观众没有"叫座"，是很正常的事。

对人物传记电视剧的制作也是如此。如果是由政府部门、体制内的电视台来选择传主、组织拍摄，没有播出的后顾之忧，无须担心不"叫座"后由谁"买单"的问题，会否由于评价主体难以发挥作用、市场机制的缺失而使得创作者主观的、良好的宣教愿望最终难以实现。

另一方面，有一些创作者试图寻求一种新的融资渠道，如杨洁导演的《司马迁》、六小龄童章金莱的《吴承恩》，与体制内投拍相比，这一方式无比艰辛坎坷。杨洁在接受"陕视网"访谈时回忆起《司马迁》的拍摄过程，感慨万千地说："有人问我，你搞司马迁呢，这我知道，就是小时候拿砖头砸缸那个。唉，跟我说这的还是圈里人，好几个圈里人这么说，那司马光、司马相如、司马懿，司马多了，唯独没有说出司马迁来。因此，我的筹钱道路就非常的曲折，可以说八年里，我拍了十个小戏，还有两个十几集、二十集的戏，为的就是为《司马迁》筹钱，希望能够遇到一个慷慨解囊的，没有。我向中央一位领导同志打了报告，我说我要拍《司马迁》，结果得到了批示，批到中央台，中央台答应和我合搞，出一分半钟的广告，钱我还得自己去找。"最后，经人介绍，杨洁终于遇到了一个敬仰司马迁的投资方，对方也看重杨洁的中央台导演的身份，决定投资，历经十年，《司马迁》才得以拍摄。

从投资者的角度来看，要考虑投资回报，由于文化产品的体验特征和事后判断的特性，在投拍之前只能基于受众喜好及同类产品收视状况进行预测。杨洁、章金莱多年苦苦寻觅投资方，屡屡碰壁，可见许多投资者认为观众不会对司马迁、吴承恩感兴趣，"如果拍什么美人呀、戏说呀，那很痛快"①。而是否应该对这些古代文化人物感兴趣？这类作品将会产生何种意义？确实无法强求以营利为目的的企业来考虑这些问题。

但是，我们需要思考的是，谁该来考虑这些问题？环视左右，我们不得不又将目光投向负有传承历史、弘扬文化责任的政府宣传、文化部门。国民的兴趣所及、价值取向是可以引导、培养的，问题的关键是如何引导。如果体制内宣传机构的传播动机、技巧存有瑕疵，已经练就"火眼金睛"的观众是不会买账的。

从传播价值来说，人物传记电视剧所具备的先天优势是毋庸置疑的。人的思维与行为方式除小部分受先验因素的影响之外，大部分来自后天的经验积累，包括家庭、人际小环境及群体大环境。在成长过程中，人们需要不断地寻找可以效仿的对象、榜样或者偶像，作为自身的行动参照。特别是在社会机器高速运转的今天，传播技术的发达为每一个体提供了自由表达的可能，但更多的选择、更多的可能，也造就了年轻一代的迷茫。穿越时空，他们渴望与大师、伟人和英雄对话。他们不需要简单的对崇高的注解，而是希望能够亲身感触他们走过的鲜活的人生，看到他们如何面对人生的抉择，从中获取智慧与力量。从传播方式来说，人物传记电视剧要实现满足当代观众需求的目标，个性、真实、艺术是其三个支点。

综上，我们希望政府宣传部门能够善待、企业及社会机构能够重视这一文化产品类型，也希望看到中国大陆制作的人物传记电视剧能够实至名归地达到其应有的传播效果和社会功能。

---

① 陕视网：《司马迁》导演杨洁访谈。

其他论文

略论文学地理学的过去、现在和未来

陶礼天*

摘要：本文回顾了我国文学研究界关于文学地理学研究的过去，考量了此一课题（或曰学科）的研究现状和主要存在问题，由此问题意识出发，探讨了文学地理学的未来发展问题。文学地理学已经成为当代文学研究的一门"显学"，成果众多，成就也很大，但对文学地理学的基础理论研究存在严重"贫血"的状况；自 20 世纪 60 年代西方思想界涌起"文化转向"（cultural turn）思潮以来，发展到 21 世纪初的今天，文化地理学研究已经具有新的面貌，其研究方法和研究对象都有很大变化，被称为"空间转向"或"地理转向"，强调通过空间思考文化，通过文化思考空间，这是新文化地理学的重要特点之所在。而在"地理转向"或"空间转向"的研究途径中，对于文学地理学来说，其研究的中心与重心——笔者以为就是"景观学"的研究，也就是说景观研究或者说文学的景观和文化地理的景观及其关系的研究，才是具体的文学地理学研究的未来。

关键词：文学地理学　景观学　时间风格　空间风格　观看方式

Abstract：Since the 1990s, the author has committed himself to the research on the general theories of literature geography, especially those within the Chinese context. This article, after tracing the history of literature geography study in China and pondering over the present problems, tries to probe into its future development. According to this article, literature geography

---

* 陶礼天，首都师范大学文学院。

has become one of the most important contemporary literary research fields. Though it has made many great achievements, its theoretical foundation is still in a serious "anemia" situation. Literature geography study has turned on a new look and its research methods and subjects have changed greatly ever since the "cultural turn" in the west in the 1960s. This so-called "spatial turn" or "geography turn", focusing on the interaction study of space and culture, has become one distinct feature of the new culture geography study. Through the study of the "spatial turn" or "geographical turn", it can be concluded that the future of literature geography study relies much on its emphasis on the landscape science and the aesthetics of landscape, that is, the study on the landscape of literature and culture geography as well as their relationship.

Keywords：literature geography, landscape science, time style, space style, way of looking

一 小引

从 20 世纪 80 年代迄今，我国学术界对中国文学包括古代、现代、当代乃至外国文学的研究，逐渐形成一门值得认真总结和深入探讨的"显学"，这就是文学地理学，论著甚多，成就也很大。对中国当代学界的文学地理学的研究，学界已经有多篇论文进行了较为全面的总结和综述①，但考虑这些论文和论著中，对文学地理学研究的西方文学研究界的情况、我国学界当代的研究现状和存在问题以及未来发展的方向，都还缺乏分析和思考，故本文不揣浅识，挂一漏万——只能算是"点点滴滴"的思考而已，试图简要地回顾和检讨一下文学地理学研究的过去、现在和未来的发展问题。抛砖引玉，以期能够使文学地理学的研究向前推进。

二 文学地理学的理论建构与存在问题

尽管在 20 世纪 80 年代，许多学者谈论的是文学地理学的话题，但并没

---

① 参阅陈未鹏《近代以来地域文学研究综述》，载《金华职业技术学院学报》2007 年第 5 期；梅新林《世纪之交文学地理研究的进展与趋势》，载《浙江师范大学学报》2010 年第 3 期，等等。

有使用"文学地理学"这个名号，甚至没有"学科意识"，也没有能够自觉地对文学地理学的研究对象、范围、方法等一系列问题作出探讨，不过我们仍然可以通过20多年的大量论著得到一个清晰的说明：80年代，除少数使用"文学地理学"名称外，学术界大体多把"文学地理"问题及其相关研究称为文学生态学、文学地域性研究、文艺的地域学、文学与区域文化研究等①，如发表重要论著者有袁行霈、严家炎、滕守尧、章培恒、王水照、曾大兴、萧云儒、李庆西、金克木、樊星等诸位先生，这个名单其实很长，这里不能赘举。自20世纪的10多年来，学术界逐步统一到"文学地理学"这个名称下，并召开了多次的专题学术研讨会②，相关论著与日俱增，尤其是在中国古代文学研究领域。如杨义、李浩、陈庆元、梅新林等

---

① 如中国古代文学研究方面，继20世纪初梁启超、王国维、刘师培、汪辟疆等先生之研究，在基本中断数十年后，袁行霈先生《中国文学概论》第三章第一节专门研讨"中国文学的地域性与文学地理的分布"问题，该书为高等教育出版社出版，1990；章培恒《从〈诗经〉、〈楚辞〉看我国南北文学的差异》，载《中国文化研究》创刊号，1989；李显卿《中国南北文化地理与南北文学》，载《辽宁大学学报》1993年第3期；王水照《北宋洛阳文人集团与地域环境的关系》，载《文学遗产》1993年第3期；曾大兴发表的《中国历代文学家的地理分布》一文（载《学术月刊》2003年第9期）虽然稍晚，但他对这一课题的研究起步在1990年代初，1995年就由湖北教育出版社出版37万多字的专著《中国历代文学家之地理分布》等。在文艺学原理和现当代文学研究方面，较早涉及或专门讨论文学地理问题者，如王蒙《漫评1983年短篇小说》，载《文艺研究》1984年第2期；李庆西《大自然的人格主题——关于近年小说创作中的人类生态学意识与一种美学情致》，载《上海文学》1985年第11期；金克木《文艺的地域学研究设想》，载《读书》1986年第4期；樊星《当代文学与地域文化》，载《文学评论》1996年第4期；何西来《文学鉴赏中的地域文化因素》，载《小说评论》1996年第6期；萧云儒《中国西部文学论》，（西宁）青海人民出版社，1989；严家炎《〈20世纪中国文学与区域文化丛书〉总序》，载《理论与创作》1995年第1期；严家炎主编的《20世纪中国文学与区域文化丛书》系列，有多种：李怡《现代四川文学的巴蜀文化阐释》、逄增玉《黑土地文化与东北作家群》、朱晓进《"山药蛋"派与三晋文化》、李继凯《秦地小说与"三秦文化"》、费振钟《江南士风与江苏文学》、魏建与贾振勇合著《齐鲁文化与山东新文学》、刘洪涛《湖南乡土文学与湘楚文化》等，湖南教育出版社，1995。滕守尧《艺术社会学描述》有关章节，上海人民出版社，1987。相关成果还有不少，这里难以备举。

② 如2004年8月21日至26日在新疆师范大学举行"《文学遗产》西部论坛"学术会议，会议由《文学遗产》编辑部和新疆师范大学人文学院共同举办，与会有60多位学者，出版30余位学者撰写的论文集《中国文学与地域风情——"〈文学遗产〉西部论坛"论文选萃》，薛天纬、朱玉麒主编，学苑出版社，2006。2008年、2009年华中师范大学《外国文学研究》编辑部召开专题研讨会，先后研讨"文学地理学研究的主要领域"、"文学作品中的地理空间问题"等，《外国文学研究》还专门开辟"文学地理学研究专栏"发表相关论文，参见邹建军《文学地理学研究的主要领域》（载《世界文学评论》2009年第1期）和邓岚、潘秋子整理《"文学作品中的地理空间问题"研讨会综述》等文章。相关会议还有不少，此处亦难以备列。

诸位先生的论著①，相关论著难以屈指，专著有几十种，直接、间接相关的论文逾千篇。可以说在今天，文学地理学这一"学科"的初步规范已经得以建立，这是非常令人欣慰的。

其实，"文学地理"问题的研究，是中国古代文学研究和中国文学批评的一个重要传统，这是广为学界所熟知的。而现当代文学研究和文学批评中，1949 年后由于受到学术界批判"地理环境决定论"影响，和中国古代文学研究一样，多避免讨论文学地理论题，而是把相关分析置于民族性、人民性、大众化等论阈之内进行讨论，例不胜举。如李永生于 1982 年出版《孙犁小说论》列专章讨论孙犁小说的"民族化"特征。鲁迅《致陈烟桥》（1934 年 4 月 19 日）信中说："木刻还未大发展，所以我的意见，现在首先是在引起一般读书界的注意，看重，于是得到赏鉴，采用，就是将那条路开拓起来，……我的主张杂入静物，风景，各地方的风俗，街头风景，就是为此。现在的文学也一样，有地方色彩的，倒容易成为世界的，即为别国所注意。打出世界上去，即于中国之活动有利。"② 李永生就曾引用鲁迅这一论述（很为流行）说明"艺术的世界性，取决于艺术的民族性，民族性艺术为世界、为全人类提供了本民族特有的思想感情和独特的生活习惯，反映了这一民族不同于他民族的内在精神气质、心理内容、社会发展水平和地理环境的特点，以及外在的表现形式。"③ 从此出发来分析孙犁《荷花淀》、《风云初记》等小说的民族化表现。又，鲁迅先生所谓"现在的文学也一样，有地方色彩的，倒容易成为世界的"这句话，大概就是我国学术界流行的所谓"愈是民族的，就愈是世界的"这句话的最初版本。中国是一个多民族多宗教多语言的国家，各民族在长期历史文化发展过程中，形成今天的中华民族大家庭，我们有自己的共同的文化自信和共同理想，我

---

① 如杨义《重绘中国文学地图与中国文学的民族文学、地理学问题》（载《文学评论》2005 年第 3 期）、《重绘中国文学地图》（载《文学遗产》2003 年第 5 期）等论文及其学术演讲集《重绘中国文学地图》（中国社会科学出版社，2003）中的有关文章；李浩《唐代关中士族与文学》和《唐代三大地域文学士族研究》专著及有关论文，基本围绕文学与地理关系的论题展开，无论是在创新和深度方面都有重要开拓，参见曾大兴的书评文章《文学地域性研究的最新突破》，载《唐都学刊》2001 年 11 月，第 20 卷第 6 期；陈庆元《文学：地域的观照》，上海三联书店，2003；梅新林近 10 多年来专心致力中国古代文学地理学研究，除发表多篇论文和综述文章外，还出版 80 万字的专著《中国古代文学地理形态与演变》，复旦大学出版社，2006。其他专著和单篇论文也无法在此列举，已有多篇文学地理学研究综述文章可以参考。

② 《鲁迅全集》第 13 卷，人民文学出版社，2005，第 81 页。

③ 引见李永生《孙犁小说论》，北岳文艺出版社，1988，第 23 页。

们的文学艺术应该也必然有自己的中国作风、民族特色，中华文化是在汉文化为主流并吸收、包容与并存多民族文化乃至外来文化的历史发展过程中，形成的自立于世界的浩浩洪流。《诗经》和《楚辞》就反映和包容进了中国文学在早期发端时期已具有的不同民族特色、地域特征，中国古代文学研究和理论批评对此尤为关注，成为我国古代文论的一项重要内容，也是一个重要传统。对此进行探讨，也是文学地理学这一研究课题中的应有之义。批判"地理环境决定论"，实际应该不妨碍建设文学地理学，二者应是统一的而不是对立的。当代文学创作在 20 世纪 80 年代已经渐渐形成一种追求不同"地域文学"特色的创作潮流，随之，文学批评也及时加以总结并回过头来重新审视现代文学有关创作现象，追溯中国古代及近代以来"文学地理"评论和创作传统，于是提出或重新提出西部文学、东部文学、南方文学、北方文学、地域（或称区域）文化小说等一系列的概念，人文地理学、人类生态学等理论也被迅速引入当代文学批评，其批评概念还比较杂乱多样，但其共同指向在笔者看来都属于"文学地理学"的研究与批评。

近代以来"科学的"文学地理学的研究，无疑是随着西方人文地理学（包含文化地理学）的引进而兴起的①，20 世纪初就有学术价值含金量很高的多篇论文发表，如梁启超、刘师培、王国维、汪辟疆等先生的论著，乃至著名科学家竺可桢先生的有关论文②，这些论著无疑已经成为传世名作，

---

① 如，早在 1938 年，王庸《中国地理学史》最后一章《近代地理学之进步》最后一节《人文地理学与区域地理学》，就明确说明："所谓人文地理学，应建立于人地关系之观点上。"又云："前述自然地理方面，多有与人文有关者（如气候学），而经济地理学则为人文地理之中心"；又论及"中国人口之地理分布"问题；又云："历史地理学，亦可为人文地理学之一部分。"又云："区域地理，为以自然区域为单位而研究人文地理者，乃汇集地理学上各方面之结果及其人文关系而综合研究之者也。"第 255～266 页。商务印书馆影印，1938，《中国文化史丛书》本，1998。

② 梁启超、刘师培、王国维、汪辟疆等先生的论著详下文所论。竺可桢的《中国气候要素》（载《地理学报》1935 年第 1 期）、《中国气候要素（续）》（载《地理学报》1935 年第 2 期）和《中国近五千年来气候变迁的初步研究》（载《考古学报》1972 年第 1 期和《中国科学 A 辑》1973 年第 2 期）等论文，就涉及中国文化地理问题。关于气候、中国南北气候与人们习俗差异的关系，可参阅竺可桢的科学的而又趣味盎然的妙文《气候与人生及其生物之关系》，载《气象学报》1951 年第 1 期。又，由科学角度来说明从中国古代诗歌中的景物描写，看季节物候的变化乃至南北方物候的异同与诗人创作时对自然物候的细微观感和审美心理表现等方面的文章，也同样使我们自然而然地想起竺可桢的两篇美文《一门丰产的科学——物候学》和《唐宋大诗人中的物候》，这两篇文章因选入中学生读物而广泛流行，分别可参见《科学大众》1963 年第 1 期、《课外语文（初中）》2008 年 Z1 期。上述论文基本收入《竺可桢文集》（书末附有竺可桢先生的论文目录），科学出版社，1979。

广为文学研究者所知；而最近 20 多年之所以文学地理学的研究成为显学，也是与 20 世纪 80 年代我国人文地理学的复兴和近年来西方新文化地理学的移译、输入分不开的①，也是与我国文化地理学专家学者特别是如陈正祥先生《中国文化地理》这样杰出的研究成果密不可分的②。

尽管文学地理学在今天中国文学的研究界已经成为一门显学，不少学者声明："文学与地理相关"，已经成为学界研究之"共识"。但笔者以为当前的研究表明文学地理学的基础理论研究严重匮乏，大量的学术论著仍然存在着理论逻辑的混乱性、充斥着人文"想象"的不足，尤其是对梁启超提出的问题，还没有能够作出有说服力的理论思考和回答。梁启超在《中国地理大势论》一文中，论及"词章"时说："燕赵多慷慨悲歌之士，吴楚多放诞纤丽之文，自古而然矣。自唐以前，于诗、于文、于赋，皆南北各为家数……盖文章根于性灵，其受四围社会影响特甚焉。自后世交通益盛，文人墨客大率足迹走天下，其界亦寖微矣。"③ 这一论断隐含着一个问题——这就是"交通益盛"的今天，还有无"文学地理"问题存在？因为如果按照这一说法，文学地理学只有演变为文学历史地理学才能得以成立，就没有今天的文学地理学，或者说文学地理学的理论普适性就会受到严重质疑，就没有"文学地理学原理"。不对这个理论核心问题予以深入研究和解决，文学地理学研究的未来发展就会成为问题，自然一些致力于文学地理学的学科建构的论断，就易于变为空谈。而笔者通过研究思考认为，新

---

① 参考李旭旦《人文地理学引论》一文，见李旭旦主编《人文地理学论丛》，人民教育出版社，1985，第 3 页。又参考〔英〕迈克·克朗《文化地理学》，杨淑华、宋慧敏译，南京大学出版社，2005，第 39～53 页。

② 陈正祥专著《中国文化地理》出版于 20 世纪 80 年代，对我国当代的文学地理学和文化地理学的研究起到重大推动作用。如该书第一篇《中国文化中心的迁移》涉及文学地理学研究的诸多问题，该篇分五节分别论题为"汉文化的原始中心"、"逼使文化中心南迁的三次波澜"、"南北地位的转换"、"江南的开发"、"东南财赋地，江浙人文薮"。本篇后附有陈正祥先生精心绘制的多幅图表，有《西汉人口分布》、《西汉人口密度》、《西汉的三公和九卿》、《唐代人口分布》、《唐代人口密度》、《唐代的诗人》、《唐代前期的进士》、《唐代后期的进士》、《北宋的人口分布》、《北宋的人口密度》、《宋代的城市》、《北宋的词人》、《宋代的诗人》、《北宋的宰相》、《明代人口分布》、明代的人口密度》、《明代的进士》、《明代的三鼎甲》等图表，为许多学者所参用。笔者也曾多所参考。三联书店（香港分店），1983。

③ 引据《饮冰室合集》第 2 册之《饮冰室文集》之十，中华书局影印，1989，第 87 页。按：引文标点符号为笔者据今天新式标点所加，其他类此者同。又，凡引用文献，对其少见的古今异体字词，或直接改为通行字词。以下所引《饮冰室合集》与此版本同，以下只注页码。

文化地理学的应运而生，也是碰到了这个理论障碍而得以激发的；"文化转向"的研究，已经昭示了文学地理学未来的研究路径。

笔者曾于 20 世纪 90 年代初，专门致力于文学地理学的基础理论问题的研究，后来曾在《福建论坛》、《中国文化研究》及《北大中文研究》上发表几篇论文，就是当时研究的结果①。笔者在《北大中文研究》创刊号上发表的《文学与地理——中国文学地理学略说》一文中，认为可以给"文学地理学"下这样一个简明的定义，即它是介于文化地理学与艺术社会学（或称文学社会学）之间的一门文学研究的边缘学科（今天大概更倾向于使用"跨学科"这一概念），致力于研究文学与地理之间多层次的辩证的相互关系。这里所说的"文学"主要是指地域的文学，即在特定文化地域、具有一定地理空间范围中所产生的文学；所说的"地理"也主要是人文地理，即偏向于人化的自然方面。由此我们可以进一步地说，所谓文学地理学就是研究地域的文学与文学的地域、地域的文学与文化的地域、地域的文学与地域的文化之间的相互关系。进一步说，从人地关系角度综合论之②，上述文学地理学研究的三大关系，又可衍生为具体的五大层面的内容。

一是地理环境与地域的文学发生发展的相互关系，它着重从文学与地理的直接相关性出发，来探讨文学的地理风土质性及其地域风格的成因。

二是作家的地理空间分布结构与超地域的流动变迁及其与文学创作活动之间的相互关系，它着重从审美主体角度来探讨文学的地域特征，并进而对文学地域性的超空间（超地域）的时间风格和超时间的空间风格（地

---

① 按：笔者 1991 年申报并获得批准的安徽省教委社会科学研究课题"中国文学地理学研究"，1992 年完成《中国文学地理学略论》一书，约 16 万字，本来某出版社应允立即出版，但拖延至 1997 年，才由华文出版社出版，书名应责编要求改为《北"风"与南"骚"》，列为"东轩书趣文丛"之一，但交付出版社的是手写复印稿，责编因要赶某书市，没有允许笔者亲自校对清样，又删去引文注释。出版后笔者才发现几可谓废书矣，错讹之处甚多。该书学界也多所征引，笔者甚为愧悔。现在准备再版，正在修订中。发表的《司马迁的地域文化观》（载《中国文化研究》1995 年第 1 期）、《从山水到美人的艺术变奏——略论佛学与南朝诗风的演进关系》（载《福建论坛》1995 年第 3 期）及《文学与地理——中国文学地理学略说》（载《北大中文研究》创刊号）三篇论文，均为该书中的章节。

② 正如李振泉《人地关系论》一文所说，人地关系包括人类改造与利用地理环境而增加适应能力，同时地理环境也更加深刻地影响着人类活动的地域特征和地域差异等主要内涵。文见李旭旦主编《人文地理学论丛》，人民教育出版社，1985，第 37 页。按：地理环境就自然地理方面而言，它包括区域位置（经纬度）、气候（气候带）、地形特征（山地、沿海、海岛、河流、湖泊、草原等）、土壤、植被等主要构成部分。

域风格）相互演化的规律作出研究。

三是文化地理的景观与文学原型意象、境界构成及其审美心理积淀的相互关系，它着重从审美客体和文本构成的角度出发，来探讨文学地域性的空间风格与时间风格的特征及其在现时性与历时性过程中的发展过程。

四是地域的文化风尚与文学的地域风格之间的相互关系。

五是文化地域的思想文化传统与独特的审美人格、审美方式之间的相互关系。

就最后的两大方面的关系来讲，它要求把形成文学的地理风土质性的文化中介因素纳入研究的范围，并从审美主体与审美客体的综合角度来进一步研究文学地理的空间的与时间的风格①。就平行结构而言，上述的文学与地理之间的文化中介因素，主要指政治的、哲学的、宗教的以及其他艺术学科如中国的书画艺术等方面的内容②。这些基本观点，笔者仍然坚持，也为不少学者所引用，但没有能够对上述梁启超先生的论断所隐含的"问题"予以解答，一直困惑于心。

三　西方与中国：文学地理学的产生

（一）西方：文学地理学的提出。据笔者初步考察，西方"文学地理学"的创立，实际主要产生于法国文学理论批评界。应该说，西方文学地理学的提出，是与孟德斯鸠《论法的精神》这样的著作所产生的背景及其影响有关。从斯达尔夫人《论文学》到丹纳《艺术哲学》再到蒂博岱《克吕尼》等，相继进行有关文学与地理关系的研究，讨论欧洲南北文学与文学地域问题。

据法国罗贝尔·埃斯卡皮初版于1953年的《文学社会学》所谓"几年来，流行着文学地理学"等有关论述和介绍，知道法国文学研究界在1942年迪布依出版了《法国文学地理学》，1946年费雷出版了《文学地理学》③。所以说"文学地理学"的正式命名、产生，是在20世纪的40～

---

① 关于"时间风格"和"空间风格"的概念，参见〔日〕竹内敏雄主编《美学百科辞典》中的"美术地理学"条目全文，黑龙江人民出版社，1987，第202页。又详下文所论。
② 拙文见北京大学中文系编《北大中文研究》创刊号，北京大学出版社，1998。
③ 〔法〕罗贝尔·埃斯卡皮：《文学社会学》，于沛选编，浙江人民出版社，1987，第26页及注文。

50 年代。但"文学地理学"这个名称的法文具体是如何翻译的问题，笔者不懂法文，并不详知。迪布依的《法国文学地理学》和费雷的《文学地理学》，迄今也没有中译本问世；而且除斯达尔夫人《论文学》和丹纳的《艺术哲学》外，其他提及国外有关文学地理学的著作基本还未能翻译介绍到我国。

尽管法国学界提出"文学地理学"并出版了专著，但西方主流文学理论批评界，并没有认可"文学地理学"。如 20 世纪杰出的文学理论家和文学批评史家美国雷纳·韦勒克撰写的《近代文学批评史》，研究范围是 1750～1950 年，就没有提及有专门的"文学地理学"著作，但列有专节论述德国赫尔德（1744～1823）、法国的斯达尔夫人（1766～1817）、泰纳（1828～1893）、蒂博岱（1874～1936）等人的文学批评，涉及文学地理问题，如其第 8 卷论阿尔贝·蒂博岱文学批评时，提及"文学地理"（Geography, literary）这个概念①。从学术影响讲，1800 年法国斯塔尔夫人（按：徐继曾译为斯达尔夫人）《从社会制度与文学的关系论文学》（简称《论文学》）发表，该书吸取、借用了欧洲人文学界地理环境论（特别如孟德斯鸠的理论与论述等），讨论了欧洲南北地理与南北文学之差异关系，影响最为深远②。其后有关论述甚多，其中最为著名的还是法国的伊波利特·

① 参考〔美〕雷纳·韦勒克《近代文学批评史》（修订版），杨自伍译，第 1 卷第九章，第 270～272 页；第 2 卷第八章，第 282～303 页；第 4 卷第二章，第 39～81 页，第 8 卷第一部（法国批评 1900～1950）第三章，第 83～107 页，上海译文出版社，2009。

② 斯达尔夫人在《论文学》中吸取孟德斯鸠等人的"地理环境论"观点（其书中明确注明），从西欧文化地理上的南北差异着眼，考察了宗教、风俗、法律与文学之间的相互关系，不仅探讨了西欧南北文学与地理环境的关系，还研究了造成西欧南北文学地域差异的文化中介因素和历史传统方面的原因，"除自然环境外，史达尔夫人还找到形成北方文学（如英国诗歌）的另一个重要因素——宗教（基督教）。此外，她还糅合河流、宗教感、世俗性等因素，来论说属于南方的法国文学和属于北方的德国文学。认为一条莱茵河分开这两个文化地区，河的南面，有讲求世俗的法国文化和文学；河的北面，有崇尚宗教的德国文化和文学，如果双方能相互补充，都将会取得更高的成就。"引见伍蠡甫主编《西方文论选》下卷法国部分之斯达尔夫人（该书译作史达尔夫人）《论文学》、《论德国》的选文小序，上海译文出版社，1979，第 122 页。按：斯达尔夫人所谓一条莱茵河把西欧的文化与文学分割为南北两方，其论不出自《论文学》，而是出自其另一部著作《论德国》（1813）。按：〔美〕雷纳·韦勒克《近代文学批评史》认为此著比《论文学》学术价值和学术水平要高，并给予热情洋溢的评论。《论德国》第二部分《关于文学和艺术》之第一章《法国人对德国文学的态度为什么不正确的?》其中说道："……德、法两个民族的文学、艺术、哲学、宗教，都证明了这一分歧；莱茵河的永久疆界分开了两个文化地区，它们和两个国家一样是互不相干的。"杨烈据怀特（O. W. Wight）所编英文本 　　（转下页注）

泰纳（傅雷译作丹纳）《英国文学史》（1863 年出版）提出的"种族、环境、时代"三要素论，这些论述都收录或写入其《艺术哲学》①，此亦同样影响深远，同时也毁誉参半。

然而，"文学地理"研究并未得到广泛认同，成为独立意义的文学批评或派别。美国当代著名文学理论家《镜与灯》的作者艾布拉姆斯所著《欧美文学术语词典》（1957 年初版），没有收录"文学地理"和"文学地理学"词条，这也可以说明问题。但艾布拉姆斯把泰纳"三因素"论归入文学社会学（Sociology of Literature）研究中，指出有时文学批评家认为第一位现代文学社会学者是法国的泰纳，泰纳《英国文学史》提出一部作品大致是由三个因素即种族（race）、环境（milieu）和时代（moment）决定的。艾布拉姆斯认为"大多数文学史家和批评家注重作家和他们所生活与创作的文化时代的独特社会环境之间的关系；他们也注重文学作品和它们所反映的社会，以及它们所创作的那个社会之间的关系"。② 总之，在西方文学批评界，1960 年代以前并没有广泛认同"文学地理学"的批评和研究，而是把文学与地理关系课题，主要纳入文学社会学研究范围进行研究。

（二）中国：文学地理学的提出。如前所说，我国从 20 世纪 80 年代中后期开始，重新注重文学与地理的关系，重视人文地理学与文学研究的交叉问题，迄今中国文学地理学研究已渐成显学，已有多部专著和大量论文问世。实际上，中国古有"南桔（橘）北枳"（按：橘俗作桔，下文除引文外，通作橘）的成语典故③，而文学与地理关系问题的探讨，更可谓是中国

（接上页注②）（纽约，1871 年版）选译，伍蠡甫校，引见伍蠡甫主编《西方文论选》下卷，第 136 页。又，斯达尔夫人《论文学》第十一章论北方文学云："我觉得有两种完全不同的文学存在着，一种来自南方，一种源出北方；前者以荷马为鼻祖，后者以莪相为渊源。希腊人、拉丁人、意大利人、西班牙人和路易十四时代的法兰西人属于我称之为南方文学这一类型。英国作品、德国作品、丹麦和瑞典的某些作品应该列入由苏格兰行吟诗人、冰岛寓言和斯堪的纳维亚诗歌肇始的北方文学。"她以南方文学为古典主义文学，北方文学为浪漫主义文学。徐继曾译，人民文学出版社，1986，第 145 页。

① 〔法〕丹纳：《艺术哲学》，安徽文艺出版社，1991。本书由著名翻译家傅雷根据 1928 年法文本于 1959 年译出。

② 〔美〕M. H. 艾布拉姆斯：《欧美文学术语词典》"文学社会学"词条，朱金鹏、朱荔译，北京大学出版社，1990，第 329～330 页。

③ "南橘北枳"的典故反映了中国古人很早就对南北地理差异的认识。关于"南橘北枳"与中国南北方气候（包括雨量、土壤、气温、湿度等）关系以及历史上属植物学桔类的桔（橘）、属枳壳类的枳栽培与地理分布情形，可参考文焕然的论文《从秦汉时代中国的柑桔荔枝地理分布大势之史料来初步推断当时黄河中下游南部的常年气候》，载 （转下页注）

文学批评的传统，其发端可以追溯到先秦时期，而且据笔者查考，西方文学地理学的提出和研究，应该是间接受到中国古代有关这一方面的学说和理论文献的影响。因为孟德斯鸠的著作，实际上运用了中国这方面的丰富文献。

中国文学地理学思想发端于先秦时期，但"文学地理"这个概念，在中国最早是由梁启超先生在《中国地理大势论》这篇文章中才明确提出的。他说："中国为天然之一统地理，……其在文学上，则千余年南北峙立，其受地理之影响，尤有彰明较著者，试略论之。"接着就简要论述哲学、经学、佛学、词章和美术音乐这五个方面的南北不同与地理环境及文化地理之关系，然后说："大抵唐以前，南北之界最甚，唐后则渐微，盖'文学地理'常随'政治地理'为转移。"① 因此可以说明，梁启超所说的"文学地理"之"文学"，具有广泛意义的传统概念，包含一切文化学术（类似今天文化地理学的研究范围），所论大体与稍后刘师培先生于1905年发表的《南北学派不同论》（其中包括《南北文学不同论》一节）所包含的内容相若。1898年戊戌变法失败后，梁启超流亡日本；至1902年，分别撰写了《中国地理大势论》及《亚洲地理大势论》、《欧洲地理大势论》、《论中国学术思想之大势》、《中国史叙论》等；1913年梁启超归国；1924年又撰有《近代学风之地理的分布》等。刘师培在1903年至1907年间，撰有《编辑乡土志序例》、《经学教科书》及著名的《南北学派不同论》等论文，讨论中国地理环境特别是南北地理差异与中国文化（包括经学、诸子学、理学、考证学及文学等）南北异同的关系，另还编有《中国地理教

（接上页注③）《福建师范学院学报》1956年第2期。这篇论文有关历史文献征引丰富而考辨慎重。文焕然指出秦岭—淮河以南则与秦岭—淮河以北大不相同，在一定海拔以下，一般不需要特殊保护，可以种植柑橘。大概陕甘岭内秦岭南坡的柑橘产区是我国现今柑橘分布纬度最高的，不需要人工特殊保护的经济栽培地区（约北纬33度余），就目前所知北方如甘肃的成县一带和陕西城固的升仙村都有柑橘生产，升仙村犹著名，所产橘曾为贡品。据汉司马相如《上林赋》、魏曹植《植橘赋》、晋葛洪《西京杂记》、左思《三都赋》及唐李德裕《进瑞橘赋状》和《瑞桔赋序》及《说部》卷38引乐史《杨太真外传》等史料，说明汉代、唐代长安、洛阳曾在人工保护下种橘。又指出《周礼·考工记》云"橘逾淮而北为枳"，《晏子春秋》内篇杂下第六云"橘生淮南则为橘，生于淮北则为枳"，《淮南子·原道训》云"橘树之江北，则化而为枳"等，并加注说明：这些古籍记载橘因"地气"、"水土"不同，逾淮而不能成长，符合科学；但"橘变为枳"之说不符合学理，不过可能的解释是以橘为枳的砧木之故。嫁植不成，橘死而枳仍从。"文人不察，谓为变种。后人承之，以迄于今。"

① 引据《饮冰室合集》第2册之《饮冰室文集》之十，第84、86页。

科书》二册①。王国维于 1907 年撰出《屈子文学之精神》，论及《诗经》、《楚辞》为代表的中国古代北方与南方地域文学精神之发端及异同问题②。汪辟疆于 1934 年发表《近代诗派与地域》，该文先论文学与时代关系，分清诗为康雍、乾嘉、道咸三期，然后重点分析第三期中同光以后五十年之诗史，以地域系之而分为六派，即湖湘、闽赣、河北、江左、岭南及西蜀派，每派先言其地域的自然地理与文化地理特征，再分析其代表诗人、诗作乃至地域文学传统等③。又，除诗、文、赋、词主要文体外，古典小说特别是明清长短篇小说的文学地域性更为显著，因为其展开的是形象画卷，人物、语言、场景等描写，地域性突出，所以西方文学地理学者喜爱分析小说的地理景观以研究文学地理学。中国文学中还有乐府、戏曲两种体裁的文学地域性及其与地理之关系也非常突出，历来论者亦多。

（三）梁启超提出"文学地理"这个概念及其研究理路，当是受到孟德斯鸠《论法的精神》和当时日本译介西方人文地理学有关；而《论法的精神》又受到中国古代相关文献关于文化地理风俗记载和论述的影响。

据许明龙《论法的精神》中译本之《译者附言》所说，《论法的精神》早在 1900 年就有中文译文刊载于日本东京出版的刊物《译文汇编》上；1902 年张相文翻译 12 章，于 1903 年由上海文明书局发行，均根据日文本翻译，题名《万法精神》；1913 年著名思想家严复又据英文本翻译，书名为《法意》，这些早期译本的刊布，使孟德斯鸠的"地理环境论"对当时中国

---

① 见《刘申叔先生遗书》，江苏古籍出版社影印本，1997。本文引用刘师培《南北学派不同论》等，据李妙根编《刘师培论学论政》，复旦大学出版社，1990，第 39～72 页，下同。

② 参见袁英光、刘寅生《王国维年谱长编（1877—1927）》，天津人民出版社，1996，第 43页。王国维《屈子文学之精神》，本文引据刘刚强编《王国维美论文选》，湖南人民出版社，1987，第 109～113 页。按：王国维《屈子文学之精神》认为至屈原时代，中国"南方文化发达较后于北方"，而想象力胜于北方，"北方人之感情，诗歌的也，以不得想象之助，故其所作遂止于小篇。南方人之想象，亦诗歌的也，以无深邃之感情之后援，故其想象亦散漫无所丽（引按：丽，附丽也，依附之义），是以无纯粹之诗歌。而大诗歌之出，必须俟北方人之感情，与南方人之想象合而为一，即必通南北之骑驿而后可，斯即屈子其人也。"重在说明屈原作品在思想上表现为"北方之思想"，而在艺术形式上"彼之丰富想象力，实与庄、列为近"，诗歌既要有纯挚思想感情又要具有丰富想象力，而屈原其人恰能useful此二者结合，故成为"大文学者"。又按：王国维《屈子文学之精神》等论文，收入舒芜等先生编选《中国近代文论选》，作为高校教材，广为大学生、研究生所阅读和了解。

③ 该文原载《文艺丛刊》第 2 卷第 2 期，又其 1932 年发表《论近代诗》，载《时代公论》第10 期。引据《汪辟疆文集》，上海古籍出版社，1988，第 275～324 页。

"文学地理"研究的发端和发展产生了重大影响①。真正据法文本翻译而且是全译本者，最早为张雁深译本，书名为《论法的精神》，商务印书馆出版，1961 年出版其上册，1963 年出版其下册。今天，《论法的精神》已有多种中译本。

孟德斯鸠《论法的精神》一书中说："炎热地区的人民几乎总是因怯懦而沦为奴隶，寒冷地区的人民则因勇敢而享有自由。对此丝毫不必感到惊诧，这种效应来自自然原因。"② 上述引文之前，孟德斯鸠还说"中国的北方人比南方人勇敢"，并加注说："中国书籍对此多有讲述。见杜赫德《中华帝国全志》，第四卷，第 448 页。"这就可以说明：中国古代有关南北地理自然环境论、南北方之人的异同论，对孟德斯鸠建立他的学说也有一定影响。《论法的精神》研究讨论了君主、专制、共和三种政体和各种政体原则及其立法原则等诸多问题，在其第三编（卷）共 6 章（第 14 ~ 19 章）中，分别讨论法与气候性质的关系，民事奴隶法何以与气候性质有关，家庭奴役法何以与气候性质有关，政治奴役法何以与气候性质有关，法与土壤的关系，法与民族的普遍精神、习俗和风尚赖以形成之原则的关系问题。这其中确有不少绝对的环境决定论的判断和言论，现在学界有不少学者指出孟德斯鸠并不能归入地理环境决定论一派③，此说还可以斟酌。

四　景观、景观学与文学地理学的未来

前文亦已指出，就当前中国文学地理学的研究现状而言，用一句话概括：已成显学，涌现出大量研究成果，提出了文学地理学学科建构框架，确立了文学与地理尤其是与文化地理关系的新的研究视角，"人地关系"（Man-land relationship）已经被认可为文学地理学研究的科学基础和立论前提，各种文化地理学与传统的文学研究法得以新的综合运用和考量，从而产生出一套新的研究方法、研究路径，相关研究的各种"称谓"已趋向于统一

---

① 另，参见张海珊《孟德斯鸠第一个中译本不是严复》，《上海师范大学学报（哲学社会科学版）》1981 年第 4 期。

② 〔法〕孟德斯鸠：《论法的精神》上册，许明龙译，商务印书馆，2009，第 285 页。

③ 如曹诗图《孟德斯鸠并非地理环境决定论者》一文，就持类似观点，文载《武汉水利电力大学学报（社会科学版）》2000 年第 2 期，相关论文还有多篇，此不赘举。

到"文学地理学"的名下，这是就成就的方面而言的；就研究现状的不足或缺失而言，笔者以为，仍然是文学地理学的基础理论研究的严重贫血，还需要认真地深入地研究文学地理学原理。笔者相信，经过学术界如此众多学者的努力，一本名副其实的《文学地理学原理》会很快问世的。

再接前文所谈的任公先生的论断所带来的重大问题——即梁启超《中国地理大势论》所谓"自后世交通益盛，文人墨客大率足迹走天下，其界亦寝微矣"——文学地理学的未来如何发展，"交通益盛"尤其今天的网络时代、全球化时代，究竟文学地理学还是否存在？如果存在是有科学依据的，那么其研究重心、中心，研究对象、范围以及研究方法，又有什么变化发展呢？换句话说，文学地理学研究什么？如何研究？梁启超先生这种论断所隐含的问题，西方学者也同样考虑过，而且论点几乎是一致的。如匈牙利著名艺术社会学家豪泽尔就认为，文化传播技术的发达，社会流动性的提高，"降低了地理条件的重要性，渐渐地把文化过程的空间系数变成了时间系数"。① 那么今天的文化传播技术的发达和社会流动性的提高情形下，文学地理问题还是否存在或者说文学地理学如何面对这一问题，笔者以为新文化地理学的诞生，已经初步作出了新颖而有说服力的较为科学的回答，尽管这也只是问题探讨的开始，前方的路还很长很长。

自 20 世纪 60 年代西方思想界"文化转向"（cultural turn）思潮以来，发展到 21 世纪初的今天，文化地理学研究已经具有新的面貌，其研究方法和研究对象都有很大的变化，这一变化被扼要称为"空间转向"或"地理转向"，强调通过空间思考文化，通过文化思考空间②，笔者以为这也是文学地理学的未来发展方向和研究中心。如前所说，在法国已经流行"文学地理学"、产生《文学地理学》专著的 20 世纪 40～50 年代，埃斯卡皮所著的《文学社会学》仍将文学地理学问题纳入文学社会学之中。倒是 1960 年代以后"文化转向"带来的"空间转向"下的文化地理学学者，特别是英美学者，热衷讨论"文学地理学"，并直接把它纳入文化地理学著作中。如英国迈克·克朗《文化地理学》，其第四章《文学地理景观》专门讨论文学地理学，该书涉及文学地理学问题还有多处，如第六章《成倍扩展的媒体空间》中有关论述等，着重从景观角度提出许多新见，论及"文学创作与

---

① 〔匈〕阿诺德·豪泽尔：《艺术社会学》，居延安译编，学林出版社，1987，第 41 页。
② 参考〔英〕凯·安德森等人主编的《文化地理学手册》中译本中有关论文，李蕾蕾、张景秋译，商务印书馆，2009。

地理"、"地区写作"、"文学文本中的空间"等问题，对空间（space）与地方（place）的关系也作出了饶有兴趣的探究，而且在方法论上自觉认为文化地理学应该包括文学地理学研究。其第四章所附"进一步阅读"（Further reading），提供了部分20世纪80年代以来有关人文地理学与文学关系研究的参考文献。

而通过空间思考文化，通过文化思考空间的"地理转向"或"空间转向"的研究途径中，对于文学地理学来说，其研究的中心与重心，笔者认为就是"景观学"的研究，也就是说景观研究或者说文学的景观和文化地理的景观及其关系的研究，才是具体的文学地理学研究的未来。

文学地理学的研究，不用"风景"（或"风土"、"物色"等）的概念，而特别运用"景观"的概念，并非简单地借用文化地理学的概念，而是从文学地理学的建构角度作出的探讨。因为汉语中的"风景"（或"风土"、"物色"等）概念的内涵虽然也包括人文景观，如建筑物（山水田园诗中经常出现的亭台楼阁等）、古代战场、文化遗址等，甚至也包括审美对象中人（或人的行为活动）、动物、植物、气候（如不同地区的寒冷温热）、天气（如阴晴雨雪）、节序时令（春夏秋冬，中秋、重阳等）等，如山水田园诗中的劳作的农民、耕地的水牛乃至湖溪、草木间的鸟兽虫鱼、天空中的蝴蝶、蜻蜓、燕子、大雁等等，但主要侧重的是与审美主体相对而言的山水田园的自然风景。而"景观"，就其概念的一般含义而言，除了包括上述"风景"的含义外，还有一个最突出的含义，就是"观看"、"观看的方式"。

"景观"这个汉语词汇本身原就包含"景"和"观"（看）两个方面的内涵，如果我们把汉语中"景观"一词之成词的历史进行描述和分析，也是富有启发性的。美国理查德·哈特向的《地理学的性质——当前地理学思想述评》虽然出版于20世纪上半叶，但该书第五章《"Landschaft"与"景观"》比较全面总结了西方新文化地理学兴起之前有关景观的各种概念，并作了严肃的反省和批评。他说："我们不得不考虑当前地理学思想的一些大问题，在每个大问题中，对一个极其重要的术语的用法都有许多不同，有的彻底而明确，有的更为细微但也更易混淆，使学者屡屡被弄得晕头转向——这个术语就是'景观'。"① "景观"这个词在我国古代的历史演绎，

---

① 〔美〕理查德·哈特向：《地理学的性质——当前地理学思想述评》，叶光庭译，商务印书馆，1996，第167页。

也非常有意思，而且直接与文学创作的"观照（观看）方式"联系在一起。

"景观"在中国古代文献中，开始并没有作为一个"成词"来运用，后来作为成词来用乃是出自对《诗经·国风·鄘风·定之方中》一诗解释之中，如"毛传"、"郑笺"及"孔疏"的分析，关于"望景观卜"这个方法的说明。"望景观卜"，本初是指先秦（至少在殷周时期）建筑学上的方法，是非常科学的；它因《毛传》的相关诠释，与中国文学创作中所谓"登高能赋"的审美方式联系在一起，可见我国"景观"这个词一开始就与人文景观和"观看方式"密切联系。其后"景观"逐渐凝化为一个成词，最初用于寺观名和人名，大约在 20 世纪初，西方人文地理学传译至我国，"景观"就被用于一般指"风景"或地理学上的"专有名词"，从先秦直至明清时期还很少见到"景观"作为成词来表示"风景"这个词的意思，应该说几乎没有。

首先，我们看"望景观卜"这个典故，《定之方中》三章，章七句，这里引前两章，诗曰："定之方中，作于楚宫。揆之以日，作于楚室。树之榛栗，椅桐梓漆，爰伐琴瑟。"该诗第二章云："升彼虚矣，以望楚矣。望楚与堂，景山与京。降观于桑，卜云其吉，终然允臧。"《毛诗》小序云："《定之方中》，美卫文公也。卫为狄所灭，东徙渡河，野处漕邑。齐桓公攘戎狄而封之。文公徙居楚丘，始建城市而营宫室，得其时制，百姓说（悦）之，国家殷富焉。"第二段"升彼虚矣"四句，《毛诗传》云："虚，漕虚也。楚丘有堂邑者。景山，大山。京，高丘也。"其下"降观于桑"句，《传》云："地势宜蚕，可以居民。"又其下"卜云其吉，终然允臧"二句，《传》云："龟曰卜。允，信。臧，善也。建国必卜之，故建邦能命龟，田能施命，作器能铭，使能造命，升高能赋，师旅能誓，山川能说，丧纪能诔，祭祀能语，君子能此九者，可谓有德音，可以为大夫。"① 可见本来"望景观卜"中的"景"，乃是指"景邱"之山名，"观"既有"观卜"的意思，还有"观测"日影以度量如何营建宫室的意思，"定之方中"的"定"，是指天空北方的营室星的名称。朱熹《诗集传》曰："定，北方之宿，营室星也。此星昏而正中，夏正十月也。于是时可以营制宫室，故谓之营室。"他进一步解释上引《定之方中》的诗句含义说："楚宫，楚丘之宫也。揆，度也。树八尺之臬（按：指测量日影的度量仪），而度其日出之

---

① 引见《毛诗正义》，十三经注疏标点本，北京大学出版社，2000。

景（影）以定东西，又参日中之景（影），以正南北也。"又解释"降观于桑"句说："桑，木名，叶可饲蚕者。观之以察其土宜也。"结果是"卜云其吉"，即占卜也是合宜的，所以朱熹总结第二章诗意说："此章本其始之'望景观卜'而言，以至于终，而过获其善也。"① 《周礼·春官》述"典瑞"官职云："典瑞掌玉瑞、玉器之藏，辨其名物与其用事。……土圭，以致四时日月，封国，则以土地。"郑玄笺疏云："以致四时日月者，度其景至不至，以知其行得失也。冬夏以致日，春秋以致月。土地，犹度地也。封诸侯以土圭度日景，观分寸长短，以制其域所封也。"② 可见我国古代的测量技术水平和使用之广泛。如明人邢云路撰《古今律历考》卷16《历代考》提及我国古代"测景（影）观象"以正"历"（日历）的方法，这当也是源于先秦时期。

其次，"望景观卜"这一说法，就使后来"景观"逐渐成词，被用于寺观名和人名，但并非现代"景观"这个词的含义。"观"用于建筑物，是寺观、道观、宫观的意思，如（宋）朱长文《吴郡图经续记》"宫观"条记载，苏州有"神景观"，"景"跟"神"结成一词，非跟"观"结成词，但这是演化的过程。《甘肃通志》记载："西景观，在文县哈南寨。"《二程遗书》卷22《伊川语录》载："先生语子良曰：……余平生只拜二人，其一吕申公，其一张景观奉议也。"这里"景观"连用于人名。按张景观，宋人邵伯温《闻见录》卷20有记载云："张景观，字临之，学行甚高，康节先公喜之"，云云。从张景观的字"临之"（字是名的展开义），"景观"的"观"是观看的意思，这个"景观"的意思就接近现代"景观"的含义。宋人陈著的《本堂集》卷81《书简》记载有道士名号用"景观"者。清乾隆皇帝的《御制诗五集》卷57有"福海中蓬岛，早吟卅景观"，这是指作为四十景的宫观，连用成"卅景观"。宋人张君房所编辑道教经典类书《云笈七签》卷98《诗赞词》有"控景浮紫烟，八景观汾流"。③ 明人高濂《遵生八笺》卷6"扫雪、烹茶、玩画"条

---

① 引见朱熹《诗集传》，第36页，与《楚辞集注》合刊本，姜书阁序说，夏祖尧标点，岳麓书社，1994。

② 《周礼注疏》卷20《春官》，引据十三经注疏标点本，北京大学出版社。

③ （宋）张君房纂辑《云笈七签》卷98《赞颂部·诗赞词》，载《云林夫人授杨真人、许长史诗二十六首》第4首，第595页，蒋力生等校注，华夏出版社，1996。按：该诗实抄录自南朝陶弘景编辑的《真诰》。

云："……时乎南窗日暖，喜无鬐发恼人，静展古人画轴，如风雪归人、江天雪桌、溪山雪竹、关山雪运等图，即假对真以观古人仿真笔趣，要知实景画图俱属造化机局，即我把图，是人玩景，对景观我，谓非我在景中，千古尘缘孰为真假，当就图画中了悟。"清代张廷玉等人编辑的《皇清文颖》卷 60 载吕耀曾《都江道中》五言诗，有句云："佳景观靡穷，异域初难料。"可见在清代以前（除用人名的较少例外），与现代"景观"含义直接相关的词，都是作为单字"景"与"观"单用的，最后所引的四个例证最有说服力，"八景观……"、"对景观……"、"佳景观……"等用法，开始渐近"景观"之成词①。上述征引繁博，力图说明"景观"是如何变为"成词"的。其最初的意思是什么，这或者有助于我国学术界研究"景观"概念的内涵。

通过上文分析，可以说明，我国"景观"这个概念，在"成词"前，是密切与风景的"景"和观看的"观"联系在一起的，汉语"景观"一词，从开始就包含了"观看"的意思。如果说，文化地理学中"景观"（Landschaft，Landscape）也应该如新文化地理学研究者所说的应有"观看方式"的内在含义，那么这种转译是很恰当的，而如果翻译为"风景"就无法体现这个"观看方式"的意思。另外"观"作为名词（读音声调不同，第四声），就是建筑物寺观、道观、宫观的意思，这个含义或者是与"望景观卜"这种建筑测量方法有关的，可能还与高大庄严的神秘宗教情感有关系。

再次，"望景观卜"这个出典与"登高能赋"的关联问题。刘勰《文心雕龙·诠赋》云："原夫登高之旨，盖睹物兴情。情以物兴，故义必明雅；物以情观，故词必巧丽。"② 关于"登高能赋"是一个饶有理论趣味的问题，本于《毛诗》之《定之方中》一诗的诠释。《毛诗正义》孔颖达疏《毛传》"建国必卜之……可以为大夫"一段极为重要，其中说："……'升高能赋'者，谓升高有所见，能为诗赋其形状，铺陈其事势也。"也有学者认为《毛传》这里讲的本意，乃是指登于殿庭，升于公堂，君子从政，应能赋诗。笔者以为这种解说可备一说，但至少在汉代就已不是"登高能赋"的唯一解释，这是颇值得文学地理学研究者关注的重要问题，因为这也是与中国

---

① 以上引用著作，均见文渊阁《四库全书》影印本。
② 引据周振甫《文心雕龙注释》，人民文学出版社，1981，第 80 页。

文学中营构"景观意象"空间的方式和景观主体对景观的独特的审美方式有关，故略及之。

通过查考，"景观"这个词在我国被用于人文地理学的概念可能起始于20世纪初西方人文地理学的输入之际，应该是通过翻译西学著作而得到广泛传播的，我国学术界今天关于"景观学"的研究已经基本与西方接轨，几乎现在处在差不多相同的语义范围了。1949～1978年，曾经有过争议，并受到苏联学术界的影响。参阅北京大学陈传康先生的长篇论文《景观概念是否正确》①和兰州大学冯绳武先生《读"景观概念是否正确？"之后》一文②，就可以知道。今天看来，陈传康《景观概念是否正确》还是具有很高的学术价值的论文，但受到当时学术环境和研究水平的影响，他是坚持认为自然科学和社会科学的分野论，认为文化景观（指其人文方面的意义）不是自然地理学而是其他科学的任务，至于文化景观的自然地理学的意义仍属于自然地理学研究的范围，这个观点迄今仍然是有效的，因为文化地理学实质已经是一门社会科学而不属于自然科学了。《辞海》解释"景观"概念③，认为包括两个方面的含义，一是风光景色，二是指地理学名词，其一般的概念包括"泛指地表自然景色"的一般的概念，其特定区域概念"专指自然地理区划中起始的或基本的区域单位，是发生在相对一致和形态结构同一的区域，即自然地理区"，其类型概念即"类型单位的统称，指互相隔离的地段按其外部特征的相似性，归为同一类型，如草原景观、森林景观等。"德文的景观（Landschaft）一词被翻译为英文Landscape，这个英文词，按照牛津英文辞典的解释就是"表示自然风光、地面形态和风景画面。"

在西方，"景观"这个词，据说最早出现于《圣经》。拉维和莱伯曼《景观及景观生态学》一文说："世界上最早的景观文献，恐怕要算普稍姆斯（Psalms）的书。其中，景观是指具有国王所罗门教堂、城堡和宫殿的耶路撒冷城美丽的全景。在英语中，景观这个形象而又富于艺术性的概念通常称为风景。"④相关西文中译文献，可参阅德迈克《景观是一个地理

---

①　陈传康：《景观概念是否正确》，载《地理学报》1957年第2期。

②　冯绳武：《读"景观概念是否正确？"之后》，载《地理学报》1957年第3期。

③　下引《辞海》关于"景观"的解释，参见《辞海》，上海辞书出版社，1989。

④　Z. 拉维和 A. S. 莱伯曼：《景观及景观生态学》一文的中文节译，李团胜节译自 Landscape Ecology—Theory and Application 第一章，译文载《地理科学进展》1998年第2期。

系统》① 和特罗勒《景观生态学》等论文②。又，西方学界一般认为"景观"概念作为"风景"的意义，大概在 16 世纪就开始应用于文学、艺术创作批评之中，至少在 19 世纪初就被应用于自然地理学中，这个词（概念）比较受到关注，是始于德国地理学家洪堡的运用。美国理查德·哈特向指出：德语 Landschaft "长期以来它在日常用语中，既用以表示我们所看到的地面的外观，又可单单表示一片有限的土地。这两个概念被带入德国地理学中来都不迟于上世纪初。……洪堡把此词主要用于表示某一地区的美学性质的意义上，虽然有时可能也另有含义。同样，奥佩尔和维默尔主要都是从美学观点上来看 Landschaft 的"③。一般认为"景观"从德文被引入英语世界并以此作为文化地理学学科的核心术语，其标志就是美国地理学家卡尔·索尔（Carl Sauerl）于 1925 年出版了《地理景观的形态》（*The Morphology of Landscape*），这是美国文化地理学和景观文化学的奠基之作，迄今探讨"景观"的概念和建设"景观学"乃至包含其他各种学科涉及"景观"的内容，都要参考或提及卡尔·索尔这本著作的主要观点。美国唐·米切尔（Don Miychell）在《死劳动与景观的政治经济学——加利福尼亚的生与死》一文中说："'景观'通过卡尔·索尔对 1925 年首次发表的德语概念 Landschaft 的说明，进入到英语语言的地理学词典。对于索尔来说，依据德国传统，地理学'被天然给定的'研究对象就是'景观'：'区域'或'地区'以及定义区域或地区的'那些事实的独特关系'。……索尔认为，地理学家要去理解和解释（而不仅仅是描述）'景观现象学以便掌握不同陆地景色的所有含义和色彩'。……索尔对当代政治和经济问题不太感兴趣。他反而关注创立一门（历史）景观地理学，完全是客观的，并且卡断（幼稚的）政治倾向以及环境决定论的主观推论的错误。……他的最高目标是将景观当做某种探索工具，达到对形成景观的文化理解。……他认为文化景观……是一段人类改变的自然，但是被改变的自然服务于一个独特目标：形成文化的需要和渴望。于是，从文化景观的事实背后去开展研究，文化地理学家就能够看到自然如何被改变并因此了解活在景观中并创造了景观

---

① D. 德迈克：《景观是一个地理系统》，张莉译，章申校，载《地理科学进展》1982 年第 2 期。
② C. 特罗勒：《景观生态学》，林超译，王恩涌校，载《地理科学进展》1983 年第 1 期。
③ 引见〔美〕理查德·哈特向《地理学的性质——当前地理学思想述评》叶光庭译，商务印书馆，1996，第 168~169 页。

的文化：文化想什么、要什么、如何生存。"① 理查德·哈特向的《地理学的性质——当前地理学思想述评》，列专章（第五章）痛责"景观"这个概念译为英语"Landscpe"而造成的学术混乱，他说：美国作者把 Landschaft 的种种含义，"以'景观'的形式搬到我们的词汇里来，但他们却很少有人曾确切地阐述过他们指的是什么。"其中指出索尔《景观的变化》这篇划时代的论文似乎说景观是"由形式的独特结合组成的地区"，这简单的说法里可能包含着一个定义，但它却又对大多数读者掩藏了这个定义，卡尔稍晚的一篇论文又说："景观的构思包括：（1）自然区的特征，（2）人的活动加于自然景观的形式，即文化景观"。"因此索尔的'景观'概念必须或者解释为地区，只要它是物质的就是了。这显然就是他的大多数追随者所采用的'景观'概念。"② 但认为还是难以理解，云云。理查德·哈特向恐怕不可能想到也正是"Landscpe"这种"混乱"，才导致以英美国家为代表的学术界在所谓"文化转向"、"空间转向"的学术理路上推出新文化地理学来。

五　空间风格与时间风格

从文学地理学研究和理论建构如何切入文学研究与批评的"内部规律"来考虑问题，笔者以为可以从"景观"的角度来分析文学地域性或文学地理的空间风格与时间风格。

先谈谈关于文学地域性的"空间风格"和"时间风格"的解释。如前所注，"空间风格"和"时间风格"这两大理论范畴，见于日本竹内敏雄主编《美学百科辞典》之"美术地理学"（art geography）词条——还注明了德语和法语的译文，这里从略。该词条解释说："美术地理学是从空间、地区共属的观点研究美术作品的学问，这里可以区分为两个课题的领域。（1）其一是探求相同地区艺术作品相互间的地理风土本质和特性，确立区别于超空间的（超地域的）'时间风格'和超时间的'空间风格（地域风格）'。美术地理学研究的地区有极小和极大两种情况。规定这种'空间风

---

① 引见〔英〕凯·安德森等编撰《文化地理学手册》第 337~338 页。另参考〔英〕迈克·克朗《文化地理学》第二章《民族、地理景观和历史时间》关于卡尔·索尔有关观点的评述，中译本（修订本），第 14~24 页。

② 引见〔美〕理查德·哈特向《地理学的性质——当前地理学思想述评》叶光庭译，商务印书馆，1996，第 175~176 页。

格'的力量里，（a）首先有当地所给予的条件。例如根据是否有特定建筑材料的生产便产生木制建筑、石造建筑、砖瓦建筑等区分。石雕的材料亦因坚硬、粗细及其他性质而异，由这种地区条件带来的差异参与风格的决定。（b）其次有民族和种族所给予的力量。作为研究的例子有格里泽巴赫（August Grisebaech，1881～1950）的《从种族特性看古老的德国城市》。当然上述两种力量往往相互渗透，相互作用。（2）第二个课题是一定的风格、形式、动机和其他地理传播的研究。相当于这种研究的有如波特尔（Arthur kingsley Port，1883～1933）的《巡礼道的传奇雕塑》。一定的形式、制作材料和其他分布地图对美术地理学来说是重要的手段。"① 文学地理学和美术地理学本是密切相关的，可以说都属于"艺术"，区别只在于具体研究对象不同，所以运用的具体手段、具体方法和具体研究角度等有所不同而已。上述词条没有解释艺术作品"空间风格"和"时间风格"这两大理论范畴的内涵，但推敲其义，其所说的艺术作品（侧重讲美术作品，如绘画、雕塑乃至建筑艺术等）的空间风格（地域风格），就是指同一地域空间中艺术作品相互之间通过比较可以发现其具有共同的地理风土本质和特性，它与艺术创作的媒介也就是使用材料和民族与种族的个性有关。这种空间风格的延续继承就是时间风格，或说是超时间的空间风格（地域风格）；这种风格扩散传播至其他地域并得以历史性延伸，就是所谓超空间的时间风格。

笔者把上述理论范畴和自己的思考分析，借用来作为文学地理学建构的基本理论范畴。因之，所谓文学的"空间风格"是指文学创作在一定的地理空间中，受到地理环境、地域文化的影响而产生的独特的地域特性，文学作为以语言为媒介构造审美意象的艺术，这种地域特性产生的主要因素，就特定的地域空间而言，主要有如下几个方面：

（1）语言的方言性质（语音、词汇、习语等）；

（2）特定地域的自然条件尤其是依赖这种条件的生活方式等影响，以及这种特定地域的"生活"被表现为作品"内容"时所带来的特别差异感，在文学产生的早期，书写条件应该也有所影响；

（3）地理景观的差异，通过创作主体的心灵化表现为文学意象的"物境"层面的地域空间差异感，而随着新文化地理学的兴起和"空间转向"

---

① 〔日〕竹内敏雄主编《美学百科辞典》，池学镇译，黑龙江人民出版社，1987，第 202 页。

研究，文学地理学的研究中心和重心亦应"空间转向"，由注重文学与自然地理环境及地域空间（第一空间）关系和与社会空间、文化空间环境（第二空间）之关系的研究而转向以"文学景观"为核心的空间意象的研究（包含在所谓第三空间的内涵中）；

（4）创作主体（审美主体）的民族个性、思维方式、文化风俗等差异，它通过主体心灵化的过程凝结在审美意象之中，构成"情境"层面的差异，而物境和情境的统一就构成了审美境界、文学作品的形象世界的地域空间差异感；

（5）影响创作主体及表现"情境"的其他意识形态的中介作用，如宗教、政治、哲学以及其他艺术如音乐、绘画等；

（6）在发展过程中的异质文化的影响。

上述这些方面实际上就构成了文学地理学研究的基本内容。而这种原生的文学的空间风格（地域风格），在其后通过扩展和传播，影响到其他地域的文学创作，成为其他文学地域风格的基本因素，虽必会有所变化但基本特质较为一致，就可以称为"超空间的空间风格"或者说"超地域的空间风格"。文学的"时间风格"是指文学创作在一定地理空间中的原生的文学空间风格（地域风格），逐渐形成、积淀为一种历史性的文学传统特质，在其后的历史发展中，仍然保留一定程度的但也可能已经相当微弱的原生的文学地域性特征，又反过来影响原地域的文学创作，形成新的地域风格。而这种时间风格，在历史发展中再进一步扩展和传播到其他地域，形成另一地区的新的文学空间风格，其间既有新的变化，又仍然具有一定程度的原生地域的文学地域性传统特质，这就又可以称为"超时间的空间风格"。

进一步说，从文学史现象看，文学地域性的"时间风格"，或在时间上或在空间上都已超越了原生地域的空间风格，所以，一般我们说地域文学的空间风格必然会向超地域的时间风格演化。因为从理论分析的极致讲，任何文学作品的原生地域的空间风格，即使在其差不多同时代中扩散出去，时间上仍然是有先后的，也就是说，"超空间的空间风格"，从本质上说，就是"超时间的空间风格"，是故"超空间的空间风格"亦即"超地域的空间风格"，可以与超时间的空间风格亦即超时间的地域风格合并而统称为"超地域风格"。当然为了强调其侧重点，仍然可以使用"超地域的时间风格"和"超时间的地域风格"这两个范畴。但由于超地域的必然就是超时间的，所以也可以笼统而言之。

总之，通过上述分析，从而得出如下三个核心的理论范畴——空间风格、时间风格、超地域风格（包括"超时间的地域风格"和"超地域的时间风格"两个方面内涵）。如屈宋的骚赋影响到其后汉赋的风格，刘勰《文心雕龙·物色》篇论曰："若乃山林皋壤，实文思之奥府，略语则阙，详说则繁。然则屈平所以能洞鉴风骚之情者，抑亦江山之助乎！"《文心雕龙·时序》篇又说："爰自汉室，迄至成、哀，虽世渐百龄，辞人九变，而大抵所归，祖述《楚辞》，灵均馀影，于是乎在。"① 这就是说，汉赋在文学地域性上，具有受到"江山之助"而创作出的"楚辞"（以屈赋为代表）的超地域风格，或者说超时间的地域风格，同时也存在超地域的时间风格。

以上就是从文学地理学角度，对文学的空间风格、时间风格、超地域风格（超时间的地域风格和超地域的时间风格）的三大理论范畴的界定。仔细思索，不难明其理。笔者以为运用"空间风格"和"时间风格"对上述文学地理现象进行概括，是凝练的，也是确切的。因为我们在论述文学地理之现象和问题时，无法每次表述都详细说明一个拟提出的理论概念（范畴）所要表达的内容，那样就会无比繁冗，失去逻辑的清晰性。是故，作为理论研究和创立者，必须根据研究的对象、范围、方法提出一些理论概念、理论范畴来作为理论建构的支撑，但必须在逻辑表述时限定在已确定的理论概念和理论范畴的内涵与外延之中。

笔者曾借用"美术地理学"的"空间风格"和"时间风格"概念，来论析地域文学的"空间风格"和"时间风格"，作为文学地理学建构的基本理论范畴。就人地关系而言，研究作家的地理分布，进而入手探讨不同地域的作家"地理出身"或者说"地域身份"（出生籍贯）、生平活动与地域的自然环境、文化空间等种种关系，考察他们的文学的地域风格特色，这仍然还是一种"外部规律"的研究，而且具有种种的局限性，如果立论不思宏通、考察不能全面，确实很容易陷入一些学者担心的"地方主义"，也很容易步入环境决定论的迷途。

笔者以为文学地理学未来的新的研究中心和重心，就是文学景观的研究，从而既能进一步切入文学地理的内部分析，又可以由此而着重研究文学地理的"第三空间"（后现代语境术语，是新媒体和资本经济全球化的产物，或用"空间压缩"这个概念），同时传统的人（审美主体）与地域的自

---

① 周振甫：《文心雕龙注释》，人民文学出版社，1981，第 496、477 页。

然环境（第一空间）和各种社会的文化的关系（第二空间）的研究也仍将始终存在，形成一个完整的有机的整体，这样才能更好地完善文学地理学的科学性。如前所说，笔者曾在讨论文学地理学的理论界定时，认为它是介于文化地理学与艺术社会学之间的一门文学研究的边缘学科（或者说跨学科、交叉学科研究），并作了三大关系与五大层面的分析，其实已经包含了上述内容，但立论较早，已是近20年前的观点，没有突出地强调今天所谓新文学地理学的景观概念和空间概念的研究内涵。

从20世纪70年代开始，西方学术界的"文化转向"也刺激和推动了文化地理学的"空间转向"，这一转向下的文化地理学研究，被称为新文化地理学，其中一个突出的特点就是把"景观"扩展到主体性的、建构性的内涵研究上，非常重视"景观"的"观看的方式"的思考，提出"第三空间"理论，这也是与其他许多学科（包括文学和艺术）涉及"景观"研究（所谓多功能的景观概念）并提出许多的新的理解和实践密切联系的。因为"景观"本身实质上包含"意"和"境"的"浑成性"意义。"景观"是文化地理学的核心概念，也可以说是文学地理学的核心理论范畴，未来的文学地理学主要应该注重"文学景观"的研究。

六 余论：观看方式与空间转向

在西方"旧"文化地理学——20世纪70年代以前的文化地理学——已经论述"景观"问题，但从一开始使用"景观"的概念，就争议甚多，而且许多思考跟所谓新文化地理学家的思考也有契合的地方。这方面的颇多争议，只要参考理查德·哈特向的《地理学的性质——当前地理学思想述评》第五章即可较为全面地把握。就此问题而言，我国学界包括致力于文学地理学研究的学者还缺少足够的关注，也还没有学者撰文检讨、探究和思考文学地理学的未来发展问题。

美国丹尼斯·科斯格罗夫《景观的欧洲的视觉感——注视自然》一文指出："我想关注的是景观的一个特点，一个超越已有的现代用法：景观与观看和视觉感的关联性。景观及其欧洲语言的其他同类词没有在视觉拓扑学中给予限定。的确，具有领域边界的区域地形学与社区认同之间的各种关联性，来自德语 Landschaft 这个词的词根及其派生词，而社区认同的社会再生产与地区的占有使用权和义务联系在一起。但是，还有一个存在了500

年之久的根本关系，即有边界的地理空间的现代景观用法与作为联系空间和人类关注之重要方式的视觉或视阈训练之间存在某种关系。这一用法毫无疑问与社会占有（social propriation）和空间使用的变动模式有关，包含个人财产权和更为原子化的自我和认同。如果地理学是一门检视人类占有模式与自然和人类挪用并建构的建构空间之间各种关系的学科，那么景观研究就服务于对这些关系之视觉和可视层面的关注。"又说明："'观看方式这个术语，是由艺术批评家约翰·伯杰在 1969 年杜撰的，它巧妙地抓住了艺术家长期公认的一个概念：就观看的重要程度而言，观看是一种习得的能力。"又分析了观看的"文化特点"问题，例如观看威尼斯画家乔尔乔涅（Giorgione）的一幅 16 世纪油画，"描绘了一个适婚女青年裸体躺在'风景'之中。这一风景'田园诗'，由牧场草地和树下软草构成，延伸到前景人物以外的蓝色远方，羊和放牧人，而蓝色的山型明显地映衬着傍晚的天空"。科斯格罗夫由此思考了"文化规范"等问题，"可以看什么，谁可以看以及在哪里看，是塑造社会空间最基本和最有争议的文化考量"。又饶有趣味地分析说："语言可以把握观看文化的丰富复杂性。瞥不同于盯，视觉（sight）不同于视阈（vision）。在考虑视觉的当前用法时，大多数语言对看（seeing）和瞧（looking，按：原文引用法语词、意大利语词，略）进行了最基本的区分。前者说明通过眼睛表达外部世界的被动物理行为；后者暗示了将眼睛有意引导到注意对象。英语的观察（viewing）意味着对视觉更为持久和公正的使用；而目睹（witnessing）意味着看的经历正被记录到确认以及随后交流的意图中。凝视包含了看的持久行动，并以同样的方式调动情感。盯有类似含义但传达了盯者的怀疑和判断的感觉。观看这一普通语言的复杂性说明了它在我们与外部世界，包括与物质对象以及与他人的关系中，具有重要的文化意义。正如'我明白'（I see）所揭示的双重含义，看和认知的关系同样复杂。'洞察'抓住了人类能够'看见'比直接作用于眼睛的更多东西，人类可以超越物质表面渗透到看不见的意义。'视阈'便有这样的心理功能，是一种无论如何可以见证非物质现象的想象能力。"[①] 英国迈克·克朗的《文化地理学》也非常重视从景观的"观看的方式"入手分析，把"景观"视为文化的记忆库，它随时间消逝而不断被改

[①] 引见〔英〕凯·安德森等编《文化地理学手册》，李蕾蕾、张景秋译，商务印书馆，2009，第 356、357、360、362、363 页。

写、重写，并注重从空间传播角度来分析"景观"，强调不同文化在发展过程中对"景观"意义的改写，揭示多种景观的文化象征意义。① 其实，东西方"观看"的方式不同、审美心理有差异，这个问题很早就在文学艺术的创作和理论批评之中得到分析。

新文化地理学家很注意从文学、艺术创作和理论批评中寻找重新解读"景观"的灵感，迈克·克朗就特别强调"文学景观"的研究。笔者曾于1990年发表《视觉审美意象论》一文对此有相关分析，虽然不是专门论述"景观"的观看方式问题，但文学艺术家审视的对象其实就是"景观"②。笔者曾分析《楚辞》的景观美学特征，就特别关注并分析屈原的审美观照心理和意象结构问题。

总之，随着文化地理学的"文化转向"和"空间转向"，新文化地理学更是把"景观"这个概念的内涵大为扩展，几乎无所不及，更侧重其"观看方式"的内涵的延展，更注重主体的文化精神方面的建构，几乎有把文化地理学演变为景观文化学的趋势。而笔者认为，从新的"空间"意义角度，以文学景观研究作为文学地理学的核心研究对象，乃是文学地理学研究的未来发展方向，文学地理学的研究中心和重心由此也发生了挪移，任公之论断，由此就能够得到新的解答，文学地理学也就会获得不朽的生命力。因为"自后世交通益盛，文人墨客大率足迹走天下，其界（按：原指中国文化地理上的南北分界，可以理解为一般地理空间的分界及文化差异）亦寝微矣"这一论断所隐含的问题是十分重大的，尽管这一论断也许并不完全正确。正因为"其界寝微"，文学与地理的关系更加复杂；正因为在宇宙飞船已经载人遨游太空的今天，文学地理学更有其新的研究方向，更有其存在的必要。当我们手持一本乔帮主（美国人乔布斯）等发明和设计的ipad，点击一下 facebook 网站或者利用 facetime 软件工具等，就可以与千里万里的地球人面对面，就可以欣赏另一空间的"景观"（电视播出的世界各地的新闻画面也是如此，由此可以说明电影中的空间画面，文学中描写的蒙太奇式的空间转换场景等也是如此），而反映到文学、反映到人心深处的这种时间高度压缩下的不同地理空间景观，这种新的人与地理、文化地理的关系，无比奇异也前所未有地激越我们的心灵，所以文学与地理的关系

---

① 参见〔英〕迈克·克朗的《文化地理学》中译本（修订本），杨淑华、宋慧敏译，南京大学出版社，2005，第二章和第三章。

② 拙文载《文艺研究》1990 年第 1 期。

绝不会因为"交通益盛"而寝微，反而更加复杂诡异，文学地理学的基础理论更需要重新加以建构，这将吸引着我们每一位文学艺术的创作者和文学艺术的理论批评家、研究者。

2011 年 11 月 9 日晚定稿于首都师范大学寓所

公共性与古希腊戏剧的起源

李向利[*]

摘要：古希腊戏剧不仅仅是一种文学现象，古希腊戏剧的演出也不仅仅是一种娱乐性的文艺表演。作为雅典城邦精神的最佳代言，古希腊戏剧是一种有着广泛公共性指涉的社会建制，隐含在民主制雅典的社会、政治和宗教等方面的实践中。本文从古希腊戏剧与酒神宗教的关系、雅典确立酒神宗教过程中的政治运作、雅典城邦政治对公共戏剧的扶持、戏剧演出采用竞赛机制的公共性内涵等角度，分析、讨论了古希腊戏剧起源过程中所具有的公共性因素。

关键词：古希腊戏剧　公共性　酒神　竞赛

Abstract：Ancient Greek Drama is not only a literary phenomenon, and the performance of ancient Greek drama is neither just for entertaining. Ancient Greek Drama, which embodies the spirit of Athens city-state, is a social institution with broad publicity, implied in the social, political and religious practice in the Athens democracy Athens. What this article focuses on is the public factors in the emergence of ancient Greek drama, which refer to the relationship between ancient Greek drama and bacchanalian worship, the political influence in the establishment of bacchanalian worship, the supports from Athens city-state for public dramas, and the public factors in the competition of dramas.

Keywords：ancient Greek drama, publicity, bacchanalian worship,

---

* 李向利，首都师范大学语文报刊社。

competition

在古希腊，悲剧和喜剧都是酒神崇拜的产物，戏剧演出是酒神崇拜宗教仪式中的重要组成部分。亚里士多德说："悲剧起源于狄苏朗勃斯（Dithurambos，即酒神颂）歌队领队的即兴口诵，喜剧则来自生殖崇拜活动中歌队领队的即兴口占，此种活动至今仍流行于许多城市。"① 古希腊农民在收获葡萄的时节要举行歌舞活动，祭祀酒神狄俄尼索斯。他们或装扮成酒神的伴侣、羊耳羊尾的人形草木动物之神萨堤洛斯的形象，举行称为"酒神颂"的歌舞；或化装为鸟兽，载歌载舞地抬着仿造的巨大男性生殖器，举行叫做"komos"的狂欢游行。② 后来，从这种民间歌舞中，发展出了久负盛名的古希腊悲、喜剧。可以说，古希腊戏剧③自萌芽时期起，就有着鲜明的公共性特征。关于这一特征，我们首先要从它的宗教性说起。

酒神"转正"

酒神狄俄尼索斯是希腊古典时代④最受欢迎的神祇之一，他是植物神、葡萄种植和酿酒的保护神。传说中，酒神是塞墨勒与宙斯之子，出生过两次，第一次为宙斯与塞墨勒结合的产儿，年幼时被泰坦巨人撕成碎块吞吃掉了，后来又从宙斯的大腿中再生出来。然而，在荷马史诗中，酒神只是被简单提到，他的身份还是一位没有进入天庭的地上神灵，还没有进入主神的行列。这是因为酒神一般被认为是个外来神，在古希腊诸城邦，酒神主神地位的确立，经过了一个十分曲折和漫长的过程。

希罗多德说，几乎所有神的名字都是从埃及传入希腊的，酒神也是如

---

① 〔古希腊〕亚里士多德：《诗学》，陈中梅译，商务印书馆，2008，第1449a。
② 罗念生：《论古希腊戏剧》，中国戏剧出版社，1985，第1、92页。
③ 本文所指的"古希腊戏剧"，具体说是较完整流传下来的三大悲剧家和喜剧诗人阿里斯托芬的作品。尽管对于古希腊悲、喜剧是否诞生于雅典的问题自古就争议不断，但雅典戏剧无疑代表了古希腊戏剧的最高成就，并且是举办戏剧竞赛的最重要的古希腊城邦。例如，布克哈特就说"所谓'希腊戏剧'实指雅典戏剧，因为其他希腊城邦都没有产生过杰出的戏剧作品"，还说"雅典是这两种戏剧形式惟一的拥有者，而且一直保持了这个地位"（〔瑞士〕雅各布·布克哈特：《希腊人和希腊文明》，王大庆译，上海人民出版社，2008，第5、305页）；罗念生也说"所谓'希腊戏剧'实指雅典戏剧，因为其他希腊城邦都没有产生过杰出的戏剧作品"（《论古希腊戏剧》，第5页）。
④ 指古希腊历史上公元前5世纪至公元前4世纪中叶的历史时期。

此。他介绍说埃及狄俄尼索斯祭日的庆祝几乎和希腊的完全相同，只是埃及人没有伴有合唱的舞蹈。"因为我不能同意，认为希腊的狄俄尼索斯祭和埃及的同样祭典之十分近似，这只是一种偶合。……我还不能同意，这些风俗习惯或任何其他的事物是埃及人从希腊人那里学来的。"他说是一个叫美拉姆波司的人，从推罗人卡得莫斯以及从卡得莫斯自腓尼基带到现在称为贝奥提亚的地方的那些人们那里，学到了有关狄俄尼索斯祭典的事情。由于美拉姆波司除了在埃及学到很多知识，还精通狄俄尼索斯的祭仪，他便把这种祭仪稍稍加以改变后，又介绍到希腊来。[1] 希罗多德的这个说法，可以和欧里庇得斯悲剧《酒神的伴侣》中的表述相互参照。在该剧中，狄俄尼索斯说："我离开了盛产黄金的吕底亚田野和佛吕基亚，走过阳光烤晒的波斯平原、巴克特里亚城、寒冷的米底亚地方、幸运的阿拉伯和全亚细亚沿海杂居着希腊人和蛮族人，建有许多漂亮城墙的城市，现在第一次来到这个希腊城市；我曾在希腊以外的那些地方教人歌舞制订我的教仪，向凡人显示我是神。"[2] 由此可见，在欧里庇得斯所处的时代，狄俄尼索斯外来神的身份是人们一致公认的。

也正因酒神的外来神身份，狄俄尼索斯崇拜在传播过程中，遭到了古希腊诸城邦传统习俗的顽强抵抗，致使对他的接纳和认可过程十分曲折。神话故事中，莱库古（Lycurgus）、潘修斯（Pentheus）和珀尔修斯（Perseus）等，都曾对这一新宗教崇拜的"入侵"进行奋力抵抗，神后赫拉也从未改变她对狄俄尼索斯的憎恨。[3] 而悲剧《酒神的伴侣》，讲述的就是酒神崇拜在忒拜城的确立过程中所发生的一系列激烈斗争以及酒神最终获得正统地位的故事。

"如果不借助阿波罗的神力，酒神也许不会征服希腊。"[4] 在众神中，太阳神阿波罗最富希腊色彩，同时也是爱奥尼亚的真神。[5] 然而，在尼采看

① 〔古希腊〕希罗多德：《历史》，王以铸译，商务印书馆，1959，第132~133页。
② 〔古希腊〕欧里庇得斯：《酒神的伴侣》，《古希腊悲剧喜剧全集》第5卷，张竹明译，译林出版社，2007，第215~216页。
③ 王晓朝：《希腊宗教概论》，上海人民出版社，1997，第104页。
④ 〔英〕凯瑟琳·勒维：《古希腊喜剧艺术》，傅正明译，北京大学出版社，1988，第13页。另外，在该书第33页，凯瑟琳在注释33中补充说，H. W. 帕克在《德尔菲神示的历史》（牛津，1939）中详细叙述了阿波罗对酒神的帮助。
⑤ 默雷认为在荷马史诗中只有太阳神阿波罗和海神波塞冬备受人尊敬，是因为他们不同与其余那些别地方人民的神，是爱奥尼亚的真神。见〔英〕吉尔伯特·默雷《古希腊文学史》，孙席珍等译，上海译文出版社，2007，第25页。

来，日神和酒神彼此代表着不同的宗教精神。在阿波罗身上，体现出更多的是太阳、白昼、秩序、光明和理性的因素；而在狄俄尼索斯这个外来神的身上，则更多地体现着大地、月亮、黑夜和梦幻的因素。尽管如此，酒神之所以最终被古希腊社会广泛接受，与他曾历经太阳神的希腊化不无关系。布克哈特说，在阿波罗圣地德尔菲最兴盛的时期，存在着一次狄俄尼索斯崇拜的明显的复兴，并且还伴随着大量的庆典和神秘仪式，在规模和华美程度上超过了其他所有的宗教活动。① 而且我们知道，一年中有三个月的时间，阿波罗会离开德尔菲，而狄俄尼索斯届时将取代他的位置。② 另外，德尔菲的神示还通过劝导，鼓励希腊各城邦设立新的宗教祭礼，起初拒不接受酒神的雅典，就是后来受了德尔菲的神示之命才崇拜起来。

酒神狄俄尼索斯是通过取代古老的赫斯提亚（Hestia）女神，③ 才成为奥林匹斯 12 主神之一的。这在公元前 6 世纪的一只陶罐上已有表现。陶罐上绘画的主题，是女神雅典娜的诞生，该陶画同时也是现存最早的反映狄俄尼索斯成为奥林匹斯 12 主神之一的艺术作品。画面中，宙斯手持霹雳坐在中间的宝座上，雅典娜从他的头颅中跃出，右边是得墨忒耳、阿耳忒弥斯、阿芙洛狄忒和阿波罗，左边是阿瑞斯、赫尔墨斯、赫淮斯托斯，最后是举着巨大酒杯的狄俄尼索斯。由此可以看出，最晚到公元前 6 世纪时，酒神就已经不再是荷马史诗里的小神了。④

酒神崇拜从最初被视为外来宗教而一再遭到抵制，到后来在古希腊社会的广泛流行，以及酒神从一个不起眼的小神到位列奥林匹斯 12 主神之一，在这些曲折的变化过程背后，纠缠着宗教与宗教，宗教与政治，宗教、政治与文化等各方面的复杂关系，总的说来都与古希腊城邦社会的现实政治需要密不可分。随着城邦社会的到来，古希腊的社会组织和结构都发生了急剧的变化：平民阶层和奴隶在人数上激增，工商奴隶主崛起，并在城邦政治事务中发挥越来越重要的作用。新生的实力阶层迫切需要一种能表现自身精神的新宗教，以与贵族阶层的奥林匹斯众神相抗衡。⑤ 狄俄尼索斯神

---

① 〔瑞士〕雅各布·布克哈特：《希腊人和希腊文明》，王大庆译，上海人民出版社，2008，第 280～281 页。
② 〔英〕H. D. F. 基托：《希腊人》，徐卫翔、黄韬译，上海人民出版社，2006，第 170 页。
③ 赫斯提亚是希腊神话中的女灶神，家宅的保护者。
④ 王晓朝：《希腊宗教概论》，上海人民出版社，1997，第 201～202 页。
⑤ 王晓朝：《希腊宗教概论》，上海人民出版社，1997，第 200～201 页。

由于首先是位农神和植物神，其所司职责与人数众多的农民关系紧密，这就使他和已有的奥林匹斯众神相比，显得更为大众化和乡村化，因此对于他的崇拜自然就在城邦下层民众中先行流行开来。

与此同时，僭主们出于同贵族作斗争的需要，也大力鼓励和提倡酒神崇拜。僭主政治从某种方式来说是一种反贵族的、平民的政治。在反对贵族统治的斗争中，僭主保护平民百姓、自由农，或许某种程度上还包括在城市中生存的手工艺者等，使他们获得同旧贵族平等的种种权利，以巩固自己的政治基础。因此，在乡村深受欢迎的酒神崇拜，就被僭主们引进了城市，组织起与之相关的节庆活动，并力促酒神教与奥林匹斯教的合流。到了公元前7世纪末6世纪初，狄俄尼索斯崇拜得到各地僭主的批准，官方的狄俄尼索斯节也随之确立：西库昂僭主克里斯提尼（Kleisthenes）在执政期间（前600~570年）改变了当地的 tragikoi khoroi 庆祭，祭奠的对象由原来的阿德拉斯托斯（Adrastos）改为狄俄尼索斯；① 科林斯在僭主佩里安德（Periander，公元前665~585年在世）的统治下，人们已能看到诗人阿里昂（Arion）与酒神有关的演出。与此种政治措施相呼应，一些宗教诗人和艺术家开始着手创造相关神话和艺术形象，把狄俄尼索斯提升为天神，接纳到了奥林匹斯神圣家族中来。

庇西特拉图与"酒神大节"

继西库昂僭主克里斯提尼和科林斯僭主佩里安德之后，庇西特拉图（Peisistratus，约前600~527）成为雅典以及整个古希腊世界的著名僭主，前后三次上台执政，在他第三次登上雅典僭主宝座后，行"仁政"达20年之久（前546~527）。② 亚里士多德说，庇西特拉图掌握了政权后，在公共事务上奉行一种较之于僭政更具共和色彩的政策。③ 亚里士多德所言是公正

① 〔古希腊〕亚里士多德：《诗学》，陈中梅译，商务印书馆，2008，第248页。
② 关于"僭主"和"君王"的区别，库朗热说："这两个名称的不同，并非由于在统治的道德上有高下之分，君王并非就是善的，僭主并非就是恶的。它们之间的分别在于宗教。古代的王者行祭司职务，权力与圣火相连。而后世的僭主只是政治首领，他们的权力来自武力或选举。"参见〔法〕库朗热《古代城邦——古希腊罗马祭祀、权利和政制研究》，谭立铸等译，华东师范大学出版社，2006，第167页。
③ 〔古希腊〕亚里士多德：《雅典政制》，颜一译，《亚里士多德全集》（卷十），中国人民大学出版社，1997，第16页。

的，在庇西特拉图及其儿子执政期间，他们不仅制定了一系列奖励农工商的政策、进行大规模海外贸易、建设雅典，还大力支持文化事业的发展。"庇西特拉图和他的儿子们展现了他们要把雅典建成一个富有的商业城市的野心。很明显，他们还试图使雅典成为思想上的领袖。"① 其中，打造雅典"思想领袖"地位的努力，主要体现在庇西特拉图的宗教、文化政策上。

一般说来，僭主为了壮大自己的势力，使人民忠于城邦胜过忠于派系、种族和朋党，都会采取一项具有决定意义的措施——将宗教直接控制在国家手中，如前面提到的西库昂和科林斯僭主的做法，庇西特拉图同样如此。提洛岛是古希腊人奉献给阿波罗神的圣所，庇西特拉图曾亲自主持过岛上的净化仪式；在祭祀德墨忒尔、珀耳塞福涅和伊阿科斯的盛大秘仪的中心地厄琉西斯，他建造了一座敬奉他/她们的神庙；② 他还把对奥林匹斯主神宙斯的崇拜引入雅典；③ 又在原有的一年一度的小"泛雅典娜节"的基础上，制定了五年一度的大"泛雅典娜节"。④ 值得注意的是，庇西特拉图的泛雅典娜节与荷马诗歌的背诵存在着联系，据说是他最先确定了在泛雅典娜节上举行荷马作品吟诵的比赛，并组建了一个专门委员会统筹相关安排。另外还传说他制定了第一个荷马史诗的权威版本，这一说法最早可追溯至西塞罗。

出于现实政治的考量，雅典的酒神狄俄尼索斯崇拜，同样得到了僭主庇西特拉图的提倡和鼓励。据说，庇西特拉图是依靠了农民和手工业者的支持，通过开展反对强大的氏族贵族的斗争才得以执政的。因此，在其主政期间，他把农民祭祀狄俄尼索斯的活动引入雅典，并于"大泛雅典娜节"创办约一代人之后的公元前六世纪末，创办了"酒神大节"（City of Great Dionysia）（又叫"大狄俄尼索斯节"，或"城市酒神节"）。至此，古希腊纪念酒神狄俄尼索斯的节庆增加到一年四次，分别是：十二月、一月⑤间的"乡村酒神节"，一、二月之间的"勒奈亚节"（Lenaia），二、三

---

① 〔瑞士〕雅各布·布克哈特：《希腊人和希腊文明》，王大庆译，上海人民出版社，2008，第 275 页。

② 〔英〕凯瑟琳·勒维：《古希腊喜剧艺术》，傅正明译，北京大学出版社，1988，第 46 页。

③ 〔英〕简·艾伦·赫丽生：《古希腊宗教的社会起源》，谢世坚译，广西师范大学出版社，2004，第 419 页。

④ 〔英〕简·艾伦·赫丽生：《古希腊宗教的社会起源》，谢世坚译，广西师范大学出版社，2004，第 223 页。

⑤ 这里的月份指现行公历月份。

月间的"安塞斯特里翁节"（Anthesteria），和三、四月之间的"城市酒神节"。①

虽然庇西特拉图引入狄俄尼索斯崇拜的主要意图，不排除迎合雅典下层民众的宗教热情以使自己的政治地位更加稳固；然而，一旦酒神祭礼被执政者接受并被纳入城邦宗教，酒神崇拜也就一改往日的庆祭风格，而主要是通过歌队和仪仗队的盛大典礼形式来表现了。正是雅典的酒神崇拜所引发的盛大典礼，促使了悲剧这一全新的诗歌艺术形式的诞生，② 尽管它实际上只是狄俄尼索斯节庆中的一个组成部分。也是通过这一节日的推广，庇西特拉图第一次赋予悲剧这一新的艺术形式以公共地位，除此之外，再没有任何东西能比这种公共戏剧更好地表达新雅典的精神，或者使这种精神更加崇高了。③

庇西特拉图所采取的这些宗教、文化措施，不仅仅是为了满足他作为一位僭主的个人审美本能，更应被视为他国家政策的一部分——他有意识地以一个城邦国家的领土为中心，创造一个宗教中心，以与那些日益兴起的希腊世界的圣地竞争。④ 同时，鉴于希腊宗教主要关注的是节日，而非神灵或者他们的神庙，他又着手或改造或创制了一系列的节日。在庇西特拉图之前的时代，艺术和文学的欣赏被限制在一个非常狭小的圈子里：漫长的往昔英雄时代文化的继承人是雅典的贵族阶层，吟唱荷马诗篇的嗓音甜美的游吟诗人出没于宫廷，只在大人物的宴席上歌唱。是庇西特拉图让大多数人都能享受到以往只是属于少数人特权的东西。可以说，庇西特拉图时代是雅典文化的黄金时代，也是雅典艺术由早期贵族精英实行保护的特

---

① 除了安塞斯特里翁节外，其他三个节庆都有戏剧演出。

② 与现代文学艺术中诗歌、戏剧的分类不同，古希腊意义上的戏剧是诗，剧作家则被称为诗人。这不仅因为雅典戏剧尤其悲剧中的对白都是押韵的诗句，还在于古希腊人对诗有着独特的定义。诗（ποιησι），从字面理解，意为被制作、制造或创作之物，模仿性是各类诗性艺术的本质，因此亚里士多德（《诗学》，I.1-6，1447a）将史诗、悲剧、喜剧、酒神颂歌、舞蹈、笛或竖琴等乐器演奏等，都归入模仿类，并统一称它们为诗。参见张文涛选编《戏剧诗人柏拉图》，刘麒麟等译，华东师范大学出版社，2007，第33页注释1，及第35、36页。

③ 罗念生说："雅典的民主政治提倡集体生活，人民大众的思想感情要求用集体方式来表达。史诗是宫廷文学，表达氏族首领的思想感情；抒情诗主要是个人文学，表达贵族的思想情感。这两种文学形式都有些过时了，惟有戏剧才能适应这种新的要求。"载罗念生《论古希腊戏剧》，中国戏剧出版社，1985，第5页。

④ 〔英〕奥斯温·默里：《早期希腊》，晏绍祥译，上海人民出版社，2008，第259页。

权艺术，向作为人民意志表达形式的城邦艺术转折的时代，而后者的创作是着眼于服务公共神庙和公共节日的。

古希腊戏剧的产生

酒神狄俄尼索斯崇拜以及酒神节庆活动中公共艺术的繁盛，共同导致了古希腊戏剧的诞生。在酒神节期间，戏剧演出在酒神狄俄尼索斯的剧场进行，剧场里有酒神的雕像，歌队围着他的祭坛跳舞，而他的祭司坐在观众席前排中央的专属坐席上。以上情况，明确地显示出戏剧与酒神崇拜之间的密切关系。凯瑟琳说："从宗教信仰中产生出戏剧是不难理解的。处于宗教热忱中的酒神崇拜者的这种自我丧失感与演员的情形极其相似。演员要成功地表现出一位剧中人的个性特征，也必须体验这种自我丧失感。因此，模仿既是宗教的基础，也是戏剧的基础。我们进而可以说，无论喜剧还是悲剧，都很自然地起源于酒神崇拜。"[①] 同时，酒神也是天生的戏剧守护神，他的一生自始至终充满着冲突，而冲突正是戏剧的本质。当一阵席卷整个希腊的酒神狂热冷却下来变为酒神祭礼的形式时，礼赞酒神的歌队和仪仗队就孕育了悲剧和喜剧的胚胎。

希腊人称悲剧为 Tragoidia，意为"山羊之歌"。关于名称的来历，解释不一，大体有以下三种：（一）悲剧的歌队最初身披山羊皮，（二）演出时歌队围绕着作为祭品的山羊，（三）比赛的奖品是山羊。[②] 亚里士多德说，"悲剧起源于酒神颂歌队的即兴口占"。[③] 酒神颂（dithyramb）一词意为"经过两重门"，指酒神的两次诞生，而当时的人们也相信酒神颂的最初目的，就是为了欢庆酒神的两次诞生。早期的酒神颂以讲述狄俄尼索斯的出生、经历和所遭受的苦难为主，据说长期旅居科林斯的诗人阿里昂（Arion）对酒神颂的发展做出过重要的贡献。公元前 600 年左右，阿里昂首创了悲怆的曲调（tragikos tropos），率先使用了取消走动的歌队，突出了内容的完整性和连贯性。阿里昂的歌队以唱诵英雄们的业绩为主，在题材的选用方面

---

① 〔英〕凯瑟琳·勒维：《古希腊喜剧艺术》，傅正明译，北京大学出版社，1988，第 13 页。

② 〔古希腊〕亚里士多德：《诗学》，陈中梅译，商务印书馆，2008，第 248 页。又见陈中梅《柏拉图诗学和艺术思想研究》，商务印书馆，2002，第 421 页。

③ 〔古希腊〕亚里士多德：《诗学》第四章，陈中梅译，商务印书馆，2008，1449a。

非常接近于悲剧的内容。①

从酒神颂表演到戏剧只需要一件事，那就是演员做一件与合唱相反的事，把合唱改为对白和动作。这一灵感，为担任舞蹈和合唱教师的忒斯庇斯（Thespis）所获得。忒斯庇斯出生在阿提卡的伊卡利亚（Icaria）地区，在其参与的酒神颂表演中，他把自己与合唱队分开，自行制作叙唱式的台词，发展一种相反和冲突的观念。这样一来，第一个演员便告产生。酒神颂随即告别了先前的抒情和赞美歌阶段，具备了戏剧的情节，形成了真正的表演，从而直接催生出了悲剧这一全新的艺术形式。由于酒神颂是在一个公共的宗教仪式上进行的，这种公共性的"基因"，也就顺理成章地遗传给了古希腊悲剧。

由于得到了僭主庇西特拉图的鼓励，戏剧竞赛得以在酒神节上举行。公元前534年酒神节期间，泰斯庇斯上演了第一部悲剧，并获得了这次戏剧竞赛的优胜奖。值得指出的是，赫耳弥俄奈（Hermione）的拉索斯（Lasos，约出生在前548～545年间）把经过改良的酒神颂从科林斯引入雅典的时间，却很可能晚于悲剧诞生的时间，而且直到公元前509年，酒神颂才正式成为酒神节竞赛的一部分。② 如果情况属实，那么将不难看出，一方面戏剧这一新艺术形式所具有的巨大吸引力，另一方面也说明政治性的扶植对普及这一艺术形式所起到的重大作用。

和悲剧一样，喜剧也是酒神崇拜的产物。亚里士多德指出，喜剧就是从崇拜阳物的合唱队的领唱那里发端的。③ 由于以酒神为中心的神话多涉及人的死亡与再生等生命的循环以及季节的更替，因此作为繁殖力象征的男性生殖器在酒神崇拜中就扮演着重要的角色。据希罗多德说，阳物仪仗队以及与酒神有关的其他一些习俗都是从埃及传入希腊的。④ 阿里斯托芬的《阿卡奈人》就曾描写了"乡村酒神节"的这种祭礼：狄开俄玻利斯带着全家来庆祝"乡村酒神节"，先由他的女儿提着一篮祭品上场，接着便是头顶阳物的女仆珊提阿斯，最后，狄开俄玻利斯跟上场来唱起了"阳物歌"（phallic song）。他还向伴随巴库斯狂欢的伙伴法勒斯致辞，向他祈求摆脱烦

① 〔古希腊〕亚里士多德：《诗学》，陈中梅译，商务印书馆，2008，第252页。又见陈中梅《柏拉图诗学和艺术思想研究》，商务印书馆，2002，第423页。
② 陈中梅：《柏拉图诗学和艺术思想研究》，商务印书馆，2002，第431页。
③ 〔古希腊〕亚里士多德：《诗学》，陈中梅译，商务印书馆，2008，1449a。
④ 〔古希腊〕希罗多德：《历史》，王以铸译，商务印书馆，1959，第133页。

恼和战争，祈求和平安宁的生活。据研究，喜剧（komoidia）的萌芽形式很早便出现在多里斯人居住的伯罗奔尼撒地区。在公元前五世纪，希腊人较为熟悉的喜剧分两种，一种活跃在西西里，其代表作家是厄庇卡耳摩斯（Epikharmos）；另一种出现在阿提卡地区，即所谓的"旧喜剧"。西西里喜剧不带歌队，情节中较少人身攻击和政治讽刺一类的内容。阿提卡喜剧带歌队，具较为浓烈的讽刺和政评色彩。

除了悲、喜剧之外，在酒神节上演的还有萨提洛斯剧（或羊人剧）。萨提洛斯剧得名于由萨提洛斯（Saturos）们组成的歌队。古希腊神话中，萨提洛斯们是一群出没在山林水泽间的精灵，是狄俄尼索斯的随从，人形却长着马尾和山羊的腿脚和耳朵。他们生性狡诈，胆小却又行为放荡，整天寻欢作乐，喜欢酒和女人。在公元前四世纪，他们常以山羊的模样出现在萨提洛斯剧里。生活在公元前六世纪末至五世纪初的弗里俄斯的普拉提纳斯对萨提洛斯剧的形成贡献重大。他把酒神颂中的萨提洛斯歌队和盛行于雅典的戏剧结合起来，使之形成了一种颇有表演特色的新的戏剧体裁。约公元前 500 年，萨提洛斯剧正式加入酒神节戏剧比赛，在三出悲剧之后上演。

戏剧在公元前 5 世纪的创建，是一个重要的现象。直到那时为止，文化始终是口头的。在这一口头文明中，诗歌作为一种有节奏、能伴舞的歌唱，占据了十分重要的地位。诗人们有一帮听众，他在音乐的伴奏下，歌唱那些在当时的希腊人看来十分遥远的事情，有时甚至还要加上几个简单的舞步，但他从来不真正地消失在人物后面。而戏剧则与之不同——戏剧为它的观众营造出一个虚构的情节场景，作为歌唱者的诗人消失了，取而代之的是神话故事情节的"亲历者"和"当事人"。他们以自己的名义说话，直接搬演着虚构的过去，让戏剧观众直观地目击着那些仿佛真实地在他们眼皮底下发生的事件，而不再是通过歌吟诗人间接的叙述来进行追忆。对于戏剧产生的意义，韦尔南给予了高度的肯定，他说："当人们从史诗中和各种各样被吟唱的诗歌形式中的叙述，过渡到一出戏的公开演出，让戏剧曲折的剧情直接展现在舞台上，在观众眼前，这时，我们怎么强调这种变化的重要性都不会过分。"①

---

① 〔法〕韦尔南：《神话与政治之间》，余中先译，三联书店，2001，第 480 页。

竞赛与戏剧演出

起源于酒神崇拜的古希腊戏剧，除了具有强烈的宗教色彩，还是一种受国家支持的竞赛机制。在古希腊，竞赛的习俗占据了人们的整个生活。不论何时何地，当希腊人聚集在一起的时候，几乎都要理所当然地举行一场竞赛。这些竞赛除了我们熟悉的体育竞技以外，艺术竞赛同样存在，甚至更值得我们的注意，尽管二者之间不乏联系。比如，古希腊四大运动会之一的皮提亚运动会，"最初只有一个音乐赛会，后来才逐渐包括了体育比赛以及所有的马术项目"，[①] 而大型的运动会都往往伴随有音乐和诗歌等艺术门类的比赛。在泛希腊的赛会中，德尔菲还是音乐和诗歌比赛最重要的举办地。

希腊人之所以举办各种竞技，多半是用以作为宗教祭祀的礼节，"通过竞技表达悲欢的情绪和对神祇的崇拜这种希腊民族的风俗习惯是根深蒂固的"。[②] 令人不可思议的是，希腊民族的这一风俗，也对诗歌艺术的发展施加了重大的影响：竞赛在宗教崇拜活动中占据了主要地位后，便把宗教中的艺术因素带进了其自身的领域；同时，自希腊的宗教含有艺术的性质以来，希腊的诗歌、雕刻等艺术也同样具有了竞技的遗迹。

为古希腊人所热衷的竞赛，体现出一种竞争精神，而这种竞争精神，早在古希腊神话和英雄传说中就有表现，比如，神话中有雅典娜女神与海神波塞冬竞争雅典城保护神的故事；著名的金苹果的故事涉及的也是三个女神之间的一种竞争；大英雄阿喀琉斯在其爱友帕特罗克鲁斯战死后，也曾在葬礼上举行盛大的赛会以做纪念。被古典学者授予"发现"所谓"希腊精神"中竞赛因素的荣耀的著名瑞士历史学家布克哈特，还把赛会精神和古希腊民主制联系起来，他说："一方面，城邦是个人兴起和发展的推动力，另一方面，赛会是其他民族所没有的一种动力——它成为最普遍的催化剂，不仅为每个人愿望的实现和潜能的发挥提供了可能性，也为民主制的产生和实施创造了条件。"[③]

---

① 〔瑞士〕雅各布·布克哈特：《希腊人和希腊文明》，王大庆译，上海人民出版社，2008，第234页。

② 〔英〕凯瑟琳·勒维：《古希腊喜剧艺术》，傅正明译，北京大学出版社，1988，第40页。

③ 〔瑞士〕雅各布·布克哈特：《希腊人和希腊文明》，王大庆译，上海人民出版社，2008，第227页。

与布克哈特的解释相似，尼采认为竞争性机制不仅促进个体的健康，也促进这些制度在其中被构建的文化的健康。在尼采看来，是一种追求优胜的竞争冲动，推动着整个希腊文化的运转，并最终成就了希腊古典文化发展的奇迹。对此，阿卡姆波拉在《尼采与荷马竞争：重估"荷马问题"》一文中，对尼采的相关看法做了如下解读：

> 尼采认为，希腊文化的成就之所以可能，就是因为存在着按照一种竞争性模式组织起来的众多通道；在这一竞争性模式中，值得赞扬的成就（艺术、政治、教育等等成就）通过公开竞赛而得到确立，鼓励竞争者互相超越而不是毁灭对手，通过这种方式，表达他们获得承认的欲望。同时培育起来的不仅是一种获得胜利的欲望，而且还有一种正当竞争的欲望（包括尊重自己的竞赛对手和尊重规定比赛条件的建制），古希腊人因此确立了一种文化，这种文化可以从内部引导出关于卓越的标准，并按照共同体的需要和利益，根据变化更新和重估这些标准。[1]

共同体的需要和利益，与个体对荣誉和卓异的追求，顺其自然地通过竞争性机制连接了起来。"竞争不仅是一种取得荣誉的方式，而且还提供了一个诸卓越标准的可以在其上协商和交流的舞台。"[2] 良性竞争机制的建立，不仅是希腊文化起飞和健康发展的原因，同时还为我们提供了了解、认识古希腊文化与公共性问题的极好角度。如果说个人之间私下开展的竞争还尚不具备公共性的典型特点的话，那么机制性竞争的确立，则无疑完美地体现了公共生活的特征。具体到古希腊文艺中的诗歌，尤其是戏剧，在它们的演出采取竞赛的方式之初，便注定与公共性建立起了牢不可破的联系。

诗歌艺术方面的比赛除了在运动会期间举行外，专门的诗歌竞赛也同样存在，比如我们前面提到过的在酒神节庆期间举行的官方荷马史诗吟诵比赛和酒神颂竞赛。民间游吟诗人们的比赛，更早的时候就出现在希腊的节庆活动中：据说诗人赫西俄德就曾在卡尔西斯（Chalcis）参加过一次诗

---

[1] 阿卡姆波拉：《尼采与荷马竞争：重估"荷马问题"》，第 11 页。载刘小枫选编《尼采与古典传统续编》，田立年译，华东师范大学出版社，2008，第 1~29 页。

[2] 阿卡姆波拉：《尼采与荷马竞争：重估"荷马问题"》，第 13 页。载刘小枫选编《尼采与古典传统续编》，田立年译，华东师范大学出版社，2008，第 1~29 页。

歌比赛并取得了胜利，为此还赢得了一个三角鼎作为奖赏。然而，影响最大、最为引人注目的诗歌比赛，则非酒神节庆期间进行的戏剧竞赛莫属。

作为雅典城邦艺术成就的杰出代表，戏剧自其诞生于酒神节庆之日起，就与竞赛结下了不解之缘。竞赛的场面甚至被作为戏剧情节来加以运用，例如，索福克勒斯《厄拉克特拉》中有关于皮提亚竞技会的描述；阿里斯托芬的《骑士》一剧中，帕弗拉格尼亚人和腊肠贩子的行为还保留着一场赛会的确切形式；而在阿里斯托芬的《蛙》剧中，埃斯库罗斯和欧里庇得斯在冥界进行了一场比赛，其中还有一个仪式性的预赛。

在酒神狄俄尼索斯的节日庆祭里，最早进行的是悲剧竞赛，开始于公元前534年，当时诗人忒斯庇斯取得了比赛的胜利。[①] 在雅典，每年祭祀酒神的节日中上演戏剧的有三个，分别是前文提到过的主要上演悲剧的"城市酒神节"，主要演出喜剧的"勒奈亚节"和重演以前在城市上演过的剧本的"乡村酒神节"。在正常的年份，城市酒神节的比赛一般持续五天，前两天进行酒神颂的比赛，后三天比赛悲剧和萨提洛斯剧，由三位悲剧诗人每天上演三部悲剧，三部悲剧之后演一部萨提洛斯剧。由于喜剧长时期内不具有严肃的性质，而且保持着即兴的特征，故而同悲剧相比，喜剧在国家竞赛中占有自己的位置要迟得多。喜剧艺术于公元前486年才获得雅典官方承认，成为酒神庆祭活动中的一个比赛项目，从这一年起，在城市酒神节五天的比赛中，每天下午会再分别上演一部喜剧。[②] 在公元前499年之前，城市酒神节的评奖只涉及剧本，其后范围逐渐扩及演员。

喜剧比赛至迟在公元前442年进入勒奈亚节。[③] 在阿提卡的乡村中，举办乡村酒神节的乡镇一般不再举办勒奈亚节，而且该节庆通常也只在城里举行。勒奈亚节早先只接纳喜剧，大约在公元前432年后扩展到悲剧。和城市酒神节一样，每届勒奈亚节可有五位喜剧诗人参赛，但该节日里参赛的悲剧诗人则仅限于两位（至少在公元前419和前418年是这样）。酒神颂和

---

① 拉齐克却说："从公元前508年起，全部戏剧演出（当指悲剧和萨提洛斯剧，因喜剧尚未得到官方认可）依照竞赛的方式进行。"见〔苏〕谢·伊·拉齐克《古希腊戏剧史》，俞久洪、臧传真译，南开大学出版社，1989，第14页。

② 也有人认为全部五个喜剧在上演悲剧的前一天集中赛完。如此，城市酒神节的赛期则为六天。见陈中梅《柏拉图诗学和艺术思想研究》，商务印书馆，2002，第435页及第450页注释43。

③ 或公元前441～前440，见〔古希腊〕亚里士多德《诗学》，陈中梅译，商务印书馆，2008，第250页。

萨提洛斯剧从未进入勒奈亚节。① 戏剧比赛进入乡村酒神节的时间应在公元前五世纪，但确切年份不明。在公元前四世纪，演员们常常上演公元前五世纪的悲剧佳作。乡村酒神节也历时数天，然而各地开始的时间不一。

综上所述，对于古希腊戏剧的起源，无论是从它诞生于酒神宗教并作为酒神崇拜宗教仪式的重要部分来考察，还是考虑到雅典城邦把戏剧演出纳入公共生活之中并将其作为一项城邦事业来经营，都显而易见地凸显了古希腊戏剧本身所具有的公共性特质。同时，这种公共性特质又在其公演所采用的竞赛机制中得到了进一步的完美诠释。

① 陈中梅：《柏拉图诗学和艺术思想研究》，商务印书馆，2002，第 435～436 页。

微博客建构了公共领域吗？

吕鹤颖[*]

摘要：作为一种全新的媒介传播方式，中国微博客给普通民众提供了参与公共话题的平台，并借此形成强大的公众舆论，进而影响现实的公共事务。在此意义上，微博客建构了新模式的公共领域。但另一方面，以微博客为公共空间的公众又具有即逝性，缺乏长久而持续地建构公共领域的能力。同时，外部政治经济制度的干预，草根阶层话语权的旁落，使用者是否具有强烈的公共关怀意识，能够在多大程度上关注、参与公共事务，也使微博客在建构公共领域过程中呈现出某些局限性。作为当前社会一个新兴的文化热点，微博客方兴未艾，而合法化的、制度性的保障，才是微博客建构良好公共领域的根本途径。

关键词：微博客　公众　公共领域

Abstract：As a new way of mass media dissemination, Chinese micro-blog provides a forum for the common people to concern themselves with some public issues, consequentially forming a definite public opinion and enforcing impacts upon public affairs. In this sense, it can be said that the micro-blog has developed a new mode of public sphere. However, the temporariness of its participants determines its inability to establish an enduring public sphere. Meanwhile, in the micro-blog's construction of the public sphere other limitations pop up under the interference of the political and economical institu-

---

* 吕鹤颖，首都师范大学文学院。

tions, with the lack of discourse power in the grassroots as well as the uncertainty of the participants' concern and involvement in the public affairs. As a newly developed culture issue, the development of the micro-blog still has a long way to go, relying much on the legalization and the institutionalization to construct a healthy public sphere.

Keywords：Micro-blog, public, public sphere

　　人民网舆情检测室发布的《2010年中国互联网舆情分析报告》指出：截至2010年6月30日，中国的互联网普及率达到了31.8%。网络媒体在迅速发展的同时，各种载体的力量对比正在发生变化。传统媒体不再是唯一的信息源，微博客的影响力逐渐扩大，成为网民收发信息的首选载体之一，其所涉及的领域已经渗透到网民社会生活的方方面面。当某个突发事件在网络上被曝光，就能迅速引爆全国舆论，把带有局部性、偶然性的问题变成全民"围观"的公共话题，甚至变成需要中央政府出面干预的公共事件。这其中，微博客起到了重大的影响和推动作用。《报告》称："微博客网友以每个人都承担一份责任的方式，成为推动社会良性发展的'微动力'。可以说，一种客观的微博政治在中国业已形成。微博客是突发新闻的出色载体，言论表达的开放平台，参政议政的良好工具，也是政府阳光执政不可缺少的通道。"①舆情检测室的这份报告不仅指出微博客对传统媒体、对社会生活的各种影响，而且认为微博客采用比较特殊的方式关注公共话题，在"参政议政"方面已经发挥了良好的作用。

　　虽然中国微博客自诞生至今尚未超过3年时间，但是从"我爸是李刚"到"河南考生李萌萌"，从"微博打拐"到"宜黄强拆"，从"7·23甬温线特大铁路交通事故"到"上海胶州路大火"，从"马上就办办公室"到"深圳清理高危人群"，在一个又一个公共事件中，微博客都发挥了非常重要的作用。无论是2010年底，《南方人物周刊》将其年度人物授予了"微博客"，还是日常生活流行语"今天你'围脖'了吗？"，这些都在一定程度上反映出，微博客已经成为当前社会一个新兴的文化热点。

---

① 祝华新、单学刚、胡江春：《2010年中国互联网舆情分析报告》，参见 http://www.people.com.cn/GB/209043/210110/13740882.html。

在微博客的影响力渐趋高涨①的时候，对与其伴生的一系列问题的争议与探讨也日渐增多。比如，微博客的"围观"方式能否改变生活？微博客"参政议政"能否发挥实际有效的作用？微博客的伦理底线是什么？微博客时代如何面对谣言？微博客是否具有民粹主义的倾向？等等。因此，对微博客这种新的文化现象进行学理上的考察，具有非常重要的现实意义。本文拟对微博客是否建构了公共领域的问题进行初步的探索，并希望能引起更进一步的探讨。

微博客建构公共领域的可能性

哈贝马斯认为，"公共领域"指的是"我们的社会生活的一个领域，在这个领域中，像公共意见这样的事物能够形成。公共领域原则上向所有公民开放。公共领域的一部分由各种对话构成，在这些对话中，作为私人的人们来到一起，形成了公众。那时，他们既不是作为商业或专业人士来处理私人行为，也不是作为合法团体接受国家官僚机构的法律规章的规约。当他们在非强制的情况下处理普遍利益问题时，公民们作为一个群体来行动；因此，这种行为具有这样的保障，即他们可以自由地集合和组合，可以自由地表达和公开他们的意见"。②

根据哈贝马斯的描述，公共领域与私人领域相区别，市民社会与政治国家的分离，是公共领域发生的前提。公共领域由以下三个要点构成：（1）公共空间。公共领域是既区别于私人领域又外在于政治国家的，介于两者之间的，为参与者共享的，独立的公共空间。（2）参与者。理论上每个人都可以进入公共领域，积极参与公共事务，获得可见的（visible）公共性。（3）对话性。在这个公共空间中，参与者之间是对话关系，公众在这种对话关系中形成。为了保证对话的平等与有效，

---

① 在人民网舆情检测室发布的 2011 年前两个季度的热点事件的热度指数所占权重比例中，微博客热度指数从第一季度的与中央媒体、市场化媒体相同（均为 20%），到第二季度的超越（中央媒体、市场化媒体热度指数分别为 15%，微博客热度指数保持 20% 不变），则从另一个角度说明微博客在当前舆论导向，在人们的社会生活中所占的比重及其影响力。详见 http：//www. people. com. cn/GB/209043/212786/14412778. html 及 http：//yuqing. people. com. cn/GB/212786/15178030. html。

② 〔德〕尤根·哈贝马斯：《公共领域》，参见汪晖、陈燕谷《文化与公共性》，生活·读书·新知三联书店，2005，第 125 页。

公共领域对差异采取理性的尊重包容态度，并相信不同的意见最终能够达成共识。

哈贝马斯秉持古希腊城邦政治生活的观念，对汉娜·阿伦特提出的公共领域概念作了更进一步的阐述。在这个公共领域中，人们的言说和行动是为了彰显自己的卓越，他人的在场是不可或缺的条件。这实际上是一种理想型概念，其所建立的基础是参与者在公共空间中进行面对面的平等交谈，因此，哈贝马斯在谈及公共领域时，"一是强调交流的面对面的性质；二是强调它的口语性"。① 在这样的理论框架内，他认为18世纪欧洲的公共领域基本上都出现在咖啡馆、沙龙、展览馆、剧院等场所。当新的大众传播媒介（主要是广播、电视和电影）出现之后，延续了阿多诺消极受众思想的哈贝马斯，对之持否定态度，认为它们"日趋消抹了读者与出版物之间必须保持的距离"，②改变了公众面对面的交往形式，造成了信息的单向传播而无法展开对话，消费性的公众取代了成熟的、批判性的公众，从而导致公共领域本身也在消费公众的意识中被私人化了。这些都是大众传播媒介成为19世纪末、20世纪初公共领域衰落的重要原因。当然，由于客观的原因，哈贝马斯根本不可能思考互联网这种传播媒介的特性。所以，格雷姆·伯顿认为："虽然哈贝马斯早就提出了'公共领域'的概念，但直到互联网产生以后，人们才算为这一概念找到了一个新的运作模式。"③ 也就是说，互联网这种大众媒介传播方式，能够较好地体现哈贝马斯"公共领域"概念所指称的内容，公共领域与这种互联网新的媒介传播方式有内在的契合，并且在技术条件上，互联网为公共领域的建构提供了可能性。

作为Web2.0时代的一种全新的社会化媒体，微博客（Micro-blog④）是一种高度开放的互联网社交方式。微博客的鼻祖及代表性网站是美国的

---

① 陶东风：《大众传播与新公共性的建构》，《文艺争鸣》1999年第2期。
② 〔德〕哈贝马斯：《公共领域的结构转型》，曹卫东等译，学林出版社，1999，第196页。
③ 〔英〕格雷姆·伯顿：《媒体与社会：批判的视角》，史安斌译，清华大学出版社，2007，第98页。
④ 微博客一般英译为Microblogging、Micro-blog或者Mini-blog，又称微型博客，美国的Twitter网站是微博客的代表性网站，在很多媒体中，Twitter被直接当作微博客的代名词来使用。新浪网从2011年4月开始把weibo.com作为域名，因为它的影响力，很多中外新闻媒体也直接使用英文"Weibo"来代指新浪微博，但一般说来，英文"Weibo"专指中国内地的各种微博网站及其服务项目。

Twitter，而中国最早的微博平台是 2007 年成立的"饭否"和"叽歪"。2009 年 8 月，新浪网推出"新浪微博"内测版，成为国内第一家提供微博服务的门户网站；2010 年初，网易、搜狐、人民网等网站相继开始微博内测和公测。2010 年 2 月 21 日，国家主席胡锦涛通过实名认证，在人民网开通微博，不到一天时间粉丝近万。自此之后，微博客呈喷发态势，为众多网民接受、使用。到 2010 年底，中国微博客网站的数量增长到了 88 家，2010 年也被称为中国的"微博元年"。①

虽然因门户网站的不同而有细部差异，但微博客这种新的媒介传播方式在总体上呈现出以下几个主要特点。

（1）信息来源的低端性、及时性。较之其他媒介手段，微博客信息发布渠道更为多样，用户可以通过手机、IM 软件（如 QQ、MSN 等）以及外部的 API 接口，随时随地发布信息，即便是与博客、播客等其他自媒体手段相比，微博客的准入门槛也低得多，操作更加简单便捷，而其发布信息的实时性特点，最大限度地缩小了信息交流的空间限制。

（2）信息内容及表达方式的碎片化。微博客之所以称为"微"，一方面指的是形式短小，其发表字数基本被限制在 140 个字以内（其他如网易微博限制在 163 个字以内等），这就要求微博的发布者必须字斟句酌地提炼加工信息。而"微"的另一方面则意味着"微思想"，发布者不再需要"拈断数茎须"的苦吟，任何情绪化的、调侃性的、娱乐性的、非逻辑性的只言片语等，都可以成为一条微博，比如："外面正在下雨，我在屋里……"；"上帝想听歌了，带走了 MJ，上帝想看 CCTV 了，带走了罗京，上帝想看漫画了，带走了'小新的爸爸'，上帝啊！你为什么从不看中国足球呢？咳咳……因为看中国足球就没有上帝了……"；其他诸如"出差中"、"开会中"、"上课中"这样的信息也体现出"微思想"的碎片化。

（3）主动的信息使用者。微博客一般采用"加关注"的方法进行互动与交流，对信息进行实时发布、接收。用户以自己为中心，对感兴趣的人或者团体（甚至是某些事件）进行关注，且不需要被关注者的同意或批准（但被关注者可以拉黑关注者）。对于微博客使用者来说，每个用户都拥有多元身份：既是关注者，又是被关注者；既可以是信息发布者，又可以是

---

① 参见 http://baike.baidu.com/view/1567099.htm。

信息的转播者、分享者；既可以对关注的问题发表意见，又可以与自己的某些关注者直接在线交流，这在更大范围上使得微博客的使用者在信息的传播和反馈中，更加具有主动性。

（4）新的传—受模式。其他网络交往方式如博客、电子邮件、BBS、在线聊天工具等，基本是"一对一"、"一对多"的线性媒介到达方式，联系与交流是单向的。在这种单向的媒介到达方式中，信息的发布者拥有绝对的控制权，谁成为接收者是可控的。微博客除了"一对一"、"一对多"的媒介到达之外，"多对多"、"多对一"的媒介到达方式更加普遍。以每一个用户为节点，形成的是一个庞大的网状传播结构，在这种网状的媒介到达结构中，一条信息从发布到接收，用户节点之间既可以直接连接，也可以通过其他节点进行转接，这种新的传—受模式较之以往更加复杂，传播也更加灵活，一条信息能够以不可思议的速度与频率被广泛地传播。

（5）原生态信息①的互文性解读。一方面，微博客的准入门槛降低，信息发布便捷快速，信息使用者的主动权大为提高，微博客的信息阐述角度更加多元，这就使原生态信息以多种面相呈现。另一方面，这些信息的真伪无法及时考证，尤其是一些较为敏感的"轰动性"信息，更是真伪难辨。在这种媒介环境中，即使是客观的原生态信息，也会被降低为信息的一种呈现角度，这就不可避免地导致了微博客使用者对信息进行互文性的解读。不过，这种互文性的解读方式常常能够使原生态信息的客观性得以呈现，使得伪信息无处遁形。

微博客的这些特点，使之在当下社会语境中，具有非常理想的建构公共领域的技术条件，但技术条件终归只是提供了一种可能性，因此，为了追问微博客建构公共领域的有效性，笔者下面拟结合一个具体个案进行分析。

2010 年 9 月 10 日上午，江西省宜黄县凤冈镇发生了一件因拆迁而引发的自焚事件，与以往强拆事件不同的是，宜黄拆迁事件之所以引起人们极

---

① 原生态信息指的是已经存在于自然界、人类社会中的客观的事实。在信息的传递和使用过程中，内容具有守恒性。这样的信息与个人主观性、意识形态等都无关。参见靖鸣《新闻是即时获悉受众欲知的信息》，《广西大学学报（哲学社会科学版）》2003 年第 8 期；叶艳鸣、张实悦《论信息的基本性质》，《四川图书馆学报》2004 年第 1 期。

大的关注，微博客在其中发挥了非常重要的作用。① 其最终结果是：钟家三人被烧成重伤，一名伤者抢救无效死亡，宜黄县县委书记、县长被免职。在事件的发展过程中，它的每一个进展情况都通过微博客呈现在人们面前。广大关注此事的网友，也在现实中积极参与救治伤者，帮助伤者家属的行动，围绕此事形成的强大舆论力量，促使政府相关部门作出积极回应。可以说，这个事件从经验层面为我们提供了一个确认微博客建构公共领域的例证。

首先，"互动"模式建构公共空间。传统的媒介传播方式基本是单向的传播者—受众的关系，发言权集中在权力机构及少数的专业人员手中，公众对信息的接收基本上是被动的，在这种线性传—受的"训示"（allocutive）模式中，信息接收者与传播者之间的即时交流几乎是不可能。而基于传播技术（technology）的进步，"训示"模式逐渐被"互动"（interactive）模式取代。在这种"互动"模式中，没有所谓的中心，通过连接每一个人的网络，信息传送者和接受者之间的对话和交流就有实现的可能。② 在整个事件发展过程中，拆迁事件的亲历者使用微博客及时发布信息，直播事件发展进程。微博客最大限度地为原生态信息提供了呈现的平台，既避免了以往由于信息不公开或者公开不彻底而导致的众声喧哗，又使无权者能够真正而真实地发出自己的声音，这是传统的媒介传播方式无法做到的。"互

---

① 2010 年 9 月 16 日上午，江西宜黄拆迁户钟家姐妹准备从南昌机场乘机到北京，接受凤凰卫视节目组的采访，在换取登机牌的时候，被宜黄的干部拦截，二人无奈躲进机场女厕，并与《新世纪周刊》记者刘长取得联系，告知她们当时的情况。刘长以"紧急求助！"为题发布微博。后电话联系《凤凰周刊》记者邓飞，根据钟家姐妹在电话中的叙述，邓飞用微博对之进行了名为"女厕攻防战"的现场直播，最后以钟家姐妹被政府官员控制告终。这场微博直播，引发大量网友将注意力聚焦到宜黄拆迁自焚事件上来。9 月 17 日，钟家小女儿钟如九开通腾讯微博，通过微博客记录事件的后续发展情况。9 月 26 日晚，钟如九发微博求助，为生命垂危的母亲寻找烧伤专家，邓飞也以"宜黄钟声"为题，连发数条微博呼吁网友帮忙。最后，其母转到北京 304 医院，且由烧伤主治医师柴主任亲手医治。宜黄事件过程中，机场截防、钟如九被押上车、医院抢尸、政府约谈伤者家属、积极救治伤者家属、相关官员问责等每一个步骤，网友们都通过微博客的转发、评论等功能表明态度，扩大舆论影响。9 月 20 日，《人民日报》第 9 版发表范正伟文章《"围堵"无助化解矛盾》，称"如果避免制造拆迁的'火药桶'，从根本而言，还需尽快在法治轨道上，理顺拆迁各方利益关系，明确政府职能和治理机制"。详见刘卉《从宜黄拆迁自焚事件看微博传播的特点》，2011 年第 2 期；王俊秀《微博能改变老百姓的维权生态吗？》，2010 年 12 月 20 日《中国青年报》报道。

② 详见〔英〕丹尼斯·麦奎尔《受众分析》，刘燕南等译，中国人民大学出版社，2006，第 156 ~ 157 页。

动"模式的去中心化，保证了公共空间中的参与者平等身份的实现，这是建构公共领域的一个非常关键要素。

其次，公众群体的形成。丹尼尔·戴扬指出，公众是一种社会群体，具有社会交往性，并且显示出一定的稳定性；公众认真对待内部讨论，并由这种内部讨论产生；公众有公开展示自己的能力，并在公开展示中确定自己的特殊性；公众在公开的自我展示中表明对某种价值与理念的认同，并因这些共同的价值观或认同而形成公众群体；公众有将个人性质的审美"趣味"转化为公共性质的社会"要求"的能力；公众具有自我意识和自我审视意识。① 自愿主动地参与是公众形成的前提，微博客给这种参与提供了一个公共空间。微博网友以之为平台，通过关注、转发与评论的方式，自由表达意见，与他人对话，形成彼此之间的联系。这些事件参与者已经不再是单纯的信息消费者或原子化的个体，而是具有明确的公共关怀与政治参与意识的公众群体。

再次，公共话题由微博客使用者决定。正如徐贲所言："真正能决定信息是否具有公共意义的，不是下达信息的媒体（或它们背后的政治权力），而是在日常生活中运用信息的公众。"② 微博客的话题选择权分散在每一个使用者手中，每一个使用者都是信息传播和反馈的主体，这些使用者关心什么问题，使用什么社会信息，才会使这些问题与信息具有公共意义，这就使被传统媒介权力控制、遮蔽的部分得以显现。

最后，公共舆论的强大力量促使公众的政治诉求从虚拟的网络空间走向现实。公共舆论"是社会秩序基础上共同公开反思的结果；公众舆论是对社会秩序的自然规律的概括，它没有统治力量，但开明的统治者必定会遵循其中的真知灼见"。③ 在当下的语境中，政策制度、官员言行、虚假新闻、民权民生以及社会中的假丑恶现象，总是成为微博客的关注对象，成为舆论热点的主要话题。而公共舆论对公共事件产生约束力和推动力，又积极影响事态进程。目前，已经有相当多的政府机构开通了"政务微博"，其他诸如"微博问政"、"微博两会"等，既体现出执政部门对公共舆论的

---

① 参阅徐贲《通往尊严的公共生活：全球正义和公民认同》，新星出版社，2009，第191～193页。
② 徐贲：《通往尊严的公共生活：全球正义和公民认同》，新星出版社，2009，第185页。
③ 〔德〕哈贝马斯：《公共领域的结构转型》，曹卫东等译，学林出版社，1999，第113～114页。

重视，也说明微博客建构的公共领域真正在发挥作用。

综上所述，微博客促成了公共空间的建构，形成了具有公共关怀的公众群体，在很大程度上决定了什么样的话题具有公共性，成功地显示了每一个公民切实地参与政治的可能性。所以，当微博客这种新的媒介传播方式在中国的影响力越来越大的时候，那些曾经因为大众政治参与的冷漠而痛心疾首的人，更愿意对这种新的媒介传播形式抱持积极的态度。他们认为，从微博客中已经可以看到开辟公共空间、建构公共领域的可能性，微博客已经成为"一个巨大的民间意见集散地和新闻爆料库"，这个新兴的信息传播平台表达公众的政治诉求，"开启了民意表达的新方式"，"在促进公民知情权、表达权、参与权、监督权等方面功不可没"，已经成为"实现民众网络话语权的'助推器'"，并且在一定程度上"破天荒地形成跨越地域和阶层的全国性公共领域"。①

微博客建构公共领域的局限性

可以说，宜黄事件是公众通过微博客提供的平台参与公共事务，通过对话互动，形成统一的意见，进而影响政治实践的一次成功的尝试。它一方面说明，微博客这种新的媒介传播方法的确促成了中国公共领域的形成，并且在一定程度上使得公众的政治诉求从虚拟的网络空间走向现实，推动了国家的政治改革，产生了积极的作用；但另一方面，我们也能发现，事情似乎并没有分析的那么统一，除了其积极作用之外，宜黄事件也体现了微博客在建构公共领域过程中的局限性。

（一）偶然性与"即逝公众"

一个事件能否成为公共事件，需要一系列非常具体的条件，充满了偶然性。江西宜黄强拆自焚事件之所以引起极大的关注，首先在于《新世纪

---

① 详见古辰《真实诚信，微博的伦理底线》，2011年8月19日《人民日报》第6版；新华网：《微博开启民意表达新方式 激辩中期待理性与责任（2）》，参见 http://www.china-news.com/gn/2010/12-21/2736104.shtml；杨健《微博时代我们怎样辟谣？》，2011年8月10日《人民日报》第9版；周馨《微博——实现民众网络话语权的"助推器"》，《新闻世界》2011年第7期；新华网《微博降低民众言论表达"门槛" "宜黄拆迁"得以问责》，http://news.xinhuanet.com/politics/2010-12/02/c_12840791.htm。

周刊》记者刘长与《凤凰周刊》记者邓飞的微博直播，激发起广大网民对当地政府暴力执法的不满以及对钟家姐妹的同情，并进而把目光聚焦到拆迁自焚事件上来；其次，腾讯微博对拆迁户钟如九求助信息的技术推荐，使得更多的网民参与进来；微博客既为该事件成为公共事件提供了舆论空间，又是该事件成为公共话题的揭幕者和推动者；再次，成都电视台、凤凰卫视、新华社、《人民日报》、中央电视台等多家传统媒体对该事件进行了跟踪报道和深入访谈，才更进一步推动、形成了社会舆论的导向；最后，在舆论的密集关注下，政府部门出面做了相应的救治与善后工作，对拆迁事件中负有责任的官员进行责任追究。正是以上这些因素的合力，才使得整个事件进程向好的方向发展，任何一个因素的缺失，都有可能改变最终结果。

这种公共事件形成的偶然性，也使得围绕公共事件聚集起来的公众同样具有极大的偶然性。当某个公共事件得到较为妥善的解决之后，这些公众往往也随着事件的退潮而迅速消散，戴扬将其称为"即逝公众"。"即逝公众"与商业化的传播媒介主要产生出的"假象公众"不同，"即逝公众"围绕具体的"问题"形成，随着公共事件的消失而消失，但所"关心的事件有一定的严肃性或者相当严肃，也具有相当的公共事务性质。可是即逝公众缺乏稳定性，在不能公开表示个人观点的环境中，更是缺乏内部争论性。这种公众随着媒体事件的发生而形成，也随着媒体事件的消失而迅速烟消云散"。①在人们不能参与到公共事务中进行有效的公共活动时，这种"即逝公众"就具有比较特殊的公共意义，显示出公民政治参与意识、社会关切意识的力量。但是，偶发的"即逝公众"所标志的"只是那些参与事件讨论，关心它，把它当做与己有关的问题的小公众。"这种"小公众的表演是即兴的，演到哪里算哪里"，② 至于其关注的事件会发展到哪种程度，"即逝公众"缺乏必要的认知，对于事件背后所包含的社会正义问题、体制问题等等，"即逝公众"也不能给予必要的深入与探究，事实上，它缺乏长久而持续地建构公共领域的能力。

---

① 徐贲：《通往尊严的公共生活：全球正义和公民认同》，新星出版社，2009，第199～201页。

② 徐贲：《通往尊严的公共生活：全球正义和公民认同》，新星出版社，2009，第205页。

（二）经济力量与大众受众心理的阻遏

诚如纽曼（Neuman，W. R.）所言，新技术的发展常常会遭到两种惯性力量的抵制，从而制约着受众的形成及受众行为的根本性改变。一种是根深蒂固的、消极的媒介使用心理；另一种是大众传播工业模式中，规模经济将传播推向追求公分母式的、单向的大众传播道路。"大众受众心理"和经济力量在传播变革过程中扮演着重要的角色。① 大众传播工业模式的经济力量以及大众受众心理的阻遏，也使我们无法对微博客建构公共领域的程度和范围作出明确的判断。

在饭否、叽歪等前期的微博网站相继因为"不明原因"被关闭之后，网站运营商对微博客的监管力度进一步加大。"对于微博客运营者来说，如何管理海量信息是一个很大的挑战。除了以往的关键字筛选之外，微博还可能会带动新管理技术的发展。新浪相关负责人亦表示，新浪会用技术手段对微博言论采取过滤机制，以规避风险，'不惜花费大量成本人工检测，确保不碰触政策底线。'"② 这就意味着，经营微博客的网站为了自身的经济利益与生存，在主要策略上仍然与主流媒体保持一致。因此，一条微博如果不符合主流媒体的要求，有损微博客经营网站的利益，它就有可能在没有获得大多数人关注之前，就已经被网站技术监管部门屏蔽或删除，从而根本无法形成更进一步的讨论。而那些能够进入公众讨论、对话范围的，则可能根本就是无关紧要的、不具有公共意义的、完全私人性的话题。微博客运营商与主流意识形态的联手，导致公众可以参与的话题是可控的，是由主流媒体规约与认可的。因此，作为信息集散地与舆论放大器的微博客，作为建构了新的公民交往方式的微博客，自由地表达意见仍然是有限度的、相对的，于是公共领域的建构在一定程度上就成了一句空谈。

同时，互联网是现实世界的延伸，"网民毕竟同样生活在现实世界，现实世界的政治、经济、文化理论必然要渗透到网络空间，网民不可能不把在现实世界中形成的政治意识、语言方式、人格特征等等带入网络世界。

---

① 详见〔英〕丹尼斯·麦奎尔《受众分析》，刘燕南等译，中国人民大学出版社，2006，第177页。

② 《中国青年报》：《微博客燃起燎原之火》，参见 http：//www. cnnic. net. cn/research/zx/qs-nwm/200910/t20091023_17865. html。

网络交流不可能脱离现实世界，而是深深地植根于现实世界"。① 在现实世界中，我国大众在经历了特定历史时期全面的政治化之后，走向另一个极端：犬儒主义大行其道，政治参与意识相对薄弱。这必然也会影响到虚拟空间中公众的形成，及参与公共事务的有效性。很难想象，一个在现实世界中根本就不关心公共事务的人，会在虚拟空间中关心公共事务。即使微博客的使用者有了公开表达自己意见的平台，可以完全自由地表达自己的公共关怀，他也同样可能因为政治冷漠、因为毫无批判性而选择不参与，不行动。因此，微博客的使用者到底在多大程度上以及能够在多大程度上关注公共事务的问题，关系到公共领域能否成功建构。而大众受众在传统的媒介传播方式中形成的媒介使用的被动性，具有更深厚、更广泛的社会现实基础，与微博客这种媒介传播方式相适应的积极主动的受众，也不是一蹴而就就能形成的，这也势必会影响公共领域的建构。

（三）草根阶层旁落的话语权

微博客这种自媒体被称作"人人拿着麦克风"，人人都有发言的权力，每个人使用微博客的条件都是平等的，但这种平等只是理论上的。

微博客传播从营销制度上，就已经预先划出了精英与草根的界线。以新浪微博为例，虽然声称其产品是面向大众用户的，但是新浪微博的一个营销切入点就是邀请名人（包括学术名人、商业名人、政治明星、体育娱乐明星等）及各界精英，它采用加 V 的认证系统，以名人来带动新浪微博的推广和发展。加 V 指的是这个虚拟的微博客账号与非虚拟的现实之中的真实的人（或机构）是对应的，这就意味着其发言的可信度较高，也意味着有获得更多关注的可能。但是，并不是说，只要能够提供自己的身份证明，就可以完成新浪微博的加 V 认证，除了身份的真实要求之外，新浪微博还对各行业个人（或机构）认证的标准进行了详细的规定，比如"校园类"的加 V 认证条件是"国家正规大专及以上院校的讲师，教授，院长，校长；省重点中学高级教师，特级教师，系主任，校长等"。② 从这条规定可以看出，微博客的认证系统延续了现实生活中的等级差异，假如你所在的不是"省重点中学"，不是高级或者特级教师，没有主任、校长等行政职

---

① 陶东风：《网络交往与新公共性的建构》，《文艺研究》2009 年第 1 期。
② 新浪微博认证《各行业个人认证标准说明》，参见 http://help.sina.com.cn/i/349/1184_12.html。

务，那么你的加 V 申请大概是不会被接受的，即使你就是在使用自己的真实姓名说话，表达自己的观点，你仍然因为人微言轻而表现为身份的匿名。

同样不可忽视的是，这些名人、精英拥有数量庞大的粉丝（关注者）群，他们的一举一动，在微博客的网状传播结构中，都会产生极大的影响。网状传播结构的去中心化，却因为广大粉丝（关注者）群而再中心化，促使"意见领袖"形成，也导致普通微博客用户话语权的旁落。试想，一个有着数十万粉丝的微博博主与一个只有 100 位粉丝的微博博主相比，谁的意见更能够被他人看到？被他人听到？这些精英博主们关注的问题，发表的意见，能够以极快的速度被庞大的粉丝团传播，所以，这些现实世界中的精英们，实际上仍然掌握着虚拟空间中的话语权，对大众舆论的导向起引领作用。因此，有人指出新浪微博"在构建另外一个名人主导的声音社会"。① 这就有可能使原本能够成为公众的大众，最终成为哈贝马斯批判的"没有公开批判意识的少数专家和公共接受的消费大众"②，而掌握着话语权的名人精英们，受其现实生活中各种因素的制约，能否在微博客这个话语空间中关注公共事务，展现公共关怀，引领真正的公共舆论，则就因人而异了。

（四） 延伸的熟人社会结构

问道网对"微博对政府决策的影响的调查"③ 显示，使用微博客的网民在登录微博之后，主要进行的活动是关注他人的动态，所占比例为63.33%，其次为分享自己的所见所闻，比例为 27.78%，至于参与各类微博群的讨论的则只有 8.89%。参与调查的网友所关注的微博种类依次排序如下：自己的朋友和娱乐、体育明星的微博均为 29.32%，其他微博之星、热门微博占 23.31%，各类专家学者的微博占 12.03%，政府机构或政府官员的微博仅占 6.02%。

从这些调查数据中，我们可以发现，微博客使用者关注的人主要集中在两个圈子内：自己感兴趣的明星、热门微博，以及自己的熟人、朋友。

---

① 邝新华：《国产微博盛衰史：为什么笑到最后的是新浪？》，《新周刊》第 315 期，参见 http：//www. neweekly. com. cn/index/newsview. php？ id = 1992。
② 〔德〕哈贝马斯：《公共领域的结构转型》，曹卫东等译，学林出版社，1999，第 200 页。
③ 此为截至 2011 年 9 月 7 日的数据。参见 http：//www. askform. cn/FormViewResult. aspx？ type = 1&userid = 109285&formid = 183144&。

对自己熟人朋友的关注，是微博客使用者真实生活在网络空间中的延续，这基本上不会改变其生活秩序、行为习惯及思维模式，共同关注的话题也是与现实的日常生活相一致的。另外，微博客"互动"模式技术性地拉低了明星精英们的身段，而以往高高在上的明星精英们，使用微博客与粉丝（关注者）群在线评论、回复，又拉近了信息发布者与接收者之间的心理距离，从而在使用者（尤其是草根阶层信息接收者）情绪上，产生熟悉感、亲近感。微博客这种熟人圈、兴趣小组、粉丝群的交往范围，很轻易地催生出虚拟的情感共同体，这往往会导致缺乏理性批判的盲目认同，我们可以把它看作中国传统社会熟人社会关系结构的网络延伸。

"熟人社会"的概念，是费孝通在《乡土中国》中提出来的。他通过对中西方国家的社会结构的比较指出，由于生活范围狭窄、封闭、缺乏流动性，中国传统社会形成了人与人之间相互熟悉的、相对稳定的社会结构。这个结构是立体的，依靠严格的伦理界限、等级化秩序来维持运行，形成以自我为中心、亲疏有别的资源配置标准。在这样的结构模式中，人们公民意识淡薄，"只注重个体或小群体的利益而罔顾他者与公共利益"。[1]虽然自改革开放之后，中国的社会转型开始突破这种熟人社会的关系结构，走向依赖制度、规则、契约的"陌生人社会"结构，但熟人社会关系结构在现实生活中依然有着广泛的基础，其对人们日常生活的影响力也是不能低估的。因此，即便是理想的建构公共领域的新媒介，也因为使用者在更加私人意义上的使用，而使微博客建构公共领域沦为幻象。

其他诸如微博客使用者个人选择的泛娱乐化、实用主义倾向；大量重复信息的堆积导致的真正具有公共意义的事件被淹没；众声喧哗中一致意见形成的延宕；微博客使用者在虚拟的情感共同体中显示出的非理性行为导致的媒介暴力；不解释、不阐述、单纯转贴的实际政治意义；甚至是经济条件的限制（必须拥有电脑、网络和较高端的手机）等问题，也都在客观上显示出微博客这个新的媒介传播方式建构公共领域的局限性。

结　语

目前，微博客不仅受到官方制度上的监管，也受到官方文化的使用，

---

① 铁锴：《熟人社会及其根治的社会政治学分析》，《河南大学学报（社会科学版）》2009 年第 5 期。

"微博问政"、"政务微博"即是官方文化与微博客之间的合作尝试。这既是官方希望与公众之间形成良性的互动，又是官方对社会舆论方向的引导。但是在目前看来，官方文化似乎并不太适应与微博客的合作关系。通过以上对宜黄事件的分析，我们可以发现，相当一部分网民利用微博客，获得了无法从官方媒体或传统媒体中得到的信息，而在微博客形成的公共空间中，各种相关信息又交锋对比，参与者在信息的互文呈现和理性讨论中，基本上能够触及事件本身的真实面目。在这样的媒介环境下，官方文化仅仅把微博客当做一种媒介工具，对如何使用微博客却没有做好充分的准备：部分"政务微博"流于形式，对其发布的政务信息，是选择性地公开、粉饰性地公开、不公开，甚至是虚假性地公开，对公众的疑问不解释或敷衍了事，最终无法招架公众强大的社会舆论，公信力急速下降。

因此，有人开始担心微博客存在着极大的民粹主义隐忧，[1] 称由于微博客的"海量"信息，国家并不能像对传统媒体那样进行及时有效的监管，所以，"在关于公共事件的表达和叙述之中，也就不可避免的出现以平民情绪、愿望、要求作为唯一归宿点和出发点的现象。而这些与民粹主义的内涵不谋而合——一种群体性情绪的表达，它是出于对正义、平等、参与和简单朴素等人类之爱的极度渴望而表现出对现状、现体制的反叛与狂躁"。同时称微博客为民粹主义的滋生提供了土壤和平台，在舆论表达中，削弱传统上主流媒体的公信力，造成主流媒体的非主流化；自媒体的使用在某种程度上与现实的合法性形成对立；导致社会阶层的离心化以及价值观念的碎片化；并有可能成为群体性社会运动的动员工具。这种站在精英的立场对微博客的担忧或许有其道理，但也不必过于紧张。目前的实际情况是，一方面，官方文化仍然掌握着更多的权威信息，另一方面，微博客又能较好地体现官方与大众的互动意愿。官方、精英、大众与微博客尚处于蜜月期，各方之间呈现出的是相互试探、使用并有所妥协的复杂关系。我们不能因为微博客显现出某些弊端而因噎废食，忽视其建构公共领域，培育公民精神，促使中国公民社会健康发育的有效性。

当然，我们不应该忽视的是，就微博客作为新兴的媒介技术而言，它和之前的其他任何媒介技术一样，并不天然地、自动地就具有公共性，因

---

[1]　陈建：《社会化媒体舆论表达的民粹主义隐忧——以微博客的舆论表达为例》，《东南传播》2010 年第 11 期。

此我们除了要探究微博客建构新模式公共领域的相关问题之外，还要追问微博客如何被使用，被什么样的人、什么样的权力使用才能持续地建构起理性对话的公共领域？微博客与市场、与政治权力之间的博弈情况如何？微博客在什么样的制度环境里才能更好地建构公共领域等问题。公民在现实社会中寻求公平正义而不得，转而借助微博客这种媒介，借助公共舆论的力量，最终获得符合公平正义的结果的，毕竟只是少数，归根结底，"网络虚拟世界的民主与公共性最终要依托于现实世界的民主与公共性，离开了大的社会环境，网络很难单独创造一种新的政治文化和公共领域"。① 事实上，任何模式公共领域的建构都离不开合法化的、国家制度的保障，离不开具有公民意识与公共关怀的公众的理性参与，更离不开一个民主自由的公民社会，否则，公共领域的建构只能是一句空话。

---

　　① 陶东风：《网络交往与新公共性的建构》，《文艺研究》2009 年第 1 期。

文化批评的文本政治学

范永康[*]

摘要：本文探讨文化批评成为"文本的政治学"的学理依据。在"文本"层面，"建构论"语言观构成了文化批评的哲学基础；在"政治"层面，"新社会运动"所带来的"后现代政治"转向影响了文化批评的政治学旨趣。这两条线索在福柯的"话语—权力"理论处交汇，"文本"都是话语的建构物，背后又暗藏着"权力"或"政治"的操控，文本建构往往认同于某种政治或价值立场，所以，文化批评的文本解读必然带有解构性、颠覆性和政治性。通过对后殖民主义批评、女性主义批评、新历史主义批评的操作路径的回顾和梳理，可以发现，文化批评具有政治学旨趣、反本质主义策略、边缘化立场等三大特征。由此也可以理顺文化批评与审美批评的关系，两者各有优劣，可以相互补充。

关键词：文化批评 文本 政治 审美批评

Abstract：What's the theoretical basis for cultural criticism as "politics of text"? At the level of text, "constructivist" view of language constitutes the philosophical basis of cultural criticism; At the level of politics, post-modern politics brought by the new social movements influenced the politics of cultural criticism. Two clues intersect in Foucault's "discourse-power" theory, text is constructs of discourse, behind which is the dark power or politics, text construction is often identified with a political construct or value of the posi-

---

* 范永康，曲靖师范学院人文学院。

tion, therefore, the inevitable cultural criticism is featured with a deconstruction of the text interpretation, subversive and political. Through the post-colonial criticism, feminist criticism, New Historicism and review the operation of combing path, we can find three major characteristics of cultural criticism, such as politics objection, anti-essentialist strategy, marginalized position. From this it can straighten out the relationship between the cultural criticism and aesthetic criticism, both of which have advantages and disadvantages and could complement each other.

Keywords：cultural criticism, text, politics, aesthetic criticism

"文化批评"有广义和狭义之分，广义的文化批评即"文化研究"，作为一门跨学科的新兴学科，其标志是 1964 年英国伯明翰大学文化研究中心的成立，它一开始就深深植根于"新左派"政治之中，其研究焦点是社会关系、社会意义、社会权力不平等的生产和再生产，其研究对象主要是大众文化或日常生活的文化。狭义的文化批评是指将文化研究的政治学旨趣、跨学科方法和批判性精神应用于文学领域的一种批评模式，包括女性主义批评、后殖民主义批评、新历史主义批评、后精神分析批评、生态批评、散居族裔批评乃至部分新马克思主义批评，等等。本文所研究的正是此类意义上的"文学的文化批评"。

20 世纪 90 年代以来，随着我国市场经济体制的成功转型，大众文化的兴盛，文学的外部研究成为趋势，文化批评方法受到欢迎，成为我国又一重要的文艺思潮和文化事件，它强劲地冲击了传统文学批评，特别是审美批评，引发了持久的论争，影响着文艺理论的走势。回头来看，这场文艺论争的中心议题就是：文化批评与文学批评的关系如何？会不会取代审美批评？大部分学者指责文化批评丢弃了文学的文学性或诗意性，属于"反审美批评"，"非文学性的文学批评"。童庆炳、吴炫等学者在此基础上又提出了在他们看来可以超越文化批评的"文化诗学"、"文学性的文化批评"等理论主张。文化批评的倡导者，如陶东风，则认为文化批评与审美批评都属于文学批评，但二者解读文本的方式、目的、旨趣是不同的。"文化批评是一种'文本的政治学'，旨在揭示文本的意识形态，以及文本所隐藏的文化—权力关系，它基本上是伊格尔顿所说的'政治批评'。"文化批评实际上就是一种政治批评，不像审美批评那样以揭示文学作品的"审美特质"

或"文学性"为目的，所以，"作为文学批评的不同方法与范型，两者各有优劣，可以互补而不能取代"。①

在我看来，对文化批评持担忧、批判或超越态度的学者往往忽略了文化批评的有价值的、优越于审美批评的一面，而作为文化批评的主要倡导者，陶东风对这场文艺论争的中心议题梳理得比较清晰和公允。不过，可惜的是，无论是在论争之际，还是在热潮退却之后，学界都没有对文化批评的生成理路、操作方法、批评特点进行扎实的、具有学理性的研究，我认为，文化批评何以成为"文本的政治学"正是问题的关键所在，只有将这个理路弄清楚，才能更加准确地把握文化批评的操作方法和批评特点，进而有说服力地理顺它与审美批评之间的关系。

一 从"文本"、"政治"到"话语—权力"

文化批评何以成为"文本的政治学"？我以为，必须紧扣"文本"和"政治"这两个关键词来加以梳理。在"文本"层面，可以将文化批评置入"语言学转向"的哲学背景之下，放在从传统的"反映论"语言观向后现代的"建构论"语言观的流变过程中加以考察；在"政治"层面，着眼于20世纪60年代以来西方国家广泛兴起的"新社会运动"所带来的"后现代政治"转向，特别是福柯的"权力"学说对文化批评政治学旨趣的重要影响。这两条线索在福柯的"话语—权力"理论处交汇，从而构成文化批评走向文本政治学的学理依据。

先来看"文本"层面。保罗·利科指出，当代哲学的一大特征是语言学已经跃居西方人文科学的领导地位，它为人们提供了一种关于人类现实的符号学的描述模式和说明模式。② 这就是发生在20世纪西方哲学史上著名的"语言学转向"。盛宁认为，"语言学转向"实际上是分两步完成的：一是20世纪初以来英美分析哲学将传统哲学的探索方向转向"语言逻辑"，而真正意义上的"语言学转向"应该以1960年代初兴起的结构主义语言学来划定，是对索绪尔语言学理论的发现和发挥。这一转向同时也划下了"现代"与"后现代"的区别："所谓'现代'，是实实在在的世界对人们

---

① 陶东风：《当代中国的文化批评》，载《学术月刊》2007年第7期。
② 〔法〕保罗·利科主编《哲学主要趋向》，李幼蒸、徐奕春译，商务印书馆，1988，第337页。

产生意义的时代；而所谓'后现代'，它面对的是一个文本的世界、语言的
世界、象征的世界。"① 显然，"文本"正是在从传统的"反映论"语言观
向后现代的"建构论"语言观的流变过程中才凸显为文化批评的一个重要
理论问题的。具体说来，亚里士多德以来的传统语言观建立在朴素的实在
论基础之上，认为语言能够如实反映世界并达到真理。索绪尔则指出，语
言或符号由"能指"和"所指"组成，与现实世界中的"指涉物"无关。
语言给我们的是词与概念，绝不是物。因此，我们在自然中所看到和描述
的东西在某种程度上就是我们的语言系统使我们能感知到的东西，是"文
本"而不是现实本身。在此基础上，罗兰·巴特和克里斯蒂娃又对"文本"
概念的加以扩展，"他们从十分广阔的领域（如文学、大致传媒、通俗文
化、时尚、艺术）中选取材料，并且指出：这些材料尽管各不相同，却都
可以被看做文本。"② 由此构成了文化研究的一个重要源头。③

　　再来看"政治"层面。从 20 世纪 60 年代中期开始，西方国家形形色
色的"新社会运动"广泛兴起，包括民权运动、女性运动、黑人运动、学
生运动、反核运动、同性恋运动、新左派运动、种族—民族主义运动，等
等。新社会运动现身于西方政治舞台，构成了当代西方政治史上的一大转
折。与旨在改变阶级剥削关系，摆脱专制权力，摆脱物质贫困或剥夺，实
现自由、平等、正义等普世价值的"解放政治"④ 不同，新社会运动隶属于
"后现代政治"，如凯尔纳和贝斯特所说："后现代政治在 1960 年代开始成
形。……早先对转换公共领域和统治制度的强调让位于新的、对文化、个
人身份和日常生活的强调，正如宏观政治被局部转换和主观性的微观政治
所替代。"⑤ 而后现代政治的核心理论就是福柯的"权力"学说。在福柯看
来，"权力"是微观的、网状的，存在于话语、制度和身份的创造之中，渗
透到社会生活的每一个角落。这种权力观"既是令人压抑的，因为它承认
权力充满在所有的社会空间和关系中；同时又是令人愉快的，因为它允许

① 盛宁：《人文困惑与反思：西方后现代主义思潮批判》，三联书店，1997，第 62 页。
② 〔英〕丹尼·卡瓦拉罗：《文化理论关键词》，张卫东等译，江苏人民出版社，2006，第 65
　 页。
③ 〔美〕乔纳森·卡勒：《文学理论入门》，李平译，译林出版社，2008，第 46 页。
④ 〔英〕安东尼·吉登斯：《超越左与右：激进政治的未来》，李惠斌、杨雪冬译，社会科学
　 文献出版社，2009，第 70 页。
⑤ 〔美〕斯蒂文·贝斯特、〔美〕道格拉斯·凯尔纳：《后现代转向》，陈刚等译，南京大学
　 出版社，2002，第 362 页。

并要求有各种新的斗争形式"。① 于是，生活风格、话语、躯体、性、交往等方面的微观的文化政治斗争被提上议事日程，自此以往，政治几乎可以与任何概念连接，如性别政治、阳性政治、影像政治、同性恋政治、身份政治、身体政治，等等。② 而这些也正是文化研究和文化批评的政治学旨趣所在，正如格拉姆·特纳所说："文化研究中的'政治'具有极其宽泛的意指：它指的是权力的分配和运作。"③

那么，在文化批评中，"文本"和"政治"这两个层面又是如何产生关联的呢？根据索绪尔的结构主义语言学观点，语言或符号系统建构了自己的文本的世界，可以与现实无涉。这一看法显然会致使文学批评脱离社会现实，斯图亚特·霍尔指出，索绪尔只关心符号的能指和所指，而不能"让我们联系到外在于语言而存在于'现实'世界的物、人和事"。④ 他推崇的是同样运用了"建构论"语言观的福柯的"话语—权力"理论，认为这是对索绪尔的一个重要发展，因为"它将表征从纯形式理论的控制中解放出来，并给它一个历史的、实践的和'俗世的'运作语境"。⑤

"话语"是一个语言学的概念，本义指的是各种相互联系的书写和演讲的段落，但福柯的"话语"另有所指。在"考古学"阶段，话语是指"一个用来理解世界的框架"或"一个知识领域"的东西。一套话语作为一系列的规则而存在，决定了真理的标准是什么，什么样的事情可以被谈论，以及对这些事物可以谈论些什么。1970 年，福柯进入"系谱学"阶段，开始意识到权力与知识达成共谋关系，"不相应地建构一种知识领域就不可能有权力关系，不同时预设和建构权力关系就不会有任何知识"。⑥ 知识或真理只能被看成是相对的、有条件的、由各种势力交锋争执之后形成的话语构成物。于是，福柯转向对物质性制度和权力形式的更加妥帖的分析，把

---

① 〔美〕斯蒂文·贝斯特、〔美〕道格拉斯·凯尔纳：《后现代转向》，陈刚等译，南京大学出版社，2002，第 368 页。

② 〔英〕阿雷恩·鲍尔德温等：《文化研究导论》，陶东风等译，高等教育出版社，2004，第229 页。

③ Graeme Turner, *British Cultural Studies: An Introduction*, London: Routledge, 2003, p. 197.

④ 〔英〕斯图亚特·霍尔编《表征：文化表象与意指实践》，徐亮、陆兴华译，商务印书馆，2003，第 34 页。

⑤ 〔英〕斯图亚特·霍尔编《表征：文化表象与意指实践》，徐亮、陆兴华译，商务印书馆，2003，第 48 页。

⑥ 〔法〕福柯：《规训与惩罚》，刘北成等译，三联书店，1999，第 29 页。

话语与社会背景和政治背景联系起来，把权力的运作当作主要的研究课题。① 至此，他的"话语"已经突破了索绪尔结构主义语言观的封闭性，指一种生成于社会历史并由社会历史赋予了特定意识形态含义的语言形式，其核心理念是要打破意识形态幻象，"是为了动摇人们接受这种心安理得的状态；为了指出它们不是自然而就，而始终是某种建构的结果，而我们要了解的正是这种建构的规则，并对它作验证；为了确定在哪些条件下和作什么样的分析，它们中的某些是合理的；指出哪些无论如何是不能予以接受的"。② 这一洞见指明话语构建的知识或"文本"绝不是自主自足的，而与"政治"交织在一起。而福柯理解的"政治"也就是他所说的"权力"，"在一定社会内的一系列势力之间的关系构成了政治"，"如果说'一切都是政治的'，就是强调这种势力关系的无所不在，以及为政治领域所固有"。③

总之，正是福柯的"话语—权力"理论将"文本"与"政治"联系起来了，从而对文化批评的理论和方法产生了深远影响。一方面，"文本"——无论是文化文本，还是文学文本——都是以"建构论"语言观为哲学基础的，是运用符号系统进行"编码"的产物，是话语的建构物。另一方面，在文本或话语建构物的背后显然又暗藏着"权力"或"政治"的操控，尤其牵涉生活风格、话语、躯体、性、交往等方面的微观的文化政治斗争，涉及性别政治、种族政治、身份政治、身体政治、阳性政治、同性恋政治等后革命的政治冲突。既然文本建构往往认同于某种政治或价值立场，并将其"合法化"和"自然化"，所以，文化批评的文本解读必然带有解构性、颠覆性和政治性，"就是要透过分析而暴露出在'文本'里——所谓文本包括语言作品与非语言的文化建构物——隐藏着的价值观与其建构动机，指出其建构时所隐藏的内在矛盾，看出它扶持提倡哪些价值而压制了对立的价值或假设"。④ 因此，文化批评也就必然会成为"文本的政治学"。

---

① 〔美〕道格拉斯·凯尔纳、〔美〕斯蒂文·贝斯特：《后现代理论：批判性的质疑》，张志斌译，中央编译出版社，1999，第 60 页。
② 〔法〕米歇尔·福柯：《知识考古学》，谢强、马月译，三联书店，2007，第 26 页。
③ 〔法〕福柯：《权力的眼睛》，严锋译，上海人民出版社，1997，第 177～178 页。
④ 〔加〕高辛勇：《修辞学与文学阅读》，北京大学出版社，1997，第 13 页。

二　文化批评的操作路径和总体特征

索绪尔的"建构论"语言观和福柯的"话语—权力"理论给文化批评提供了学理依据，文学现在被视为社会、历史、政治和文化冲突的场域，传统的文学批评转向了文化批评，对文本的分析集中于种族、阶级、性别、帝国主义或殖民主义等非美学因素，文学批评几近成为政治学和社会科学的一个分支。以后殖民主义批评、女性主义批评、新历史主义批评为例，让我们来看看作为"文本的政治学"的文化批评究竟是如何操作的？总体上又呈现出哪些特征？

后殖民主义批评一个非常明确的思路就是，将文学文本看作西方推行帝国主义文化霸权的一种话语方式，认为它们参与了对妖魔化的"东方"身份的建构。萨义德在考察"东方学"的学科谱系时要追问的是："还有哪些种类的学术、美学和文化力量参与了像东方学这类帝国主义传统的建构？语言学、词汇学、历史学、生物学、政治经济理论、小说写作和抒情诗是怎样参与东方学中普遍存在的帝国主义世界观的构造的？"[①] 他认为，"东方"并非一种自然的存在，而是西方话语表述系统的产物，涉及东方学的文学作品、历史著作、语言分析、政治论文等各种文本，无不成为此话语系统的一部分。在《文化与帝国主义》这部著作中，萨义德缩小了研究对象，"由非文学形式转向文学形式"，[②]尤其集中于小说，去揭露叙事文本与帝国主义之间的共谋关系。他认为："故事是殖民探险者和小说家讲述遥远国度的核心内容；它也成为殖民地人民用来确认自己身份和自己历史存在的方式。帝国主义的主要战场当然是在土地的争夺上，但是在关于谁曾经拥有土地，谁有权力在土地上定居和工作，谁管理过它，谁将它夺回，以及现在谁在规划它的未来，这些问题都在叙事中有所反映、争论，甚至有时被故事所决定。"[③] 萨义德意在强调，叙事的背后有强大的帝国主义意识形态的支撑，"一方面是构成小说的叙述权威的模式，另一方面是作为帝国主义倾向的基础的一个复杂的意识形态结构"，小说从根本上来说是与资产

① 〔美〕爱德华·W. 萨义德：《东方学》，王宇根译，三联书店，1999，第20页。
② 〔英〕巴特·穆尔—吉尔伯特：《后殖民理论：语境 实践 政治》，陈仲丹译，南京大学出版社，2001，第52页。
③ 〔美〕爱德华·W. 萨义德：《文化帝国主义》，李琨译，三联书店，2003，第3页。

阶级社会联系在一起的。譬如，英国小说《鲁宾逊漂流记》的主角是新世界的创建者，他为基督教和英国而统治和拥有这片土地。一种很明显的海外扩张的意识形态使鲁滨逊做到了他所做的事，"这种意识形态在风格上和形式上直接与为巨大殖民帝国奠定基础的16和17世纪探险航行的叙述相联系"。①

女性主义批评对其方法和理论的选择始终与女权主义的政治批判联系在一起，她们从性政治的角度，剖析和批判了由父权制带来的男性霸权通过文学语言、文学批评、文学史对女性所展开的性歧视和性压迫。朱蒂斯·菲特利认为："女性主义批评是一种政治行为，其目标不仅仅是解释这个世界，而且也是通过改变读者的意识和读者与他们所读的东西之间的关系去改变这个世界。"② 她坚决主张，"女性主义批评的第一个行为必须是成为一个抗拒性读者而非赞同型读者"，通过这种拒绝赞同的行为，把根植于我们心中的男性意识祛除。女性批评也由此获得反思和重新命名现实的权力，进而了解并表现妇女生活的真相，变革旧的性政治秩序。③ 可以说，凯特·米利特的《性政治》完全符合"抗拒性读者"阅读模式。米利特摒弃了文本和读者的接受等级制，她站在女性主义的立场上，精彩地分析了历史、社会、文学中男权主义扭曲下的女性形象。通过刻意凸显女性读者的观点，米利特鲜明地揭示了弥漫在劳伦斯、亨利·米勒、诺曼·梅勒、让·热内等人小说的性描写中的男性控制。在她的颠覆性阅读之下，劳伦斯的《查泰莱夫人的情人》是"一份准宗教性质的宣传品，叙述了一位现代女性如何借助于作者个人所信仰的'阴茎的神秘'获得了拯救"，④ 是"作为伴随性政治的反动情绪而生的一部讲解性技巧的手册"。⑤ 劳伦斯的其他作品也无不体现出他的男性至上主义思想和仇视、贬低女性的心理。在米利特眼中，劳伦斯就是一位"最具天赋、最狂热的性政治家"。⑥

在新历史主义批评看来，文学文本和历史文本一样，都是话语的建构

---

① 〔美〕爱德华·W. 萨义德：《文化帝国主义》，李琨译，三联书店，2003，第95页。

② Judith Fetterley, *The Resisting Reader: A Feminist Approach to American Fiction.* Bloomington: Indiana University Press, 1978, p. Ⅷ.

③ Mary Eagleton (ed.), *Feminist Literary Theory: a Reader.* Oxford, OX, UK; Cambridge, Mass., USA: Blackwell Publishers, 1996, p. 305.

④ 〔美〕凯特·米利特：《性政治》，宋文伟译，江苏人民出版社，2000，第322页。

⑤ 〔美〕凯特·米利特：《性政治》，宋文伟译，江苏人民出版社，2000，第323页。

⑥ 〔美〕凯特·米利特：《性政治》，宋文伟译，江苏人民出版社，2000，第332页。

物，反过来又都参与了话语背后的权力或意识形态的运作。布兰尼根指出："新历史主义给文学与历史关系研究带来的根本性变化是方法论的转变，即从简单地将历史事实依附于文学文本，转向对文本参与建构和维持权力结构的话语构成层面的复杂化理解。"① 由于不存在固定的历史，对于文学而言也就不存在固定的"历史背景"，这也就打破了旧历史主义文论的"反映论"思维模式、"新历史主义批评的一个很重要的认识前提，就是它把文学看成是历史现实与社会意识形态的交汇处。……它认为'文学'与形成文学的'背景'或它的'反映对象'之间是一种互动的关系，一种相互影响、相互塑造的关系；它认为历史和文学都是一种'认识场'，是'不同意见和兴趣的交锋场所'，是'传统和反传统的势力发生碰撞的地方'。"② 新历史主义发展出自己独特的文本观。首先，不同于形式主义和新批评的文学文本观，格林布莱特在阅读莎士比亚戏剧的实践中，针锋相对地提出要破除形式主义批评的文本中心主义，将文学文本视为同其他文本一样的社会能量循环系统的一部分。其次，有别于解构主义的文本观。抛弃了"文本之外别无他物"的思想，新历史主义成为"一种将权力关系作为所有文本最重要的语境而置于优先地位的批评解释模式。作为一种批评实践，它将文学文本视为权力关系成为可视的空间"。③ 总之，新历史主义将文学文本视为更大的文化语境和政治机构的一部分，并认为文学文本参与了文化、历史和意识形态的生产。

通过对后殖民主义批评、女性主义批评、新历史主义批评的操作路径的回顾和梳理，我们可以发现，文化批评的基本特征主要包括以下几点。

（1）政治学旨趣。无论是女性主义批评、后殖民主义批评、新历史主义批评、后精神分析批评，还是生态批评、散居族裔批评乃至新马克思主义批评，都将"政治"作为解读文学文本的首要目标，如性别政治之于女性主义批评、种族或身份政治之于后殖民主义批评、权力分析之于新历史主义批评、生态政治之于生态批评、意识形态之于新马克思主义批评，等等。其原因在于，这些文化批评直接秉承的就是文化研究的政治批判精神，

① John Brannigan, *New Historicism and Cultural Materialism.* New York : St. Martin's Press, 1998, p. 81.

② 盛宁：《新历史主义》，台湾扬智文化事业股份有限公司，1995，第 27 页。

③ John Brannigan, *New Historicism and Cultural Materialism.* New York : St. Martin's Press, 1998, p. 6.

理查德·约翰生明确地指出，文化研究具有鲜明的政治旨趣，主要表现在三个方面："第一，文化研究与社会关系密切相关，尤其是与阶级关系和阶级构形，与性分化，与社会关系的种族建构，以及与作为从属形式的年龄压迫的关系。第二，文化研究涉及权力问题，有助于促进个体和社会团体能力的非对称发展，使之限定和实现各自的需要。第三，鉴于前两个前提，文化既不是自治的也不是外在地决定的领域，而是社会差异和社会斗争的场所。"① 可见，性别、种族、身份、阶级等社会关系和社会权力的斗争才是文化研究关注的重点，而这也正是文化批评各个流派所要关注的重点。

（2）反本质主义策略。福柯的"话语—权力"理论提供给文化批评的启示就是，一切貌似合理的真理或知识其实都是话语和权力合谋"建构"的产物，并不具备先天的、绝对正确的、永恒不变的本质。"反本质主义"自然就成为文化批评普遍使用的策略，在批评过程中，他们往往揭示真理或知识与权力之间的历史联系的过程，暴露真理或知识的建构性和生成性，将其还原为话语构成事件，从而揭露其政治意图，颠覆其合法性。譬如，后殖民主义对文学文本背后的帝国主义文化霸权的揭示；女性主义批评对隐藏在西方文学与文化传统中的父权制价值体系的解构，以及对资产阶级白人男性所制定的批评标准和批评话语的挑战；新历史主义透过文本发现了统治阶级意识形态经常耍弄"颠覆"和"包容"的双重伎俩。在他们看来，所谓"普遍人类价值"、"永恒真理"、"美的高尚沉思"无非是用来欺骗大众、维护统治阶级利益的华丽托辞而已，"所谓的'文学经典'以及'民族文学'的无可怀疑的'伟大传统'，却不得不认为是一个由特定人群出于特定理由而在某一时代形成的一种建构"。②

（3）边缘化立场。"他者"是文化批评常用的一个核心概念，意指在"男/女"、"西方/东方"、"白人/黑人"、"统治者/被统治者"等一系列二元对立力量中受压制的后者，属于被边缘化的弱势群体。文化批评就是站在弱者的一方开展政治批判的，体现出其鲜明的边缘化立场。鼓吹"次要的"、"非主流的"、"少数人的"、"亚文化的"声音，正是文化批评的主导精神。文化批评的一个核心动力就是旨在颠覆一切等级秩序的解构主义，解构主义可以对等级制度和官僚政治发难，"为边缘群体、妇女、非西方团

① 罗钢、刘象愚编《文化研究读本》，中国社会科学出版社，2000，第5页。
② 〔英〕特里·伊格尔顿：《二十世纪西方文学理论》，伍晓明译，北京大学出版社，2007，第11页。

体、黑人、被统治者、精神失常者、无家可归者和所有被资本主义压迫的人们指出了一条道路"。① 受其影响，女性主义用"DWEMs"来概括西方传统文化和文学观，即挑明"大写"的文化或文学无非限定于"已故白种欧洲男人"（Dead White European Males）的范围之内，包含着鲜明的男性霸权和欧洲中心意识，"基于这种认识，20 世纪六七十年代的女性主义批评刻不容缓的目标是，在历史的禁锢中代表妇女重新发现女性作者和女性文学传统"；而后殖民运动也向纵深发展，挑战"西方经典"和"殖民主义者"文学，"'写作'或讲述未被言说的被殖民历史或经验，并以积极的术语探索后殖民对象的杂种性"。②

三　文化批评与审美批评之关系

在对文化批评的生成学理、操作路径和基本特征进行全面梳理之后，我们再来看它与审美批评之间的关系就一目了然了。

一般认为，文学批评主要包括伦理批评、社会历史批评、审美批评、心理批评、语言批评、生态批评、人类学批评等不同的形态，现在看来，当然应该加上（狭义的）文化批评。如前所述，文化批评指的是将文化研究的政治学旨趣、跨学科方法和批判性精神应用于文学领域的一种批评模式，是一种新型的政治批评——"文本的政治学"，具有政治学旨趣、反本质主义策略、边缘化立场三大特征。可以说，在文学批评的众多形态之中，审美批评是一种与之完全对立的批评模式，"审美批评着眼于文学作品的美的构成及其审美价值，着重强调作品的'畅神''移情'效果和娱乐、愉悦作用，把文学作品看作是在真善基础上又超越了真善因而是'超功利'的一种审美对象；美是文学的本质定性之一"。③ 将二者加以对比，无疑可以深化对文化批评的认识。

（1）哲学基础不同。文化批评的哲学基础是建立在索绪尔的结构主义语言学和福柯的话语—权力理论的基础之上的，二者的共同点在于，都主

---

① 〔美〕波林·罗斯诺：《后现代主义与社会科学》，张国清译，上海译文出版社，1998，第241页。

② 〔英〕彼得·威德森：《现代西方文学观念简史》，钱竞、张欣译，北京大学出版社，2006，第65~69页。

③ 童庆炳主编《文学理论教程》，高等教育出版社，1998，第454页。

张"建构"论，认为人的主体性以及整个文化与社会生活都是以语言或话语为中介被建构出来的，而不是自然的、现成给予的。因此，以人文主义和经验主义为依托的传统的"作者"和"读者"观均面临着被颠覆的命运，他们都只能作为被话语—权力或意识形态所建构和控制着的、抹去个性差异的"位置"而存在。审美批评的哲学基础则是朴素的实在论，例如，韦勒克反对结构主义的符号系统与现实无关论，认为文学作品中的词语有一种"透明性"，"文学指向现实，谈论世界上的事情"。① 事实上，审美批评尤其突出情感性评价，非常关注作家的创作个性和创作心理，文学人物的性格和命运，读者的情感体验，将其视为鲜活的生命活动，而不是符号建构。

（2）批评旨趣不同。文化批评对文学作品的阅读具有极强的功利性，其关注点并不是形象、情感、意境、典型、美感，要去寻绎文本与性别政治、种族政治、身份政治、身体政治、阳性政治、同性恋政治等后革命政治之间的关联，站在少数人或底层人的立场，反抗资本主义的意识形态和帝国主义的文化霸权，因此具有极强的社会实践性和公共参与性。审美批评则往往将文学作品当做虚构的想象世界，关注作品的审美价值，在无功利的审美距离的观照之下，从中获得审美趣味、心灵净化、人性修养、道德提升。例如，在布鲁姆看来，"美学是一种个人关怀，而不是社会关怀。……作为一门艺术，文学批评，过去是、将来也总是一种精英现象。文化批评是另一门社会科学，沉闷无趣。"② 对于文化批评从政治角度来理解文学的做法，他非常反感，而强调"个体的自我是理解审美价值的唯一方法和全部标准"。③

（3）操作路径不同。文化批评通常也会注意到文学文本的形式构造、修辞技巧，但他们要问是什么权力或意识形态在建构、操纵、造就了文本的这些形式特征。它不再停留于文学本身，而是转向了审美性之外的社会性、历史性、政治性和文化性的研究，总体上是"向外转"的。审美批评也非常关注文本的形式特征、文学手法、作品细节，但强调的是"披文以入情"，作"向内转"的情感体验、人性深度、精神超越等方面的分析。可见，前者是逆向反思式的，后者是顺向感应式的。

---

① 赵毅衡：《新批评文集·引言》，百花文艺出版社，2001，第 24 页。
② 张龙海：《哈罗德·布鲁姆教授访谈录》，载《外国文学》2004 年第 4 期。
③ 〔美〕哈罗德·布鲁姆：《西方正典》，江宁康译，译林出版社，2005，第 16 页。

　　总之，以政治性为先位的文化批评完全有别于以审美性为先位的审美批评，政治学旨趣、反本质主义策略和边缘化立场是其特色，审美性、想象性、人文性、体验性和超越性非其所长。当然，审美批评也欠缺文化批评的自我反思性、政治批判性、社会实践性和公共参与性，所以，文化批评不会取代审美批评，审美批评也不能吞并文化批评，两者各有优劣，可以并行不悖、相互补充。

《文化研究》稿约

　　《文化研究》是由首都师范大学文学院、南京大学人文社会科学高级研究院主办的综合类社科丛刊，是国内唯一的文化研究类大型丛刊，2008 年被列入中文社会科学引文索引（CSSCI）来源集刊，由社会科学文献出版社出版。《文化研究》每年出版 2 辑，分别于 6 月和 12 月出版。来稿要求如下。

　　（1）文章必须未曾在其他正式刊物发表。

　　（2）文章篇幅一般限定在一万字左右，需附中英文摘要、关键词，摘要 200 字左右，中英文摘要内容必须一致。

　　（3）论文所涉及的课题如为各级基金项目，应在文章首页地脚以"基金项目："作为标识注明基金项目名称，并在圆括号内注明其项目编号。

　　（4）文章中出现的外文专门名词（人名、地名等）除了特别常见的以外，一律附原文，用括号（　）标明。

　　（5）文章所引资料的注释必须规范，准确标明作者、著作（文章）名称、出版社或出版物的名称、出版或发表的时间、页码等。注释一律采用页下注①……。

　　（6）中文资料或中译本的注释一律使用汉语，例如：

钱穆：《中国近三百年学术史》，商务印书馆，1997，第 3 页。

汤用彤：《魏晋玄学与文学理论》，《中国哲学史研究》1980 年第 1 期。

〔德〕尼采：《论道德的谱系》，周红译，商务印书馆，1992，第 67 页。

　　（7）外文材料的注释一律采用原文，书名与刊物名一律用斜体标出，文章名加引号，但不用斜体。

　　（8）来稿请注明作者姓名、工作单位、职称、研究方向、联系地址、电子邮件地址。

　　《文化研究》杂志对所有来稿实行三审制，由责任编辑初审，同行专家复审（一般采用双向匿名评审的方式），主编终审。来稿请自留底稿，2个月内未收到录用通知者可自行处理。

　　来稿一经发表，即致薄酬以及样刊。

　　来稿请寄：100089　北京首都师范大学文学院《文化研究》编辑部

　　投稿信箱：cswenxuan2010@163.com

《文化研究》编辑部

图书在版编目（CIP）数据

文化研究. 第 12 辑/陶东风，周宪主编. —北京：社会
科学文献出版社，2012.5
ISBN 978-7-5097-3172-7

Ⅰ.①文⋯　Ⅱ.①陶⋯②周⋯　Ⅲ.①文化-研究-丛刊
Ⅳ.①G0-55

中国版本图书馆 CIP 数据核字（2012）第 033103 号

文化研究（第 12 辑）

主　　编／陶东风（执行）　周　宪
副 主 编／胡疆锋　周计武

出 版 人／谢寿光
出 版 者／社会科学文献出版社
地　　址／北京市西城区北三环中路甲 29 号院 3 号楼华龙大厦
邮政编码／100029

责任部门／人文分社　（010）59367215　　　　责任编辑／于占杰　刘　丹
电子信箱／renwen@ ssap. cn　　　　　　　　责任校对／贾迎亮
项目统筹／宋月华　　　　　　　　　　　　　责任印制／岳　阳
总 经 销／社会科学文献出版社发行部　（010）59367081　59367089
读者服务／读者服务中心（010）59367028

印　　装／北京季蜂印刷有限公司
开　　本／787mm×1092mm　1/16　　　　　　印　　张／21.75
版　　次／2012 年 5 月第 1 版　　　　　　　　字　　数／362 千字
印　　次／2012 年 5 月第 1 次印刷
书　　号／ISBN 978-7-5097-3172-7
定　　价／59.00 元